Factoring im deutsch-französischen Rechtsverkehr

Schriften zum internationalen Privat- und Verfahrensrecht

Herausgegeben von Rainer Hausmann
und Astrid Stadler

Band 1

PETER LANG
Frankfurt am Main · Berlin · Bern · Bruxelles · New York · Oxford · Wien

Frederike Schwenke

Factoring im deutsch-französischen Rechtsverkehr

PETER LANG
Europäischer Verlag der Wissenschaften

Bibliografische Information Der Deutschen Bibliothek
Die Deutsche Bibliothek verzeichnet diese Publikation in der Deutschen Nationalbibliografie; detaillierte bibliografische Daten sind im Internet über <http://dnb.ddb.de> abrufbar.

Zugl.: Konstanz, Univ., Diss., 2005

D 352
ISSN 1862-099X
ISBN 3-631-55178-9

www.peterlang.de

Meinen Eltern

Vorwort

Die vorliegende Arbeit wurde im Wintersemester 2004/2005 von der rechts-, wirtschafts- und verwaltungswissenschaftlichen Sektion (Fachbereich Rechtswissenschaften) der Universität Konstanz als Dissertation angenommen. Literatur und Rechtsprechung konnten bis Dezember 2004 berücksichtigt werden.

Die Arbeit ist während ihrer Entstehung von vielen Menschen auf unterschiedlichste Weise begleitet worden, denen ich hier noch einmal ganz herzlich danken möchte.

An erster Stelle danke ich meinem Betreuer und Erstgutachter Herrn Prof. Dr. Rainer Hausmann für seine immer wohlwollende und motivierende Betreuung. Besonders dankbar bin ich für seine wertvollen Anregungen und sein Vertrauen in das Gelingen der Arbeit.

Zu großem Dank bin ich auch Herrn Prof. Dr. Jochen Glöckner, LL.M. (USA) für die zügige Erstellung des Zweitgutachtens verpflichtet.

Ebenso danken möchte ich Frau Prof. Dr. Astrid Stadler, die sich ausdrücklich mit einer Aufnahme meiner Arbeit in die zusammen mit Herrn Prof. Dr. Rainer Hausmann herausgegebene Reihe „Schriften zum internationalen Privat- und Verfahrensrecht" einverstanden erklärt hat.

Weiter sage ich Dank dafür, dass ich in dem Institut für Ausländisches und Internationales Privat- und Wirtschaftsrecht der Ruprecht-Karls-Universität Heidelberg so große Unterstützung erfahren habe.

Dem Deutschen Factoring-Verband e. V. danke ich für den freundlicherweise gewährten Druckkostenzuschuss.

Mannheim, im Dezember 2005 *Frederike Schwenke*

Inhaltsverzeichnis

Abkürzungsverzeichnis 21

Einleitung 25

Teil 1: Das Factoring in Deutschland und Frankreich 27

A. Das Factoring in Deutschland 27

I. Allgemeines 27

II. Die Grundform des Factorings: offenes, echtes Factoring 29

III. Die rechtliche Gestaltung des Factorings: der Factoringvertrag 31

1. Die Rechtsnatur des Factoringvertrags 32
2. Die Anbietungspflicht des Kunden 33
3. Die Ankaufspflicht des Factors 34

IV. Der einzelne Forderungskaufvertrag 35

1. Das Kaufangebot des Kunden 35
2. Die Annahme des Angebots durch den Factor 36

V. Das Schicksal der nicht angekauften Forderungen 36

VI. Die Mängelhaftung beim Forderungskauf 37

1. Allgemeines 37
   a. Die Rechtslage vor Inkrafttreten des Gesetzes zur Modernisierung des Schuldrechts 37
   b. Die Rechtslage ab dem 01.01.2002 37
      aa. Zu den Voraussetzungen der Rechtsmängelhaftung . 38
      bb. Zu den Rechtsfolgen der Rechtsmängelhaftung 40
2. Die Veritätshaftung und das Delkredere im Factoringvertrag 41
   a. Die Veritätshaftung des Kunden 41
   b. Das Delkredere 41

VII. Die Forderungsabtretung 42

1. Allgemeines 42
   a. Die gesetzliche Einordnung 42
   b. Das Trennungs- und Abstraktionsprinzip 43

2. Die Voraussetzungen der Abtretung 44
a. Der Abtretungsvertrag 44
b. Die abzutretenden Forderungen 45
3. Zwischenergebnis 47
4. Der vereinbarte Abtretungsausschluss 47
a. Der Abtretungsausschluss nach § 399 Alt. 2 BGB 47
b. Die Einschränkung des § 399 Alt. 2 BGB durch § 354 a HGB 48
5. Die Rechtsfolgen der Abtretung 49
a. Das Verhältnis von Zedent und Zessionar 49
b. Das Verhältnis des Zessionars zum Schuldner 50
aa. Die Einwendungen des Schuldners 50
bb. Die Aufrechnung durch den Schuldner 51
cc. Weitere schuldnerschützende Vorschriften 51
c. Das Verhältnis der Zessionsparteien zu Dritten 52
6. Die Abtretung im Factoringvertrag 53
a. Die inhaltliche Gestaltung des Abtretungsvertrags 53
b. Die Aufrechnung durch den Debitor 55
c. Die Kollision einer im Rahmen des Factorings vorgenommenen Abtretung mit einem verlängerten Eigentumsvorbehalt 55

B. Das Factoring in Frankreich 56

I. Allgemeines 56

II. Die Definition des Factorings 58

III. Der Factoringvertrag *(contrat d'affacturage)* 60
1. Die Regelungen des Factoringvertrags 60
a. Der Gegenstand des Vertrags 60
b. Die dem Factoring unterworfenen Forderungen 61
c. Die Vertragsdauer 61
d. Die Vergütung des Factors 62
2. Die Zahlung und die Finanzierung der Forderungen 62
a. Die Vereinbarung eines laufenden Kontos 62
b. Die Übergabe und die Zahlung der Rechnungen 63
3. Die Verwaltung der Forderungen 63
4. Die Delkrederehaftung 64

IV. Die Möglichkeiten der Forderungsübertragung 65
1. Die Forderungsabtretung *(cession de créance)* 65
a. Allgemeines 65

aa. Die Grundlagen der Abtretung ... 65
bb. Das Konsensualprinzip ... 66
b. Das Verhältnis von Zedent und Zessionar ... 68
aa. Die Voraussetzungen einer wirksamen Abtretung ... 68
bb. Die Rechtsfolgen ... 71
c. Das Verhältnis der Zessionsparteien zum Schuldner und zu anderen Dritten ... 75
aa. Die Publizitätsanforderungen des Art. 1690 C. civ. ... 75
bb. Die Einwendungen des Schuldners ... 78
cc. Das Verhältnis des Zessionars zu anderen Dritten ... 81
d. Zwischenergebnis ... 82
2. Die *cession Dailly* ... 83
a. Allgemeines ... 83
b. Die Parteien der *cession Dailly* ... 84
c. Die abtretbaren Forderungen ... 85
d. Die Formanforderungen ... 85
e. Die Rechtsfolgen ... 87
aa. Das Verhältnis von Zedent und Zessionar ... 87
bb. Die Drittwirksamkeit des Forderungsübergangs ... 88
f. Zwischenergebnis ... 101
3. Der Eintritt eines neuen Gläubigers aufgrund Vereinbarung und kraft Erfüllung *(subrogation conventionnelle)* ... 102
a. Allgemeines ... 102
aa. Der gesetzliche Forderungsübergang *(subrogation légale)* ... 103
bb. Der vertragliche Forderungsübergang *(subrogation conventionnelle)* ... 105
b. Der geschichtliche Hintergrund und die Gegenwart ... 106
aa. Die Vorläufer der *subrogation personnelle* im römischen Recht ... 106
bb. Die Entwicklung des Begriffs *subrogation personnelle* durch das *ancien droit* ... 109
cc. Die *subrogation ex parte debitoris* ... 111
dd. Die *subrogation ex parte creditoris* ... 112
ee. Die heutige Bedeutung der *subrogation personnelle* ... 112
c. Die Parteien der Zahlung und das tatsächliche Angebot ... 113
aa. Der Zahlungsempfänger ... 113
bb. Der Zahlende ... 114
cc. Das tatsächliche Angebot des Zahlenden ... 114

d. Die Voraussetzungen ... 115
aa. Die Schuld eines anderen ... 116
bb. Das Einverständnis des Gläubigers ... 116
cc. Die Gleichzeitigkeit ... 117
e. Die Rechtsfolgen ... 118
aa. Das Verhältnis des Zahlenden zum Gläubiger ... 119
bb. Das Verhältnis des Zahlenden zum Schuldner ... 121
cc. Das Verhältnis der Parteien der *subrogation* zu Dritten ... 123
f. Zwischenergebnis ... 123
4. Ein Vergleich von *cession, cession Dailly* und *subrogation* ... 124
a. Der Vergleich der *cession* mit der *cession Dailly* ... 124
b. Der Vergleich der *cession* mit der *subrogation* ... 125
aa. Die Gemeinsamkeiten ... 125
bb. Die Unterschiede ... 125
c. Der Vergleich der *cession Dailly* mit der *subrogation* als Übertragungstechniken im Rahmen des Factorings ... 127
d. Die Konfliktfälle, insbesondere zwischen einem Factor und einem Zessionar nach der *Loi Dailly* ... 128
5. Die im Rahmen des Factorings vorgenommene *subrogation* ... 130
a. Das Verfahren ... 130
b. Die Voraussetzungen ... 131
aa. Die Zahlung ... 131
bb. Die Gleichzeitigkeit ... 132
c. Die Rechtsfolgen ... 133
aa. Das Verhältnis des Factors zum Kunden ... 133
bb. Das Verhältnis des Factors zum Debitor ... 134
cc. Das Verhältnis des Factors zu anderen Dritten ... 134
6. Zwischenergebnis ... 136
C. Eine vergleichende Zusammenfassung ... 137
I. Allgemeines ... 137
II. Der Factoringvertrag ... 137
III. Der Forderungsübergang ... 138
1. Die Grundlagen ... 138
a. Die abstrakte oder die kausale Ausgestaltung der Abtretung und die Folgen der unterschiedlichen Abtretungssysteme ... 138

b. Die Voraussetzungen und die Rechtswirkungen der Abtretung ... 138
2. Die Folgen eines Abtretungsverbots ... 140
3. Die Besonderheiten des Forderungsübergangs beim Factoring ... 140

Teil 2: Das internationale Factoring im Rahmen des EWG-Übereinkommens über das auf vertragliche Schuldverhältnisse anzuwendende Recht ... 143

A. Allgemeines ... 143
I. Der Begriff des internationalen Factorings ... 143
II. Eine kurze Einführung in das EWG-Übereinkommen über das auf vertragliche Schuldverhältnisse anzuwendende Recht (EVÜ) ... 145
1. Die Bedeutung des EVÜ ... 145
2. Ausblick auf einen europäischen Justizraum ... 150

B. Das Kollisionsrecht des internationalen Factorings in Deutschland ... 152
I. Die Rechtsbeziehung des Kunden zum Debitor (des Zedenten zum Schuldner) ... 152
II. Die Rechtsbeziehung der Parteien des Factoringvertrags: Kunde und Factor (Zedent und Zessionar) ... 153
1. Der Factoringvertrag ... 153
a. Vorbemerkung ... 153
b. Die Bestimmung des auf den Factoringvertrag anwendbaren Rechts ... 154
2. Die Reichweite des Art. 33 Abs. 1 EGBGB ... 156
3. Der Forderungsübergang ... 156
a. Regelungslücke und Anwendung des an der Niederlassung des Zedenten herrschenden Rechts ... 156
b. Die Anknüpfung der Abtretung nach Art. 33 Abs. 2 EGBGB ... 158
c. Die Anknüpfung der Abtretung nach Art. 33 Abs. 1 EGBGB ... 160
d. Stellungnahme ... 161
e. Die kollisionsrechtliche Einordnung der Abtretung als abstraktes oder kausales Rechtsgeschäft ... 163

f. Die Anknüpfung der Globalzession beim Factoring 165
g. Zwischenergebnis 167
III. Die Rechtsbeziehung des Factors zum Debitor (des Zessionars zum Schuldner) 167
1. Die Übertragbarkeit der Forderung 168
2. Der Inhalt der Forderung 168
3. Die Voraussetzungen, unter denen die Übertragung dem Schuldner entgegengehalten werden kann 169
4. Die befreiende Wirkung einer Leistung durch den Schuldner 171
IV. Die Rechtsbeziehung des Factors zu Dritten (des Zessionars zu anderen Zessionaren oder des Zessionars zu Gläubigern des Zedenten) 172
1. Meinungsstand 173
a. Das Statut der abgetretenen Forderung 173
b. Das Recht der Niederlassung des Zedenten 173
c. Das Verpflichtungsstatut 174
2. Stellungnahme 175
a. Das Verhältnis des Zessionars zu anderen Gläubigern des Zedenten 176
b. Das Verhältnis des Zessionars zu anderen Zessionaren im Falle der Mehrfachabtretung 178
V. Zwischenergebnis 180
C. Das Kollisionsrecht des internationalen Factorings in Frankreich 181
I. Vorbemerkung 181
II. Die Rechtsbeziehung des Kunden zum Debitor (des Zedenten zum Schuldner) 182
III. Die Rechtsbeziehung der Parteien des Factoringvertrags: Kunde und Factor (Zedent und Zessionar) 183
1. Vorbemerkung 183
2. Die Anknüpfung der schuldrechtlichen Verpflichtungen 184
3. Die Anknüpfung des Forderungsübergangs 186
a. Die Anknüpfung der *cession de créance* 186
b. Die Anknüpfung der *cession Dailly* 188
aa. Die Anwendbarkeit im internationalen Rechtsverkehr 188

bb. Die Anwendung des Art. 12 Abs. 1 EVÜ auf die *cession Dailly* 189
c. Die Anknüpfung der *subrogation* 190
aa. Die Abgrenzung des Anwendungsbereichs des Art. 12 EVÜ von dem des Art. 13 EVÜ 190
bb. Zwischenergebnis 193
cc. Die Anwendung des Art. 12 Abs. 1 EVÜ auf die *subrogation conventionnelle* 193

IV. Die Rechtsbeziehung des Factors zum Debitor (des Zessionars zum Schuldner) 194
1. Die Anknüpfung der *cession de créance* 194
2. Die Anknüpfung der *cession Dailly* 194
3. Die Anknüpfung der *subrogation* 194
a. Die Entscheidung der *Cour d'appel* von Paris vom 15. März 1983 195
b. Die Entscheidung der *Cour d'appel* von Grenoble vom 13. September 1995 195

V. Die Rechtsbeziehung des Factors zu Dritten (des Zessionars zu anderen Zessionaren oder des Zessionars zu Gläubigern des Zedenten) 199
1. Die Anknüpfung der *cession de créance* 199
a. Die in der Lehre anzutreffenden Auffassungen 199
aa. Die Anwendung des am Schuldnersitz geltenden Rechts 199
bb. Die Anwendung des die ursprüngliche Forderung beherrschenden Rechts 202
cc. Die Anwendung des am Sitz des Zedenten herrschenden Rechts 202
b. Die Ansicht der Rechtsprechung 203
aa. Die Entscheidung der *Cour d'appel* von Paris vom 26. März 1986 203
bb. Die Entscheidung der *Cour d'appel* von Paris vom 27. September 1984 204
c. Die Stellungnahmen zu Frage 18 des Grünbuchs 205
aa. Die Stellungnahme der *Chambre de commerce et d'industrie de Paris* vom 3. Juli 2003 205
bb. Die Stellungnahme der *Association Française des Entreprises d'Investissement* (AFEI) vom 15. September 2003 205

cc. Die Stellungnahme der *Fédération Bancaire Française* (FBF) vom 15. September 2003 206
dd. Die Stellungnahme des *Groupe européen de droit international privé* anlässlich seiner 13. Sitzung vom 19. bis 21. September 2003 207
2. Die Anknüpfung der *cession Dailly* 207
a. Die in der Lehre anzutreffenden Auffassungen 207
aa. Die Anwendung des die ursprüngliche Forderung beherrschenden Rechts 207
bb. Die Anwendung des am Schuldnersitz geltenden Rechts 208
b. Die Ansicht der Rechtsprechung 208
c. Stellungnahme 208
3. Die Anknüpfung der *subrogation* 209
VI. Zwischenergebnis 209

D. Zusammenfassung der kollisionsrechtlichen Darstellung 210

Teil 3: Das UNIDROIT-Übereinkommen über das internationale Factoring im Verhältnis zum deutschen und französischen Recht 213

A. Einführung 213
I. Vorbemerkung 213
II. Allgemeines 214
III. Die Struktur, die Auslegung und der Anwendungsbereich des Factoring-Übereinkommens 215
1. Die Struktur 215
2. Die Auslegung 217
3. Der Anwendungsbereich des Factoring-Übereinkommens . 218
a. Die Definition des Factoringvertrags 218
b. Die Internationalität des Factorings 219

B. Die Sachnormen 220
I. Das Verhältnis der Parteien des Factoringvertrags 220
1. Die Regelung zum Factoringvertrag 220
2. Die Regelungen zur Abtretung 221

a. Die Regelung des Art. 5 lit. a) 222
b. Die Regelung des Art. 5 lit. b) 223
c. Zwischenergebnis 223
3. Der Übergang von Nebenrechten aus dem Grundvertrag . . 224
II. Das Verhältnis des Factors zum Debitor 226
1. Die gegenüber dem Factor bestehende Zahlungspflicht des Debitors 226
a. Die Voraussetzungen im Einzelnen 226
aa. Keine Kenntnis von einem vorrangigen Recht 226
bb. Die schriftliche Abtretungsanzeige 227
b. Die Rechtsfolgen 228
aa. Die Spaltung der Rechtsbeziehungen 228
bb. Die Wirkungen der Zahlung 229
2. Die Erhaltung der Rechte des Debitors 229
a. Die Einwendungen des Debitors 229
b. Die Aufrechnung durch den Debitor 230
3. Der Rückerstattungsanspruch des Debitors 232
III. Der vereinbarte Abtretungsausschluss 234
1. Die Regelung des Art. 6 Abs. 1 234
2. Die Regelung des Art. 6 Abs. 3 235
3. Die Regelung des Art. 6 Abs. 2 236
a. Die Voraussetzungen einer gegenüber dem Debitor unwirksamen Abtretung 236
b. Die Rechtsfolgen des Vorbehalts 236
aa. Das Verhältnis des Kunden zum Factor 236
bb. Das Verhältnis der Parteien des Factoringvertrags zum Debitor 237
cc. Das Verhältnis des Factors zu Dritten 237
4. Zwischenergebnis 237
IV. Nachfolgende Abtretungen 238
C. Ein Vergleich der materiellrechtlichen Regelungen des Factoring-Übereinkommens mit denen des deutschen und französischen Rechts und die Folgen für das deutsch-französische Factoring 238
I. Ein Vergleich des Art. 5 mit dem deutschen und dem französischen Recht 238
1. Die Globalzession 238
2. Der Übergang künftiger Forderungen 240

3. Die Aufspaltung der Rechtsbeziehungen ... 240
4. Zwischenergebnis ... 241
II. Ein Vergleich des Art. 7 mit dem deutschen und dem französischen Recht ... 241
III. Ein Vergleich der Rechte und Pflichten des Debitors nach den Artt. 8 bis 10 mit dem deutschen und französischen Recht ... 243
1. Die Zahlungspflicht des Debitors ... 243
2. Die Rechte des Debitors ... 245
a. Die Einwendungen ... 245
b. Die Aufrechnung ... 246
3. Der Rückerstattungsanspruch des Debitors gegen den Factor ... 246
a. Deutsches Recht ... 246
b. Französisches Recht ... 247
c. Vergleich und Schlussfolgerung ... 247
IV. Ein Vergleich des Art. 6 mit dem deutschen und dem französischen Recht ... 248
1. Das Verhältnis des Art. 6 zu § 399 Fall 2 BGB und zu § 354 a HGB ... 248
a. Die Regelung des § 399 Fall 2 BGB ... 248
b. Die Regelung des § 354 a HGB ... 249
2. Das Verhältnis des Art. 6 zu Normen des französischen Rechts ... 249
3. Der von Frankreich erklärte Vorbehalt im Sinne des Art. 18 und sein Einfluss auf das deutsch-französische Factoring ... 250
D. Zusammenfassung und Stellungnahme ... 251

Teil 4: Die Konvention der Vereinten Nationen über Forderungsabtretungen im internationalen Handel ... 255
A. Einführung ... 255
B. Die Struktur, die Auslegung und der Anwendungsbereich der UNCITRAL-Konvention ... 256
I. Die Struktur ... 256
II. Die Auslegung ... 256

III. Der Anwendungsbereich ... 257
1. Das Verhältnis der UNCITRAL-Konvention zum Factoring-Übereinkommen ... 257
2. Die Abtretung internationaler Forderungen und die internationale Abtretung ... 258
3. Nachfolgende Abtretungen ... 260

C. Die Sachnormen ... 260

I. Die Voraussetzungen der Abtretung ... 261
1. Vorbemerkung ... 261
2. Die Wirksamkeit der Abtretung ... 261
3. Die Abtretungsbeschränkungen ... 262
a. Die gesetzlichen Abtretungsbeschränkungen ... 262
b. Die vertraglichen Abtretungsbeschränkungen ... 263
4. Die Form des Abtretungsvertrags ... 264

II. Die Rechtsfolgen der Abtretung ... 265
1. Das Verhältnis der Parteien des Abtretungsvertrags ... 265
a. Die Mängelhaftung des Zedenten ... 265
b. Der Anspruch des Zessionars auf Erhalt der Zahlung ... 267
c. Der Übergang der Sicherungsrechte ... 267
2. Das Verhältnis von Zessionar und Schuldner ... 268
a. Die befreiende Leistung des Schuldners ... 268
b. Die Erhaltung der Rechte des Schuldners ... 271
3. Das Verhältnis des Zessionars zu Dritten ... 271

D. Abschließende Betrachtung und Ausblick ... 272

I. Ein Vergleich der UNCITRAL-Konvention mit dem Factoring-Übereinkommen ... 272
1. Die Anwendungsbereiche ... 272
2. Die materiellrechtlichen Normen ... 273
a. Die Voraussetzungen der Abtretung ... 273
b. Die Rechtsfolgen der Abtretung ... 274

II. Eine Stellungnahme zur Konvention ... 275
1. Der Anwendungsbereich ... 275
2. Die Sachnormen ... 275

III. Das Verhältnis der UNCITRAL-Konvention zum EVÜ, insbesondere nach seiner Umwandlung in ein Gemeinschaftsinstrument ... 277

Teil 5: Schlussbetrachtung zum deutsch-französischen und internationalen Factoring 279

Literaturverzeichnis 283

Abkürzungsverzeichnis

a.A.	anderer Ansicht
ABGB	Allgemeines Bürgerliches Gesetzbuch für Österreich
Abl. EG	Amtsblatt der Europäischen Gemeinschaften
Abs.	Absatz
a.E.	am Ende
AGB	Allgemeine Geschäftsbedingungen
a.F.	alte Fassung
Alt.	Alternative
ALR	Allgemeines Landrecht für die Preußischen Staaten
Anh.	Anhang
Anm.	Anmerkung
Art.	Artikel, Article
ASF	Association Française des Sociétés Financières
Aufl.	Auflage
BGB	Bürgerliches Gesetzbuch
BGBl. I bzw. II	Bundesgesetzblatt, Teil I bzw. Teil II
BGH	Bundesgerichtshof
BGHZ	Entscheidung des Bundesgerichtshofs in Zivilsachen, amtliche Sammlung
Bull. civ.	Bulletin des chambres civiles de la Cour de cassation
bzw.	beziehungsweise
C. civ.	Code civil
C. de com.	Code de commerce
C. de trav.	Code de travail
C. mon. et fin.	Code monétaire et financier
ca.	circa
Cass. civ.	Cour de cassation, Chambre civile
Cass. com.	Cour de cassation, Chambre commerciale
C.E.E.	Communauté Économique Européenne
CISG	Convention of International Sale of Goods (Wiener UN-Übereinkommen über Verträge über den internationalen Warenkauf)
CMR	Genfer Übereinkommen über den Beförderungsvertrag im internationalen Straßengüterverkehr
com.	commerce

D.	Recueil Dalloz et Sirey
ders.	derselbe
dr.	droit
EG	Europäische Gemeinschaft
EGBGB	Einführungsgesetz zum Bürgerlichen Gesetzbuch
EGV	Römischer Vertrag zur Gründung der Europäischen Gemeinschaft (EG-Vertrag)
Einl.	Einleitung
EU	Europäische Union
EuGH	Europäischer Gerichtshof
EuGVÜ	Brüsseler EWG-Übereinkommen über die gerichtliche Zuständigkeit und die Vollstreckung gerichtlicher Entscheidungen in Zivil- und Handelssachen
EuGVVO	Verordnung (EG) Nr. 44/2001 des Rates über die gerichtliche Zuständigkeit und die Anerkennung und Vollstreckung von Entscheidungen Zivil- und Handelssachen (Europäische Gerichtsstands- und Vollstreckungsverordnung)
EuZW	Europäische Zeitschrift für Wirtschaftsrecht
e.V.	eingetragener Verein
EVÜ	Römisches EWG-Übereinkommen über das auf vertragliche Schuldverhältnisse anzuwendende Recht
EWG	Europäische Wirtschaftsgemeinschaft
EWiR	Entscheidungen zum Wirtschaftsrecht
f./ff.	folgende/fortfolgende
Fasc.	Fascicule (Heft)
F.A.Z.	Frankfurter Allgemeine Zeitung
FactÜ	UNIDROIT-Übereinkommen von Ottawa über das internationale Factoring
FCI	Factors Chain International
FLF	Finanzierung, Leasing, Factoring
franz.	französisch
FS	Festschrift
h.M.	herrschende Meinung
HGB	Handelsgesetzbuch
Hrsg.	Herausgeber

i. d. R.	in der Regel
InsO	Insolvenzordnung
int.	international
IPR	Internationales Privatrecht
IPRax	Praxis des internationalen Privat- und Verfahrensrechts
I. R.	Informations Rapides
i. V. m.	in Verbindung mit
JC	Juris-classeur périodique (La Semaine juridique)
JC de dr. int.	Juris Classeur de droit international
J. O.	Journal Officiel de la République Française
JuS	Juristische Schulung
JZ	Juristen-Zeitung
Mrd.	Milliarden
m. w. N.	mit weiteren Nachweisen
n.	note
NCPrC	Nouveau Code de Proceduré Civile
NJW	Neue Juristische Wochenschrift
Nr.	Nummer
OLG	Oberlandesgericht
RabelsZ	Rabel's Zeitschrift für ausländisches und internationales Privatrecht
Rdnr./Rdnrn.	Randnummer/Randnummern
Rép. com. D.	Encyclopédie Dalloz, Répertoire de Droit commercial
Rev. crit. DIP	Revue critique de droit international privé
Rev. de dr. bancaire	Revue de droit bancaire et boursier
Rev. dr. uniforme	Revue de droit uniforme/Uniform Law Review
RGZ	Entscheidung des Reichsgerichts in Zivilsachen
RIW	Recht der Internationalen Wirtschaft
RTD civ.	Revue trimestrielle de droit civil
RTD com.	Revue trimestrielle de droit commercial
RTD eur.	Revue trimestrielle de droit européen
S.	Seite
s.	siehe

SJZ	Schweizerische Juristenzeitung
sog.	so genannt
t.	tome (Teil)
Trib. com.	Tribunal de commerce
UN	United Nations (Vereinte Nationen)
UNCITRAL	United Nations Commission on International Trade Law (Kommission der Vereinten Nationen für internationales Handelsrecht)
UNIDROIT	International Institute for the Unification of Private Law (Internationales Institut zur Vereinheitlichung des Privatrechts)
WM	Wertpapier-Mitteilungen
z. B.	zum Beispiel
ZEuP	Zeitschrift für Europäisches Privatrecht
ZGB	Schweizerisches Zivilgesetzbuch
ZVglRWiss	Zeitschrift für vergleichende Rechtswissenschaft

Für hier nicht aufgeführte Abkürzungen wird auf *Kirchner/Butz,* Abkürzungsverzeichnis der Rechtssprache, 5. Aufl., 2003 verwiesen.

Einleitung

Die Globalisierung hat ein enormes Wachstum grenzüberschreitender wirtschaftlicher Aktivitäten mit sich gebracht. Im internationalen Handel weisen viele Verträge Verbindungen nicht nur zu einer, sondern sogar zu mehreren anderen Rechtsordnungen auf. Es liegt in der Natur der Sache, dass sich bei der Anwendung der verschiedenen nationalen Rechtsordnungen Schwierigkeiten formeller und materieller Art ergeben. Diese gilt es, nach und nach abzubauen.

Dem Ziel, den internationalen Handel in rechtlicher Hinsicht zu vereinfachen, um damit seine Entwicklung weiter zu fördern, kann auf zweierlei Weise näher gekommen werden: Zum einen kann das Internationale Privatrecht vereinheitlicht werden. Dieses Anliegen verfolgt das Römische EWG-Übereinkommen über das auf vertragliche Schuldverhältnisse anzuwendende Recht (EVÜ) von 1980. Es ist für Deutschland im Verhältnis zu Frankreich 1991 in Kraft getreten. Trotz der Vereinheitlichung des Kollisionsrechts werden Auslegungsfragen zum Teil unterschiedlich beantwortet. Hinzu kommt, dass weiterhin auf die nationalen Rechtsordnungen abgestellt werden muss und diese sich erheblich voneinander unterscheiden können. Zum anderen kann internationales Einheitsrecht geschaffen werden. Den größten Erfolg in diesem Bereich verzeichnet das Wiener UN-Übereinkommen über Verträge über den internationalen Warenkauf (CISG) von 1980. Es ist für Deutschland im Verhältnis zu Frankreich 1991 in Kraft getreten.

Vor dem Hintergrund, dass bei einem stetig wachsenden Welthandel Kreditvergaben und -sicherheiten zunehmend an Bedeutung gewinnen, betreffen die Bestrebungen zur Rechtsvereinheitlichung auch die Forderungsabtretung. Im heutigen Dienstleistungszeitalter ist sie zu einem der wichtigsten Kreditsicherungsmittel geworden. In diesem Zusammenhang ist die von UNIDROIT, dem Internationalen Institut zur Vereinheitlichung des Privatrechts, unternommene Anstrengung zur Vereinheitlichung des internationalen Factorings[1] zu sehen. Sie mündete 1988 in

---

1 Nach einer Pressemitteilung des *Deutschen Factoring-Verbands e.V.* vom 09.03.2004 (FLF 2004, 100) erzielten die Mitgliedsinstitute im Jahr 2003 einen Gesamtumsatz von 35,08 Mrd. €. Ausgehend von diesem Gesamtumsatz entfielen 77% (27,13 Mrd. €) auf das Inlandsgeschäft und 23% (7,95 Mrd. €) auf das internationale Geschäft. Im Inlandsgeschäft erzielte die Branche ein Umsatzplus von 16,6% gegenüber dem Vorjahr, im internationalen Geschäft lag der Zuwachs bei 15,4%. Etwa drei Viertel der Verbandsmitglieder finanzierten Exportgeschäfte ihrer Kunden. Wichtige Partnerländer waren im Jahr 2003 Frankreich, die Benelux-Länder, Großbritannien, Italien, Österreich, die Schweiz, Spanien, Skandinavien und die Türkei.
Nach Angaben der *Association Française des Sociétés Financières* (ASF) betrug der Factoringumsatz im Jahr 2003 € 73 Mrd. Davon entfielen 68 Mrd. € auf das Inlandsfactoring und € 5 Mrd. € auf das internationale Geschäft. Im Vergleich zum Vorjahr entspricht dies einem Anstieg von 3,8%.

das UNIDROIT-Übereinkommen über das internationale Factoring. Die Präambel betont das wichtigste vom Übereinkommen verfolgte Ziel: Die Entwicklung des internationalen Handels soll durch die Schaffung einheitlicher Vorschriften für das internationale Factoring, die dieses erleichtern sollen, gefördert werden.

Die vorliegende Arbeit untersucht, ob es durch das Factoring-Übereinkommen tatsächlich zu einer Erleichterung im deutsch-französischen Factoring gekommen ist. Zu diesem Zweck werden zunächst die Grundzüge des deutschen und des französischen Factorings, insbesondere die unterschiedlichen rechtlichen Konstruktionen der Forderungsübertragung herausgearbeitet.

Anschließend wird die Rechtslage des internationalen Factorings nach dem EVÜ dargestellt. Festhalten lässt sich nämlich bereits an dieser Stelle, dass sich das Factoring-Übereinkommen des Forderungsübergangs, dem eigentlichen Kern des Factorings, nicht umfassend annimmt und damit auf das Internationale Privatrecht zurückgegriffen werden muss. Über die kollisionsrechtlichen Normen ist die einschlägige nationale Rechtsordnung der Forderungsübertragung zu bestimmen. Die Ermittlung des anwendbaren Rechts ist mit schwierigen und umstrittenen rechtlichen Problemen behaftet.

Sodann wird der Frage nachgegangen, für welche rechtlichen Probleme das Factoring-Übereinkommen Lösungen anbietet. Die Regelungen des Factoring-Übereinkommens werden untersucht und mit denen der deutschen und französischen Rechtsordnung verglichen. Denn es genügt nicht, internationales Einheitsrecht zu schaffen. Das Einheitsrecht muss vielmehr einheitlich ausgelegt und angewendet werden. Dafür ist eine systematische Untersuchung erforderlich, die vor allen Dingen die Problembereiche aufzeigt.

Einen weiteren Schritt auf dem Weg zur Rechtsvereinheitlichung im Bereich der Finanzierung durch Forderungsübertragung stellt die UNCITRAL-Konvention über die Forderungsabtretung im internationalen Handel dar. Eine internationale Arbeitsgruppe der UNCITRAL (United Nations Commission on International Trade Law) hat ein Übereinkommen erarbeitet, das alle internationalen Finanzierungsgeschäfte auf der Basis von Forderungsabtretungen regeln soll. So bezieht sich das Übereinkommen entweder auf die internationale Forderungsabtretung oder auf die Abtretung internationaler Forderungen. Die vorliegende Arbeit wird besondere Regelungen der UNCITRAL-Konvention vorstellen und zum Factoring-Übereinkommen in Bezug setzen.

Das internationale Factoring hat zwar, sowohl in Deutschland als auch in Frankreich, keinen überragend hohen Anteil am Factoringumsatz, es wächst jedoch kontinuierlich.
Nähere Angaben zum Factoring in Deutschland finden sich auf der Website:
http://www.factoring.de. Informationen zum Factoring *(affacturage)* in Frankreich enthält die Website: http://www.asf-france.com.

Teil 1: Das Factoring in Deutschland und Frankreich

Um das Factoring in Deutschland mit dem in Frankreich vergleichen zu können, wird zunächst geklärt, durch welche entscheidenden Merkmale sich das Factoring in dem jeweiligen Land auszeichnet. Dies erscheint zum einen sinnvoll, weil sich, gerade was das Factoring in Deutschland angeht, bereits zahlreiche Abhandlungen mit dem Factoring und seinen Gestaltungsmöglichkeiten beschäftigen[1] und nur ein Teil der zahlreichen Sachfragen für die vorliegende Arbeit von Bedeutung ist. Ein Vergleich der Charakteristika des Factorings beider Länder veranschaulicht zum anderen die Gemeinsamkeiten und Unterschiede.

Je nachdem, unter welchem Blickwinkel man die Rechtsbeziehungen zwischen den Parteien des Factoringgeschäfts betrachtet, haben sich zahlreiche, synonyme Benennungen herausgebildet.[2] Im Folgenden werden die drei am Factoringgeschäft beteiligten Parteien einheitlich als Factor, Kunde und Debitor bezeichnet. Der Kunde liefert dem Debitor Waren oder erbringt für ihn Dienstleistungen. Die sich hieraus ergebenden Geldforderungen gegen den Debitor sind Gegenstand des Factoringgeschäfts. Sie werden vom Kunden an den Factor verkauft und abgetreten.

Ein Schwerpunkt des ersten Teils der Arbeit wird auf die Übertragung der Forderung, dem rechtlichen Kern des Factorings, gelegt.

A. Das Factoring in Deutschland

I. Allgemeines

Im Geschäftsjahr 2003 haben nach einer Pressemitteilung des *Deutschen Factoring-Verbands e. V.* die Verbandsmitglieder einen Factoringgesamtumsatz von € 35,08 Mrd. erreicht.[3] Der Umsatz wurde in mehr als 30 Branchen erzielt, wobei

---

1 Zum Factoring in Deutschland: *Bähr*, Die Kollision der Factoring-Globalzession mit dem verlängerten Eigentumsvorbehalt; *Berghaus*, Kollision zwischen Factoring-Globalzession und verlängertem Eigentumsvorbehalt; *Bette*, Das Factoring-Geschäft (Siehe insbesondere zur Geschichte des Factoringgeschäfts S. 21 ff.); *Fischoeder*, Factoring in Deutschland; *Hagenmüller/Sommer/Brink* (Hrsg.), Handbuch des nationalen und internationalen Factoring[3]; *Kümpel*, Bank- und Kapitalmarktrecht[3], S. 940 ff.; *Lunckenbein*, Rechtsprobleme des Factoring-Vertrages; *Martinek*, Moderne Vertragstypen I, S. 220 ff.; *Rabstein*, Factoring-Vertrag, Münchener Vertragshandbuch 3/1[4], S. 265 ff.; *Schwarz*, Factoring[3]; Staudinger[13]/*Busche*, Einl. zu §§ 398 ff. BGB Rdnr. 136 ff.

2 Siehe hiezu: *Brink*, Begriffsbestimmungen, Factoring-Handbuch[3], S. 17; *von Falkenhayn*, Das Verhältnis von Factor und Debitor beim Factoring, S. 305; *Schwarz*, Factoring[3], S. 11.

3 Siehe hierzu Fußnote 1 der Einleitung.

sich für seine Entwicklung im Jahr 2003 folgende Branchenschwerpunkte ergaben: Metallverarbeitung, Automobilzulieferung, Textilien, Lebensmittel, elektrische Geräte, Chemie- und Kunststoffindustrie, EDV-Hardware, Maschinenbau, Möbel- und Holzindustrie, Papier- und Druckindustrie. Aus dem Dienstleistungssektor machten Unternehmen aus den Bereichen Personalleasing, Softwareentwicklung, Transport und Logistik, Gebäudemanagement und Mobilienleasing vom Factoring Gebrauch. Typische Factoringkunden sind mittelständische Unternehmen mit € 2 Millionen bis € 150 Millionen Jahresumsatz, wobei die angekaufte Einzelforderung im Durchschnitt bei knapp € 1.000 liegt.[4]

Besonderen Einfluss auf das Factoringgeschäft haben die hohe Zahl von Unternehmensinsolvenzen[5] und die schwache Zahlungsmoral. Ein gesteigertes Interesse der Wirtschaft an Factoring ist zudem vor dem Hintergrund der restriktiven Kreditpolitik zahlreicher Kreditinstitute, u.a. unter dem Eindruck der Rahmenvereinbarung über eine neue Eigenkapitalempfehlung für Kreditinstitute (Basel II) auszumachen.[6] Von den genannten Faktoren sind auch Factoringinstitute betroffen, allerdings in einem anderen Maße als die Factoringkunden. In der Regel verfügen Factoringinstitute im Gegensatz zu ihren Kunden, deren Abnehmerstruktur sich auf eine Branche oder Region beschränkt, über weit gestreute Abnehmerportfolios zahlreicher Branchen. Hierdurch verteilt sich das Ausfallrisiko auf viele, relativ kleine Finanzierungsengagements. Die Bildung eines Klumpenrisikos wird verhindert.[7]

Der *Deutsche Factoring-Verband e.V.* geht davon aus, dass in der mittelständischen Wirtschaft die Nachfrage nach zusätzlicher Liquidität zur Umsatzfinanzierung und das Interesse am Schutz vor Forderungsausfällen weiter anhalten wird. Für mittelständische Unternehmen bestehe unverändert die Notwendigkeit, zur Umsatz-

4 Factoring ersetzt die dritte Kreditlinie, F.A.Z. vom 12.03.2003.

5 Nach Angaben von *Creditreform* (http://www.creditreform.de) stellten im ersten Halbjahr 2004 19.300 Betriebe einen Antrag auf Eröffnung eines Insolvenzverfahrens. Im Vergleich zum Vorjahreszeitraum ist die Tendenz zwar leicht rückläufig, aber immer noch auf einem gesamtwirtschaftlich hohen Niveau. Im europäischen Vergleich bekleidet Deutschland den zweiten Platz (2003: 39.470 Unternehmensinsolvenzen). Nur Frankreich konnte im vergangenen Jahr mit 40.500 mehr Insolvenzen verzeichnen. In Westeuropa meldeten im Jahre 2003 157.138 Unternehmen Insolvenz an, was einem Anstieg von 3,9% im Vergleich zum Jahr 2002 entspricht.

6 Sie ist inzwischen verabschiedet worden. Nähere Informationen finden sich unter: http://www.bundesbank.de.

7 *Bette*, Factoring schützt vor Forderungsausfällen, Kurzvortrag anlässlich der Pressekonferenz am 11.03.2003. Im Jahre 2002 lag die Ausfallquote bei angekauften Forderungen im Branchendurchschnitt mit 0,25% bis 0,30% im Vergleich zum Jahr 2001 relativ stabil (Factoring ersetzt die dritte Kreditlinie, F.A.Z. vom 12.03.2003).

finanzierung alternative bzw. zusätzliche Finanzierungsmöglichkeiten zu erschließen.[8]

Die Laufzeit der von Factoringinstituten angekauften Forderungen betrug im ersten Halbjahr 2002 durchschnittlich 55 Tage. Im Inlandsgeschäft ist in der Regel eine kürzere Laufzeit, im internationalen Geschäft zum Teil eine erheblich längere zu verzeichnen.[9] Beim Factoring kommt es zu einem sofortigen Liquiditätszufluss bei Rechnungseinreichung, abzüglich eines Sicherheitseinbehalts in Höhe von 10% bis 20%, der bei Eingang der vom Debitor vorgenommenen Zahlung ausgezahlt wird.

Das Factoringentgelt setzt sich wie folgt zusammen: In der Regel berechnet der Factor seinem Kunden die Zinsen zur Finanzierung der Forderung bis zum Zahlungseingang, ein Entgelt für die Risikoübernahme und das Inkasso, das je nach Risiko zwischen 0,6% und 2,5% des Bruttoumsatzes ausmacht. Darüber hinaus verlangt der Factor eine Kostenbeteiligung an der laufenden Bonitätsprüfung der Debitoren.[10] Die Höhe des Factoringentgelts wird maßgeblich bestimmt durch die Anzahl der Rechnungen, die Form der technischen Abwicklung, die durchschnittlichen Rechnungsbeträge, die Branchenzugehörigkeit des Debitors, die Anzahl der Reklamationen und den Leistungsumfang, die Leistungsfähigkeit und die Marktstrategie des Factors.[11] Im Zusammenhang mit der Höhe der Factoringgebühren macht *Brink* deutlich, dass sich auf der Ertragseite durch den gezielten Einsatz der zur Verfügung gestellten Liquidität Vorteile ergeben, die diese Kosten überkompensieren können.[12] Zu denken ist etwa an Skonti und Einkaufsvorteile, von welchen der Factoringkunde Gebrauch machen kann.

II. Die Grundform des Factorings: offenes, echtes Factoring

In der Praxis ist das offene, echte Factoring dominierend.[13] Beim offenen Verfahren wird dem Debitor die Abtretung der Forderung an den Factor, meist durch einen

8 Pressemitteilung des *Deutschen Factoring-Verbands e. V.* vom 09.03.2004.

9 Im Jahr 2003 wurden Rechnungen in Deutschland im Durchschnitt nach 40 Tagen und in Frankreich nach 56 Tagen bezahlt (Quelle: *Creditreform*).

10 Factoring ersetzt die dritte Kreditlinie, F.A.Z. vom 12.03.2003.

11 *Brink*, Rechtsbeziehungen des Factors mit seinem Kunden – Der Factoringvertrag, Factoring-Handbuch³, S. 198; *Schwarz*, Factoring³, S. 63.

12 *Brink*, Rechtsbeziehungen des Factors mit seinem Kunden – Der Factoringvertrag, Factoring-Handbuch³, S. 198.

13 *Brink*, Rechtsbeziehungen des Factors mit seinem Kunden – Der Factoringvertrag, Factoring-Handbuch³, S. 178, 192 und 205; *Brink*, WM 2003, 1355, 1356; *Bette*, Factoring, in *Derleder/Knops/Bamberger* (Hrsg.), Handbuch zum deutschen und europäischen Bankrecht, S. 664 Rdnr. 3.

Rechnungsaufdruck[14], angezeigt. Der Factor übernimmt beim echten Factoring das Risiko der Uneinbringlichkeit der Forderung.[15] Bei Zahlungsunfähigkeit oder -unwilligkeit des Debitors kann der Factor beim Kunden keinen Rückgriff nehmen.

Der BGH hat in seinem Urteil vom 19. September 1977 das echte Factoring als einen Forderungskauf qualifiziert.[16] Dieser habe die Besonderheit, dass der Anschlusskunde den von der Factoring-Bank regelmäßig schon vor Fälligkeit – vorschussweise – gezahlten Kaufpreis endgültig behalten dürfe.[17] Werde dem Vorbehaltskäufer die Ermächtigung erteilt, den Kaufpreis für die unter verlängertem Eigentumsvorbehalt gelieferte und weiterveräußerte Ware einzuziehen, so sei er auch berechtigt, die Forderungen aus dem Weiterverkauf im Rahmen des echten Factorings an einen Factor zu verkaufen und abzutreten.[18]

Wenn die Parteien des Factoringvertrags für einen Debitor einen Höchstbetrag (Limit) vereinbaren, bis zu dem der Factor verpflichtet ist, Forderungen des Kunden zu erwerben, so trägt der Kunde das Ausfallrisiko der Forderungen, die das Limit überschreiten.[19] Die das Limit übersteigenden Forderungen kauft der Factor regelmäßig nicht an, auch nicht im Rahmen des unechten Factorings.[20] In der Regel beauftragt und ermächtigt der Kunde den Factor, nicht angekaufte Forderungen im eigenen Namen einzuziehen.[21] Sobald der Debitor jedoch zahlt, wird das Limit in dieser Höhe frei und die nicht angekaufte Forderung oder ihr nicht angekaufter Teil rückt nach, sog. Siloprinzip.[22]

Unechtes Factoring eröffnet dem Factor zwar die Möglichkeit, bei Zahlungsunfähigkeit des Debitors auf den Kunden zurückzugreifen. Es wird aber kaum noch vereinbart.[23] Dies liegt u. a. daran, dass die Rechtsprechung des Bundesgerichtshofs

14 Nach dem Factoringvertrag des *Deutschen Factoring-Verbands* (Mustervertrag, Fassung 1996 in Factoring-Handbuch³, S. 391) sollen die Liefer- und Zahlungsbedingungen des Kunden folgenden Vermerk enthalten: „Zahlungen mit befreiender Wirkung können nur an den Factor geleistet werden, an den wir unsere Ansprüche aus unserer Geschäftsverbindung abgetreten haben."

15 *Bette*, WM 2002, 205, 207.

16 BGHZ 69, 254, 257.

17 BGHZ 69, 254, 258.

18 BGHZ 72, 15, 19 ff.

19 *Seraphim*, Die Übernahme des Debitorenmanagements, Factoring-Handbuch³, S. 122.

20 So aber *Martinek*, Moderne Vertragstypen I, S. 234. Er meint, im Rahmen ein- und desselben Factoringverhältnisses könnten sich echtes und unechtes Factoring mischen.

21 Factoringvertrag des *Deutschen Factoring-Verbands*, Mustervertrag, Fassung 1996 in Factoring-Handbuch³, S. 389.

22 *Seraphim*, Die Übernahme des Debitorenmanagements, Factoring-Handbuch³, S. 123, 128; *Brink*, Rechtsbeziehungen des Factors mit seinem Kunden – Der Factoringvertrag, Factoring-Handbuch³, S. 194; Staudinger¹³/*Busche*, Einl. zu §§ 398 ff. BGB Rdnr. 136.

23 *Brink*, Begriffsbestimmungen, Factoring-Handbuch³, S. 15; *Martinek*, Moderne Vertragstypen I, S. 234.

das unechte Factoring als Kreditgeschäft[24] und die Globalzession dementsprechend als Sicherungszession wertet, welche sich gegenüber einem verlängerten Eigentumsvorbehalt des Warenkreditgebers nicht durchsetzen kann.[25] Unechtes Factoring wird der Factor aus Gründen der Absicherung seiner Kreditierung daher nur in Erwägung ziehen, wenn die vom Kunden abzutretenden Forderungen frei von Rechten Dritter sind oder wenn er eine andere Besicherung erhält.

III. Die rechtliche Gestaltung des Factorings: der Factoringvertrag

Zu Beginn der Geschäftsbeziehung regeln Factor und Kunde ihr rechtliches Verhältnis umfassend in einem sog. Factoringvertrag.[26] Der Factoringvertrag wird als Rahmenvertrag[27] oder als Vorvertrag[28] bezeichnet und für eine längere Dauer geschlossen. Aus seinem Charakter als Dauerschuldverhältnis ergeben sich für den Factor und den Kunden gesteigerte Schutz- und Nebenpflichten.[29] Der Factoringvertrag begründet wesentliche Rechte und Pflichten der Parteien, die den Funktionen des Factorings entsprechen. Er weist in seiner Grundform drei Funktionen auf: die Finanzierungs-, die Service- und die Versicherungsfunktion.[30] Bei der Finanzierungsfunktion erhält der Kunde für seine erst später fällig werdenden Forderungen sofort deren Gegenwert abzüglich einer Factoringgebühr und eines Sperrbetrags. Der Liquiditätszuschuss, der dem Kunden auf diese Weise zufließt, erspart es ihm, teures Fremdkapital aufzunehmen. Insofern handelt es sich bei der Finanzierungsfunktion um die wichtigste Funktion.[31] Übernimmt der Factor für den Kunden die gesamte Führung der Debitorenkonten einschließlich des Mahn- und Inkassowesens sowie den Forderungseinzug, so ist die Servicefunktion erfüllt.

---

24 BGHZ 58, 364, 366.

25 BGHZ 82, 50, 61; 100, 353, 358.

26 Siehe hierzu: Factoringvertrag des *Deutschen Factoring-Verbands,* Mustervertrag, Fassung 1996 in Factoring-Handbuch[3], S. 388 ff.

27 *Berghaus*, Kollision zwischen Factoring-Globalzession und verlängertem Eigentumsvorbehalt, S. 28; *Rabstein*, Factoring-Vertrag, Münchener Vertragshandbuch 3/1[4], S. 273; *Brink*, Rechtsbeziehungen des Factors mit seinem Kunden – Der Factoringvertrag, Factoring-Handbuch[3], S. 178; *Kümpel*, Bank- und Kapitalmarktrecht[3], S. 944; Staudinger[13]/*Busche*, Einl. zu §§ 398 ff. BGB Rdnr. 138.

28 *Bette*, Das Factoring-Geschäft, S. 53; *Häusler*, Das UNIDROIT Übereinkommen über internationales Factoring, S. 45 f.

29 Staudinger[13]/*Busche*, Einl. zu §§ 398 ff. BGB Rdnr. 140.

30 Vgl. *Lunckenbein*, Rechtsprobleme des Factoring-Vertrages, S. 8 ff.; *Serick*, Eigentumsvorbehalt und Sicherungsübertragung, Band IV, S. 546 ff.; *Martinek*, Moderne Vertragstypen I, S. 222; *v. Westphalen*, Exportfinanzierung[3], S. 473.

31 Staudinger[13]/*Busche*, Einl. zu §§ 398 ff. BGB Rdnr. 162.

Die Versicherungs- bzw. Delkrederefunktion des echten Factorings besteht darin, dass der Factor das Risiko einer Zahlungsunfähigkeit des Debitors übernimmt.

Hauptbestandteil des Factoringvertrags ist auf der einen Seite die Verpflichtung des Kunden, seine gegenwärtigen und künftig entstehenden Forderungen fortlaufend dem Factor zum Kauf anzubieten (Anbietungspflicht) und auf der anderen Seite die Pflicht des Factors, das Kaufangebot unter bestimmten Voraussetzungen anzunehmen (Ankaufspflicht). Daneben enthält der Factoringvertrag aber auch Bestimmungen zum Zustandekommen der einzelnen Forderungskaufverträge und der Abtretung. Künftige Forderungen werden aufschiebend bedingt abgetreten. Darüber hinaus werden Regelungen für den Fall getroffen, dass eine angebotene Forderung nicht im Rahmen des Limits liegt, das der Factor für den Debitor eingeräumt hat. Weitere Vereinbarungen nehmen sich des Risikos der Zahlungsunfähigkeit des Debitors, der Veritätshaftung und der Nebenpflichten des Kunden sowie der Übertragung von Sicherheiten an. Bestimmt werden u. a. auch das Ende des Factoringvertrags, der Erfüllungsort und der Gerichtsstand.

In einem sog. Konditionenblatt, einer Anlage zum Factoringvertrag, werden nähere Einzelheiten über die Höhe des Sperrkontos, die Bestimmung des Kaufpreises für die Forderungen und die Höhe des Factoringentgelts festgehalten.[32]

Ein Factoringvertrag kann neben echtem Factoring auch unechtes Factoring regeln. Nicht umsonst spricht *Martinek*[33] in diesem Zusammenhang von einer unübersichtlichen Gemengelage von obligatorischen und dinglichen Geschäften, wobei die einzelne factoring-unterworfene Forderung des Kunden gegen den Debitor nicht übersehen werden darf.

1. Die Rechtsnatur des Factoringvertrags

Eine gesetzliche Definition des Factoringvertrags sucht man im deutschen Recht vergeblich.[34] Bei dem Factoringvertrag handelt es sich um eine verkehrstypische, gesetzlich nicht geregelte Vertragsform.

---

32 *Brink*, Rechtsbeziehungen des Factors mit seinem Kunden – Der Factoringvertrag, Factoring-Handbuch[3], S. 190.

33 Moderne Vertragstypen I, S. 244. *Busche* (Staudinger[13], Einl. zu §§ 398 ff. BGB Rdnr. 142) erwähnt den komplexen Regelungsgehalt des Factoringgeschäfts, der die verschiedenen Funktionen des Factorings widerspiegle und unterschiedliche Erscheinungsformen (echtes und unechtes Factoring) habe.

34 Einer der ersten Versuche, das Factoring anhand seiner Funktionen begrifflich zu fassen, findet sich in *Fischoeder*, Factoring in Deutschland, S. 7 ff. *Fischoeder* stellt u. a. auf die Versicherungsfunktion, die Dienstleistungsfunktion, die in Arbeiten wie Buchhaltung und Forderungseinzug zum Ausdruck komme, und die Finanzierungsfunktion ab. Er zeigt darüber hinaus weitere Leistungen, die der Factor je nach Vereinbarung erbringen kann, auf und weist auf die

Zu ihrer vertragsrechtlichen Einordnung werden unterschiedliche Ansichten vertreten. Eine Theorie sieht den Factoringvertrag als Dienstvertrag an, der auf eine Geschäftsbesorgung gerichtet ist (§§ 611, 675 BGB). Nach der sog. Bündeltheorie beruhen die dem Factor obliegenden Aufgaben auf rechtlich selbstständigen Kauf- bzw. Darlehensverträgen, Geschäftsbesorgungsverträgen und Versicherungs- oder Garantieverträgen. Nach einer weiteren Auffassung handelt es sich bei dem Factoringvertrag um einen gemischten Vertrag, der hinsichtlich der Finanzierungsfunktion ein darlehensrechtliches Element enthält und daneben Elemente der Geschäftsbesorgung und eines Kreditversicherungsvertrags aufweist. Dies gelte sowohl für das echte als auch das unechte Factoring.[35] Die einzelnen Vertragselemente, die verschiedenen Schuldvertragstypen zugeordnet werden können, werden in der Art zusammengefügt, dass sie einen einheitlichen gemischten Vertrag in der Form eines Typenkombinationsvertrags bilden.[36] Nach dieser Ansicht kennzeichnet nicht ein Bündel von Einzelverträgen, sondern ein Gefüge von funktional aufeinander bezogenen Vertragselementen den Factoringvertrag. Die Typenkombinationstheorie wird der rechtlichen Einordnung des Factoringvertrags am besten gerecht, da sie nicht nur den jeweils betroffenen Vertragsteil einem Schuldvertragstyp zuordnet, sondern diesen im Zusammenhang mit den anderen Vertragsbestandteilen beurteilt.[37] Dennoch wird man, unabhängig davon, welcher Ansicht man folgen mag, bei der Auslegung einzelner Bestimmungen des Factoringvertrags zunächst auf den gesetzlich geregelten Grundtyp zurückkommen, dem die einzelne Bestimmung zuzuordnen ist.[38]

2. Die Anbietungspflicht des Kunden

Grundsätzlich verpflichtet sich der Kunde in dem Factoringvertrag, alle seine künftigen Forderungen aus Warenlieferungen und Dienstleistungen gegen seine

---

Möglichkeit hin, gewisse unternehmensfremde Tätigkeiten auf Spezialisten ausgliedern zu können.

35 *Bähr*, Die Kollision der Factoring-Globalzession mit dem verlängerten Eigentumsvorbehalt, S. 83. Auch *v. Westphalen* (Exportfinanzierung[3]) hält den Factoringvertrag für einen gemischten Vertrag. Er wertet die Dienstleistungsfunktionen als typische Geschäftsbesorgungen im Sinn der §§ 675, 611 BGB und ordnet die das echte Factoring prägende Finanzierungsfunktion des Factors dem Kaufvertragsrecht zu.

36 Staudinger[13]/*Busche*, Einl. zu §§ 398 ff. BGB Rdnr. 140.

37 *Bähr*, Die Kollision der Factoring-Globalzession mit dem verlängerten Eigentumsvorbehalt, S. 83; *Martinek*, Moderne Vertragstypen I, S. 254 f.; in diesem Sinne wohl auch: *Lunckenbein*, Rechtsprobleme des Factoring-Vertrages, S. 32 („Factoring ist eben Factoring").

38 *Martinek*, Moderne Vertragstypen I, S. 255; *Brink*, Rechtsbeziehungen des Factors mit seinem Kunden – Der Factoringvertrag, Factoring-Handbuch[3], S. 190.

Debitoren fortlaufend dem Factor zum Kauf anzubieten.[39] Unter Zugrundelegung der mit dem Factor getroffenen Vereinbarungen übersendet der Kunde dem Factor seine Rechnungsdurchschriften. Mit ihrem Zugang beim Factor wird das jeweilige Angebot des Kunden wirksam (§ 130 Abs. 1 BGB).[40]

Durch die Verpflichtung, alle Forderungen zum Kauf anbieten zu müssen, wird verhindert, dass dem Factor nur Forderungen gegen Debitoren mit mangelhafter Bonität angedient werden.[41] Darüber hinaus sichert der Kunde zu, dass er nur solche Forderungen anbietet, deren Lieferungen oder Leistungen bereits vollständig erbracht sind.[42] Factoring ist nicht als Ersatz für Lager- oder Auftragsfinanzierung gedacht.

3. Die Ankaufspflicht des Factors

Der uneingeschränkten Anbietungspflicht des Kunden entspricht nicht ohne weiteres die Ankaufspflicht des Factors. Denn der Factoringvertrag regelt genau, in welchen Fällen sie besteht. Entscheidend ist neben dem Bestand (Verität) der Forderung die Kreditwürdigkeit des Debitors.[43] Die Prüfung der Kreditwürdigkeit ist eine der wichtigsten Aufgaben des Factors.[44] Die zum Kauf angebotene Forderung muss im Rahmen des Limits liegen, das der Factor für diesen Debitor eingeräumt hat. Der Factor behält sich ferner vor, die Entscheidung über den Ankauf, die Einräumung, die Änderung oder die Streichung des Limits nach pflichtgemäßem Ermessen unter banküblichen Gesichtspunkten vorzunehmen.[45]

So kann der Factor im Einzelfall beispielsweise entscheiden, ob er eine Forderung ankauft, deren Abtretung der Debitor verboten hat. Ein vertraglich vereinbartes Abtretungsverbot für Geldforderungen hat bei beiderseitigen Handelsgeschäften zwar nach § 354 a S. 1 HGB keine Wirkung. Der Debitor kann aber nach § 354 a S. 2 mit befreiender Wirkung an den Kunden leisten. Im Falle des Ankaufs einer solchen Forderung würde der Factor also das Weiterleitungsrisiko tragen.

39 Siehe hierzu Factoringvertrag des *Deutschen Factoring-Verbands,* Mustervertrag, Fassung 1996 in Factoring-Handbuch³, S. 388; *Brink*, Rechtsbeziehungen des Factors mit seinem Kunden – Der Factoringvertrag, Factoring-Handbuch³, S. 192 f.; Staudinger¹³/*Busche*, Einl. zu §§ 398 ff. BGB Rdnr. 148.

40 *Bette*, Das Facoring-Geschäft, S. 52.

41 *Bette*, Das Factoring-Geschäft, S. 26; *Bähr*, Die Kollision der Factoring-Globalzession mit dem verlängerten Eigentumsvorbehalt, S. 61.

42 Factoringvertrag des *Deutschen Factoring-Verbands,* Mustervertrag, Fassung 1996 in Factoring-Handbuch³, S. 388.

43 *Bette*, Das Factoring-Geschäft, S. 52; Staudinger¹³/*Busche*, Einl. zu §§ 398 ff. BGB Rdnr. 149.

44 *Bette*, WM 2002, 205, 207.

45 Factoringvertrag des *Deutschen Factoring-Verbands,* Mustervertrag, Fassung 1996 in Factoring-Handbuch³, S. 389.

Der Factor ist auch nicht zum Ankauf von Forderungen verpflichet, für die vertragswidrig lange Zahlungsziele bestehen. Üblicherweise wird im Inland von einer Forderungslaufzeit von 90 Tagen und im Ausland von 120 Tagen ausgegangen.[46]

IV. Der einzelne Forderungskaufvertrag

Von der Anbietungspflicht des Kunden ist seine schuldrechtliche Verpflichtung zur Forderungsübertragung zu unterscheiden. Auch diese ist im Factoringvertrag geregelt. Sie ergibt sich aus einem Kaufvertrag[47] in Form des in § 453 Abs. 1 i.V.m. § 433 Abs. 1 S. 1 BGB geregelten Forderungskaufs. Gegen Zahlung des vereinbarten Kaufpreises soll der Factor endgültig durch Abtretung die Forderungen des Kunden aus Lieferungen oder Leistungen erwerben. Der geschlossene Kaufvertrag ist der Rechtsgrund der Abtretung. Mängel des Kaufvertrags lassen die Wirksamkeit der Abtretung nach dem Abstraktionsprinzip unberührt.[48]

Mit dem Kaufvertrag ist eine kreditorische Leistung des Factors verbunden. Er zahlt schon vor Fälligkeit der verkauften Forderung den Kaufpreis gegen Verzinsung und Entrichtung der Factoringgebühr solvendi causa auf die Kaufpreisforderung.[49] Dies rechtfertigt allerdings nicht die Annahme, beim Factoringvertrag handele es sich um einen Darlehensvertrag mit atypischer Rückzahlungsvereinbarung.[50] Entscheidend ist nämlich, dass der Factor die Forderung endgültig erwerben und der Kunde sie endgültig übertragen will. Beim echten Factoring behält sich der Factor gerade keinen Rückzahlungsanspruch vor. Dieser ist aber eines der Wesensmerkmale des Darlehensvertrags nach § 488 Abs. 1 S. 2 BGB.

1. Das Kaufangebot des Kunden

Mit der Übermittlung aller wesentlichen Merkmale der Forderung gegen den Debitor unterbreitet der Kunde dem Factor das Kaufangebot. In der Praxis geschieht dies durch das Einreichen von Rechnungskopien oder das Einreichen von Gutschriften des Debitors, in denen die abzutretenden Forderungen beschrieben

46 *Olbort*, Allgemeine Bedingungen der Factoringfinanzierung, Factoring-Handbuch[3], S. 79.

47 *Bette*, Das Factoring-Geschäft, S. 53; *Berghaus*, Kollision zwischen Factoring-Globalzession und verlängertem Eigentumsvorbehalt, S. 21; *Lunckenbein*, Rechtsprobleme des Factoring-Vertrages, S. 58 ff.; *Martinek*, Moderne Vertragstypen I, S. 244 ff.; *Serick*, Eigentumsvorbehalt und Sicherungsübertragung, Band IV, S. 546.

48 RGZ 87, 68, 71; 102, 385, 386.

49 *Lunckenbein*, Rechtsprobleme des Factoring-Vertrages, S. 55 f.; *Serick*, Eigentumsvorbehalt und Sicherungsübertragung, Band. IV, S. 546 f.; Staudinger[13]/*Busche*, Einl. zu §§ 398 ff. BGB Rdnr. 146.

50 So aber *Canaris*, NJW 1981, 249, 250 f.

sind.[51] Der Kunde ist innerhalb einer angemessenen Frist an sein Kaufangebot gebunden. In dieser Frist kann der Factor die erforderliche Limitprüfung vornehmen. Versäumt der Factor die fristgemäße Annahme des Angebots, so kann der Kunde über die Forderung frei verfügen.

2. Die Annahme des Angebots durch den Factor

Das Kaufangebot nimmt der Factor an, indem er dem sog. Abrechnungskonto des Kunden den entsprechenden Kaufpreis für die Forderung gutschreibt. Der Kaufpreis ist der Rechnungswert abzüglich eines Diskonts, der aus dem Zwischenzins für die tatsächliche Laufzeit der Forderung und aus der Factoringgebühr besteht. Die Factoringgebühr ist für die Führung der Debitorenbuchhaltung zu entrichten. Der Kaufpreis ist sofort fällig, wobei an den Kunden zunächst nur 80% bis 90% ausbezahlt werden und ein Teil auf ein Sperrkonto fließt, das für Reklamationen und Zahlungsausfälle gebildet wird.[52] Der Sperrbetrag wird, sobald der Debitor geleistet hat, spätestens im Delkrederefall, ausbezahlt.[53]

Gemäß § 151 S. 1 BGB verzichtet der Kunde auf den Zugang der Annahmeerklärung.

V. Das Schicksal der nicht angekauften Forderungen

Nimmt der Factor das Kaufangebot nicht an, so bleibt die Forderung im Vermögen des Kunden, da die Bedingung der Abtretung, der Abschluss eines Kaufvertrags, nicht erfüllt wird.[54] Der Factor kann allerdings von dem Kunden mit der Einziehung der Forderung beauftragt werden. Es liegt dann eine entgeltliche Geschäftsbesorgung i. S. v. § 675 Abs. 1 BGB vor. Die Einzugstätigkeit des Factors kann als Einziehungsermächtigung oder im Rahmen einer Inkassozession erfolgen. Soweit der Factoringvertrag nicht ausdrücklich von einer Inkassozession spricht, ist von einer Einziehungsermächtigung als der weniger weitreichenden Gestaltungsform auszugehen.

Bei der Einziehungsermächtigung handelt es sich lediglich um die Übertragung eines Forderungsausschnitts.[55] Die Forderung selbst verbleibt beim Kunden. Es

51 *Brink*, Rechtsbeziehungen des Factors mit seinem Kunden – Der Factoringvertrag, Factoring-Handbuch[3], S. 193.

52 *Bette*, Das Factoring-Geschäft, S. 29; *Brink*, Rechtsbeziehungen des Factors mit seinem Kunden – Der Factoringvertrag, Factoring-Handbuch[3], S. 197.

53 *Brink*, Rechtsbeziehungen des Factors mit seinem Kunden – Der Factoringvertrag, Factoring-Handbuch[3], S. 197.

54 *Brink*, Rechtsbeziehungen des Factors mit seinem Kunden – Der Factoringvertrag, Factoring-Handbuch[3], S. 196.

55 Palandt[64]/*Heinrichs*, § 398 BGB Rdnr. 29.

findet kein Gläubigerwechsel statt.[56] Der Factor kann die Forderung im eigenen Namen geltend machen und je nach dem Inhalt der Ermächtigung von dem Debitor Leistung an den Kunden oder an sich verlangen.

Anders als bei der Einziehungsermächtigung erlangt der Factor bei der Inkassozession im Außenverhältnis die volle Gläubigerstellung.[57] Er wird Inhaber der Forderung und kann sie ohne Nachweis eines Eigeninteresses klageweise geltend machen. Nach den Abreden im Innenverhältnis ist der Factor lediglich berechtigt, die Forderung einzuziehen. Den Erlös muss er an den Kunden abführen.

VI. Die Mängelhaftung beim Forderungskauf

1. Allgemeines

a. Die Rechtslage vor Inkrafttreten des Gesetzes zur Modernisierung des Schuldrechts

Nach § 437 Abs. 1 BGB a. F. hatte der Verkäufer bei einem Rechtskauf verschuldensunabhängig für den Bestand des (sinnlich nicht wahrnehmbaren) Rechts einzustehen, sog. Veritätshaftung.[58] In Ausnahme zu § 306 BGB a. F. war der Kaufvertrag über ein nicht bestehendes Recht wirksam. Unerheblich war damit, ob das Recht nie entstanden, beispielsweise durch Anfechtung oder Aufrechnung wieder erloschen oder mit einer Einrede behaftet war und aus diesem Grunde nicht durchgesetzt werden konnte.[59] Existierte das verkaufte Recht nicht, so hatte der Käufer einen Erfüllungsanspruch und unabhängig davon einen Anspruch auf Schadensersatz wegen Nichterfüllung oder ein Rücktrittsrecht.[60]

Im Umkehrschluss wurde der Regelung des § 438 BGB a. F. entnommen, dass der Verkäufer eines Rechts, über die Gewährleistung des § 437 BGB a. F. hinaus, nicht für die Zahlungsfähigkeit des Schuldners (Bonität) einzustehen hatte. Ohne eine anderslautende Vereinbarung, also einer Haftungsübernahme durch den Verkäufer, lag das Risiko der Uneinbringlichkeit der Forderung beim Käufer.

b. Die Rechtslage ab dem 01.01.2002

Die Vorschriften der §§ 437, 438 BGB a. F. wurden mit dem Inkrafttreten des Gesetzes zur Modernisierung des Schuldrechts vom 26. November 2001[61] am 01.01.2002 ersatzlos gestrichen. Nach § 453 Abs. 1 BGB finden die Vorschriften

56 *Lüke*, JuS 1995, 90, 93.
57 Siehe zur Inkassozession: Palandt[64]/*Heinrichs*, § 398 BGB Rdnrn. 26 ff.
58 Palandt[61]/*Putzo*, § 437 BGB Rdnr. 6.
59 Palandt[61]/*Putzo*, § 437 BGB Rdnr. 7.
60 Palandt[61]/*Putzo*, § 437 BGB Rdnr. 9.
61 BGBl. 2001 I, S. 3138.

über den Kauf von Sachen auf den Kauf von Rechten entsprechende Anwendung. Der Verkäufer eines Rechts hat dieses frei von Rechtsmängeln zu verschaffen (§§ 453 Abs. 1, 433 Abs. 1 S. 2 BGB).

aa. Zu den Voraussetzungen der Rechtsmängelhaftung

Von Rechtsmängeln, für die nach Maßgabe der §§ 434, 437 BGB gehaftet wird, ist auszugehen, wenn das verkaufte Recht nicht in dem Umfang besteht, wie im Kaufvertrag vereinbart, oder wenn andere Rechte entgegenstehen.[62]

Kein Rechtsmangel liegt vor, wenn das verkaufte Recht nicht besteht. Wird ein nicht bestehendes Recht, etwa eine bereits getilgte Forderung, oder ein erloschenes Recht verkauft, so muss der Verkäufer, um den Anspruch aus § 433 Abs. 1 S. 2 BGB zu erfüllen, das Recht schaffen oder sich das Recht verschaffen, wenn es bei einem Dritten entsteht. Ist dies unmöglich, so ist der Erfüllungsanspruch ausgeschlossen (§ 275 Abs. 1 BGB). Die Rechtsfolgen richten sich nach allgemeinem Leistungsstörungsrecht[63]: Dem Käufer stehen die Ansprüche aus den §§ 281, 283–285, 311 a und 326 BGB zu.[64] Hinsichtlich der Verjährung ist auf die §§ 195, 199 BGB abzustellen. Eine entsprechende Anwendung der §§ 437 bis 441 BGB scheidet wegen der fehlenden Übertragung aus.[65]

Das Recht muss entstanden und darf nicht durch eine Anfechtung, Erfüllung oder Aufrechnung wieder erloschen sein.[66] Der Verkäufer eines Rechts haftet ferner dafür, dass das verkaufte Recht übertragbar ist, insbesondere bei Forderungen die §§ 399, 400 BGB nicht einschlägig sind.[67] Neben diesen Verpflichtungen hat der Verkäufer eines Rechts auch dafür einzustehen, dass dem Recht keine Einwendungen, Einreden und Gegenrechte, etwa eine Aufrechnungsbefugnis des Schuldners, entgegen gehalten werden.[68] Es darf auch keine Berechtigung eines Dritten an dem Recht vorliegen, wobei bei den Rechtsfolgen zu unterscheiden ist, ob ein Dritter Inhaber des Rechts ist oder ein belastendes Drittrecht wirklich besteht.[69]

62 Palandt[64]/*Putzo*, § 453 BGB Rdnr. 18.

63 Palandt[64]/*Putzo*, § 453 BGB Rdnr. 19; MünchKomm[4]/*Westermann*, § 438 BGB Rdnr. 7 und § 453 BGB Rdnr. 10.

64 Siehe zu den Voraussetzungen des Rücktritts nach § 323 BGB insbesondere: *Brink*, WM 2003, 1355, 1359 f.

65 Palandt[64]/*Putzo*, § 453 BGB Rdnr. 19.

66 Palandt[64]/*Putzo*, § 453 BGB Rdnr. 21.

67 Palandt[64]/*Putzo*, § 453 BGB Rdnr. 20.

68 *Brink*, WM 2003, 1355, 1357.

69 Palandt[64]/*Putzo*, § 453 BGB Rdnr. 20 a: Ist ein Dritter Inhaber der Forderung und ist es dem Verkäufer nicht zumutbar, dem Käufer das Recht zu beschaffen, so kommt allgemeines Leistungsstörungsrecht, insbesondere § 311 a BGB zur Anwendung. Etwas anderes gilt bei einem

Nach der Modernisierung des Schuldrechts lässt sich keine Regelung finden, die § 437 BGB a. F. entspricht. Die verschuldensunabhängige Haftung des Forderungsverkäufers für den Bestand des Rechts ist aufgegeben worden. Die These, den Verkäufer eines Rechts, das einen Rechtsmangel aufweise, treffe stets ein Verschulden[70], ist abzulehnen. Sie hilft über das Fehlen der verschuldensunabhängigen Haftung nicht hinweg.[71] Denkbar ist nämlich, dass dem Forderungsverkäufer im Zeitpunkt des Verkaufs der Forderung der Mangel nicht bekannt ist und ihm auch wegen Unkenntnis keine Fahrlässigkeit vorgeworfen werden kann. Deutlich wird dies insbesondere bei der Frage, ob dem Forderungsverkäufer ein Schuldvorwurf gemacht werden kann, wenn der Schuldner, gegen den sich die Forderung richtet, eine Gegenforderung von einem Dritten erwirbt, die ihn berechtigt, dem Forderungskäufer gegenüber aufzurechnen.

Es ist jedenfalls auf § 276 BGB abzustellen, wonach der Schuldner Vorsatz und Fahrlässigkeit zu vertreten hat. Tritt der Forderungsverkäufer eine rechtsmängelbehaftete Forderung in Kenntnis des Mangels ab, so handelt er vorsätzlich. Fahrlässigkeit besteht, wenn der Forderungsverkäufer Tatsachen kennt bzw. fahrlässig nicht kennt, aus denen sich der Rechtsmangel ergibt. Der Forderungsverkäufer kann selbstverständlich ausdrücklich oder stillschweigend eine Garantie für den Bestand des Rechts übernehmen.

Macht der Forderungskäufer einen Schadensersatzanspruch wegen Nichterfüllung geltend, so muss der Verkäufer einwenden, dass ihn kein Verschulden treffe.[72] Der Wegfall der gesetzlichen Garantiehaftung für den Bestand eines Rechts hat nämlich eine gewisse Entschärfung durch die in § 311 a Abs. 2 S. 2 BGB vorgesehende Beweislastumkehr erfahren.

Problematisch ist, auf welchen Zeitpunkt hinsichtlich der Kenntnis des Verkäufers abzustellen ist, wenn ein künftiges Recht verkauft wird. Mit Abschluss des Kaufvertrags steht die Forderung noch nicht fest, und stellt man auf den Zeitpunkt des Forderungsübergangs ab, so kann dem Verkäufer gegebenenfalls kein Schuldvorwurf gemacht werden.[73] Vor diesem Hintergrund empfiehlt sich eine vertragliche Regelung, die eine verschuldensunabhängige Garantiehaftung des Forderungsverkäufers vorsieht.[74]

---

belastenden Drittrecht. In entsprechender Anwendung des § 435 BGB kommt es auf die Rechtsfolgen des § 437 BGB an.

70 So die Bundesregierung in ihrer Gegenäußerung zu Nr. 53 der Stellungnahme des Bundesrats in: BT-Drucks. 14/6857, S. 54.

71 *Brink*, WM 2003, 1355, 1358; MünchKomm[4]/*Westermann*, § 453 BGB Rdnr. 10.

72 MünchKomm[4]/*Westermann*, § 453 BGB Rdnr. 10.

73 *Brink*, WM 2003, 1355, 1359.

74 *Brink*, WM 2003, 1355, 1359.

Als schwierig erweist sich zudem die Frage, ob nach der Modernisierung des Schuldrechts eine Forderung, die sich mangels Zahlungsfähigkeit des Schuldners nicht realisieren lässt, als mangelhaft zu werten ist. Zahlungsunfähigkeit liegt vor, wenn der Schuldner bei Fälligkeit der Forderung nicht in der Lage ist, die Schuld zu begleichen, wobei grundsätzlich ein Vollstreckungsversuch erforderlich ist, wenn die Insolvenz nicht offen liegt.[75] Die Streichung des § 438 BGB a. F. bringt eine erhebliche Unsicherheit mit sich. Man könnte nämlich annehmen, dass der Verkäufer einer Forderung nunmehr stets für die Bonität des Schuldners einzustehen hat. Dies stünde allerdings in erheblichem Widerspruch zur bisherigen Rechtslage. Man wird die Leistungsfähigkeit des Schuldners der verkauften Forderung wohl nicht zu der gewöhnlichen Beschaffenheit des Rechts rechnen können.[76] Zu diesem Ergebnis kommt auch *Brink*[77] unter Hinweis auf den Gesetzgeber, der an der bewährten Risikoverteilung habe festhalten und keine Änderungen im Bilanzrecht und Kreditwesengesetz habe vornehmen wollen.

Die Haftung des Verkäufers kann aber vertraglich dahin erweitert werden, dass er für die effektive Durchsetzbarkeit der Forderung (Bonität), die Zahlungsfähigkeit des Schuldners, zum Zeitpunkt der Abtretung einstehen soll.

bb. Zu den Rechtsfolgen der Rechtsmängelhaftung

Wird ein mängelbehaftetes Recht verkauft, so richten sich die Rechtsfolgen nach § 437 BGB. Maßgebender Zeitpunkt für die Verschaffung des bestehenden Rechts frei von Mängeln ist die Übertragung des Rechts. In der Regel ist auf den Abschluss des Abtretungsvertrags abzustellen.[78]

Die sich aus § 437 BGB ergebenden Rechte verjähren nach § 438 Abs. 1 Nr. 3 BGB in zwei Jahren, wobei für den Beginn ebenfalls der Zeitpunkt der Abtretung maßgeblich ist und bei der Abtretung eines künftigen Rechts der Zeitpunkt der Entstehung und des Übergangs auf den Forderungskäufer.[79]

---

75 Palandt[64]/*Putzo*, § 453 BGB Rdnr. 22.

76 MünchKomm[4]/*Westermann*, § 453 BGB Rdnr. 11; Palandt[64]/*Putzo*, § 453 BGB Rdnr. 22; a. A. wohl *Dauner-Lieb/Arnold/Dötsch/Kitz* (Fälle zum neuen Schuldrecht, S. 176), die für das „Kaufobjekt" Forderung die Unsicherheit der Bonität des Schuldners als so prägend ansehen, dass sie eine Mangelhaftigkeit begründen kann. Bestehe zwischen dem Kaufpreis und dem Gegenwert der abgetretenen Forderung keine allzu große Differenz, hieße dies, dass der Verkäufer für die Zahlungsfähigkeit des Schuldners einzustehen habe. Liege der Kaufpreis hingegen erheblich unter dem Nennwert der Forderung, so läge das Risiko der Uneinbringlichkeit der Forderung beim Käufer.

77 *Brink*, WM 2003, 1355, 1357.

78 Palandt[64]/*Putzo*, § 453 BGB Rdnr. 29.

79 *Brink*, WM 2003, 1355, 1361.

Die Rechte aus § 437 BGB entfallen gemäß § 442 Abs. 1 BGB, wenn der Käufer den Mangel kennt oder die Unkenntnis auf grober Fahrlässigkeit beruht. Die Parteien können die Regelung des § 442 BGB allerdings ausschließen.[80]

2. Die Veritätshaftung und das Delkredere im Factoringvertrag

a. Die Veritätshaftung des Kunden

Der Factoringvertrag regelt die Veritätshaftung des Kunden und die Übernahme des Risikos der Einbringlichkeit der Forderung, das sog. Delkredere. Die Anbietungspflicht des Kunden umfasst die Verpflichtung, dem Factor nur rechtsbeständige Forderungen zum Kauf anzubieten. Der Kunde steht dafür ein, dass die Forderung im Zeitpunkt des Forderungsverkaufs besteht, rechtlich durchsetzbar, nicht mit Einwendungen oder Einreden des Debitors belastet und abtretbar ist. Als rechtliche Mängel gelten beispielsweise die Einrede des nicht erfüllten Vertrags, die Mängeleinrede und die Einrede des Rücktritts. Aber auch die dem Debitor mögliche Aufrechnung, die Kündigung des mit dem Kunden bestehenden Vertrags oder die Anfechtung durch den Debitor wegen Irrtums oder Drohung fallen unter die Veritätshaftung des Kunden.

Da mit der Schuldrechtsmodernisierung die §§ 437, 438 BGB a.F. ersatzlos gestrichen worden sind, wird zur Vermeidung von Streitigkeiten über die Verschuldensfrage angeregt, die Factoringverträge dahingehend neu zu gestalten, die Veritätshaftung des Kunden als Garantie zu kennzeichnen, die unabhängig von Vorsatz und Fahrlässigkeit greift.[81] Darüber hinaus sollten die möglichen Mängelformen aufgezählt und die Haftung des Kunden für nachträgliche Bestandsveränderungen beibehalten werden.

b. Das Delkredere

Den rechtlichen Bestand vorausgesetzt, trägt der Factor beim echten Factoring die Gefahr der Zahlungsfähigkeit des Debitors. Kunde und Factor vereinbaren regelmäßig, dass die Forderung als uneinbringlich gilt, wenn der Debitor nicht

---

80 Palandt[64]/*Putzo*, § 442 BGB Rdnr. 4.

81 *Kohl*, FLF 2003, 80, 85; *Brink* (WM 2003, 1355, 1359) schlägt folgende Formulierung vor: „Der Kunde ist zur Abtretung einer mangelfreien Forderung verpflichtet. Der Kunde garantiert dem Factor – unabhängig von Vorsatz und Fahrlässigkeit –, dass die Forderung, so wie sie in den übermittelten Daten beschrieben wurde, einschließlich aller Nebenrechte besteht, abtretbar und nicht mit Einreden, Einwendungen oder Gegenrechten behaftet ist. Der Kunde garantiert ferner in gleicher Weise, dass die Forderung nicht nachträglich in ihrem rechtlichen Bestand verändert wird, insbesondere nicht durch Einreden, Einwendungen oder Zurückbehaltungsrechte, wie z. B. Auf- und Verrechnung, Anfechtung, Minderung, Rücktritt des Debitors, Schadensersatz, Nachleistung oder Nachbesserung beeinträchtigt wird."

bis zu einem bestimmten Zeitpunkt geleistet hat.[82] Ist von der Vermutung der Uneinbringlichkeit der Forderung auszugehen, schreibt der Factor den einbehaltenen Kaufpreisrest seinem Kunden gut. Es obliegt dann dem Factor, die von ihm erworbene Forderung beizutreiben.

Bestreitet der Debitor seine Zahlungsverpflichtung, so gilt Folgendes. Erkennt der Kunde den Widerspruch des Debitors an und erteilt er ihm eine Gutschrift, so ist der Debitor in Höhe der Gutschrift nicht zur Zahlung verpflichtet. Aufgrund der Veritätshaftung hat der Kunde dem Factor den Schaden in Höhe der Gutschrift zu ersetzen.[83] Erkennt der Kunde die Einwendungen des Debitors nicht an, dann muss grundsätzlich der Factor als Forderungsinhaber gerichtlich klären lassen, ob der Debitor zur Zahlungsverweigerung berechtigt war oder nicht. In der Zwischenzeit steht dem Factor ein Zurückbehaltungsrecht an den weiteren Auszahlungen bis zur Höhe des streitigen Betrags zu.[84] Sobald die Zahlungsverpflichtung rechtskräftig festgestellt oder vom Debitor anerkannt worden ist, endet das Zurückbehaltungsrecht des Factors und muss der einbehaltene Betrag freigegeben werden.[85]

Auch das Delkredere sollte nach der Schuldrechtsmodernisierung vor allen Dingen der Klarheit halber ausdrücklich vertraglich geregelt werden. Auf diese Weise können die Rechtsposition des Factors gegenüber Vorlieferanten des Kunden und einem Insolvenzverwalter gesichert und die Vorzüge der Bilanzerleichterung genutzt werden.[86]

VII. Die Forderungsabtretung

1. Allgemeines

a. Die gesetzliche Einordnung

Die Forderungsabtretung[87] ist im fünften Abschnitt des zweiten Buches des BGB in den §§ 398–413 geregelt. Trotz der systematischen Stellung im Recht der Schuldverhältnisse handelt es sich bei der Abtretung nicht um ein eine Schuld

82 *Brink*, Rechtsbeziehungen des Factors mit seinem Kunden – Der Factoringvertrag, Factoring-Handbuch³, S. 199.

83 *Brink*, Rechtsbeziehungen des Factors mit seinem Kunden – Der Factoringvertrag, Factoring-Handbuch³, S. 201.

84 *Brink*, Rechtsbeziehungen des Factors mit seinem Kunden – Der Factoringvertrag, Factoring-Handbuch³, S. 201.

85 *Brink*, Rechtsbeziehungen des Factors mit seinem Kunden – Der Factoringvertrag, Factoring-Handbuch³, S. 201.

86 *Kohl*, FLF 2003, 80, 85.

87 Siehe zur Geschichte der Zession in Deutschland: *Keller*, Zessionsstatut, S. 17 ff.

begründendes Verpflichtungsgeschäft, sondern um eine Verfügung.[88] Nach der Legaldefinition des § 398 S. 1 BGB liegt eine Abtretung vor, wenn eine Forderung von dem Gläubiger durch Vertrag mit einem anderen auf diesen übertragen wird. Mit der Ersetzung des Gläubigers durch den neuen wird die ursprüngliche schuldrechtliche Bindung zwischen dem Gläubiger und dem Schuldner aufgelöst. Die Forderung wird als vermögenswerter Gegenstand umlauffähig.[89]

b. Das Trennungs- und Abstraktionsprinzip

Es ist eine Besonderheit des deutschen Rechts, dass bei der rechtsgeschäftlichen Forderungsabtretung die Forderung nicht bereits mit Abschluss des schuldrechtlichen Grundgeschäfts auf den Erwerber übergeht, sondern zur Erfüllung der Verschaffungspflicht etwa eines Forderungsverkäufers gemäß § 453 Abs. 1 BGB i.V.m. § 433 Abs. 1 S. 1 BGB dazu ein weiteres Rechtsgeschäft, der Abtretungsvertrag, notwendig ist. Erst mit Abschluss des Abtretungsvertrags tritt der neue Gläubiger an die Stelle des bisherigen Gläubigers. Der Abtretungsvertrag ist streng von dem ihm zugrunde liegenden Verpflichtungsgeschäft, dem Kaufvertrag, zu unterscheiden. Diese systematische Trennung von Verpflichtungs- und Verfügungsgeschäft wird als Trennungsprinzip bezeichnet.[90]

Von diesem ist das Abstraktionsprinzip[91] zu unterscheiden. Danach bedarf das dingliche Verfügungsgeschäft keiner kausalen Zweckbestimmung (inhaltliche Abstraktion). Seine Wirksamkeit ist zudem von der des Verpflichtungsgeschäfts unabhängig (äußerliche Abstraktion).[92] So lassen beispielsweise Mängel des Forderungskaufvertrags die Wirksamkeit der Abtretung unberührt.[93] Der Forderungsübergang ist daher auch dann wirksam, wenn ihm kein wirksames Verpflichtungsgeschäft zugrunde liegt.[94]

Nur ausnahmsweise wird das Abstraktionsprinzip durchbrochen und schlägt die Unwirksamkeit des Verpflichtungsgeschäfts auf die Ebene des Verfügungsgeschäfts durch. Das Fehlen oder die Unwirksamkeit des Verpflichtungsgeschäfts führt dann automatisch zur Unwirksamkeit des Verfügungsgeschäfts. Dies gilt, wenn das Verpflichtungs- und das Verfügungsgeschäft durch die Vereinbarung einer

---

88 Palandt[64]/*Heinrichs*, § 398 BGB Rdnr. 3; *Münch*, Abtretungsverbote im deutschen und französischen Recht, S. 13.

89 *Münch*, Abtretungsverbote im deutschen und französischen Recht, S. 13.

90 *Larenz*, Allgemeiner Teil[9], S. 421, Rdnr. 79.

91 Zu Sinn und Zweck des Abstraktionsprinzips: *Larenz*, Allgemeiner Teil[9], S. 422, Rdnr. 86 f.

92 *Jauernig*, JuS 1994, 721, 722.

93 RGZ 87, 68, 71; 102, 385, 386.

94 Eingehende Kritik zur abstrakten Konzeption der Zession bei *von der Crone*, SJZ 93 (1997), 249 f. Das kausale und nicht das abstrakte Verständnis der Zession stehe im Einklag mit den allgemeinen Prinzipien des schweizerischen Privatrechts.

Bedingung miteinander verknüpft werden. Behält sich beispielsweise der Verkäufer einer beweglichen Sache das Eigentum bis zur Zahlung des Kaufpreises vor, so ist nach § 449 Abs. 1 BGB im Zweifel anzunehmen, dass die Kaufsache unter der aufschiebenden Bedingung vollständiger Zahlung des Kaufpreises übereignet wird. Aufgrund der Bedingung hängt die Verfügung von dem Verpflichtungsgeschäft ab. Auch beim Factoring zeigt sich eine Durchbrechung des Abstraktionsprinzips: Bedingung der Abtretung ist der Forderungskaufvertrag. Das Verpflichtungsgeschäft ist als Rechtsbedingung des Erfüllungsgeschäfts zu betrachten.

Ob das Verpflichtungs- und das Verfügungsgeschäft zu einer Geschäftseinheit im Sinne des § 139 BGB verbunden werden können, ist zwar umstritten, aber von keiner großen Relevanz.[95] In den Fällen der Fehleridentität wird das Abstraktionsprinzip nicht durchbrochen.[96]

2. Die Voraussetzungen der Abtretung

a. Der Abtretungsvertrag

Nach § 398 S. 1 BGB bedarf es zur Übertragung einer Forderung eines Vertrags. Der Abtretungsvertrag wird zwischen dem alten Gläubiger (Zedent) und dem neuen Gläubiger (Zessionar) geschlossen. Er unterliegt den allgemeinen Anforderungen an ein Rechtsgeschäft. So finden die Wirksamkeitsvoraussetzungen von Willenserklärungen Anwendung. Es gelten die allgemeinen Auslegungsgrundsätze, §§ 133, 157 BGB. Willensmängel sind zu beachten. Die Einigung zwischen dem Zedenten und dem Zessionar ist genügend. Einer Mitteilung oder Mitwirkung des Schuldners bedarf es nicht.[97] Der Abtretungsvertrag ist als Verfügung grundsätzlich formfrei wirksam.[98]

Auch wenn der Abtretungsvertrag dinglicher Natur ist, so sind Publizitätsanforderungen nicht zu beachten. Neben die Einigung tritt kein tatsächliches Element, wie etwa die Übergabe einer Sache oder die Eintragung in das Grundbuch. Da kein Anknüpfungspunkt für einen guten Glauben vorhanden ist, ist ein gutgläubiger Erwerb von Forderungen grundsätzlich nicht möglich.[99] Etwas anderes gilt in dem in § 405 BGB aufgeführten Fall, dass der Schuldner eine Urkunde über die Schuld ausstellt, und im Wertpapierrecht.[100]

---

95 *Jauernig*, JuS 1994, 721, 724.

96 *Jauernig*, JuS 1994, 721, 724 f.

97 *Lüke*, JuS 1995, 90; Palandt[64]/*Heinrichs*, § 398 BGB Rdnr. 1; MünchKomm[4]/*Roth*, § 398 BGB Rdnr. 3.

98 *Lüke*, JuS 1995, 90, 91; Palandt[64]/*Heinrichs*, § 398 BGB Rdnr. 7; MünchKomm[4]/*Roth*, § 398 BGB Rdnr. 13.

99 *Lüke*, JuS 1995, 90, 91; Palandt[64]/*Heinrichs*, § 405 BGB Rdnr. 1.

100 Siehe hierzu beispielsweise: §§ 792, 1154, 1192 BGB, § 365 Abs. 2 HGB und Art. 19 ScheckG.

Der Abtretungsvertrag kann unter einer aufschiebenden oder auflösenden Bedingung geschlossen werden.[101] Erforderlich ist allerdings, dass er zumindest für die Zukunft vorsieht, dass der Zessionar zur Einziehung der Forderung berechtigt ist.[102]

Ist der Abtretungsvertrag unwirksam, so geht die Forderung nicht auf den neuen Gläubiger über. Sie bleibt aber abtretbar und kann durch einen neuen Abtretungsvertrag auf den Zessionar übergehen.

b. Die abzutretenden Forderungen

Grundsätzlich können alle Forderungen abgetreten werden. Ausnahmen sind in den §§ 399 und 400 BGB festgehalten. Voraussetzung ist, dass die abzutretende Forderung, wie jeder Gegenstand einer Verfügung, bestimmt oder zumindest bestimmbar ist.[103] Die Forderung muss zumindest im Zeitpunkt ihrer Übertragung hinsichtlich der Person des Schuldners sowie des Gegenstandes und des Umfanges der Leistung bestimmbar sein.[104]

Die Abtretung einer Mehrheit von Forderungen unter einer Gesamtbezeichnung ist möglich.[105]

Auch nur ein Teil einer Forderung kann abgetreten werden, wenn die Forderung teilbar ist und die Parteien des Abtretungsvertrags nichts Abweichendes vereinbart haben.[106] Voraussetzung ist allerdings, dass die Anteile von Alt- und Neugläubiger genau bestimmt oder bestimmbar sind.[107] Bei Teilforderungen handelt es sich um selbstständige Forderungen, die gleichen Rang haben.[108] Teilabtretungen haben dort ihre Grenze, wo sie für den Schuldner zu unzumutbaren Erschwernissen führen.[109] Der Schuldner kann gemäß § 366 Abs. 1 BGB entscheiden, welchen Teil der Forderung er tilgen will.

Eine erst künftig entstehende Forderung kann im Voraus wirksam abgetreten werden, sog. Vorausabtretung.[110] Das Rechtsverhältnis oder die Rechtsgrundlage, aus der die Forderung stammen soll, muss noch nicht bestehen.[111] Ausreichend ist, dass

---

101 BGHZ 4, 153, 163; 20, 127, 131.

102 Palandt[64]/*Heinrichs*, § 398 BGB Rdnr. 6.

103 BGHZ 7, 365, 367 f.; BGH, Urteil vom 03.04.1974, NJW 1974, 1130; BGH, Urteil vom 16.03.1995, NJW 1995, 1668 f.; BGB-RGRK[12]/*Weber*, § 398, Rdnr. 52.

104 MünchKomm[4]/*Roth*, § 398 BGB Rdnr. 67.

105 MünchKomm[4]/*Roth*, § 398 BGB Rdnr. 71.

106 Palandt[64]/*Heinrichs*, § 398 BGB Rdnr. 10.

107 BGHZ 7, 365, 367; 53, 60, 63.

108 BGHZ 46, 242, 243 f.

109 BGHZ 23, 53, 56.

110 BGHZ 7, 365, 367; 108, 98, 104; *Lüke*, JuS 1995, 90, 94; MünchKomm[4]/*Roth*, § 398 BGB Rdnr. 79; BGB-RGRK[12]/*Weber*, § 398, Rdnr. 66.

111 BGH, Urteil vom 22.09.1965, NJW 1965, 2197.

das zukünftige Entstehen der Forderung als wahrscheinlich angenommen wird. Die abgetretene Forderung muss bestimmt, zumindest bestimmbar bezeichnet sein.[112] Nicht erforderlich ist, dass der zukünftige Schuldner im Zeitpunkt der Abtretung bereits genau bezeichnet werden kann. Der Rechtserwerb bei der Abtretung einer künftigen Forderung ist mit der Entstehung der Forderung vollendet.[113] Kommt die Forderung nicht zur Entstehung, so wird die Abtretung gegenstandslos.[114] Existiert die Forderung nicht, so ist die Abtretung nichtig.[115]

Bei der Abtretung künftiger Forderungen ist jedoch umstritten, ob der Zessionar diese unmittelbar erwirbt (sog. Direkterwerb), oder ob die Forderung für eine „logische Sekunde" zum Vermögen des Zedenten zählt (sog. Durchgangerwerb). Ist die Rechtsgrundlage der Forderung bei der Abtretung schon und bei Entstehung der Forderung noch vorhanden, so erwirbt der neue Gläubiger, ohne dass es zu einem Durchgangserwerb beim bisherigen Gläubiger kommt, die Forderung unmittelbar, sonst nach dem Erwerb des Zedenten.[116]

Möglich ist ferner die Abtretung einer Forderungsmehrheit, sog. Globalzession.[117] Auch sie bedarf der Bestimmbarkeit. Diese liegt dann vor, wenn beispielsweise alle Forderungen aus einem bestimmten Rechtsgeschäft oder Zeitraum abgetreten werden.[118] Die Bestimmbarkeit ist gerade bei der Sicherungsabtretung künftiger Forderungen, der Abtretung einer Forderungsmehrheit oder bei einem verlängerten Eigentumsvorbehalt von Bedeutung.

Verpflichtet sich der Zedent, an den Zessionar Forderungen in bestimmter oder variabler Höhe abzutreten und ihm zu bestimmten Zeitpunkten Listen der abgetretenen Forderungen zu übergeben, so liegt eine Mantelzession vor.[119] Bei ihr handelt es sich um einen Rahmenvertrag über zukünftige Abtretungen.[120] Dem Erfordernis der Bestimmbarkeit wird dadurch genügt, dass die Abtretungswirkung erst mit der Übergabe von Rechnungsdurchschriften eintritt.[121] Bis zum Zeitpunkt der Übergabe der Listen ist der Zessionar nicht vor Pfändungen oder Abtretungen geschützt.

112 BGHZ 7, 365, 367 f.; BGH, Urteil vom 16.03.1995, NJW 1995, 1668 f.; BGH, Urteil vom 12.10.1999, NJW 2000, 276 f.; *Lüke*, JuS 1995, 90, 94.

113 BGHZ 88, 206; BGH, Urteil vom 16.03.1995, NJW 1995, 1668, 1671.

114 BGH, Urteil vom 07.03.1973, WM 1973, 489.

115 *Lüke*, JuS 1995, 90, 91.

116 *Armbrüster*, NJW 1991, 606, 608; Palandt[64]/*Heinrichs*, § 398 BGB Rdnr. 12; BGB-RGRK[12]/*Weber*, § 398, Rdnr. 72.

117 *Lüke*, JuS 1995, 90, 94.

118 *Lüke*, JuS 1995, 90, 94.

119 Palandt[64]/*Heinrichs*, § 398 BGB Rdnr. 16.

120 LG Berlin, Urteil vom 30.03.1983, WM 1984, 224, 225; Staudinger[13]/*Busche*, Einl. zu §§ 398 ff. BGB Rdnr. 139.

121 LG Berlin, Urteil vom 30.03.1983, WM 1984, 224, 225.

3. Zwischenergebnis

Zusammenfassend lässt sich festhalten, dass das BGB über abtretungsfreundliche Regelungen zur Übertragung einer Forderung verfügt. Die Abtretung erfolgt durch einen Vertrag zwischen dem Zedenten und dem Zessionar. Ihre Einigung ist genügend. Eines weiteren Akts, etwa der Mitwirkung des Schuldners bedarf es nicht. Auch eine Mitteilung der Abtretung an den Schuldner ist nicht erforderlich. Der Abtretungsvertrag kann ohne Einhaltung bestimmter Formvorschriften geschlossen werden. Die Abtretung kann auch stillschweigend erfolgen.

Grundsätzlich sind alle Forderungen übertragbar. Die Teilabtretung einer Forderung ist zulässig. Dies gilt insbesondere bei einer Geldforderung. Generell zulässig ist auch die Abtretung künftiger Forderungen (sog. Vorausabtretung).

4. Der vereinbarte Abtretungsausschluss

a. Der Abtretungsausschluss nach § 399 Alt. 2 BGB

Der Grundsatz, dass Forderungen frei abtretbar sind, findet in § 399 BGB eine Einschränkung. Unabhängig von einem gesetzlichen Abtretungsverbot, sind im Rahmen des § 399 BGB zwei Übertragungshindernisse zu unterscheiden. Nach § 399 Alt. 1 BGB ist eine Forderung nicht abtretbar, wenn die Abtretung einen Anspruch erfasst, bei dem die Person des Gläubigers den Inhalt (die Identität) der Leistung bestimmt.[122] Unabtretbarkeit gilt auch für Ansprüche, bei denen von der Natur des Schuldverhältnisses her ein schutzwürdiges Interesse des Schuldners besteht, nur an eine bestimmte Person leisten zu müssen.[123] Die Abtretung ist ferner ausgeschlossen, wenn der Anspruch nicht aus dem Kontext des Schuldverhältnisses gelöst werden kann.[124]

Für die vorliegende Arbeit ist allein § 399 Alt. 2 BGB von Bedeutung, nach dem die Parteien des Schuldverhältnisses durch Vereinbarung die Abtretbarkeit einer Forderung ausschließen können. Der Abtretungsausschluss kann vor, bei oder nach Begründung des Anspruchs ausdrücklich oder stillschweigend erfolgen.[125] Auch wenn ein Abtretungsverbot den Interessen des Gläubigers und auch den (Sicherungs-) Interessen eines potentiellen Zessionars entgegensteht, so wird es grundsätzlich als zulässig angesehen.[126] Dies gilt auch dann, wenn es in AGB vereinbart wird.[127]

---

122 MünchKomm⁴/*Roth*, § 399 BGB Rdnr. 2.
123 MünchKomm⁴/*Roth*, § 399 BGB Rdnr. 2.
124 MünchKomm⁴/*Roth*, § 399 BGB Rdnr. 2.
125 *Lüke*, JuS 1992, 114.
126 MünchKomm⁴/*Roth*, § 399 BGB Rdnr. 34.
127 BGHZ 51, 113, 117 ff.

Hat der Schuldner mit seinem Gläubiger ein Abtretungsverbot vereinbart, so entfaltet dieses nach überwiegender Ansicht nicht nur relative, sondern im Interesse des Schuldners an einer umfassenden Sicherung absolute Wirkung.[128] Die ohne Zustimmung des Schuldners vorgenommene Abtretung ist demnach nicht nur gegenüber ihm, sondern auch gegenüber Dritten unwirksam. Ein Gläubigerwechsel findet nicht statt.[129] Die Forderung gilt weiterhin als zum Vermögen des Zedenten gehörend und kann bei ihm gepfändet werden.[130]

Der Schuldner kann die verbotswidrige Abtretung jedoch genehmigen. Dies hat zur Folge, dass die Abtretung ex nunc wirksam wird.[131] Hat der Zedent die Forderung mehrfach abgetreten, so kann der Schuldner unabhängig von der zeitlichen Priorität wählen, zu wessen Gunsten er das Verbot aufhebt.[132]

b. Die Einschränkung des § 399 Alt. 2 BGB durch § 354 a HGB

Eine Einschränkung erfährt § 399 Alt. 2 BGB durch den im Jahre 1994 neu eingeführten § 354 a S. 1 HGB u. a. dann, wenn das Rechtsgeschäft, das die Geldforderung begründet, für beide Parteien ein Handelsgeschäft ist. Nimmt der Gläubiger trotz bestehenden Abtretungsverbots eine Abtretung vor, so ist diese wirksam und zwar absolut und nicht nur relativ.[133]

Mit der Einführung des § 354 a HGB wurde ein doppelter Zweck verfolgt. Einerseits sollen Geldforderungen aus Warenlieferungen und Dienstleistungen abgetreten werden können, andererseits soll dem Schuldnerschutz nach wie vor Rechnung getragen werden. Letzteres kommt in § 354 a S. 2 HGB zum Ausdruck. Dem Schuldner wird ein Wahlrecht eingeräumt. Trotz Kenntnis von der Abtretung – und damit anders als bei § 407 Abs. 1 BGB – kann der Schuldner den Zedenten weiterhin als seinen Gläubiger ansehen und mit befreiender Wirkung an ihn leisten. Er kann aber auch mit befreiender Wirkung an den Zessionar leisten und wird folglich nicht an dem Abtretungsverbot festgehalten. Das Wahlrecht hinsichtlich des Leistungsempfängers geht aber nicht so weit, dass der Schuldner mit dem Zedenten Vereinbarungen über die Forderung, etwa eine Stundungsabrede treffen kann.

Für den Zessionar bedeutet dies, dass er die Forderung gegen den Schuldner einklagen kann, allerdings nur alternativ an sich oder an den Zedenten.[134] Aufgrund der Wirksamkeit der Abtretung steht dem Zessionar ein Aus- oder Absonderungsrecht

---

128 BGHZ 40, 156, 159 f.; 56, 173, 176; 112, 387, 389; MünchKomm[4]/*Roth,* § 399 BGB Rdnrn. 36 und 45.

129 MünchKomm[4]/*Roth,* § 399 BGB Rdnr. 36.

130 BGHZ 102, 293, 301.

131 BGHZ 108, 172, 176.

132 OLG Koblenz, Urteil vom 23.05.1991, WM 1992, 73 f.

133 Baumbach/Hopt[31]/*Hopt*, § 354 a HGB Rdnr. 1.

134 Baumbach/Hopt[31]/*Hopt*, § 354 a HGB Rdnr. 2.

zu, wenn über das Vermögen des Zedenten das Insolvenzverfahren eröffnet wird.[135] Gläubiger des Zessionars können die Forderung daher bei ihm pfänden lassen.[136]

Zusammenfassend lässt sich festhalten, dass die abgetretene Forderung trotz des vereinbarten Abtretungsausschlusses aufgrund des § 354 a HGB als vollwertige Kreditsicherheit angesehen werden kann.[137] Der Gesetzeszweck, Unternehmen die Finanzierung u. a. durch Rückgriff auf das Factoring zu erleichtern, ist als erfüllt zu bewerten.

5. Die Rechtsfolgen der Abtretung

a. Das Verhältnis von Zedent und Zessionar

Nach § 398 S. 2 BGB tritt mit Abschluss des Abtretungsvertrags der neue Gläubiger an die Stelle des bisherigen Gläubigers. Mit der abgetretenen Forderung gehen ihre Nebenrechte, also die für sie bestehenden Hypotheken und Pfandrechte sowie die für sie bestellten Bürgschaften über (§ 401 Abs. 1 BGB). In entsprechender Anwendung des § 401 Abs. 1 BGB kann der Zessionar andere unselbstständige Sicherungsrechte, wie etwa den unselbstständigen Anspruch auf Eintragung einer Bauhandwerkersicherungshypothek nach § 648 BGB[138], die Vormerkung[139], den aus der Hypothek entstandenen Anspruch auf Befriedigung aus dem Versteigerungserlös[140] oder den Anspruch aus einer sichernden Schuldmitübernahme[141] geltend machen.

Nicht als Nebenrechte im Sinne des § 401 Abs. 1 BGB sind die selbstständigen Sicherungsrechte anzusehen. Hierzu zählen beispielsweise das Sicherungs- oder Vorbehaltseigentum und die Sicherungsgrundschuld. Nach dem Rechtsgedanken des § 401 Abs. 1 BGB kann der Zedent im Zweifel jedoch verpflichtet sein, die bestehenden Sicherungsrechte aufgrund ihrer Zweckbestimmung auf den Zessionar zu übertragen.[142]

Die Ausübung der selbstständigen Gestaltungsrechte (das Anfechtungs-, Rücktritts- oder Kündigungsrecht) bleibt, sofern nichts anderes vereinbart ist, dem Zedenten vorbehalten.[143] Er darf von ihnen allerdings nur mit der Zustimmung des

135 *Canaris*, HandelsR[23], S. 496, Rdnr. 16.
136 *Canaris*, HandelsR[23], S. 496, Rdnr. 17.
137 Baumbach/Hopt[31]/*Hopt*, § 354 a HGB Rdnr. 1.
138 OLG Dresden, Urteil vom 26.07.1999, NJW-RR 2000, 96.
139 BGH, Urteil vom 17.06.1994, NJW 1994, 2947 f.
140 RGZ 65, 414, 418.
141 BGH, Urteil vom 24.11.1971, NJW 1972, 437; BGH, Urteil vom 23.11.1999, NJW 2000, 575.
142 BGHZ 80, 228, 232; OLG Köln, Urteil vom 22.05.1990, NJW 1990, 3214.
143 Palandt[64]/*Heinrichs*, § 398 BGB Rdnr. 18 b.

Zessionars Gebrauch machen. Dies gilt auch für Verfügungen über den Schuldgrund, die einer bereits entstandenen Forderung die Grundlage nehmen.[144]

Bei Leistungsstörungen stehen dem Zessionar die Ansprüche aus §§ 280 Abs. 1, 286 i.V.m. 280 Abs. 1 und 285 BGB zu.[145] Hat der Schuldner in Unkenntnis der Zession an den Zedenten geleistet, so ist der Zessionar berechtigt, Ansprüche aus § 816 BGB und dem Kausalverhältnis unter Umständen i.V.m. § 280 Abs. 1 BGB geltend zu machen.[146]

b. Das Verhältnis des Zessionars zum Schuldner

aa. Die Einwendungen des Schuldners

Da sich die Abtretung ohne die Mitwirkung des Schuldners vollzieht, darf sie seine Rechtsposition nicht verschlechtern. Nach § 404 BGB, der zentralen Schuldnerschutzvorschrift des Abtretungsrechts, kann der Schuldner dem Zessionar daher die Einwendungen[147] entgegenhalten, die zur Zeit der Abtretung gegen den Zedenten begründet waren. Im Zeitpunkt der Abtretung müssen noch nicht sämtliche Tatbestandsvoraussetzungen erfüllt sein.[148] Ausreichend ist, dass sie ihrem Rechtsgrund nach in dem Schuldverhältnis angelegt waren.[149]

Der Schuldner kann darüber hinaus Einwendungen gegen die Wirksamkeit der Abtretung erheben[150], indem er sich etwa auf die Nichtigkeit des Abtretungsvertrags beruft. Einwendungen, die aus dem der Abtretung zugrunde liegenden Verpflichtungsgeschäft herrühren, bleiben aufgrund des Abstraktionsprinzips unberücksichtigt. Der Schuldner muss nicht prüfen, ob das der Abtretung zugrunde liegende Verpflichtungsgeschäft wirksam ist und kann mit befreiender Wirkung an den Zessionar leisten. Auch wenn das verpflichtende Grundgeschäft Mängel hat, wird der Zessionar mit Abschluss des Abtretungsvertrags Forderungsinhaber.

In den Genuss dieses Vorteils kommen auch Gläubiger des Zessionars. Mit Abschluss des Abtretungsvertrags können sie die Forderung des Zessionars pfänden und zwar unabhängig davon, ob das der Abtretung zugrunde liegende Verpflichtungsgeschäft Mängel aufweist.

---

144 BGHZ 111, 84, 91.

145 Palandt[64]/*Heinrichs*, § 398 BGB Rdnr. 18 a.

146 Palandt[64]/*Heinrichs*, § 407 BGB Rdnr. 3.

147 Der Begriff „Einwendungen" ist weit zu fassen. Er erstreckt sich auf alle rechtsvernichtenden und rechtshindernden Einwendungen aber auch auf alle Einreden.

148 Palandt[64]/*Heinrichs*, § 404 BGB Rdnr. 4.

149 BGHZ 25, 27, 29; BGH, Urteil vom 29.04.1992, NJW 1992, 2221 f.

150 Palandt[64]/*Heinrichs*, § 404 BGB Rdnr. 3 a.

bb. Die Aufrechnung durch den Schuldner

Der Gedanke, dass der Schuldner durch die Abtretung keine Nachteile erleiden soll, liegt dem § 406 BGB ebenfalls zugrunde. Wenn es zu einer Abtretung kommt, bleiben dem Schuldner nach § 406 BGB die Vorteile einer bestehenden Aufrechnungslage erhalten. Voraussetzung ist, dass die Aufrechnungslage bereits bestand, als der Schuldner von der Abtretung Kenntnis erlangte.[151] Fraglich ist in diesem Zusammenhang, ob die Kenntnis der dem Schuldner bekannten Vorausabtretung der Kenntnis der Abtretung gleichsteht. Hiervon ist der BGH in seinem Urteil vom 2. Juni 1976 ausgegangen.[152]

Unerheblich ist, dass es in Folge der Abtretung an der Gegenseitigkeit der Forderungen fehlt.[153] Auch die Erwartung des Schuldners, dass bis zur Fälligkeit der Forderung eine Aufrechnungslage entstehen kann, ist geschützt.[154] § 406 BGB greift aber nur für die Aufrechnung, die in Kenntnis der Abtretung erklärt wird.[155] Hat der Schuldner bereits vor der Abtretung die Aufrechnung erklärt, so findet § 404 BGB Anwendung.[156] Die abgetretene Forderung war schon vor der Abtretung erloschen. Erklärt der Schuldner nach der Abtretung aber in Unkenntnis von ihr gegenüber dem Zedenten die Aufrechnung, so gilt § 407 Abs. 1 BGB. Die Aufrechnungserklärung muss gegenüber dem Zessionar abgegeben werden.[157]

cc. Weitere schuldnerschützende Vorschriften

§ 407 Abs. 1 BGB bestimmt, dass alle Rechtshandlungen, die der Schuldner in Unkenntnis der Abtretung gegenüber dem ursprünglichen Gläubiger vornimmt, im Verhältnis zu seinem neuen Gläubiger wirksam sind. Der Schuldner kann sich gegenüber dem Zessionar beispielsweise auf eine vom Zedenten eingeräumte Stundung oder einen Erlass der Forderung berufen. Er kann dem Zessionar auch entgegenhalten, dass er in Unkenntnis der Abtretung an den Zedenten geleistet habe und Erfüllung eingetreten sei. Von dieser ist auch auszugehen, wenn eine Leistung an die Bank des Zedenten als Zahlstelle erfolgt.[158] Im Falle der Leistung an den Zedenten steht dem Schuldner ein Wahlrecht zu.[159] Er ist berechtigt, dem Zessionar die Wirksamkeit der Leistung oder Handlung entgegen zu halten. Er

151 Palandt[64]/*Heinrichs*, § 406 BGB Rdnr. 5.
152 BGHZ 66, 384, 386. f.
153 BGHZ 19, 153, 157; BGHZ 58, 327, 329.
154 Palandt[64]/*Heinrichs*, § 406 BGB Rdnr. 1.
155 Palandt[64]/*Heinrichs*, § 406 BGB Rdnr. 1.
156 BGH, Urteil vom 26.06.2002, NJW 2002, 2865.
157 OLG Düsseldorf, Urteil vom 23.03.2001, NJW-RR 2001, 1025.
158 BGHZ 72, 319.
159 BGHZ 52, 150, 153; 102, 68, 71; BGH, Urteil vom 19.10.2000, NJW 2001, 231 f.

kann aber auch die Leistung beim Zedenten kondizieren.[160] Auf § 407 Abs. 1 BGB kann sich der Schuldner nicht berufen, wenn er die Tatsachen kennt, die den Forderungsübergang bewirken.[161]

Wie im Fall des § 407 BGB wird bei § 408 BGB die Unkenntnis des Schuldners von der wirksamen ersten Abtretung geschützt. Tritt der Zedent die Forderung mehrfach ab, so ist der Erstzessionar aufgrund des Prioritätsprinzips zwar Forderungsinhaber, Rechtshandlungen, die der Schuldner aber gegenüber dem Zweitzessionar als Nichtberechtigtem vornimmt, sind wirksam. In entsprechender Anwendung des § 407 BGB wird der Zweitzessionar, der nur scheinbar Gläubiger ist, dem Zedenten gleichgestellt.[162]

Die schuldnerschützenden Regelungen der §§ 406, 407, 408 BGB greifen jedoch nur, wenn der Schuldner keine Kenntnis von der Abtretung hat oder wenn im Sinne des § 406 BGB die zur Aufrechnung gestellte Forderung des Schuldners nicht später als die abgetretene Forderung fällig wird. Kenntnis hat der Schuldner insbesondere dann, wenn der Zedent dem Schuldner eine Abtretungsanzeige macht.[163]

Der Schuldner ist nach § 409 Abs. 1 BGB aber auch geschützt, wenn er im Vertrauen auf eine Erklärung des Gläubigers, sei es eine Anzeige oder Abtretungsurkunde, annimmt, die Forderung sei auf einen Dritten übertragen worden, während sie in Wahrheit weiter dem Gläubiger zusteht.[164]

Der Vollständigkeit halber sei in diesem Zusammenhang noch § 405 BGB erwähnt. Liegt eine verbriefte Forderung vor, so gilt zugunsten des gutgläubigen Zessionars nach § 405 BGB Folgendes. Der Schuldner kann nicht einwenden, bei dem Schuldverhältnis handele es sich nur um ein Scheingeschäft im Sinne des § 117 BGB. Er kann sich aber auch nicht darauf berufen, dass er mit dem Zedenten die Unabtretbarkeit der Forderung vereinbart habe.[165]

c. Das Verhältnis der Zessionsparteien zu Dritten

Die Abtretung wirkt *erga omnes,* sobald sich die Parteien des Abtretungsvertrags auf den Übergang der Forderung geeinigt haben.

---

160 BGHZ 19,153,156; BGH, Urteill vom 19.10.2000, NJW 2001, 231 f.

161 OLG Oldenburg, Urteil vom 06.03.1986, WM 1986, 1277, 1278.

162 Palandt[64]/*Heinrichs*, § 408 BGB Rdnr. 1.

163 Der Aufkleber „Wir nehmen am Factoring teil“ genügt nach dem OLG Bremen (Urteil vom 23.10.1986, NJW 1987, 912) nicht zur Annahme von Bösgläubigkeit.

164 Palandt[64]/*Heinrichs*, § 409 BGB Rdnr. 1.

165 Palandt[64]/*Heinrichs*, § 405 BGB Rdnr. 1.

Tritt der Zedent eine Forderung mehrfach ab, so findet der Grundsatz der Priorität Anwendung. Eine zeitlich spätere Abtretung ist unwirksam.[166] Etwas anderes gilt dann, wenn die zeitlich frühere Abtretung gegen §§ 138 oder 307 BGB verstößt.[167]

Auch bei der Kollision einer Globalzession mit einem verlängerten Eigentumsvorbehalt findet der Grundsatz der Priorität Anwendung.[168] Er wird jedoch durch §§ 138, 307 BGB modifiziert. Erstreckt sich die zeitlich frühere Globalzession an eine Bank auf Forderungen, die einem verlängerten Eigentumsvorbehalt des Warenlieferanten unterliegen, so ist sie wegen Verleitung des Zedenten zur Täuschung und zum Vertragsbruch sittenwidrig und nichtig.[169] Anders ist die Rechtslage zu beurteilen, wenn die Bank nicht nur eine schuldrechtliche, sondern eine dingliche Teilverzichtsklausel erklärt.[170] Nach dieser wird eine Forderung, die später Gegenstand eines verlängerten Eigentumsvorbehalts wird, erst in dem Zeitpunkt an die Bank abgetreten, in dem sie nicht mehr dem verlängerten Eigentumsvorbehalt unterliegt.

Es ist umstritten, ob abgetretene künftige Forderungen unmittelbar in der Person des Zessionars entstehen (sog. Direkterwerb), oder für eine „logische Sekunde" zum Vermögen des Zedenten zählen (sog. Durchgangserwerb). Richtigerweise ist danach zu unterscheiden, ob die Rechtsgrundlage der Forderung bei der Abtretung schon und bei der Entstehung der Forderung noch vorhanden ist oder nicht, wobei dann von Durchgangserwerb auszugehen ist.[171] Ein Zessionar, der sich eine künftige Forderung, deren Rechtsgrundlage noch nicht angelegt ist und die aus einem erst in der Zukunft abzuschließenden Vertrag stammen soll, abtreten lässt, verfügt im Falle der Insolvenz demnach über keine gesicherte Rechtsposition.

6. Die Abtretung im Factoringvertrag

a. Die inhaltliche Gestaltung des Abtretungsvertrags

Der Factoringvertrag enthält neben den Regelungen, wann und wie ein Forderungskauf zustande kommt, auch einen Abtretungsvertrag im Sinn des § 398 S. 1 BGB.

Die einfache Grundstruktur des Forderungskaufs mit Globalzession, nach der zur Erfüllung des bereits geschlossenen Kaufvertrags alle künftigen Forderungen

166 Vgl. BGHZ 32, 367, 369: Die Abtretung künftiger Forderungen wird erst wirksam, wenn die Forderungen entstehen, wobei die Erwerbsaussicht des Zessionars nicht durch gegenteilige Verfügungen beeinträchtigt werden kann.

167 Palandt[64]/*Heinrichs*, § 398 BGB Rdnr. 13.

168 Stetige Rechtsprechung: BGHZ 30, 149, 152 f.; 32, 361, 365.

169 BGHZ 30, 149, 152 f.; 72, 308, 311 f.; BGH, Urteil vom 13.07.1983, NJW 1983, 2502, 2504.

170 BGHZ 72, 308, 310; BGH, Urteil vom 18.04.1991, NJW 1991, 2144, 2147.

171 *Armbrüster*, NJW 1991, 606, 608.

abgetreten werden, wird beim Factoring in zeitlicher Hinsicht verändert. Bereits im Factoringvertrag tritt der Kunde dem Factor im Voraus alle künftigen Forderungen aus Warenlieferungen und Dienstleistungen, die ihm gegen seine Debitoren zustehen werden, ab.[172] Die Abtretung der Forderungen geht also zeitlich den einzelnen Forderungskaufverträgen voraus. Diese antizipierte Globalzession steht allerdings unter der aufschiebenden Bedingung (§ 158 Abs. 1 BGB), dass es tatsächlich zum Abschluss des einzelnen Forderungskaufvertrags kommt. Der Eintritt der Bedingung, der Abschluss eines Forderungskaufvertrags, verleiht der zeitlich vorrangigen Abtretung Wirksamkeit und Rechtsgrund.[173]

Der Hintergrund dieser Konstruktion ist darin zu sehen, dass der Factor nur Inhaber der Forderungen werden möchte, die er auch ankauft. Gleichzeitig wird verhindert, dass der Kunde wirksam ein zweites Mal über die Forderung verfügen kann. Nach § 161 Abs. 1 S. 1 BGB sind zeitlich später vorgenommene Verfügungen unwirksam, wenn die Bedingung eintritt.

Wird eine Forderung vom Factor nicht angekauft, so verbleibt sie mangels Abtretung im Vermögen des Kunden. Das sog. Siloprinzip wirkt sich auch auf die dingliche Ebene aus. Eine teilweise angekaufte Forderung geht nur teilweise über.

Ohne dass es einer besonderen Vereinbarung bedarf, werden die unselbstständigen Nebenrechte, wie z.B. Bürgschaft und Pfandrecht, gemäß § 401 BGB auf den Factor übertragen. Die selbstständigen Nebenrechte gehen aufgrund einer entsprechenden Vereinbarung im Factoringvertrag über. Zu den selbstständigen Nebenrechten zählen zur Sicherung der Forderung bestellte Grundschulden, Sicherungsübereignungen und Forderungsabtretungen. Vorbehalts- und Sicherungseigentum, mit welchem sich der Kunde eine verkaufte und abgetretene Forderung hat sichern lassen, werden mit der Abtretung der gesicherten Forderung auf den Factor übertragen. In dem Moment, in welchem der Kunde Eigentum oder Miteigentum erwirbt, geht dieses auf den Factor über.

Der Factor erhält darüber hinaus alle bestehenden und künftig entstehenden Anwartschaftsrechte, den künftigen Herausgabeanspruch gegen den Debitor oder einen anderen unmittelbaren Besitzer der Vorbehaltsware, Ansprüche gegen den Transporteur, Versicherungsansprüche in Bezug auf die abgetretenen Forderungen und übereigneten Waren wie z. B. Kreditversicherung, Transport-, Einbruchs-, Diebstahls-, Brandversicherung etc.).[174]

172 V. Westphalen, RIW 1977, 80 f.

173 *Brink*, Rechtsbeziehungen des Factors mit seinem Kunden – Der Factoringvertrag, Factoring-Handbuch[3], S. 191.

174 *Brink*, Rechtsbeziehungen des Factors mit seinem Kunden – Der Factoringvertrag, Factoring-Handbuch[3], S. 202 f.

b. Die Aufrechnung durch den Debitor

Problematisch ist, ob der Debitor mit Forderungen gegenüber dem Factor aufrechnen kann, die er nach Kenntnis von der Vorausabtretung der künftigen Forderungen des Kunden erwirbt. Fraglich ist, ob die Kenntnis von der Vorausabtretung der Kenntnis von der Abtretung gleichzusetzen ist. Wäre dies der Fall, könnte der Debitor regelmäßig nicht mehr mit Gegenforderungen aufrechnen.

Der BGH hat die Kenntnis des Schuldners von der Vorausabtretung der Kenntnis von der Abtretung gleichgesetzt.[175] Zur Begründung[176] stützt er sich auf die Motive zum BGB. Aus ihnen ergebe sich, dass es mit den Vorschriften zum Schutz des gutgläubigen Schuldners zusammenhänge, dass § 406 BGB nicht auf den Zeitpunkt der Forderungsabtretung abstelle, sondern auf denjenigen der Kenntnis des Schuldners von der Abtretung. Der gutgläubige Schuldner solle geschützt werden. Schutzwürdig sei er, wenn er die Vorausabtretung zur Zeit des Erwerbs seiner Forderung nicht kannte. Der BGH zieht aber auch den Zweck des § 406 BGB heran und weist auf folgende Gefahr hin. Ließe man einen Schuldner trotz Kenntnis von einer Vorausabtretung aufrechnen, so würde dies im Ergebnis dazu führen, dass er Verbindlichkeiten gegenüber dem Zedenten eingehen könnte, um sich durch Aufrechnung von seiner Schuld gegenüber dem Zessionar zu befreien.

Berücksichtigt werden muss aber, dass es beim Factoring nicht nur um eine einfache Vorausabtretung von Forderungen geht, sondern dass diese unter der aufschiebenden Bedingung steht, dass es tatsächlich zu einem Forderungskauf durch den Factor kommt. Solange der Factor die Forderungen nicht ankauft, liegt keine wirksame Vorauszession vor. Insofern wird man dem Debitor, zumindest bis zur Verständigung vom Forderungskauf durch den Factor, die Aufrechnungsmöglichkeit einräumen müssen. Der Debitor kann demnach mit Forderungen aufrechnen, die er bis zur Kenntniserlangung von dem Kauf der Forderungen erworben hat.[177] Der Debitor ist aber auch dann geschützt, wenn sich aus der bei der Kenntniserlangung bestehenden Rechtslage ohne die Abtretung bis zur Fälligkeit der abgetretenen Forderung eine Aufrechnungslage entwickelt hätte.[178]

c. Die Kollision einer im Rahmen des Factorings vorgenommenen Abtretung mit einem verlängerten Eigentumsvorbehalt

Kommt es zu einem Konflikt zwischen einer im Rahmen des Factorings vorgenommenen Globalzession mit einem nachfolgenden verlängerten Eigentumsvorbehalt, so muss bei der rechtlichen Beurteilung zwischen echtem und unechtem Factoring

175 BGHZ 66, 384, 386 f.; BGH, Urteil vom 26.06.2002, NJW 2002, 2865, 2866.
176 BGHZ 66, 384, 386 f.
177 So auch *Kitsaras*, Das UNIDROIT Übereinkommen, S. 120.
178 Vgl. BGHZ 58, 327, 331.

unterschieden werden. Übernimmt der Factor das Delkredererisiko, so liegt echtes Factoring vor. Bei ihm handelt es sich um einen Forderungskauf. Auch wenn die Globalzession an den Factor Forderungen erfasst, die einem verlängerten Eigentumsvorbehalt unterliegen, so ist sie doch wirksam. Der Grund hierfür ist darin zu sehen, dass der durch eine globale Vorausabtretung gesicherte Warenkreditgeber (Vorbehaltsverkäufer) den Vorbehaltskäufer (Kunden des Factors) in der Regel dazu ermächtigt, die abgetretenen Forderungen einzuziehen und seine Ermächtigung den Vorbehaltskäufer berechtigt, die Forderungen nochmals abzutreten, sofern er den ungeschmälerten Gegenwert der Forderung erhält.[179] Bekommt der Vorbehaltskäufer den Gegenwert der Sache vom Schuldner statt vom Factor, so steht der Warenkreditgeber wirtschaftlich und rechtlich ebenso da, wie wenn der Vorbehaltskäufer die Forderungen selbst eingezogen hätte.[180]

Beim unechten Factoring stellt sich die Rechtslage anders dar. Der BGH hat in seinem Urteil vom 14. Oktober 1981 entschieden, dass die dem Vorbehaltskäufer erteilte Ermächtigung, den Kaufpreis für die unter verlängertem Eigentumsvorbehalt gelieferte und weiterveräußerte Ware einzuziehen, ihn nicht berechtigt, Forderungen aus dem Weiterverkauf – nochmals – im Rahmen des unechten Factorings an einen Factor zu verkaufen und abzutreten.[181] Ist die Forderung gegen den Debitor uneinbringlich, kann der Factor beim unechten Factoring eine Rückbelastung vornehmen mit der Folge, dass der Vorbehaltskäufer das Risiko des Forderungsausfalls selbst zu tragen hat. Aufgrunddessen wird die Gutschrift des Factors, die dem Gegenwert der Forderung entspricht, als Kreditgeschäft verstanden.[182] Der Vorbehaltsverkäufer soll vor der Gefahr, im Falle der Insolvenz des Vorbehaltskäufers mit dem Factor in Konkurrenz stehen zu müssen, bewahrt werden.[183]

B. Das Factoring in Frankreich

I. Allgemeines

Das Factoring ist erstmals im Jahre 1965 offiziell in Frankreich in Erscheinung getreten. Die *Commission Gilet* war damit beauftragt worden, neue Möglichkeiten von Krediten mit kurzen Laufzeiten zu erarbeiten. Gerade um den Export zu unter-

179 BGHZ 82, 283, 288 ff.

180 BGHZ 69, 254, 257 f.; *Serick*, Eigentumsvorbehalt und Sicherungsübertragung, Band IV, S. 575; *Canaris*, NJW 1981, 249 f.; *Berghaus*, Kollision zwischen Factoring-Globalzession und verlängertem Eigentumsvorbehalt, S. 175.

181 BGHZ 82, 50, 61 f.

182 BGHZ 58, 364, 367; 82, 50, 61; 100, 353, 358.

183 *Berghaus*, Kollision zwischen Factoring-Globalzession und verlängertem Eigentumsvorbehalt, S. 189 f.; a.A. *Canaris*, NJW 1981, 249, 250 f.

stützen, sprach sie sich für das Factoringverfahren aus.[184] Heute nimmt indes das nationale Factoring einen großen Raum ein. Nach Angaben der *Association Française des Sociétés Financières (ASF)*[185] betrug der Factoringumsatz im Jahre 2003 € 73 Mrd. Davon entfielen € 68 Mrd. auf das Inlandsfactoring und € 5 Mrd. auf das internationale Geschäft. Im Vergleich zum Vorjahr entspricht dies einem Anstieg um 3,8%.

Bei den Factoringgesellschaften handelt es sich überwiegend um spezialisierte Kreditinstitute und seltener um Banken. Sie haben sich der *Association Française des Sociétés Financières*[186] angeschlossen. Insgesamt handelte es sich zum 1. Mai 2004 um 19 Gesellschaften, die sich ausschließlich dem Factoring widmen, und 11 Kreditinstitute, die neben Factoring andere Finanzdienstleistungen anbieten.

Die Kunden der Factoringgesellschaften setzen sich meist aus kleineren oder mittleren Unternehmen mit einem Umsatz von mindestens € 150.000 zusammen. Dies gilt insbesondere dann, wenn die durchschnittlich von ihnen getätigten Geschäfte über eine hohe Gewinnspanne verfügen und die eigenen Kunden relativ verteilt sind. Die durchschnittliche Rechnungshöhe liegt bei ca. € 1.000 bei einem Zahlungsziel von 90 bis 120 Tagen, ausnahmsweise 180 Tagen.[187] Factoring ist für Unternehmen gedacht, die Verbrauchsgüter herstellen und verkaufen oder Dienstleistungen erbringen, eine nicht unerhebliche Anzahl von gewerblichen Kunden haben und die gegen diese bestehenden Forderungen nur schwer zur Finanzierung verwenden können.[188] Factoring umfasst keine Forderungen, die sich gegen Verbraucher oder Privatleute richten. Die Zahl der Kunden, die im Jahr 2003 Factoring nutzten, wird auf 22.000 geschätzt, was einer Verdoppelung in fünf Jahren entspricht.

Die Bedeutung des Factorings liegt vor allem darin, dass das Risiko, dass Forderungen bei Fälligkeit nicht bezahlt werden, übernommen wird *(garantie dite de bonne fin)* und Forderungen zur Finanzierung verwendet werden. Darüber hinaus handelt es sich beim Factoring um ein Verfahren der kaufmännischen Geschäftsführung, das dem Kunden gegebenenfalls Erleichterungen bei der Buchführung und dem Forderungseinzug bietet und ihm Informationen über gegenwärtige oder künftige Geschäftspartner zur Verfügung stellt.[189] Zudem können die am Factoring teilnehmenden Unternehmen ihre Liquiditätslage verbessern und ihre Verwaltungskosten verringern.

---

184 *Gavalda*, Rép. com. D. 1996, n. 2.

185 Nähere Informationen finden sich auf der Website: http://www.asf-france.com.

186 Der *Association Française des Sociétés Financières (ASF)* gehören 456 Bank- und Finanzinstitute an.

187 *Gavalda*, Rép. com. D. 1996, n. 8.

188 *Gavalda*, Rép. com. D. 1996, n. 6 et 7.

189 *Gavalda*, Rép. com. D. 1996, n. 7.

Als das Factoring in Frankreich eingeführt wurde, konnten die angelsächsischen rechtlichen Regelungen nicht einfach übernommen werden. Für die Übertragung von Forderungen des Kunden auf den Factor gab es keine Normen. Dennoch sah der französische Gesetzgeber keinen Handlungsbedarf. Die französischen Factoringgesellschaften mussten auf das allgemeine Zivil- und Handelsrecht zurückgreifen und auf dieser Grundlage zulässige Verträge mit Drittwirksamkeit entwerfen.[190] Die Hauptschwierigkeit bestand hierbei darin, eine rechtlich einfache und sichere Basis für den Forderungsübergang beim Factoring zu finden. Dem Gläubiger einer Forderung stehen zur Forderungsübertragung beim Factoring theoretisch drei Möglichkeiten zur Verfügung: die Forderungsabtretung *(cession de créance)*, die Zession nach der sog. *Loi Dailly (cession Dailly)* und die *subrogation personnelle.*

Das Factoring kennt grundsätzlich drei Beteiligte: den Factor *(affactureur)*, den (Anschluss-) Kunden/Lieferanten *(adhérent/fournisseur)* und den in- oder ausländischen Debitor/Käufer *(débiteur/acheteur)*. Im Folgenden wird die bei der Darstellung des deutschen Factorings gewählte Bezeichnung der am Factoring unmittelbar oder mittelbar Beteiligten beibehalten.

II. Die Definition des Factorings

Das Factoring hat sich im Binnenhandel ohne die Hilfe eines Gesetzestextes, der Inhalt und Wirkungen regelt, entwickelt.[191] Für das Factoring haben sich allerdings verschiedene Definitionen herausgebildet, je nach dem ob man den Schwerpunkt auf seine rechtliche oder auf seine wirtschaftliche Seite legt. Nach einem Erlass des Ministeriums für Wirtschaft und Finanzen vom 29.11.1973[192] wird das Factoring mit *affacturage* in das Französische übersetzt und als eine Finanzoperation verstanden, durch welche im Rahmen einer Vereinbarung ein spezialisiertes Unternehmen die Kundenkonten eines anderen Unternehmens führt, indem es dessen Forderungen erwirbt, den Forderungseinzug auf eigene Kosten übernimmt und eventuelle Verluste aufgrund zahlungsunfähiger Debitoren trägt.[193]

---

190 *Gavalda*, Rép. com. D. 1996, n. 10.

191 *Bonneau*, Droit bancaire[5], n. 574.

192 *Deschanel/Lemoine*, JC Banque et Crédit 11, 1999, Fasc. 580, n. 8.

193 „*Opération ou technique de gestion financière par laquelle, dans le cadre d'une convention, un organisme spécialisé gère les comptes clients d'entreprises en acquérant leurs créances, en en assurant le recouvrement pour son propre compte et en en supportant les pertes éventuelles sur des débiteurs insolvables. Ce service, qui permet aux entreprises qui y recourent d'améliorer leur trésorerie et de réduire leurs frais de gestion, est rémunéré par une commission sur le montant des factures.*“

Eine grundlegende rechtliche Definition hat die *Banque de France* am 26.10.1973 abgegeben.[194] Nach dieser werden beim Factoring gewerbliche Forderungen von dem Forderungsinhaber auf den Factor übertragen. Der Factor übernimmt den Forderungseinzug und garantiert die Zahlung, selbst bei vorübergehender oder dauerhafter Nichtleistung des Debitors.[195]

Von diesen Definitionen ausgehend, lässt sich das Factoring von anderen Rechtsinstituten abgrenzen.

Das Factoring ist vom Wechsel *(escompte)* zu unterscheiden. In gewisser Hinsicht verfolgen beide zwar dasselbe Ziel, nämlich die Erfüllung von Forderungen vor ihrer Fälligkeit und damit verbunden eine Kreditgewährung. Während der Inhaber eines Wechsels aber gegen den Aussteller Rückgriff nehmen kann, wenn der Bezogene den Wechsel nicht bezahlt hat, übernimmt der Factor das Risiko des endgültigen Forderungsausfalls.[196] Etwas anderes gilt nur, wenn die Forderung überhaupt nicht existiert. In diesem Fall wird dem Factor erlaubt, gegen den Kunden vorzugehen und den an sich nicht geschuldeten Betrag zurückzufordern.[197]

Von einem Auftrag *(mandat)* kann insofern nicht ausgegangen werden, als dass der Beauftragte nur das herausgeben muss, was er tatsächlich erlangt hat. Der Factor hingegen übernimmt die Garantie auch für den Fall, dass der Schuldner nicht zahlt. In diesem Zusammenhang sei angemerkt, dass der französischen Rechtspraxis das dem deutschen Recht bekannte unechte Factoring nicht sehr geläufig ist.

Im Gegensatz zur Kreditversicherung *(assurance-crédit)* ist der Factor primärer Schuldner des Kunden und tritt nicht nur und erst im Falle eines Forderungsausfalls ein, sondern zahlt sofort bzw. häufig schon vor Fälligkeit der Forderung. Zudem deckt die Kreditversicherung anders als das Factoring nicht die volle Summe der Forderung.[198]

Auch ein Darlehen *(prêt)*, das durch eine Forderung abgesichert wird, liegt beim Factoring nicht vor, da der Factor Vollrechtsinhaber und kein Sicherungsnehmer wird.[199]

---

194 *Deschanel/Lemoine*, JC Banque et Crédit 11, 1999, Fasc. 580, n. 8.

195 *„L'opération de factoring consiste en un transfert de créances commerciales de leur titulaire à un factor qui se charge d'en opérer le recouvrement et qui en garantie la bonne fin, même en cas de défaillance momentanée ou permanente du débiteur. Le factor peut régler par anticipation tout ou partie du montant des créances transférées.*"

196 *Gavalda/Stoufflet*, Droit bancaire, n. 429; *Bonneau*, Droit bancaire[5], n. 580.

197 *Rives-Lange/Contamine-Raynaud*, Droit bancaire[6], n. 582.

198 *Gavalda*, Rép. com. D. 1996, n. 16.

199 *Gavalda*, Rép. com. D. 1996, n. 16.

Gavalda[200] kommt zu dem Schluss, dass es sich bei dem Factoringvertrag um einen Vertrag sui generis handelt, dessen Charakteristika die Ausfallhaftung und verschiedene Serviceleistungen sind.

III. Der Factoringvertrag *(contrat d'affacturage)*

Eine gesetzliche Regelung des Factoringvertrags gibt es nicht.[201] Er wird definiert als ein synallagmatischer Innominatvertrag, der fortlaufend und entgeltlich ist und sich durch eine starke persönliche Bindung zwischen den Parteien auszeichnet.[202] Der Factor nimmt eine strenge Auswahl seiner Kunden nach bestimmten Kriterien, wie etwa ihrer Unternehmensgröße, ihren Schuldnern und ihrer finanziellen Situation, vor. Er hat zudem nur Kunden, die er für vertrauenswürdig hält. Sie müssen ihm die notwendigen Informationen, die die Forderung betreffen, zur Verfügung stellen, insbesondere jene, die Auskunft über den Einzug der Forderung und die Lage der Debitoren geben.[203] Besondere Ereignisse, die in der Person des Kunden liegen, beispielsweise eine nicht unerhebliche Änderung der finanziellen oder rechtlichen Struktur, berechtigen den Factor, den Vertrag fristlos zu kündigen.[204]

Der Factoringvertrag ist ferner ein Zustimmungsvertrag. Die Vertragsklauseln werden im Allgemeinen nicht ausgehandelt, sondern vom Factor einseitig bestimmt.[205] Darüber hinaus ist der Factoringvertrag ein Rahmenvertrag *(contrat cadre),* der über einen Anhang, in dem der Ablauf des täglichen Factorings geregelt ist, verfügt.[206] Er ist die Grundlage für die zahlreichen Operationen, die die Parteien untereinander durchführen.[207]

1. Die Regelungen des Factoringvertrags

a. Der Gegenstand des Vertrags

Als gegenseitiger Vertrag enthält der Factoringvertrag die Rechte und Pflichten jeder Partei. Der Factor stellt seinem Kunden ein Bündel an Leistungen zur Verfügung. Zu diesem kann die Übernahme des Risikos der Zahlungsunfähigkeit

200 Rép. com. D. 1996, n. 16.

201 *Rives-Lange/Contamine-Raynaud*, Droit bancaire^6, n. 582-3.

202 Vgl. *Gavalda*, Rép. com. D. 1996, n. 16: *„Ce contrat est un contrat innommé, synallagmatique, continu, à titre onéreux et marqué d'un fort intuitus personae.*"

203 *Bonneau*, Droit bancaire^5, n. 575.

204 *Deschanel/Lemoine*, JC Banque et Crédit 11, 1999, Fasc. 580, n. 41; *Rives-Lange/Contamine-Raynaud*, Droit bancaire^6, n. 583.

205 *Bonneau*, Droit bancaire^5, n. 575.

206 *Gavalda*, Rép. com. D. 1996, n. 34.

207 *Bonneau*, Droit bancaire^5, n. 575.

der Debitoren des Kunden, die Finanzierung seiner Forderungen und die Verwaltung seiner Konten zählen.[208] Der Kunde verpflichtet sich im Gegenzug, den Factor bezüglich der Gesamtheit der übertragbaren Forderungen in seine Rechtsstellung eintreten zu lassen[209] und während der Vertragsdauer den Abschluss eines weiteren Factoringvertrags oder einer ähnlichen Vereinbarung zu unterlassen.[210]

b. Die dem Factoring unterworfenen Forderungen

Der Vertrag findet nur Anwendung auf Forderungen, die aus unwiderruflichen Verkäufen bereits gelieferter Ware oder die aus bereits erbrachten Dienstleistungen stammen.[211] Der Eintritt des Factors in eine künftig erst entstehende Forderung ist nicht möglich, da die Forderung im Moment der Zahlung des Factors bereits entstanden sein muss.[212] Die Forderungen müssen ferner bestimmt und forderbar sein.[213] Damit werden Forderungen, die aus bedingten Kaufverträgen hervorgehen, ausgeschlossen. Dies gilt auch für Forderungen, die sich gegen Privatpersonen richten, aus Bauleistungen oder aus Rechnungen auf Leistung einer Abschlagszahlung herrühren.

c. Die Vertragsdauer

Ohne anders lautende Vereinbarung der Parteien läuft der Vertrag unbestimmte Zeit.[214] Er ist jederzeit unter Berücksichtigung einer festgelegten Frist, in der Regel von drei Monaten, kündbar. Bis zum Ablauf der Frist gehen aus dem Factoringvertrag weiterhin Rechte hervor. Der Kunde wird von seiner Verpflichtung zur Forderungsübertragung nicht befreit. Auch der Factor behält seine gesamten anfänglichen Pflichten im Hinblick auf die auf ihn übertragenen Forderungen. Der

---

208 Art. 1 – Objet du Contrat, Contrat d'affacturage – I-240, Quelle: EUROFACTOR; *Deschanel/Lemoine*, JC Banque et Crédit 8, 1994, Fasc. 581, Art. 1; *Ripert/Roblot*, Droit Commercial[17], t. 2, n. 2401.

209 Sog. *Clause générale de subrogation.* Bei ihr handelt es sich um das Versprechen des Kunden, den Factor in seine Rechtsstellung eintreten zu lassen. Sie muss allerdings in jedem einzelnen Abtretungsfall im Sinne der Artt. 1249 ff C. civ. verwirklicht werden (*Gavalda*, Rép. com. D. 1996, n. 38).

210 *Deschanel/Lemoine*, JC Banque et Crédit 8, 1994, Fasc. 581, Art. 1; *Ripert/Roblot*, Droit Commercial[17], t. 2, n. 2400.

211 Art. 1 – Objet du Contrat, Contrat d'affacturage – I-240, Quelle: EUROFACTOR; *Bonneau*, Droit bancaire[5], n. 575.

212 *Gavalda*, Rép. com. D. 1996, n. 38. Zur Gleichzeitigkeit von Zahlung und *subrogation* näher unter: Teil 1: B. IV. 3. d. cc.

213 *Deschanel/Lemoine*, JC Banque et Crédit 8, 1994, Fasc. 581, Art. 1.

214 Anders ist dies bei der Kreditversicherung. Bei ihr wird die Dauer von einem Jahr oder drei Jahren vorab zwingend festgelegt.

Kontenabschluss zwischen den Parteien erfolgt erst nach der Abwicklung der laufenden Geschäfte.[215]

Dem Factor wird darüber hinaus das Recht eingeräumt, in bestimmten Fällen fristlos zu kündigen. Zu diesen gehört ein schwerer Verstoß des Kunden gegen seine vertraglichen Pflichten, höhere Gewalt oder der Fall, dass hinsichtlich der rechtlichen oder wirtschaftlichen Situation des Kunden eine grundlegende Veränderung oder ein bedeutsamer finanzieller Verlust eintritt.

Aufgrund der engen persönlichen Bindung der Vertragsparteien kann der Factoringvertrag vor Ablauf seiner vorgesehenen Dauer untergehen und zwar durch ein Ereignis, das eine der Parteien betrifft, wie etwa eine eintretende Geschäftsunfähigkeit oder Insolvenz.[216]

d. Die Vergütung des Factors

Die Vergütung des Factors setzt sich aus Gebühren und Zinsen zusammen. Ihre Höhe richtet sich nach dem Volumen der Forderungen, dem Risiko des zur Verfügung gestellten Darlehens und den gewährten Dienstleistungen. Der Factor kann je nach den Bedürfnissen des Kunden eine Zahlung erst bei Fälligkeit der übertragenen Forderung vornehmen, oder die Forderung sofort ausgleichen. Im ersten Fall hat der Kunde lediglich eine Factoringgebühr zu entrichten. Diese liegt bei 1,5% bis 2% des Forderungsbetrags.[217] Im zweiten Fall kommen zu der Factoringgebühr noch die Zinsen hinzu. Der Factor belastet das laufende Konto des Kunden entsprechend.[218]

2. Die Zahlung und die Finanzierung der Forderungen

a. Die Vereinbarung eines laufenden Kontos

Damit der Factor in die Rechtsstellung des Kunden eintreten kann und es zu einer Finanzierung des Kunden kommt, richtet der Factor im Namen seines Kunden ein laufendes Konto ein, das alle Geschäfte, die in Ausführung des Factoringvertrags erfolgen, registriert. Auf dieses Konto fließen sowohl die vom Factor als auch die vom Kunden geschuldeten Beträge. Der Factor schreibt dem Konto etwa den den übertragenen Forderungen entsprechenden Betrag gut. Die aus dem Factoringvertrag herrührenden gegenseitigen Forderungen und Schulden gelten als konnex und unteilbar. Sie stellen die Aktiva und Passiva des Kontos dar und wer-

215 *Deschanel/Lemoine*, JC Banque et Crédit 11, 1999, Fasc. 580, n. 42.

216 *Rives-Lange/Contamine-Raynaud*, Droit bancaire^{6}, n. 583.

217 *Ripert/Roblot*, Droit Commercial^{17}, t. 2, n. 2400; *Rives-Lange/Contamine-Raynaud*, Droit bancaire^{6}, n. 585.

218 *Gavalda*, Rép. com. D. 1996, n. 67.

den miteinander verrechnet, auch wenn die Voraussetzungen für eine gesetzliche Aufrechnung nicht vorliegen.[219]

Das laufende Konto des Kunden beinhaltet in der Regel keinen Überziehungskredit. Wird es debitorisch, so kann der Factor die Tilgung des entsprechenden Betrags vom Kunden verlangen.

b. Die Übergabe und die Zahlung der Rechnungen

Der Kunde übergibt dem Factor ein Forderungsverzeichnis. Diesem legt er Rechnungen und Belege bei sowie eine Zahlungsaufforderung an den Factor, der eine Subrogationsquittung beigefügt ist.[220] In dem Augenblick, in dem der Factor die Zahlung der angenommenen Rechnungen vornimmt, durch Gutschrift des entsprechenden Betrags auf das laufende Konto des Kunden, tritt er in die Rechtsstellung des Kunden vollumfänglich ein. Er erhält die mit den einzelnen Forderungen verbundenen Rechte, Klagerechte, Vorrechte und Hypotheken.[221] Um die volle Wirksamkeit des Geschäfts sicherzustellen, teilt der Kunde dem Debitor zugleich mit, dass er nunmehr direkt an den neuen Gläubiger zu leisten hat.

3. Die Verwaltung der Forderungen

In einem Factoringvertrag wird ferner bestimmt, dass der Factor, sobald er Inhaber der Forderungen ist, allein berechtigt ist, die Forderungen einzuziehen. Er kann alle hierzu erforderlichen Maßnahmen ergreifen, er kann beispielsweise eine Klage gegen den Debitor erheben. Die Verfahrenskosten hat der Factor in diesem Fall selbst zu tragen. Etwas anderes gilt nur, wenn der Factor den Forderungseinzug nicht garantierter Forderungen übernimmt oder sich herausstellt, dass die Nichtzahlung einer garantierten Forderung nicht auf einer Zahlungsunfähigkeit des Debitors beruht.[222] Als Forderungsinhaber ist der Factor ferner berechtigt, mit dem Debitor einen Zahlungsaufschub oder eine andere Regelung hinsichtlich der übertragenen Forderung zu treffen.

Der Kunde verpflichtet sich in dem Factoringvertrag, dem Factor alle Dokumente oder beweiskräftigen Unterlagen zu übergeben und ihm alle Informationen, die den Debitor betreffen, zukommen zu lassen. Von besonderer Bedeutung ist jede Zahlungsverweigerung des Debitors, jeder Rechtsstreit oder jedes andere Ereignis, das den Forderungseinzug gefährden kann. Der Kunde verpflichtet sich darüber

---

219 *Deschanel/Lemoine*, JC Banque et Crédit 8, 1994, Fasc. 581, Art. 4; Art. 2 – Objet du Contrat, Contrat d'affacturage – I-240, Quelle: EUROFACTOR.

220 *Ripert/Roblot*, Droit Commercial[17], t. 2, n. 2400.

221 Art. 2 – Objet du Contrat, Contrat d'affacturage – I-240, Quelle: EUROFACTOR.

222 Art. 4 – Objet du Contrat, Contrat d'affacturage – I-240, Quelle: EUROFACTOR.

hinaus, Zahlungen, die ihm gegenüber vorgenommen werden und die an den Factor eingereichte Rechnungen betreffen, unverzüglich an den Factor weiterzuleiten.

Erhält der Factor Zahlungen des Debitors, die eingereichten Rechnungen entsprechen, ohne Forderungsinhaber zu werden, beispielsweise, weil der Factoringvertrag gekündigt worden ist, so wird er als Beauftragter des Kunden angesehen, der die Zahlungen dem Konto des Kunden gut zu schreiben hat.

4. Die Delkrederehaftung

In dem Factoringvertrag verpflichtet sich der Factor, das Risiko des Forderungsausfalls zu tragen. Anders als dies bei der Kreditversicherung der Fall ist, übernimmt er das Risiko zu 100% und nicht nur in Höhe von 50% bis 85%. Handelt es sich um eine bestehende Forderung und liegt ihr die tatsächliche Lieferung von Waren oder die Erbringung von Dienstleistungen zu Grunde, dann hat der Factor grundsätzlich keine Rückgriffsmöglichkeit gegen den Kunden.[223]

Mit der Übernahme der Delkrederehaftung geht einher, dass der Kunde dem Factor zunächst alle seine gewerblichen Forderungen anbieten muss. Dadurch soll verhindert werden, dass der Kunde die „guten“ Forderungen behält und die Forderungen, die mit großen Risiken behaftet sind, dem Factor andient.[224] Der Factor hat das Recht, eine angebotene Forderung abzulehnen, wenn sie das für diesen Debitor eingeräumte Zahlungslimit überschreitet.[225] Um nicht zu jeder einzelnen eingereichten Rechnung seine Zustimmung erteilen zu müssen, erklärt sich der Factor der Einfachheit halber bereit, angebotene Forderungen gegen einen Debitor bis zu einem bestimmten Kreditbetrag anzunehmen.[226] Die Zustimmung des Factors erfolgt schriftlich und zieht die Eröffnung eines sog. Debitorenkontos nach sich. Bis zu dem zugesagten Betrag trägt der Factor dann das Risiko der Zahlungsunfähigkeit des Debitors. Die Deckung des Risikos eines Forderungsausfalls erneuert sich mit jeder Zahlung des Debitors um die Höhe des von ihm geleisteten Betrags.[227] Die Zustimmung des Factors kann aufgehoben, geändert, verringert oder jederzeit gekündigt werden.

---

223 *Gavalda*, Rép. com. D. 1996, n. 30.

224 *Gavalda*, Rép. com. D. 1996, n. 27; *Bonneau*, Droit bancaire[5], n. 576; *Ripert/Roblot*, Traité de droit commercial[17], t. 2, n. 2400.

225 *Ripert/Roblot*, Traité de droit commercial[17], t. 2, n. 2400.

226 *Rives-Lange/Contamine-Raynaud*, Droit bancaire[6], n. 583.

227 *Deschanel/Lemoine*, JC Banque et Crédit 8, 1994, Fasc. 581, Art. 2.

Lehnt der Factor es ab, eine zweifelhafte Forderung zu erwerben, können die Parteien des Factoringvertrags vereinbaren, dass der Factor als Bevollmächtigter *(mandataire)* des Kunden auch diese Forderung einzieht.[228]

IV. Die Möglichkeiten der Forderungsübertragung

Die vom Factor verwalteten, garantierten und finanzierten Forderungen müssen ihm zugewiesen werden. Das muss in der Weise geschehen, dass der Factor über die Forderungen verfügen kann. Er muss die Forderungen direkt gegen den Debitor geltend machen können. Die Übertragung der Forderungen darf allerdings keinen Einfluss auf die wirtschaftlichen Beziehungen zwischen dem Kunden und dem Debitor haben. Sie muss zudem die Leichtigkeit bieten, die die Durchführung sich wiederholender Geschäfte erfordert.

Im Folgenden wird nach der *cession de créance,* die *cession Dailly* dargestellt, die im Jahre 1981 zur Erleichterung der Übertragung gewerblicher Forderungen geschaffen wurde. Im Anschluss hieran wird die *subrogation personnelle* erörtert.

1. Die Forderungsabtretung *(cession de créance)*

a. Allgemeines

aa. Die Grundlagen der Abtretung

Geht es um die Übertragung einer Forderung, so ist als Erstes an die klassische Forderungsabtretung *(cession de créance)* zu denken. Hierbei handelt es sich um eine rechtsgeschäftliche Übertragung von Forderungen und Rechten. Die *cession de créance*[229] ist in den Art. 1689 – 1695 C. civ. geregelt und steht systematisch im 3. Buch, 6. Titel „Über den Kauf", 8. Kapitel „Die Übertragung von Forderungen und andere unkörperliche Rechte".[230] Eine allgemeine Regelung der Abtretung ist im *Code civil* nicht zu finden.

Neben dem Forderungskauf kann sich die Abtretung aus anderen Rechtsgründen ergeben. Sie kann zu Erfüllungszwecken[231] oder als Sicherheit, die eine fiduzia-

228 *Ripert/Roblot*, Traité de droit commercial[17], t. 2, n. 2400; *Bonneau*[5], Droit bancaire, n. 577; *Rives-Lange/Contamine-Raynaud*, Droit bancaire[6], n. 586; *Gavalda/Stoufflet*, Droit bancaire, n. 430.

229 Siehe zur Geschichte der Zession in Frankreich: *Keller*, Zessionsstatut, S. 21 ff.

230 Eine Übersetzung des Gesetzestexts findet sich in *Münch*, Abtretungsverbote im deutschen und französischen Recht, S. 135, 136.

231 *Malaurie/Aynès*, Cours de droit civil, Les obligations[4], n. 1220. Sie führen folgendes Beispiel an: A schuldet C € 100. B schuldet wiederum dem A € 100. A erfüllt seine Schuld gegenüber C, indem er ihm die Forderung gegen B überträgt.

rische Abtretung *(cession fiduciaire)*[232] begründet, vereinbart werden. Bei der fiduziarischen Abtretung tritt ein Schuldner, der selbst Inhaber einer Forderung ist, diese an seinen Gläubiger ab. Eine Zahlung ist nicht erforderlich, so dass kein Forderungskauf vorliegt. Ziel ist lediglich, dem Gläubiger eine Sicherheit einzuräumen. Die Abwicklung der fiduziarischen Abtretung hängt davon ab, ob der Schuldner seine Forderung zum Ausgleich bringt. Ist dies der Fall, wird die abgetretene Forderung zurückübertragen oder das vom Drittschuldner bezahlte Geld herausgegeben. Wird der Schuldner zahlungsunfähig, kann der Gläubiger vom Drittschuldner Zahlung verlangen.

Erfolgt die Abtretung unentgeltlich, so kann eine Schenkung *(donation)* vorliegen.[233] Ein Forderungserwerb kann zudem im Zusammenhang mit einer Gesamtrechtsnachfolge durch Erwerb von Todes wegen oder durch die Auflösung einer juristischen Person ohne Liquidation (Gesellschaftsfusion) erfolgen, aber auch durch die Übertragung eines Vermögenswerts, dem eine Forderung als akzessorisches Nebenrecht verbunden ist.[234] Im Wirtschaftsleben kommt dem entgeltlichen Forderungsübergang, dem Forderungskauf, die größte Bedeutung zu.

bb. Das Konsensualprinzip

Das französische Recht kennt das Abstraktionsprinzip mit seiner strikten Trennung von Verpflichtungs- und Verfügungsgeschäft nicht. Beide sind vielmehr rechtlich miteinander verknüpft und bilden eine Einheit. Der Wille der Parteien zum Abschluss des Verpflichtungsgeschäfts umfasst den Willen zur Durchführung des Verfügungsgeschäfts. So wirkt die vertragliche Einigung der Parteien rechtsübertragend, sog. Konsensualprinzip.[235] Zur Übertragung des Eigentums an einem Kaufgegenstand bedarf es beispielsweise nicht seiner Übergabe. Auch der Kauf einer Forderung bewirkt zugleich ihren Übergang *(effet translatif)*. Darüber hinaus stehen Verpflichtungs- und Verfügungsgeschäft in einem kausalen Verhältnis zueinander.[236] Unwirksamkeitsgründe des Grundgeschäfts führen dazu, dass auch die

---

232 *Malaurie/Aynès*, Cours de droit civil, Les obligations^4, n. 1220; *Marty/Raynaud/Jestaz*, Droit civil, Les obligations^2, t. 2, n. 353.

233 *Bénabent*, Droit civil, Les obligations^9, n. 727.

234 *Blaise/Desgorces*, Frankreich, in *Hadding/Schneider* (Hrsg.), Die Forderungsabtretung^2, S. 246, Rdnr. 2.

235 Siehe hierzu: *Ranieri*, Europäisches Obligationenrecht^2, S. 395 f.

236 Zur Kritik an der kausalen Konzeption der Zession bei *von der Crone*, SJZ 93 (1997), 251. Danach stellen die Kritiker auf drei Problemkreise ab:

1. Im Verhältnis von Zedent und Zessionar trage der kausale Ansatz ausschließlich den Interessen des Zedenten Rechnung. Der Zessionar könne die Rückübertragung nicht von der Rückerstattung der Gegenleistung abhängig machen.
2. Der Zedent sei auch gegenüber einem Dritten begünstigt, wenn bereits die erste Zession aufgrund der Unwirksamkeit des Verpflichtungsgeschäfts gescheitert sei und der Dritte die

Verfügung unwirksam ist.[237] Ist der Forderungskauf nichtig, so wird der Zessionar nicht neuer Forderungsinhaber. Hat er die Forderung gleichwohl auf einen Dritten übertragen, so wird auch der Dritte nicht Forderungsinhaber. Die Forderung verbleibt im Vermögen des Zedenten.

Obwohl das schuldrechtliche Grundgeschäft mit dem Verfügungsgeschäft eine Einheit bildet, lassen sich doch die schuldrechtlichen Vertragselemente von den sachenrechtlichen trennen.[238] Dies ist allerdings nicht ohne Schwierigkeiten möglich. Der *Code civil* bestimmt weder den Inhalt eines Schuldverhältnisses und damit das Schuldrecht näher, noch verfügt er über ein hiervon klar zu trennendes Sachenrecht.

Die Lehre hat versucht, das Schuldverhältnis zu definieren. Es wird als eine zwischen Gläubiger und Schuldner bestehende rechtliche Verbindung verstanden, die eine Verpflichtung rein persönlicher Natur begründet und einen vermögenswerten Gegenstand bildet.[239] Hiervon sind die sachenrechtlichen Grundsätze der Publizität und der Spezialität abzugrenzen. Wie das deutsche Recht auch, so kennt das französische Recht bei den dinglichen Rechten das Numerus-clausus-Prinzip, während die Parteien obligatorische Rechte frei vereinbaren können. Von den absoluten Wirkungen des Sachenrechts werden die relativen des Schuldverhältnisses unterschieden. Dazu beigetragen hat die Differenzierung des Verhältnisses zwischen dem Gläubiger und dem Schuldner von dem Verhältnis des Gläubigers zu Dritten. Liegen die vier Voraussetzungen zur Wirksamkeit einer vertraglichen Vereinbarung gemäß Art. 1108 C. civ., nämlich die Geschäftsfähigkeit *(capacité)*, die Einigung *(consentement)*[240], der bestimmte Vertragsgegenstand *(objet certain)* und die zulässige Geschäftsgrundlage *(cause licite)*, vor, dann entfaltet der Vertrag Wirkungen, aber nur zwischen den Vertragsparteien. Damit der Vertrag Dritten entgegengehalten werden kann, die sog. Drittwirksamkeit *(opposabilité aux tiers)* entfaltet, müssen gewisse Formvoraussetzungen erfüllt werden.

Das französische Zivilrecht bestimmt die Abtretungsvoraussetzungen demzufolge nicht einheitlich. Es unterscheidet das Rechtsverhältnis zwischen dem Zedenten und dem Zessionar (Innenverhältnis) von dem zwischen den Zessionsparteien und

---

Forderung vom Zessionar nicht erwerben könne. Die kausale Konzeption belaste die Verkehrsfähgkeit von Rechten.

3. Das kausale Verständnis von der Zession erschwere die Stellung des Schuldners. Er müsse sich mit der Wirksamkeit des Verpflichtungsgeschäfts zwischen Zedent und Zessionar auseinander setzen, da er sonst riskiere, dass eine Leistung keine befreiende Wirkung habe.

237 Siehe zur Rückabwicklung eines nichtigen Veräußerungsvertrags im französischen Recht: *Ranieri*, Europäisches Obligationenrecht², S. 400.

238 *Münch*, Abtretungsverbote im deutschen und französischen Recht, S. 122 und 127 f.

239 *Ferid*, Das französische Zivilrecht 1, Rdnrn. 2 A 7 ff., 2 A 10.

240 Siehe zu den näheren Einzelheiten der Einigung der Parteien und der Geschäftsfähigkeit: *Münch*, Abtretungsverbote im deutschen und französischen Recht, S. 137 f.

dem Schuldner sowie dem zwischen den Zessionsparteien und Dritten (Außenverhältnis). Je nachdem, um welches Rechtsverhältnis es sich handelt, müssen verschiedene Voraussetzungen vorliegen. Von diesen Voraussetzungen sind die Abtretungswirkungen in Bezug auf das jeweils betroffene Rechtsverhältnis zu unterscheiden.

b. Das Verhältnis von Zedent und Zessionar

aa. Die Voraussetzungen einer wirksamen Abtretung

(1) Der Abtretungsvertrag

Die Forderungsabtretung beruht auf einer Vereinbarung zwischen dem Zedenten und dem Zessionar.[241] Für den Abschluss des Abtretungsvertrags sind zunächst die Vorschriften zu beachten, die für die Entstehung eines jeden Vertrags maßgeblich sind, insbesondere die Voraussetzungen des Art. 1108 C. civ.[242] Der Mitwirkung des Schuldners der abgetretenen Forderung, etwa seiner Zustimmung, bedarf es nicht.[243] Die Auswechslung des Gläubigers vollzieht sich außerhalb des Willens des Schuldners. Der Schuldner hat keine Möglichkeit, sich der Abtretung entgegen zu stellen, da es für ihn rechtlich unerheblich ist, ob er mit befreiender Wirkung an den Zedenten oder an den Zessionar leistet.

Erfolgt die Abtretung gegen Zahlung eines Entgelts, so gelten für den Abtretungsvertrag die Regelungen des Kaufrechts.[244] Entsprechend Art. 1583 C. civ. entfaltet der Forderungskauf mit der Einigung der Parteien über die Forderung und ihren Preis Wirksamkeit. Mit dem Kaufvertrag vollzieht sich auch der Übergang der Forderung auf den Zessionar.[245] Bereits die schuldrechtliche Einigung führt

---

241 *Mazeaud/Mazeaud/Chabas*, Droit civil II/1⁹, n. 1259.

242 *Terré/Simler/Lequette*, Droit civil, Les obligations⁸, n. 1277.

243 *Mazeaud/Mazeaud/Chabas*, Droit civil II/1⁹, n. 1259; *Bénabent*, Droit civil, Les obligations⁹, n. 728.

244 *Bénabent*, Droit civil, Les obligations⁹, n. 727.

245 Der Kauf mit dem unmittelbar auf die Veräußerung der Kaufsache gerichteten Willen der Vertragsparteien ist von dem Vertrag zu unterscheiden, durch den erst die Verpflichtung begründet wird, einen Kaufvertrag abzuschließen. Nach Art. 1589 Abs. 1 C. civ. kann zwar ein auf Abschluss eines Kaufvertrags gerichteter Vorvertrag nicht abgeschlossen werden *(la promesse de vente vaut vente)*. Diese Norm ist aber abdingbar. Es sind zwei Formen der *promesse de vente* zu unterscheiden: das gegenseitige Abschlussversprechen und die nur einseitig für eine Partei bestehende Pflicht zum Abschluss eines Kaufvertrags. Bei letzterer treten die Kaufwirkungen nicht unmittelbar ein. In der Regel hat der Käufer ein Optionsrecht. Nach diesem kann er den Kaufvertrag selbst zur Entstehung bringen. Der aus der *promesse de vente* Berechtigte kann einen anderen in seine Rechtsstellung eintreten lassen, wobei die Rechtsprechung (Cass. civ. 17.04.1984, n. 87) dies nicht als Abtretung qualifiziert. Nach *Jeuland* (Essai sur la substitution de personne dans un rapport d'obligation, n. 124 et s.) ist der Eintritt eines Dritten in die Rechtsstellung des Berechtigten einer *promesse unilatérale de vente* als rein deklaratorischer Akt

demnach zur Übertragung der Forderung, sog. Konsensualprinzip. Ein weiteres Element, ein Übertragungsakt, zum Übergang der Forderung ist nicht erforderlich.

Wenn in Art. 1689 C. civ. davon die Rede ist, dass beim Forderungsübergang der Vollzug zwischen Zedent und Zessionar durch die Übergabe der Schuldurkunde *(remise de titre)* erfolgt, dann betrifft dies nicht den Abschluss des Vertrags selbst, sondern regelt nur die Erfüllung der Leistungspflicht, die aus dem Vertrag folgt.[246]

(2) Die abtretbaren Forderungen

Grundsätzlich kann jede Geldforderung abgetreten werden. Die Abtretung kann eine einzelne Forderung oder ein Forderungspaket zum Inhalt haben.[247] Die Abtretung kann sich darüber hinaus auf bedingte[248], bereits fällige oder noch nicht fällige[249], unter einer Befristung oder Zeitbestimmung *(à terme)*[250] stehende[251] Forderungen erstrecken. Die Abtretung künftiger oder eventueller Forderungen *(créances éventuelles)*[252] begegnet hingegen gewissen Vorbehalten.[253] Die abgetretene Forderung

---

zu werten. Siehe zu den näheren Einzelheiten der promesse de vente: *Ferid/Sonnenberger*, Das französische Zivilrecht 2[2], Rdnrn. 2 G 320 ff.

246 *Blaise/Desgorces*, Frankreich, in *Hadding/Schneider* (Hrsg.), Die Forderungsabtretung[2], S. 248, Rdnr. 10; *Weill/Terré*, Droit civil, Les obligations[3], n. 960; *Hollweg-Stapenhorst*, Sicherungsabtretung und Factoring, S. 16.

247 *Terré/Simler/Lequette*, Droit civil, Les obligations[8], n. 1278.

248 *Mazeaud/Mazeaud/Chabas*, Droit civil II/1[9], n. 1258; *Terré/Simler/Lequette*, Droit civil, Les obligations[8], n. 1278; *Blaise/Desgorces*, Frankreich, in *Hadding/Schneider* (Hrsg.), Die Forderungsabtretung[2], S. 252, Rdnr. 17.

249 *Terré/Simler/Lequette*, Droit civil, Les obligations[8], n. 1278; *Blaise/Desgorces*, Frankreich, in *Hadding/Schneider* (Hrsg.), Die Forderungsabtretung[2], S. 252, Rdnr. 17.

250 Durch die Befristung oder Zeitbestimmung wird die Fälligkeit oder das Erlöschen einer Verpflichtung von einem zukünftigen Ereignis, dessen Eintritt sicher ist, abhängig gemacht. Der sichere Eintritt eines zukünftigen Geschehnisses ist das Kriterium, das die Befristung von der Bedingung unterscheidet. Siehe zu den näheren Einzelheiten der Befristung: *Ferid/Sonnenberger*, Das französische Zivilrecht 1/1[2], Rdnrn. 1 F 730 ff.

251 *Terré/Simler/Lequette*, Droit civil, Les obligations[8], n. 1278; *Blaise/Desgorces*, Frankreich, in *Hadding/Schneider* (Hrsg.), Die Forderungsabtretung[2], S. 252, Rdnr. 17.

252 Ein *droit éventuel* wird nicht als selbstständiges Recht verstanden, sondern als aufschiebend bedingte Rechtsbegründung. Aus ihr kann der Gläubiger bereits bestimmte Vorrechte geltend machen. Der Bedingungseintritt entfaltet uneingeschränkte Rückwirkung. Siehe zum Begriff *droit éventuel* insbesondere: *Mazeaud/Mazeaud/Chabas*, Droit civil II/1[9], n. 1032 et s. und *Ferid/Sonnenberger*, Das französische Zivilrecht 1/1[2], Rdnrn. 1 C 15 f. Nach *Marty/Raynaud/Jestaz* (Droit civil, Les obligations[2], t. 2, n. 354) ist anerkannt, dass der noch nicht fällige Mietzinsanspruch abgetreten werden kann. Bei ihm handelt es sich um einen unter einer Zeitbestimmung stehenden Anspruch und nicht um die Abtretung einer noch nicht bestehenden Forderung. Diese wird als reine Erwartung und nicht einmal als eventuelles Recht verstanden.

253 *Marty/Raynaud/Jestaz*, Droit civil, Les obligations[2], t. 2, n. 354; *Blaise/Desgorces*, Frankreich, in *Hadding/Schneider* (Hrsg.), Die Forderungsabtretung[2], S. 252, Rdnr. 17; *Terré/Simler/Lequette*, Droit civil, Les obligations[8], n. 1278.

muss nämlich eine ausreichende Grundlage *(consistance suffisante)* haben, wobei es zuweilen schwierig sein kann zu bestimmen, ob eine Forderung diese aufweist. Wirksamkeit kommt jedenfalls der Abtretung eines bereits entstandenen Rechts zu. Ein eventuelles Recht muss zumindest im Keim existieren.[254]

Die Abtretung einer künftigen Forderung stößt zudem auf ein praktisches Problem. Während die Übertragung einer künftigen Forderung zwischen den Zessionsparteien denkbar ist, kann die Drittwirksamkeit nicht herbeigeführt werden. Die durch einen Gerichtsvollzieher zuzustellende Abtretungsanzeige *(signification)* muss nämlich die wesentlichen Bedingungen der Abtretung enthalten.[255]

Als unabtretbar erweisen sich Forderungen, die einen versorgenden Charakter haben.[256] Dies gilt insbesondere für Unterhaltsrenten, gewisse soziale Leistungen und Familienbeihilfen.[257] Lohn- und Gehaltsforderungen können zumindest bis zu dem Betrag, den das Gesetz (Art. L. 145 Abs. 2 C. de trav.) für unabtretbar erklärt, nicht Gegenstand einer Zession sein. Unabtretbar ist auch eine Forderung, die auf einer Verpflichtung des Schuldners beruht, die dieser in Anbetracht der engen Verbindung zum Gläubiger *(intuitus personae)* eingegangen ist.[258]

(3) Die Form der Abtretung

Der Abtretungsvertrag zwischen Zedent und Zessionar unterliegt grundsätzlich keinen Formerfordernissen *(conditions de forme)*.[259] Nach Art. 1865 S. 1 C. civ. bedarf allerdings die Abtretung von Gesellschaftsanteilen der Schriftform.[260] Auch die Forderungsabtretung, die unentgeltlich erfolgt, also eine Schenkung darstellt, ist ein formbedürftiges Rechtsgeschäft.

Von dem Wirksamkeitserfordernis der Form bei bestimmten Rechtsgeschäften ist die Beweisform des Art. 1341 Abs. 1 C. civ. zu unterscheiden. Auch wenn ein Vertrag zu seiner Gültigkeit keiner Form bedarf, so ist es doch ratsam, ihn schriftlich abzufassen. Nach Art. 1341 C. civ. wird der Beweis von Verträgen, die den

254 *Marty/Raynaud/Jestaz*, Droit civil, Les obligations[2], t. 2, n. 354; *Terré/Simler/Lequette*, Droit civil, Les obligations[8], n. 1278.

255 Siehe zu den Publizitätsanforderungen: Teil 1: B. IV. 1. c. aa.

256 *Billiau*, La transmission des créances et des dettes, n. 19.

257 *Terré/Simler/Lequette*, Droit civil, Les obligations[8], n. 1278.

258 *Blaise/Desgorces*, Frankreich, in *Hadding/Schneider* (Hrsg.), Die Forderungsabtretung[2], S. 252, Rdnr. 18.

259 *Mazeaud/Mazeaud/Chabas*, Droit civil II/1[9], n. 1259; *Blaise/Desgorces*, Frankreich, in *Hadding/Schneider* (Hrsg.), Die Forderungsabtretung[2], S. 248, Rdnr. 10; *Malaurie/Aynès*, Cours de droit civil, Les obligations[4], n. 1222; *Terré/Simler/Lequette*, Droit civil, Les obligations[8], n. 1289.

260 Dieses Formerfordernis wird nach Art. 1861 Abs. 4 C. civ. verstärkt, wenn zwei Ehegatten zur gleichen Zeit Mitglied einer Gesellschaft sind und die Abtretung von Gesellschaftsanteilen von einem der beiden auf den anderen erfolgt. In diesem Fall erlangt die Abtretung nur Wirksamkeit, wenn sie in einer notariell beglaubigten oder privatschriftlichen (unter Angabe eines bestimmten Datums) Urkunde ausgeführt wird.

Betrag von € 800 überschreiten, auf die Schriftform beschränkt. Dieser wird entweder durch notarielle Beurkundung oder private Schriftform nachgekommen. Ein Zeugenbeweis *contre et outre le contenu aux actes* wird nicht zugelassen.

Etwas anderes gilt für Handelsgeschäfte. Art. L. 110-3 C. de com. lässt abweichend von Art. 1341 Abs. 1 C. civ. auch bei höherwertigen Verträgen jede Art von Beweis zu.

bb. Die Rechtsfolgen

Mit der Einigung der Zessionsparteien entfaltet der Abtretungsvertrag zunächst nur zwischen ihnen Rechtswirkungen. Für den Schuldner oder andere Dritte hat die Abtretung noch keine rechtlichen Folgen. In diesem Verfahrensstadium kann der Zessionar vom Schuldner keine Leistung verlangen. Dritten gegenüber hat der Zessionar keine sichere Stellung erlangt. Dies ändert sich, sobald eine der Formalitäten des Art. 1690 C. civ. erfüllt ist.

(1) Der Forderungsübergang

Mit der Abtretung wird der Zessionar an Stelle des Zedenten neuer Gläubiger. Unerheblich ist, ob die Abtretung zur Durchführung eines Forderungskaufs, einer Schenkung oder eines Kreditgeschäfts übertragen wird. Unbedeutend ist zudem, wie hoch der Betrag ist, den der Zessionar an den Zedenten leistet. Die Forderung geht zu ihrem Nennbetrag über.[261]

Hiervon ist die Teilabtretung zu unterscheiden. Vereinbaren Zedent und Zessionar lediglich die Übertragung eines Teils der Forderung, so werden sie gleichberechtigte Gläubiger des Schuldners. Keiner der beiden hat im Verhältnis zum anderen eine vorrangige Rechtsstellung inne.[262] Beiden Zessionsparteien kommen die Sicherheiten der Forderung zu Gute. Sie müssen sich die Vermögenswerte des Schuldners teilen, ohne dass sich einer der beiden eines besseren Rechts berühmen darf.[263]

Die Forderung wird auf den Zessionar in dem Zustand übertragen, in dem sie sich beim Zedenten befand. Sie erlischt nicht.[264] Ihre Nebenrechte, vor allem Hypotheken und Bürgschaften (Art. 1692 C. civ.[265]), gehen von Gesetzes wegen auf den Zessionar über.[266]

---

261 *Terré/Simler/Lequette*, Droit civil, Les obligations^8, n. 1290.

262 *Terré/Simler/Lequette*, Droit civil, Les obligations^8, n. 1290.

263 *Mazeaud/Mazeaud/Chabas*, Droit civil II/1^9, n. 1272.

264 *Mazeaud/Mazeaud/Chabas*, Droit civil II/1^9, n. 1270.

265 Art. 1692 C. civ. – *La vente ou cession d'une créance comprend les accessoires de la créance, tels que caution, privilège et hypothèque.*

266 *Terré/Simler/Lequette*, Droit civil, Les obligations^8, n. 1290.

Das gilt auch für Einwendungen und Einreden des Schuldners gegen die abgetretene Forderung. Der Zessionar kann nämlich nicht mehr Rechte erwerben, als der Zedent innehatte. Der Schuldner kann sich gegenüber dem Zessionar auf alle Einwendungen berufen, die er gegenüber dem Zedenten hätte geltend machen können.[267] So kann er dem Zessionar Zahlungsbedingungen und -fristen, die Nichtigkeit der Forderung, die Nichterfüllung, eine vorgenommene Zahlung, eine gegenüber dem Zedenten eingetretene Verjährung und eine bestehende Aufrechnungslage[268] entgegenhalten.[269] Erforderlich ist allerdings stets, dass die Einwendungen entstanden sind, bevor eine der Voraussetzungen des Art. 1690 C. civ. erfüllt worden ist.[270] Der Schuldner kann sich demnach auch auf die Einwendungen berufen, die in dem Zeitraum zwischen Zession und Erfüllung der Voraussetzungen des Art. 1690 C. civ. entstanden sind. Dem liegt der Gedanke zu Grunde, dass die Abtretung im Verhältnis zum Schuldner noch keine Drittwirksamkeit erlangt hat.

Nach Art. 1295 Abs. 1 C. civ. gilt indessen die vorbehaltslose Annahme *(acceptation)* der Abtretung durch den Schuldner als stillschweigender Verzicht, den Ausgleich der Forderung einzuwenden. Insofern hat diese Voraussetzung des Art. 1690 C. civ. eine weitreichendere Wirkung als die Abtretungsanzeige *(signification)* an den Schuldner. Die Rechtsprechung beschränkt diese gesetzliche Vermutung nicht auf die Annahme in einer beglaubigten Urkunde, sondern dehnt sie auf die privatschriftliche Annahme des Schuldners aus.[271]

Von dem Grundsatz, dass der Schuldner dem neuen Gläubiger alle Einwendungen und Einreden entgegensetzen kann, ist eine Ausnahme von praktischer Bedeutung erwähnenswert. Wenn die Forderung in einem handelsfähigen Wertpapier (Namenspapier, Orderpapier oder Inhaberpapier) bescheinigt ist, dann kann sich der Schuldner nicht auf Einwendungen und Einreden berufen, die aus der Beziehung zum Zedenten stammen.[272] Akzeptiert der Schuldner, dass die Forderung in einem handelsfähigen Wertpapier bestätigt wird, verpflichtet er sich zur Zahlung an den Zessionar und verzichtet auf die aus der Rechtsbeziehung zum Zedenten herrührenden Einwendungen und Einreden. Er kann allerdings einen Formfehler oder seine fehlende Geschäftsfähigkeit einwenden.

---

267 *Terré/Simler/Lequette*, Droit civil, Les obligations[8], n. 1291.

268 Nach Art. 1290 C. civ. erlöschen sich gegenüber stehende Forderungen unmittelbar kraft Gesetzes, wenn sie gleichartig, gegenseitig, fällig und entscheidungsreif sind.

269 *Mazeaud/Mazeaud/Chabas*, Droit civil II/1[9], n. 1271; *Terré/Simler/Lequette*, Droit civil, Les obligations[8], n. 1291.

270 *Terré/Simler/Lequette*, Droit civil, Les obligations[8], n. 1291.

271 *Mazeaud/Mazeaud/Chabas*, Droit civil II/1[9], n. 1271.

272 *Mazeaud/Mazeaud/Chabas*, Droit civil II/1[9], n. 1271.

(2) Die Gewährleistungsrechte

Nicht immer erlangt der Zessionar die Erfüllung der Forderung. Dies kann daran liegen, dass die Forderung unwirksam ist, ihr eine Einwendung entgegensteht oder dass der Schuldner zahlungsunfähig ist.

Liegt ein unentgeltlicher Forderungsübergang vor und erhält der Zessionar vom Schuldner keine Zahlung, so kann der Zessionar gegen den Zedenten grundsätzlich keine Klage erheben. Etwas anderes gilt, wenn der Zedent die Nichtleistung zu vertreten hat, weil er beispielsweise zwischen der Abtretung und der Abtretungsanzeige an den Schuldner eine Zahlung von ihm angenommen hat oder weil er die Forderung ein weiteres Mal abgetreten hat.[273]

Erfolgt die Forderungsübertragung gegen Entgelt, also als Unterform eines Kaufvertrags, so wirkt dieser Schuldvertrag, wie andere auch, zugleich rechtsübertragend. Die Normen des Kaufrechts regeln aber nicht nur den Forderungsübergang, sondern auch die Einstandspflichten des Zedenten. Der Verkäufer haftet im Falle des Verlusts *(éviction)* der Forderung oder versteckter Mängel.[274] Die Gewährleistungsvorschriften, die beim Kauf körperlicher Sachen Anwendung finden, wurden an die Besonderheiten des Forderungskaufs, insbesondere an die Motivation der Parteien angepasst. Häufig sieht sich der Zedent gezwungen, eine Forderung zu verkaufen, da er die mit dem Forderungseinzug verbundenen Risiken fürchtet. Der Zessionar hingegen handelt unter Spekulationsgesichtspunkten. Er versucht eine Forderung zu ihrem tiefstmöglichen Preis zu erwerben, um sie dann bestmöglich zu realisieren.

Sofern die Zessionsparteien keine Vereinbarung über die Gewährleistung treffen, ist auf Art. 1693 C. civ. abzustellen. Danach haftet der Zedent für den Bestand der Forderung und ihrer Nebenrechte im Zeitpunkt der Übertragung. Die Haftung des Zedenten für den Bestand der Forderung bedeutet, dass der Zedent Gläubiger des Schuldners ist, die Forderung wirksam und nicht erloschen ist und dass der Schuldner keine Einwendungen erheben kann.[275] Für die Zahlungsfähigkeit des Schuldners hat der Zedent jedoch nicht einzustehen.[276] Von einer Gewährleistungspflicht aufgrund Eviktion ist beispielsweise auszugehen, wenn durch die Klage eines Dritten offenbar wird, dass die versprochene Leistung nicht wirksam angeboten werden konnte, weil der Leistungsgegenstand dem Schuldner entweder noch nicht gehörte oder niemals gehören würde, so dass die Forderung zum Zeitpunkt ihrer

273 *Mazeaud/Mazeaud/Chabas*, Droit civil II/1^{9}, n. 1273.

274 *Mazeaud/Mazeaud/Chabas*, Droit civil II/1^{9}, n. 1273.

275 *Malaurie/Aynès*, Cours de droit civil, Les obligations^{4}, n.1231.

276 *Terré/Simler/Lequette*, Droit civil, Les obligations^{8}, n. 1292; *Mazeaud/Mazeaud/Chabas*, Droit civil II/1^{9}, n. 1274; *Malaurie/Aynès*, Cours de droit civil, Les obligations^{4}, n.1231.

Übertragung nicht oder nicht in vollem Umfang existierte.[277] Zahlt der Schuldner hingegen nicht zum Fälligkeitstermin, so liegt kein Fall der Eviktion vor.

Die Zessionsparteien können die gesetzliche Gewährleistung verschärfen, mildern oder ganz ausschließen. Von einem Gewährleistungsausschluss wird nach Art. 1628 C. civ. allerdings die Haftung für Rechtsmängel, die auf einem *„fait personnel"* des Verkäufers beruhen, nicht erfasst.[278] Hierunter ist die Störung und das Eviktionsverlangen durch den Verkäufer selbst zu verstehen. Es soll verhindert werden, dass der Zedent im Schutze eines Gewährleistungsausschlusses vom Schuldner eine Zahlung erhalten, diesem die Schuld erlassen oder die Forderung unter Missachtung der Rechte des Zessionars ein weiteres Mal abtreten kann.[279] Einigen sich der Zedent und der Zessionar darauf, dass der Zedent auch für die Zahlungsfähigkeit des Schuldners einsteht, so wird hiervon nur die gegenwärtige, zum Zeitpunkt der Abtretung bestehende Zahlungsfähigkeit des Schuldners erfasst.[280] Durch eine ausdrückliche Vereinbarung kann die Gewährleistung auch für die künftige Zahlungsfähigkeit des Schuldners (Art. 1695 C. civ.) übernommen werden.

Nach Art. 1694 C. civ. wird der Haftungsumfang im Falle der gegenwärtigen oder künftigen Zahlungsunfähigkeit des Schuldners zwingend auf den Kaufpreis der Forderung beschränkt: der Zedent darf dem Zessionar nicht mehr zurückzahlen als er von diesem für die Forderung erhalten hat.[281] Ist der Schuldner nur teilweise zahlungsunfähig, kann der teilweise befriedigte Zessionar vom Zedenten die Differenz der Leistung des Schuldners von dem Forderungskaufpreis verlangen.[282]

Etwas anderes gilt im Wechselrecht. Der Gläubiger eines Wechsels ist gegen die künftige Zahlungsunfähigkeit des Schuldners vollumfänglich, ohne jegliche Beschränkung geschützt. Er kann nicht nur beim Zedenten Rückgriff nehmen, sondern bei allen früheren Zedenten (Aussteller und Überweisender) sowie allen für die Zahlung des Wechsels Einstehenden.[283]

277 *Mazeaud/Mazeaud/Chabas*, Droit civil II/1⁹, n. 1274.

278 *Ferid/Sonnenberger*, Das französische Zivilrecht 2², Rdnr. 2 G 589.

279 *Mazeaud/Mazeaud/Chabas*, Droit civil II/1⁹, n. 1275.

280 *Blaise/Desgorces*, Frankreich, in *Hadding/Schneider* (Hrsg.), Die Forderungsabtretung², S. 250, Rdnr. 15: Wird beispielsweise eine gestundete Forderung abgetreten und ist der Schuldner bei Fälligkeit der Forderung zahlungsunfähig, so haftet der Zedent, wenn die Zessionsparteien nichts anderes verabredet haben, nicht.

281 *Terré/Simler/Lequette*, Droit civil, Les obligations⁸, n. 1292; *Mazeaud/Mazeaud/Chabas*, Droit civil II/1⁹, n. 1275.

282 *Mazeaud/Mazeaud/Chabas*, Droit civil II/1⁹, n. 1275.

283 *Mazeaud/Mazeaud/Chabas*, Droit civil II/1⁹, n. 1275.

c. Das Verhältnis der Zessionsparteien zum Schuldner und zu anderen Dritten

Die Einigung der Zessionsparteien wirkt nur zwischen ihnen. Damit die Abtretung im Außenverhältnis zum Schuldner und zu anderen Dritten volle Wirksamkeit, sog. Drittwirksamkeit *(opposabilité aux tiers)*, erlangt, müssen gewisse Publizitätsvoraussetzungen erfüllt sein. Diese entsprechen im weiteren Sinn der Übergabe bei der Eigentumsübertragung einer beweglichen Sache.

aa. Die Publizitätsanforderungen des Art. 1690 C. civ.[284]

Der Schuldner hat das größte Interesse daran, zu wissen, wer sein Gläubiger ist. Er muss davor bewahrt werden, wegen einer Zahlung an den irrtümlich für den Forderungsinhaber Gehaltenen noch einmal leisten zu müssen. Art. 1690 C. civ. sieht daher vor, dass der Zessionar gegenüber dem Schuldner erst berechtigt ist, wenn er ihm entweder eine Abtretungsanzeige *(signification)*[285] gemacht hat oder der Schuldner die Abtretung in einer notariellen Urkunde angenommen hat *(acceptation)*. Insofern dient Art. 1690 C. civ. dem Schutz des Schuldners.[286] Dabei kommt dem Datum des jeweiligen Publizitätsakts entscheidende Bedeutung zu, da die Forderungsabtretung grundsätzlich erst ab diesem Drittwirksamkeit entfaltet.[287]

Die Abtretungsanzeige muss den Wechsel des Gläubigers und die wesentlichen Bedingungen der Abtretung angeben.[288] Darüber hinaus muss sie dem Schuldner durch einen Gerichtsvollzieher zugestellt werden. Die Rechtsprechung lässt bei diesem Formerfordernis allerdings Erleichterungen zu. So hat sie es als ausreichend angesehen, wenn der Schuldner von der Abtretung der Forderung durch Zustellung einer Klageschrift *(assignation)* Kenntnis erlangt.[289] Ein eingeschriebener Brief genügt hingegen nicht, auch nicht im Handelsrecht.[290]

---

284 Diese Norm ist nach *Münch* (Abtretungsverbote im deutschen und französischen Recht, S. 135) wie folgt zu übersetzen: *Der Zessionar ist gegenüber Dritten erst mit der Abtretungsanzeige an den Schuldner berechtigt.*
Nichtsdestoweniger kann der Zessionar auch durch die Annahme der Abtretung durch den Schuldner in einer notariellen Urkunde berechtigt werden.

285 Siehe zur Geschichte der *signification*: *Keller*, Zessionsstatut, S. 23. Er weist darauf hin, dass man in Anlehnung an das Sachenrecht die *signification* als das ansah, was bei der Veräußerung körperlicher Sachen die Besitzübergabe bedeutet.

286 *Mazeaud/Mazeaud/Chabas*, Droit civil II/1[9], n. 1262.

287 *Mazeaud/Mazeaud/Chabas*, Droit civil II/1[9], n. 1260.

288 *Marty/Raynaud/Jestaz*, Droit civil, Les obligations[2], t. 2, n. 357.

289 Cass. com. 04.06.1996, D. 1996.630; Diese gerichtliche Ladung muss allerdings einen Auszug der Abtretung enthalten, der den Forderungsübergang sicher wiedergibt: Cass. com. 1802.1969, D. 1969.354; Com. 01.12.1987, JCP 1988.IV.52.

290 *Mazeaud/Mazeaud/Chabas*, Droit civil II/1[9], n. 1260.

Der Publizität kann gemäß Art. 1690 Abs. 2 C. civ. auch durch die notariell erklärte Annahme des Schuldners nachgekommen werden. Der Begriff *acceptation* ist allerdings ungenau. Der Schuldner erteilt weder seine Einwilligung zur Abtretung noch nimmt er diese an. In der notariellen Urkunde *(acte authentique)* bestätigt er lediglich, von der Abtretung Kenntnis zu haben.[291] Das Datum, das die notarielle Urkunde aufweist, erlangt insbesondere bei einer Mehrfachabtretung der Forderung Bedeutung, da der Konflikt zwischen mehreren Erwerbern der Forderung nach der zeitlichen Priorität der Erfüllung der Formvorschriften des Art. 1690 C. civ. zu lösen ist. Von einer wirksamen Annahme wird aber auch ausgegangen, wenn der Schuldner die Abtretung in einer privatschriftlichen Urkunde *(acte sous seing privé)*, z. B. einem Brief annimmt, in welchem er etwa erklärt, über die Abtretung Kenntnis zu haben und den neuen Gläubiger anzuerkennen.[292] Inzwischen besteht Einigkeit darüber, dass die Annahme darüber hinaus stillschweigend erfolgen oder aus dem Verhalten des Schuldners gegenüber dem Zessionar geschlossen werden kann.[293] Dies ist insbesondere dann der Fall, wenn der Schuldner, ohne dass es zu einer Abtretungsanzeige an ihn gekommen ist, an den Zessionar, der mit der Abtretung Gläubiger der Forderung geworden ist, leistet.[294] Die Leistung ist wirksam und befreiend.

Solange die Formanforderungen des Art. 1690 C. civ. nicht erfüllt sind, kann der Zessionar grundsätzlich vom Schuldner keine Zahlung verlangen.[295] Der Schuldner hat das Recht, die Abtretung zu ignorieren.[296] Er kann den Zedenten noch immer als seinen Gläubiger ansehen und ihm gegenüber eine Zahlung vornehmen. Die Zahlung ist wirksam, befreit ihn gemäß Art. 1691 C. civ.[297] endgültig von seiner Schuld und kann dem Zessionar entgegen gehalten werden.[298] Der Zedent kann den Schuldner weiterhin in Anspruch nehmen. Letzterer ist, solange die Abtretung ihm nicht angezeigt worden ist oder er sie nicht angenommen hat, nicht berechtigt, auch wenn er Kenntnis von der Abtretung hat, diese gegenüber dem Zedenten einzuwenden.

---

291 *Terré/Simler/Lequette*, Droit civil, Les obligations⁸, n. 1282; *Mazeaud/Mazeaud/Chabas*, Droit civil II/1⁹, n. 1260.

292 *Marty/Raynaud/Jestaz*, Droit civil, Les obligations², t. 2, n. 357; *Malaurie/Aynès*, Cours de droit civil, Les obligations⁴, n. 1225.

293 Cass. Com. 15.07.1986, Bull. civ. 1986.IV, n. 157, RTD civ. 1987, 758, obs. *Mestre*.

294 *Terré/Simler/Lequette*, Droit civil, Les obligations⁸, n. 1285-1.

295 Cass. com 07.01.1981, Bull. civ. IV, n. 12, JCP 1981 éd. G, IV, 94.

296 *Terré/Simler/Lequette*, Droit civil, Les obligations⁸, n. 1285; *Mazeaud/Mazeaud/Chabas*, Droit civil II/1⁹, n. 1262; *Malaurie/Aynès*, Cours de droit civil, Les obligations⁴, n. 1225.

297 Diese Norm ist nach *Münch* (Abtretungsverbote im deutschen und französischen Recht, S. 135) wie folgt zu übersetzen: Wenn, bevor der Zedent oder der Zessionar die Abtretung gegenüber dem Schuldner angezeigt hat, dieser den Zedent bezahlt, so ist der Schuldner wirksam befreit.

298 *Terré/Simler/Lequette*, Droit civil, Les obligations⁸, n. 1285.

Die Rechtsprechung erlaubt dem Zessionar jedoch, auch wenn keine Abtretungsanzeige vorgenommen worden ist, vom Schuldner Zahlung zu verlangen, wenn die Zahlung weder dem Schuldner noch anderen Dritten schadet.[299]

Noch schreibt die Rechtsprechung dem Nachweis der einfachen Kenntnis des Schuldners von der Abtretung keinerlei Wirkung zu.[300] *Terré/Simler/Lequette*[301] merken in diesem Zusammenhang zu Recht an, dass eine gewisse Unstimmigkeit besteht, wenn die Rechtsprechung einerseits die stillschweigende Annahme der Abtretung durch den Schuldner und das Zahlungsverlangen des Zessionars ohne vorangegangene Abtretungsanzeige zulässt und andererseits an die einfache Kenntnis des Schuldners von der Abtretung keine Folgen anknüpft.

Etwas anderes gilt jedoch dann, wenn der Schuldner und der Zedent in betrügerischer Absicht zum Nachteil des Zessionars zusammenwirken.[302] Eine vor der Abtretungsanzeige an den Zedenten vorgenommene Zahlung des Schuldners ist nichtig, wenn der Zedent und der Schuldner verhindern wollen, dass der Zessionar in den Genuss der Abtretung gelangt.[303] Die Rechtsprechung weitet den Begriff des Betrugs in diesem Zusammenhang aus. Bösgläubigkeit, d.h. Kenntnis von der Abtretung kann Betrug bereits begründen.[304] Insofern wird die Kenntnis von der Abtretung der stillschweigenden Annahme angenähert.

Dies scheint jedoch in Widerspruch zu dem in der Rechtsprechung vorzufindenden Grundsatz zu stehen, nach welchem sich der Schuldner, solange die Formvorschriften des Art. 1690 C. civ. nicht erfüllt sind, nicht auf die Abtretung berufen kann, sie ihm aber auch nicht entgegengehalten werden kann.[305] Geht es um die Frage, ob der Schuldner mit befreiender Wirkung an den Zedenten oder an den Zessionar geleistet hat, kommt es allein auf seinen guten Glauben an, d.h. die Kenntnis, die er von der Abtretung haben konnte, auch wenn die Voraussetzungen des Art. 1690 C. civ. noch nicht erfüllt worden sind. Ausreichend ist, Art. 1240 C. civ. anzuwenden. Vor diesem Hintergrund erklärt sich auch, dass der Zessionar von dem Schuldner Erfüllung verlangen kann, wenn er ihm seine Rechtsstellung mitteilt.[306] Hat der Schuldner hingegen ein Interesse daran, dass der Zedent sein Gläubiger bleibt, weil er beispielsweise zwischenzeitlich selbst Gläubiger des

299 Cass. civ. 26.02.1985, D. 1985.I.R.296; JCP 1986.II.20607, Anm. *Petit*, RTD civ. 1986, 349, obs. *Mestre*.

300 Cass. com. 19.03.1980, Bull. civ. IV, n. 137.

301 Droit civil, Les obligations[8], n. 1285.

302 *Malaurie/Aynès*, Cours de droit civil, Les obligations[4], n. 1225.

303 *Mazeaud/Mazeaud/Chabas*, Droit civil II/1[9], n. 1262.

304 *Malaurie/Aynès*, Cours de droit civil, Les obligations[4], n. 1225. Sie führen folgendes Beispiel an: Ist die Abtretung dem Schuldner nicht angezeigt worden und leistet er unehrlich, obwohl er Kenntnis von ihr hat, an den Zedenten, so hat diese Leistung keine befreiende Wirkung.

305 Cass. civ. 3, 1206.1985, B III, n. 95; R. , 86.349, Anm. *Mestre*.

306 Cass. civ. 26.02.1985, D. 1985.I.R.296; R., 86.349, Anm. *Mestre*.

Zedenten geworden ist oder mit dem Zedenten einen Vertrag geschlossen hat, so bleibt es bei dem Grundsatz, dass die Abtretung, solange die Voraussetzungen des Art. 1690 C. civ. nicht erfüllt sind, dem Schuldner gegenüber keine Wirksamkeit entfaltet.[307]

Liegt eine der Voraussetzungen des Art. 1690 C. civ. vor, dann ist allein der Zessionar berechtigt, vom Schuldner die Erfüllung der Schuld zu verlangen. Zahlt der Schuldner dennoch an den Zedenten, setzt er sich dem Risiko aus, ein zweites Mal, dieses Mal an den Zessionar, leisten zu müssen.

bb. Die Einwendungen des Schuldners

(1) Allgemeines

Sobald sich Zedent und Zessionar über die Abtretung einig sind, wird der Zessionar neuer Gläubiger des Schuldners. Dem Schuldner wird gestattet, dem Zessionar alle Einwendungen entgegen zu halten, die ihm bereits gegen den Zedenten zustanden. Zu denken ist an den Einwand der Erfüllung oder der Nichtigkeit der abgetretenen Forderung.[308] Der Schuldner kann auch einen Erlass der Schuld durch den Zedenten einwenden.[309] Auf die Verjährung der Forderung kann sich der Schuldner selbst dann noch berufen, wenn sie nach der Abtretung, jedoch vor der Abtretungsanzeige an ihn eingetreten ist.[310]

In dem Verhältnis des Zessionars zum Schuldner können neue Einwendungen entstehen.[311]

(2) Die Aufrechnung

Besonderheiten ergeben sich bei der Aufrechnung. Der grundlegende Unterschied zur Aufrechnung im deutschen Recht, wonach die Aufrechnung durch Erklärung gegenüber dem anderen Teil erfolgt, ergibt sich aus Art. 1290 C. civ.[312] Die sich gegenüberstehenden Forderungen erlöschen kraft Gesetzes in dem Moment, indem sie gleichzeitig vorhanden sind (sog. Legalkompensation).

Voraussetzungen der Aufrechnung sind die Gegenseitigkeit der Forderungen, die Gleichartigkeit, die Eintreibbarkeit und die Liquidität. Das Erfordernis der

307 *Malaurie/Aynès*, Cours de droit civil, Les obligations[4], n. 1225.

308 *Terré/Simler/Lequette*, Droit civil, Les obligations[8], n. 1291; *Malaurie/Aynès*, Cours de droit civil, Les obligations[4], n. 1229; *Ghestin/Jamin/Billiau*, Traité de droit civil[3], n. 733.

309 *Mazeaud/Mazeaud/Chabas*, Droit civil II/1[9], n. 1262.

310 *Mazeaud/Mazeaud/Chabas*, Droit civil II/1[9], n. 1262.

311 *Marty/Raynaud/Jestaz*, Droit civil, Les obligations[2], t. 2, n. 365.

312 Die dem Originaltext folgende und jede Interpretation vermeidende Übersetzung lautet: Die Aufrechnung vollzieht sich einzig kraft Gesetzes, selbst ohne Wissen der Schuldner; die beiden Forderungen erlöschen wechselseitig in dem Augenblick, in dem sie gleichzeitig vorhanden sind, bis zu dem Betrag ihres jeweiligen Werts.

Gleichartigkeit ist erfüllt, wenn Forderung und Gegenforderung auf vertretbare Sachen der gleichen Art gerichtet sind, wobei damit vor allem Geldforderungen gemeint sind.[313] Eintreibbarkeit besagt, dass die beiden Forderungen einredefrei und fällig sein müssen, damit es zu einer Legalkompensation kommt.[314] Von Liquidität ist auszugehen, wenn die Aufrechnung entscheidungsreif, also Grund und Höhe der Gegenforderung feststehen.[315]

Im Zusammenhang mit der Gegenseitigkeit der Forderungen ergeben sich bei der Abtretung einer Forderung folgende Schwierigkeiten. Eine Forderung kann nach Eintritt der Aufrechnungslage aufgrund der kraft Gesetzes eintretenden Löschungswirkung nicht abgetreten werden. Die Abtretung einer nicht mehr bestehenden Forderung ist ungültig. Nach Art. 1295 Abs. 1 C. civ.[316] kann der Schuldner aber auf die gesetzlich eingetretene Aufrechnung verzichten, indem er die Forderungsabtretung annimmt, beispielsweise in einer privatschriftlichen Urkunde. Dies hat zum einen zur Folge, dass er seine frühere Forderung wieder erwirbt und zum anderen, dass er darauf verzichtet, sich nachträglich wieder auf die Aufrechnung zu berufen.[317] Nach Art. 1295 Abs. 2 C. civ. ist eine Aufrechnung mit Forderungen, die vor der Benachrichtigung entstanden sind, möglich, wenn der Schuldner die Abtretung nicht angenommen hat, sondern sie ihm förmlich zugestellt worden ist. Unerheblich ist hierbei, dass keine Aufrechnungslage mehr bestand.[318] Forderungen, die der Schuldner nach der *signification* gegen den Zedenten erworben hat, kann er allerdings dem Zessionar nicht als durch Aufrechnung erloschen entgegenhalten. Etwas anderes gilt nur dann, wenn die Gegenforderung des Schuldners nachträglich zu der des Zedenten konnex ist.[319]

(3) Die Vereinbarung eines Abtretungsverbots *(clause interdisant la cession)*

Die Darstellung des französischen Rechts zu vertraglich vereinbarten Abtretungsverboten erweist sich als schwierig. Im *Code civil*[320] findet sich keine Regelung zum Abtretungsverbot. Auch Rechtsprechung und Literatur sind wenig

313 *Ferid*, Das französische Zivilrecht 1, Rdnr. 2 D 60.

314 *Ferid*, Das französische Zivilrecht 1, Rdnr. 2 D 61.

315 *Ferid*, Das französische Zivilrecht 1, Rdnr. 2 D 64.

316 Die dem Originaltext folgende und jede Interpretation vermeidende Übersetzung lautet: Der Schuldner, der schlicht und einfach die Abtretung, die ein Gläubiger hinsichtlich seiner Rechte an einen Dritten vorgenommen hat, angenommen hat, kann dem Zessionar nicht mehr die Aufrechnung entgegenhalten, die er vor der Annahme dem Zedenten hätte entgegenhalten können. Die Abtretung, die vom Schuldner nicht angenommen, ihm aber angezeigt worden ist, hindert nur die Aufrechnung mit Forderungen nach der Benachrichtigung.

317 *Ferid*, Das französische Zivilrecht 1, Rdnr. 2 D 50.

318 *Ferid*, Das französische Zivilrecht 1, Rdnr. 2 D 50.

319 Cass. com. 01.12.1992, JC 1993, IV, 384.

320 Lediglich im Mietrecht sieht Art. 1717 C. civ. die Möglichkeit vor, die Abtretung der Mietforderung zu verbieten.

ergiebig. Abtretungsverbote scheinen kaum Anwendung zu finden, was daran liegen mag, dass ihnen seit fast zwei Jahrhunderten eine Anerkennung versagt wurde.[321] Neuere Abhandlungen begnügen sich jedenfalls mit der Feststellung, dass vertraglich vereinbarte Abtretungsverbote in Frankreich unwirksam sind.[322] Abtretungsverboten komme danach weder eine absolute noch eine obligatorische Wirkung zu; auch Vertragsstrafen, die für den Fall der verbotswidrigen Abtretung der Forderung vereinbart werden, seien nichtig.[323]

Interessanterweise finden sich in jüngster Zeit jedoch Entscheidungen und Urteilsanmerkungen zu den Folgen eines Abtretungsverbots, wenn der Zedent die Forderung über das Rechtsinstitut der *cession Dailly* abtritt.[324] Dies hängt im Wesentlichen mit Art. 56-7 des Gesetzes vom 15. Mai 2001 zusammen.[325] Er hat zu Art. L. 442-6 Abs. 2 lit. c) C. de com. geführt. Nach dieser Norm sind Klauseln oder Verträge nichtig, die für einen Produzenten, Kaufmann, Industriellen oder für einen in die Handwerksrolle Eingetragenen vorsehen, dass er seinem Vertragspartner die Abtretung der gegen ihn bestehenden Forderungen an einen Dritten untersagt.[326]

---

321 *Hoop*, Kodifikationsgeschichtliche Zusammenhänge des Abtretungsverbots, S. 118; *Goergen*, Das Pactum de non cedendo, S. 138. Sie untersucht (S. 141 ff.) wie es zu dieser französischen Haltung gekommen ist und sieht einen entscheidenden Grund darin, dass Verfügungsbeschränkungen im Allgemeinen und Veräußerungsverbote sowie vertragliche Abtretungsverbote im Speziellen die freie Verfügbarkeit über die Rechtsgüter behindern und den Intentionen des Gesetzgebers widersprechen.

322 *Kötz/Flessner*, Europäisches Vertragsrecht I, S. 416; MünchKomm/*Brink*, Art. 6 FactÜ Rdnr. 23; *Hoop*, Kodifikationsgeschichtliche Zusammenhänge des Abtretungsverbots, S. 118; a.A. *Münch*, Abtretungsverbote im deutschen und französischen Recht, S. 178 ff. Er ist der Ansicht, ein vertragliches Abtretungsverbot führe lediglich zur Unwirksamkeit der Übertragung zwischen Zedent und Zessionar, untersage aber nicht die Herbeiführung der Drittwirksamkeit zwischen Zedent und Zessionar gegenüber dem Schuldner. Dies ist so sicherlich unzutreffend. Hielte man die Vereinbarung eines Abtretungsverbots tatsächlich für wirksam, so geht meines Erachtens die Intention des Schuldners dahin, von dem Zessionar nicht in Anspruch genommen zu werden. Tritt der Zedent trotz Abtretungsverbots eine Forderung ab, so wird der Schuldner von der Einigung der Zessionsparteien nicht berührt, da mit der Einigung noch keine Drittwirksamkeit eintritt. Das Abtretungsverbot verhindert nicht den Übergang der Forderung auf den Zessionar. Es untersagt den Zessionsparteien jedoch, die Drittwirksamkeit herbeizuführen. Denkbar ist aber auch, dass die Drittwirksamkeit zwar herbeigeführt werden kann, dann aber nur Wirkung gegenüber anderen Dritten als dem Schuldner entfaltet.

323 *Goergen*, Das Pactum de non cedendo, S. 140.

324 Siehe hierzu Ausführungen unter: Teil 1: B. IV. 2. e. bb. (1).

325 Loi n. 2001-420 du 15 mai 2001 relative aux nouvelles réglementations économiques (J.O., 16 mai 2001).

326 „*Sont nuls les clauses ou contrats prévoyant pour un producteur, un commerçant, un industriel ou une personne immatriculée au répertoire des métiers, la possibilité: ... c) D'interdire au cocontractant la cession à des tiers des créances qu'il détient sur lui.*“

Aus dieser Regelung wird im Umkehrschluss nunmehr die Auffassung vertreten, dass grundsätzlich außerhalb des *Code de commerce* die Vereinbarung eines Abtretungsverbots wirksam ist.[327]

cc. Das Verhältnis des Zessionars zu anderen Dritten

Die Abtretung entfaltet gegenüber dem Schuldner keine Wirksamkeit, solange die Publizitätsanforderungen des Art. 1690 C. civ. nicht erfüllt sind. Dies gilt auch für andere Dritte, die ein Interesse an der Abtretung haben. Hierzu zählen die Zessionare im Falle einer Mehrfachabtretung der Forderung sowie die Gläubiger des Zedenten. Abschwächungen von den Publizitätserfordernissen des Art. 1690 C. civ., wie sie gegenüber dem Schuldner möglich sind, werden jedoch nicht zugelassen. Die Erfüllung einer der beiden Publizitätsanforderungen, entweder die Abtretungsanzeige durch einen Gerichtsvollzieher oder die Annahme der Abtretung in einer notariellen Urkunde, ist zur Erlangung der Drittwirksamkeit zwingend.[328] So bleibt die persönliche Kenntnis des so genannten Dritten von der Abtretung unberücksichtigt.[329] Dritten gegenüber muss die Abtretung ein bestimmtes Datum aufweisen.[330]

Tritt der Zedent die Forderung mehrfach, also an verschiedene Zessionare ab, so erwirbt nicht der Zessionar die Forderung, mit dem der Zedent als Erstes einen Abtretungsvertrag geschlossen hat, sondern derjenige, dessen Abtretung zuerst eine der Publizitätsanforderungen des Art. 1690 C. civ. erfüllt.[331] Eine zeitlich spätere Abtretung kann demzufolge vor einer früheren wirksam werden. Unerheblich ist, ob der zweite Zessionar von der ersten Abtretung, die die Erfordernisse des Art. 1690 C. civ. noch nicht erfüllt, wusste.[332] Überwiegend wird vertreten, dass nur ein Betrug und nicht allein Bösgläubigkeit die zeitlich frühere Drittwirksamkeit beseitigen kann.[333]

Für die Gläubiger des Zedenten, die bei der Abtretung ebenfalls zu den Dritten gezählt werden, gilt Folgendes. Solange die Publizitätserfordernisse des Art. 1690 C. civ. nicht erfüllt sind, wird die Forderung als zum Vermögen des Zedenten

327 *Terré/Simler/Lequette*, Droit civil, Les obligations[8], n. 1278.

328 *Terré/Simler/Lequette*, Droit civil, Les obligations[8], n. 1286; *Blaise/Desgorces*, Frankreich, in *Hadding/Schneider* (Hrsg.), Die Forderungsabtretung[2], S. 254, Rdnr. 23.

329 *Mazeaud/Mazeaud/Chabas*, Droit civil II/1[9], n. 1263.

330 *Terré/Simler/Lequette*, Droit civil, Les obligations[8], n. 1286.

331 *Mazeaud/Mazeaud/Chabas*, Droit civil II/1[9], n. 1264; *Terré/Simler/Lequette*, Droit civil, Les obligations[8], n. 1286; *Rives-Lange/Contamine-Raynaud*, Droit bancaire[6], n. 601.

332 *Mazeaud/Mazeaud/Chabas*, Droit civil II/1[9], n. 1264.

333 *Malaurie/Aynès*, Cours de droit civil, Les obligations[4], n. 1226; *Terré/Simler/Lequette*, Droit civil, Les obligations[8], n. 1286; Cass. com. 19 mars 1980, n. 137; a.A. *Blaise/Desgorces*, Frankreich, in *Hadding/Schneider* (Hrsg.), Die Forderungsabtretung[2], S. 257, Rdnr. 28, wonach die Drittwirksamkeit nur einem gutgläubigen Zessionar zugute kommen kann.

gehörend betrachtet, mit der Folge, dass sie gepfändet werden kann.[334] Treffen eine Forderungsabtretung und eine Forderungspfändung aufeinander, so regelt Art. 43 des Gesetzes vom 9. Juli 1991, dass eine Pfändung, die vor Erfüllung der Publizitätsanforderungen des Art. 1690 C. civ. erfolgt, Vorrang hat.

d. Zwischenergebnis

Die *cession* erweist sich als äußerst schwerfällig. Dritten gegenüber wird die Forderungsübertragung erst wirksam, wenn dem Schuldner die Abtretungsanzeige durch einen Gerichtsvollzieher zugestellt wird, oder der Schuldner in einer beglaubigten Urkunde die Forderungsübertragung anerkennt. Für das Factoring mit seiner Vielzahl an Forderungsübertragungen erweist sich die *cession* daher als ungeeignet.

Für die Übertragung der Forderungen im Rahmen des Factorings sind die anfangs angesprochenen beiden anderen Möglichkeiten des Forderungsübergangs näher in Betracht zu ziehen:[335] zum einen die Forderungsübertragung nach der sog. *Loi Dailly* vom 2. Januar 1981, ergänzt u. a. durch das Gesetz vom 24. Januar 1984, heute Art. L. 313-23 bis L. 313-34 C. mon. et fin., zum anderen das Rechtsinstitut der *subrogation conventionnelle* nach Art. 1249 ff C. civ. Der bisherige Gläubiger *(subrogeant, accipiens)* wird durch einen anderen *(subrogé, solvens)* ersetzt. Die Ersetzung findet aufgrund einer Vereinbarung mit der Zahlung durch den neuen Gläubiger statt.

---

334 *Mazeaud/Mazeaud/Chabas*, Droit civil II/1[9], n. 1265.

335 Exkurs: Der Code civil kennt neben der *cession de créance* und der *subrogation personnelle* die *novation* als Möglichkeit des Forderungsübergangs infolge Gläubigerwechsels. Die *novation* ist in den Art. 1271 bis 1281 C. civ. geregelt. Bei ihr einigen sich die Parteien darauf, eine bestehende Verpflichtung durch eine neue zu ersetzen. Dies kann u. a. in der Weise geschehen, dass ein neuer Gläubiger an die Stelle des bisherigen tritt. Im Unterschied zur *cession de créance* erfordert die *novation* eine Einigung zwischen dem neuen Gläubiger und dem Schuldner und den ausdrücklichen Willen des ursprünglichen Gläubigers, den Schuldner aus dem alten Schuldverhältnis zu entlassen. Die *novation* hatte eine beachtliche Bedeutung im römischen Recht, das die Abtretung nicht kannte und auf dem Wege der *novation* das gleiche Ziel erreichte. Mit der Zulassung der Abtretung hat sich der Rückgriff auf die *novation* erheblich verringert, zumal mit dem Erlöschen der ursprünglichen Verbindlichkeit die für diese bestehenden Sicherheiten verloren gehen. Als Möglichkeit der Singularnachfolge in eine Forderung ist ferner die *délégation* zu nennen. Häufig wird eine *délégation* zwischen Personen vereinbart, zwischen denen bereits rechtliche Beziehungen bestehen: der *délégant* ist Schuldner des *délégataire* und zugleich Gläubiger des *délégué*. Als Gläubiger des *délégué* bittet er diesen, sich gegenüber dem *délégataire* (Gläubiger des *délégant*) in der Weise zu verpflichten, dass mit der Erfüllung dieser neuen Verpflichtung zugleich seine Schuld, also die des *délégant* gegenüber dem *délégataire*, und die Schuld des *délégué* gegenüber dem *délégant* erlischt. Wie auch bei der *novation* ist die Einwilligung des Schuldners erforderlich. (Siehe zu den näheren Einzelheiten der *novation* und *délégation*: *Terré/Simler/Lequette*, Droit civil, Les obligations[8], n. 1417 und n. 1439).

2. Die *cession Dailly*

a. Allgemeines

Zahlreiche Unzulänglichkeiten bei der Übertragung von Forderungen im Zusammenhang mit der Kreditgewährung führten zu der *„Loi n. 81-1 du 2 janvier 1981 facilitant le crédit aux entreprises"*.[336] Die Forderungsabtretung nach den Art. 1689 ff. C. civ. war und ist aufgrund der Formanforderungen zur Erlangung der Drittwirksamkeit äußerst schwerfällig. Der Kredit gegen Wechselbegebung, der in Frankreich weit verbreitet war, erwies sich als teuer und umständlich, da pro Schuldner und Fälligkeitstermin je ein Wechsel benötigt wurde.[337] Die Ordonnance Nr. 67-838 vom 28.09.1967 zur Erleichterung der Kreditvergabe an Unternehmen, die diesen Schwächen abhelfen sollte, war teilweise gescheitert.[338] Aber auch die protestfähigen Rechnungen und Verzeichnisse konnten sich nicht durchsetzen und wurden wieder abgeschafft.[339] Der kurzfristige Kredit gegen Verpfändung von Handelsforderungen, der sog. C.M.C.C. *(crédit de mobilisation des créances commerciales)*, der die Diskontierung von Handelswechseln ersetzen sollte, fand in der Praxis ebenfalls wenig Anwendung und fristet heute ein Schattendasein.[340]

Der Gesetzgeber wollte mit der *„Loi n. 81-1 du 2 janvier 1981 facilitant le crédit aux entreprises"*, die unter dem Namen ihres Verfassers, des Senators *Étienne Dailly*, als sog. *Loi Dailly* bekannt ist[341], Unternehmen die Aufnahme kurzfristiger Kredite erleichtern. Die Abtretung von *créances professionnelles*[342] an Kreditinstitute sollte durch die Übergabe eines Forderungsverzeichnisses vereinfacht werden.

---

336 Abgedruckt in: J.O. 03.01.1981, S. 150. Das Gesetz kann übersetzt werden mit: „Gesetz zur Erleichterung der Kreditgewährung an Unternehmen".

337 *Mezger*, RIW 1981, 213, 214.

338 *Rives-Lange/Contamine-Raynaud*, Droit bancaire^{6}, n. 526.

339 *Münch*, Abtretungsverbote im deutschen und französischen Recht, S. 186 ff.; *Mezger*, RIW 1981, 213, 214.

340 *Blaise/Desgorces*, Frankreich, in *Hadding/Schneider* (Hrsg.), Die Forderungsabtretung^{2}, S. 281, Rdnr. 73 und *Hollweg-Stapenhorst*, Sicherungsabtretung und Factoring, S. 23 f.

341 Im Folgenden wird das Gesetz als *Loi Dailly* bezeichnet, wenn nicht einzelne Normen des C. mon. et fin. zitiert werden. Die nach den Art. L. 313-23 bis L. 313-34 C. mon. et fin. vorgenommene Abtretung wird fortan als *cession Dailly* bezeichnet.

342 Nach Art. L. 313-23 Abs. 1 C. mon. et fin. können alle juristischen Personen des Privatrechts oder Öffentlichen Rechts, unabhängig davon, ob die Forderung gewerblicher Natur *(créance professionnelle)* ist, eine *cession Dailly* vornehmen. Handelt es sich bei dem Schuldner um eine juristische Person, so ist ebenfalls unerheblich ob eine gewerbliche Forderung vorliegt. Die *cession Dailly* soll Gesellschaften, die wirtschaftliche Tätigkeiten entfalten, eröffnet werden. Der gewerbliche Charakter einer Forderung wird nur verlangt, wenn der Schuldner oder der Zedent natürliche Personen sind. Insofern können natürliche Personen auf die *cession Dailly* zurückgreifen, wenn sie eine gewerbliche Tätigkeit ausüben, sei diese kaufmännischer, handwerklicher,

Heute steht die *Loi Dailly* unter Berücksichtigung zahlreicher Ergänzungen[343] im C. mon. et fin. (Art. L. 313-23 bis L. 313-34 C. mon. et fin.[344]).[345]

Das Verfahren nach der *Loi Dailly* läuft kurz umrissen wie folgt ab: Der Kunde eines Kreditinstituts erstellt ein Verzeichnis über die gegen seine Schuldner bestehenden Forderungen, die er abtreten möchte. Im Anschluss hieran übergibt er das Verzeichnis seinem Kreditinstitut. Dieses trägt das Datum ein. Von diesem an entfaltet die Abtretung sowohl Wirkung zwischen den Parteien als auch Drittwirksamkeit im Verhältnis zum Schuldner und zu anderen Dritten.[346]

Im Vergleich zur *cession* nach den Art. 1689 ff C. civ. weist das Verfahren nach der *Loi Dailly* zwei Erleichterungen auf: Zum einen unterliegt es nicht den strengen Formanforderungen der *cession* und zum anderen erlaubt es die Übertragung einer Gesamtheit von Forderungen.[347]

b. Die Parteien der *cession Dailly*

Der persönliche Anwendungsbereich der *Loi Dailly* ist genau abgegrenzt. Eine Bestimmung der Parteien ergibt sich aus Art. L. 313-23 C. mon. et fin.

Während sich dem Text des Gesetzes vom 2. Januar 1981 keine näheren Angaben zur Person des Zedenten entnehmen ließen, gab Art. 1 des Gesetzes vom 24. Januar 1984 an, welcher Personenkreis auf das in ihm geregelte Finanzierungsverfahren zurückgreifen kann. Sein Inhalt ist unverändert geblieben. Zedent kann danach eine juristische Person des privaten oder öffentlichen Rechts sein oder eine natürliche Person bei Ausübung ihrer beruflichen Tätigkeit.

Als Zessionar kommt hingegen nur ein Kreditinstitut in Betracht. Das Gesetz vom 24. Januar 1984 definiert in Art. 1 das Kreditinstitut über die von diesem durchge-

---

freiberuflicher oder landwirtschaftlicher Art (Vgl. *Billiau*, La transmission des créances et des dettes, n. 65).

Im Folgenden werden die *créances professionnelles* übersetzt mit „gewerbliche Forderungen".

343 Ergänzt durch: Décret Nr. 81-862 vom 09.09.1981, Loi bancaire Nr. 84–46 vom 24.01.1984, Loi Nr. 93-1444 vom 31.12.1993.

344 Der Code mon. et fin. beruht auf dem Gesetz L. n° 99-1071 vom 16.12.1999, das am 14.12.2000 in Kraft getreten ist, und stellt das zentrale Regelwerk für Kreditinstitute dar. Nähere Einzelheiten bei *Bauerreis/Neumann*, Länderteil – Frankreich, in *Derleder/Knops/Bamberger* (Hrsg.), Handbuch zum deutschen und europäischen Bankrecht, S. 1677 Rdnr. 5 ff.

345 Eine Übersetzung des Gesetzestextes des Art. 1–6 der Loi Nr. 81-1 vom 2.1.1981 nebst Berücksichtigung des Änderungsgesetzes Loi Nr. 84-46 vom 24.1.1984 findet sich in *Münch*, Abtretungsverbote im deutschen und französischen Recht, S. 189 ff.

346 *Blaise/Desgorces* (Frankreich, in *Hadding/Schneider* (Hrsg.), Die Forderungsabtretung[2], S. 283, Rdnr. 79) meinen angesichts des einfachen Verfahrens sogar, die *cession Dailly* komme ohne einen Konsensualvertrag zu Stande und beruhe auf der Erfüllung der Voraussetzungen hinsichtlich der Parteien, der abgetretenen Forderungen sowie der Erstellung eines Forderungsverzeichnisses.

347 *Rives-Lange/Contamine-Raynaud*, Droit bancaire[6], n. 526.

führten Operationen. Danach sind Kreditinstitute juristische Personen, die gewerbsmäßig Bankgeschäfte betreiben. Der zweite Absatz des Art. 1 des Gesetzes vom 24. Januar 1984 zählt die verschiedenen Bankgeschäfte auf: „Die Bankgeschäfte umfassen die Entgegennahme von öffentlichen Mitteln, Kreditgeschäfte sowie die Zurverfügungstellung oder Verwaltung von Zahlungsmitteln. Andere Personen können von diesem Verfahren der Forderungsabtretung keinen Gebrauch machen. Sollte auf Zessionarsseite einmal kein Kreditinstitut stehen, so hat dies nicht die Unwirksamkeit der Abtretung zu Folge. Es müssten allerdings die Formvorschriften des Art. 1690 C. civ. beachtet werden.

Der Schuldner muss ebenso wie der Zedent entweder eine juristische Person des privaten oder öffentlichen Rechts sein oder eine natürliche Person, gegen die die Forderung bei Ausübung ihrer beruflichen Tätigkeit entstanden ist. Ausgenommen sind demnach Forderungen aus Rechtsgeschäften mit Verbrauchern.[348]

c. Die abtretbaren Forderungen

Nach Art. L. 313-23 C. mon. et fin. kommt für die Abtretung jede Forderung in Betracht, die ein Forderungsinhaber gegen einen Schuldner hat. Entgegen der ersten Fassung des Gesetzes, nach welcher nur vertragliche Forderungen übertragen werden konnten, können heute auch nicht vertragliche Forderungen, wie beispielsweise Schadensersatzansprüche oder Subventionen, abgetreten werden.[349] Der Kreis der abtretbaren Forderungen ist weit. Art. L. 313-23 C. mon. et fin. lässt sich entnehmen, dass bezifferte, fällige und befristete Forderungen ebenso abgetreten werden können, wie Forderungen, die aus einem bereits abgeschlossenen oder aus einem noch abzuschließenden Rechtsgeschäft stammen und deren Betrag und deren Fälligkeit noch nicht bestimmt sind. Gegenstand einer Abtretung können folglich nicht nur die nicht bezifferten und nicht fälligen Forderungen sein, sondern auch die zukünftigen Forderungen, die in ihrem Rechtsgrund bereits angelegt sind und bestimmbar sind.[350] In Anwendung des Art. L. 313-23 Abs. 3 Nr. 4 C. mon. et fin. muss das Forderungsverzeichnis allerdings die Elemente enthalten, die die Individualisierung der Forderungen erlauben.[351]

d. Die Formanforderungen

Auch wenn die Formanforderungen der *cession de créance* nicht einzuhalten sind, heißt dies nicht, dass die *cession Dailly* formlos möglich ist. Die *cession Dailly*

348 *Rives-Lange/Contamine-Raynaud*, Droit bancaire^6, n. 534.

349 *Rives-Lange/Contamine-Raynaud*, Droit bancaire^6, n. 533; *Blaise/Desgorces*, Frankreich, in *Hadding/Schneider* (Hrsg.), Die Forderungsabtretung^2, S. 284, Rdnr. 81.

350 *Rives-Lange/Contamine-Raynaud*, Droit bancaire^6, n. 535; *Mazeaud/Mazeaud/Chabas*, Droit civil II/1^9, n. 1268-2; *Marty/Raynaud/Jestaz*, Droit civil, Les obligations^2, t. 2, n. 354.

351 Cass. com. 13.10.1992: Bull. IV, n. 301.

beruht auf der Erstellung eines Forderungsverzeichnisses. Mit der Übergabe dieses Verzeichnisses an ein Kreditinstitut und der Eintragung eines Datums kommt es zur Abtretung der Forderungen. Dem Schuldner kann hierbei eine Anzeige gemacht werden, aber auch eine Annahme durch ihn ist möglich.

Das Verzeichnis muss bestimmte, zwingende Angaben enthalten und aufgrund dessen schriftlich angefertigt werden.[352] Folgende Angaben müssen nach Art. L. 313-23 Abs. 3 C. mon. et fin. gemacht werden:
- Bezeichnung „Vertrag über Abtretung gewerblicher Forderungen",
- Hinweis, dass der Vertrag den Bestimmungen der Art. L. 313-23 bis L. 313-34 C. mon. et fin. unterliegt,
- Name des begünstigten Kreditinstituts,
- Bezeichnung der abgetretenen Forderungen oder Umstände, aus denen sich die Bezeichnung ergeben kann, insbesondere durch Nennung des Schuldners, des Zahlungsorts, des Betrags der Forderungen und ihres Werts und wenn möglich, des Zeitpunkts der Fälligkeit,
- Unterschrift des Zedenten (Art. L. 313-25 Abs. 1 C. mon. et fin.),
- Eintragung des Datums der Abtretung durch den Zessionar (Art. L. 313-25 Abs. 2 C. mon. et fin.).

Die Aufnahme der für die Forderungen vereinbarten Sicherheiten in das Verzeichnis wurde abgeschafft. Hintergrund hierfür war die Überlegung, dass Art. 1692 C. civ. den Übergang der mit der Forderung verbundenen Sicherheiten vorsieht und dass nicht nachvollziehbar ist, weshalb das Nichtaufführen der Sicherheiten in dem Verzeichnis zur Unwirksamkeit ihres Übergangs hätte führen sollen.[353] Art. L. 313-27 Abs. 3 C. mon. et fin. bestimmt nunmehr, dass, sofern nichts anderes vereinbart ist, die Übergabe des Verzeichnisses von Rechts wegen den Übergang der Sicherheiten, die jede Forderung garantieren, mit sich bringt.

Die Verpflichtung, die oben genannten Angaben zu machen, erwies sich bei der Übertragung einer beträchtlichen Zahl von Forderungen als sehr streng.[354] Vor diesem Hintergrund ist gemäß Art. L. 313-23 Abs. 4 C. mon. et fin. bei einer datentechnischen Übertragung der Forderungsliste, die die Identifizierung der Forderungen erlaubt, ausreichend, dass das Verzeichnis die oben aufgeführten ersten drei Angaben enthält. Darüber hinaus müssen das Mittel der Datenverarbeitung, beispielsweise Diskette oder E-Mail, die Anzahl und die Gesamtsumme der übertragenen Forderungen genannt werden.

---

352 *Rives-Lange/Contamine-Raynaud*, Droit bancaire[6], n. 538.
353 *Rives-Lange/Contamine-Raynaud*, Droit bancaire[6], n. 539-3.
354 *Rives-Lange/Contamine-Raynaud*, Droit bancaire[6], n. 540.

Fehlen dem Verzeichnis die erforderlichen Angaben, so gilt die Abtretung nach Art. L. 313-23 Abs. 5 C. mon. et fin. nicht als eine Abtretung gewerblicher Forderungen im Sinne der Art. L. 313-23 bis L. 313-34 C. mon. et fin. Insofern kann sie dem Schuldner im Rahmen dieses Gesetzes nicht entgegen gehalten werden, um von ihm Zahlung zu verlangen.[355]

Die Übergabe des Forderungsverzeichnisses kann allerdings als *cession* zwischen den Zessionsparteien gewertet werden. Sie entfaltet jedoch noch keine Drittwirksamkeit.[356] Dritten gegenüber wird sie erst mit Einhaltung der Formvorschriften des Art. 1690 C. civ. wirksam.

e. Die Rechtsfolgen

Auch wenn die *cession Dailly* sowohl zwischen den Parteien als auch im Verhältnis zu Dritten mit dem auf dem Forderungsverzeichnis vermerkten Datum Wirksamkeit erlangt, ist die Unterscheidung von drei Rechtsbeziehungen, wie bei der *cession,* sinnvoll. Im Einzelnen geht es um das Verhältnis zwischen Zedent und Zessionar, das zwischen Zessionar und Schuldner und das des Zessionars zu Dritten.

aa. Das Verhältnis von Zedent und Zessionar

Trotz der besonderen Form des Forderungsübergangs entsprechen die Wirkungen zwischen den Parteien denen der *cession.* Nach Art. L. 313-27 Abs. 1 C. mon. et fin. tritt die Abtretung zu dem auf dem Forderungsverzeichnis angegebenen Datum in Kraft. Von diesem Zeitpunkt an kann der Zedent ohne Zustimmung des Kreditinstituts den Umfang der mit den Forderungen verbundenen Rechte nicht mehr ändern (Art. L. 313-27 Abs. 2 C. mon. et fin.). Da der Zedent nicht mehr Forderungsinhaber ist, kann er die Schuld beispielsweise nicht mehr ganz oder teilweise erlassen oder die Fälligkeit der Forderung zugunsten des Schuldners hinausschieben.[357]

Nach Art. L. 313-24 Abs. 1 C. mon. et fin. wird dem Zessionar durch die Abtretung die Inhaberschaft an der Forderung übertragen. Wie bei der Diskontierung eines Wechsels streckt er den Betrag der Forderungen, deren Inhaber er wird, vor. Der Zessionar kann als Forderungsinhaber die ihm übertragenen Forderungen selbst einziehen.

Solange der Schuldner von der Forderungsübertragung allerdings nicht benachrichtigt wird, kann er mit befreiender Wirkung an den Zedenten leisten. Unerheblich ist hierbei, ob die *notification* vom Zessionar oder vom Zedenten stammt.[358] Nichts

---

355 Cass. com. 09.04.1991: Bull. IV, n. 121; RTD com. 1991, 421, obs. *Cabrillac* et *Teyssié*.

356 RTD com. 1988, 100 obs. *Cabrillac* et *Teyssié*.

357 *Rives-Lange/Contamine-Raynaud*, Droit bancaire^6, n. 546.

358 *Rives-Lange/Contamine-Raynaud*, Droit bancaire^6, n. 565.

hindert den Zedenten, die Zahlung des Schuldners entgegenzunehmen. Der Zedent handelt dann als Bevollmächtigter des Zessionars und leitet die Zahlung an den Zessionar weiter.[359]

Mit der Benachrichtigung des Schuldners widerruft der Zessionar stillschweigend die Vollmacht zum Forderungseinzug. Der Schuldner verliert seinen guten Glauben und kann mit befreiender Wirkung nur noch an den Zessionar leisten. Auch ohne Benachrichtigung kann der Schuldner befreiend an den Zessionar, den wahren Forderungsinhaber, leisten.

Nach Art. L. 313-24 Abs. 2 C. mon. et fin. haftet der Zedent neben dem Schuldner für die Zahlung der abgetretenen Forderung als Gesamtschuldner, sofern nichts anderes vereinbart ist. Der Zessionar hat das Recht, entweder auf den Zedenten oder auf den Schuldner zurückzugreifen, ohne dass er seine Wahl rechtfertigen muss.[360] Ohne entgegenstehende Vereinbarung bleibt die Haftung des Zedenten bei Erlöschen der abgetretenen Forderungen durch Zahlung bestehen, und auch der Bürge des Zedenten muss seinen Verpflichtungen weiterhin nachkommen.[361]

Die Übergabe des Forderungsverzeichnisses führt nach Art. L. 313-27 Abs. 3 C. mon. et fin. von Gesetzes wegen zum Übergang der für die Forderungen bestehenden Sicherheiten, Garantien, Nebenrechte und hypothekarischen Sicherheiten auf den Zessionar.[362]

bb. Die Drittwirksamkeit des Forderungsübergangs

Nach Art. L. 313-27 C. mon. et fin. wird die Abtretung mit dem auf dem Forderungsverzeichnis angegebenen Datum nicht nur zwischen den Parteien, sondern auch gegenüber Dritten wirksam. Dieser Wortlaut ist allerdings sehr allgemein und bedarf der Präzisierung je nach betroffenem Dritten.

(1) Der Schuldner

Mit der Angabe des Datums auf dem Forderungsverzeichnis wechselt der Forderungsinhaber. Neuer Gläubiger des Schuldners ist nunmehr der Zessionar. Der Gläubigerwechsel entfaltet ohne Kenntnis des Schuldners Drittwirksamkeit, also auch ihm gegenüber volle Wirksamkeit.

Bei der Frage, an wen der Schuldner leisten soll, ist die Drittwirksamkeit des Forderungsübergangs von der Gültigkeit der Zahlung zu unterscheiden. Drittwirksamkeit tritt auch bei Unkenntnis des Schuldners ein. Ob der Schuldner

359 *Rives-Lange/Contamine-Raynaud*, Droit bancaire[6], n. 559.

360 Paris, 17.04.1992, éd. E, II, 362, Anm. *Legeais*.

361 Cass. com. 26.04.1994: JC 94, éd. E, pan. 824.

362 Art. L. 313-27 al. 3 C. mon. et fin. – *La remise du bordereau entraîne de plein droit le transfert des sûretés, des garanties et des accessoires attachés à chaque créance, y compris les sûretés hypothécaires, et son opposabilité aux tiers sans qu'il soit besoin d'autre formalité.*

mit befreiender Wirkung leistet, hängt hingegen davon ab, ob er vom Forderungsübergang benachrichtigt worden ist oder nicht. Solange dem Schuldner die *cession Dailly* nicht mitgeteilt worden ist, kann er nicht nur, sondern muss er sogar an den Zedenten, seinen ursprünglichen Gläubiger leisten.[363] Unabhängig davon, dass der Zedent nicht mehr Forderungsinhaber ist, hat die Leistung des Schuldners befreiende Wirkung.

Dem Zedenten obliegt als Bevollmächtigtem tatsächlich der Forderungseinzug hinsichtlich der abgetretenen Forderungen.[364] Etwas anderes gilt nur dann, wenn der Zessionar seinen entgegenstehenden Willen zum Ausdruck bringt und von der Möglichkeit des Art. L 313-28 C. mon. et fin. Gebrauch macht. Nach dieser Norm kann der Zessionar dem Schuldner jederzeit verbieten, an den Unterzeichner des Forderungsverzeichnisses zu zahlen. Mit dem Zahlungsverbot wird der Schuldner von der Abtretung benachrichtigt, sog. notification.

Nach der vorgenommenen *notification* kann der Schuldner nicht mehr mit befreiender Wirkung an den Zedenten leisten. Zahlt er dennoch statt an den Zessionar an ein anderes Kreditinstitut, setzt er sich dem Risiko aus, nochmals leisten zu müssen.[365] Die *notification* bedarf keiner bestimmten Form. Ein eingeschriebener Brief dient nur der Beweiserleichterung.[366]

Fraglich ist, wie sich die bloße Kenntnis des Schuldners vom Forderungsübergang auswirkt. Bei der *cession* ist Folgendes anerkannt. Solange die Voraussetzungen des Art. 1690 C. civ. nicht erfüllt sind, tritt keine Drittwirksamkeit ein. Trotz Kenntnis von der *cession* kann der Schuldner noch befreiend an den Zedenten leisten. Etwas anderes könnte bei der *cession Dailly* gelten, zumal die Drittwirksamkeit bereits mit Eintragung des Datums auf dem Forderungsverzeichnis vorliegt. Grundsätzlich hat eine Zahlung, die in Kenntnis der fehlenden Gläubigerstellung des Empfängers an diesen erfolgt, keine befreiende Wirkung.

Berücksichtigt man aber, dass der Zedent trotz der Abtretung zum Forderungseinzug ermächtigt ist und diese Ermächtigung erst mit der *notification* verliert, so kann der Schuldner trotz Kenntnis von einer *cession Dailly* mit befreiender Wirkung an den Zedenten leisten.[367]

Der Schuldner behält die Einwendungen und Einreden, die er bereits dem Zedenten entgegenhalten konnte.[368] Auf vor der Abtretung bestehende Einwendungen, wie etwa die Nichtigkeit des Vertrages, kann sich der Schuldner gegenüber dem Zessionar berufen. Dies gilt, abgesehen von der Konnexität zwischen der abge-

---

363 *Rives-Lange/Contamine-Raynaud*, Droit bancaire^{6}, n. 551.
364 *Rives-Lange/Contamine-Raynaud*, Droit bancaire^{6}, n. 551.
365 Cass. com. 11.07.2000, RJDA12/00.
366 Paris, 15.10.1993: RJDA 4/94, n. 429.
367 *Rives-Lange/Contamine-Raynaud*, Droit bancaire^{6}, n. 564.
368 *Bénabent*, Droit civil, Les obligations^{9}, n. 737.

tretenen Forderung und der Einwendung, nicht, wenn die Einwendung auf einem Umstand beruht, der nach der Abtretung oder gar erst nach der *notification* eingetreten ist.[369] So kann sich der Schuldner gegenüber dem Zessionar nicht auf einen nach dem Datum des Forderungsverzeichnisses vom Zedenten gewährten Schuldenerlass oder Zahlungsaufschub berufen.[370]

Besondere Schwierigkeiten bereitet die Frage nach dem Verhältnis der Drittwirksamkeit zur Aufrechnung insbesondere dann, wenn die Aufrechnungslage erst nach dem auf dem Forderungsverzeichnis angegebenen Datum und damit nach der *cession Dailly,* aber vor der Benachrichtigung des Schuldners entsteht. Verweigert man dem Schuldner die Aufrechnung, so verschlechtert sich seine Situation. Lässt man hingegen eine Aufrechnung zu, so widerspricht dies dem im Gesetz vorgesehenen Prioritätsprinzip.

In ihrem Urteil vom 18. Juli 1989 hat die *Cour de cassation* entschieden, dass der Schuldner gegenüber dem Zessionar den Aufrechnungseinwand erheben kann, wenn er von der Zession nicht benachrichtigt worden ist und die Voraussetzungen der Aufrechnung vor der *cession Dailly* vorlagen.[371]

Für die *cession* erklärt Art. 1295 Abs. 2 C. civ. die Aufrechnung mit nach der *signification* entstandenen Forderungen für ausgeschlossen. Sieht man in der *notification* nach Art. L. 313-28 C. mon. et fin. eine Entsprechung zur *signification,* so scheint eine Aufrechnung jedenfalls möglich zu sein, wenn die zur Aufrechnung gestellten Forderungen vor der Benachrichtigung bestanden. Unerheblich ist, ob zu diesem Zeitpunkt bereits alle Abtretungsvoraussetzungen vorlagen. Hiergegen spricht allerdings, dass die *notification,* anders als die *signification,* nicht als eine Voraussetzung zu Erlangung der Drittwirksamkeit gesehen werden kann. Die Drittwirksamkeit tritt vielmehr bereits mit dem auf dem Forderungsverzeichnis angegebenen Datum ein. Insofern ließe sich vertreten, dass der Zessionar nach Eintritt der Drittwirksamkeit nicht mit der Aufrechnung mit nach diesem Zeitpunkt entstandenen Forderungen rechnen muss.

Die *Cour de cassation* hat in ihrem Urteil vom 15. Juni 1993 aber eine andere Auffassung vertreten.[372] Hintergrund war folgender Sachverhalt: Ein Unternehmen hatte die gegen ein anderes Unternehmen bestehende Forderung aus einem Transportvertrag an die Bank *BNP* abgetreten. Gegen die Zahlungsklage der *BNP* wandte der Schuldner die Verspätung des Transports ein und erklärte die Aufrechnung mit der aus der Schlechtleistung entstandenen Forderung.

---

369 *Bénabent*, Droit civil, Les obligations⁹, n. 737.

370 *Rives-Lange/Contamine-Raynaud*, Droit bancaire⁶, n. 551.

371 Bull. civ., IV. n. 227, p. 152; D. 1990, somm., p. 215, obs. *Honorat*.

372 Bull. civ., IV. n. 242, p. 172; D. 1993, 495, Anm. *Larroumet*.

Die *Cour d'appel* hatte zunächst deutlich gemacht, dass der Schuldner der *BNP* nicht die Aufrechnung mit einer gegen den Zedenten nach der *notification* entstandenen Forderung entgegenhalten könne. Dieses Urteil hob die *Cour de cassation* mit folgender Begründung auf. Der Schuldner könne nach der Benachrichtigung von der *cession Dailly* Einwände aus seinem Verhältnis zum Zedenten geltend machen. Dies gelte insbesondere für den Aufrechnungseinwand mit einer konnexen Forderung. Der Aufrechnungseinwand sei aber ausgeschlossen, wenn der Schuldner die *cession Dailly* angenommen habe *(acceptation).*

Das Urteil kann dahin verstanden werden, dass das für die Aufrechnung entscheidende Datum nicht das auf dem Forderungsverzeichnis vermerkte ist. Es kommt vielmehr darauf an, ob der Schuldner die *cession Dailly* angenommen hat. Der Schuldner ist allerdings nicht zur Annahme verpflichtet. Dies bedeutet, dass nicht streng am Wortlaut des Gesetzes und am Begriff der Konnexität festgehalten wird.

Bestätigt wird diese These durch ein Urteil der *Cour de cassation* vom 9. November 1993.[373] Ihm lässt sich entnehmen, dass der Schuldner, der eine *cession Dailly* nicht angenommen hat, gegenüber dem Zessionar die Nichterfüllung der dem Zedenten obliegenden Pflichten einwenden kann, auch wenn der Einwand erst nach der Benachrichtigung von der Abtretung entstanden ist.[374]

Besteht keine Konnexität der Forderung des Schuldners mit der gegen ihn erhobenen, ist hinsichtlich des Zeitpunkts, der darüber bestimmt, ob der Einwand der Aufrechnung gegenüber dem Zessionar noch geltend gemacht werden kann, auf die Benachrichtigung des Schuldners abzustellen.[375] Die persönliche Kenntnis des Schuldners ist demnach entscheidend. Damit lässt sich eine Annäherung an die *cession* feststellen.

Fraglich ist, ob sich diese auch bei einem vertraglich vereinbarten Abtretungsverbot feststellen lässt. Nach neuester Auffassung wird die Vereinbarung eines Abtretungsverbots im Rahmen einer *cession* als wirksam angesehen.[376] Die *Cour de cassation* hat in zwei Urteilen jüngeren Datums zur Wirksamkeit eines Abtretungsverbots im Zusammenhang mit der *cession Dailly* Stellung genommen.

Dem Urteil vom 21. November 2000[377] lag folgender Sachverhalt zu Grunde:

---

373 Cass. com., 14.12.1993, Bull. civ., IV. n. 469, p. 342; D. 1994, p.269, obs. *Larroumet.*

374 „... *qu'en cas de cession de créance, en la forme prévue par la loi du 2 janvier 1981, non acceptée par le débiteur, celui-ci peut invoquer contre la banque cessionnaire l'exception d'inexécution de ses obligations par le cédant, même si elle est apparue postérieurement à la notification de la cession...*"

375 Cass. com. 09.11.1993, Bull. civ., IV. N. 385, p. 280.

376 Teil 1: B. IV. 1. c. bb.

377 Cass. com. 21.11.2000, D. 2001, p. 123, obs. *Avena-Robardet.* Sie ist der Ansicht, dass die *Cour de cassation* mit ihrem Urteil ein wenig gegen den Grundsatz der Vertragsfreiheit verstößt. Gleichwohl hebt sie den Vorzug der Entscheidung hervor, die der Forderungsabtretung den Vor-

Die Gesellschaft *Sepi* hatte mittels einer *cession Dailly* ihre Forderungen gegen die Gesellschaft *Clémessy* an die *Banque Scalbert Dupont* abgetreten. Die Gesellschaft *Clémessy* war nicht bereit, die Abtretung anzunehmen und hielt der Zessionarin, der *Banque Scalbert Dupont,* entgegen, dass ihre allgemeinen Leistungs- und Lieferbedingungen Vertragspartnern untersage, Forderungen ohne vorherige schriftliche Zustimmung abzutreten. Die *Cour d'appel* von Colmar verurteilte die Gesellschaft *Clémessy* trotz ihrer Leistungs- und Lieferbedingungen zur Zahlung an die *Banque Scalbert Dupont.*[378] Zur Begründung führte sie aus, dass die *Banque Scalbert Dupont* nicht Partei des zwischen der Gesellschaft *Clémessy* und Gesellschaft *Sepi* geschlossenen Vertrags gewesen sei und damit von der Klausel zur Abtretungsbeschränkung nicht betroffen werde.

Die *Cour de cassation* verwarf die von der Gesellschaft *Clémessy* erhobene Berufung. Sie stellte vor allem auf den allgemeinen Grundsatz der Relativität eines Vertrags *(effet relatif des contrats)* ab, nach welchem der Zessionar nicht Partei des zwischen dem Zedenten und dem Schuldner geschlossenen Vertrags ist, so dass ein Abtretungsverbot ihm gegenüber nicht geltend gemacht werden kann. Dem Zessionar obliege es demnach nicht, jede Vereinbarung des Grundvertrags zwischen Zedent und Schuldner zu prüfen. Die *Cour de cassation* konnte keine fehlerhafte Anwendung der Artt. 1134, 1165, 1689 und 1315 C. civ. durch die *Cour d'appel* von Colmar ausmachen.

Im Jahre 1999 musste die *Cour d'appel* von Colmar[379] erneut über einen ähnlichen Fall entscheiden. In den Urteilsgründen hob sie hervor, dass ein Schuldner dem Zessionar Einwendungen aus seinem Verhältnis zum Zedenten entgegenhalten könne, wenn er die Abtretung nicht angenommen habe. Etwas anderes gelte aber, wenn es um eine Klausel gehe, die dem Zedenten ohne vorherige Zustimmung des Schuldners die Abtretung untersage und diese Klausel vom Zessionar nicht im Sinne des Art. 1165 C. civ. angenommen worden sei. Die *Cour d'appel* von Colmar stützte sich demnach erneut auf den allgemeinen Grundsatz der Relativität eines Vertrags und verurteilte den Schuldner zur Zahlung.

Die von dem Zessionar aus anderen Gründen erhobene Revision nutzte die *Cour de cassation,* um das Urteil der *Cour d'appel* von Colmar unter Änderung ihrer bisherigen Rechtsprechung aufzuheben.[380] In ihrem Urteil vom 22. Oktober 2002 machte sie deutlich, dass ein Schuldner, der die Abtretung nicht angenommen habe, sich gegenüber dem Zessionar auf alle Einwendungen, die aus seiner persönlichen Beziehung zum Zedenten stammten, berufen könne. Dies ergebe sich aus Art.

rang einräumt und damit Unternehmen die wichtige Möglichkeit eröffnet, Kredite mit kurzen Laufzeiten zu erhalten.

378 Urteil vom 29.04.1997.

379 Urteil vom 19.01.1999.

380 Arrêt n. 1666 FD: Juris-Data n. 2002-016135.

L. 313-29 C. mon. et fin. Die *Cour de cassation* kam demnach zu dem Schluss, dass der Schuldner nicht an den Zessionar zahlen müsse.

Die durch das Urteil der *Cour de cassation* erfolgte Anerkennung eines vereinbarten Abtretungsverbots ist allerdings inzwischen hinfällig. Mit Art. 56-7 des Gesetzes vom 15. Mai 2001[381] ist Art. L. 442-6 C. de com. um eine neue Bestimmung ergänzt worden. Nach Art. L. 442-6 Abs. 2 lit. c) C. de com. sind Klauseln oder Verträge nichtig, die für einen Produzenten, Kaufmann, Industriellen oder für einen in die Handwerksrolle Eingetragenen vorsehen, dass er seinem Vertragspartner die Abtretung der gegen ihn bestehenden Forderungen an einen Dritten untersagt.

Der Schuldner kann sich aber nicht auf Vereinbarungen mit dem Zedenten berufen, die die Grundlagen des Vertrags betreffen und an denen der Zessionar nicht beteiligt war.[382]

(2) Andere Dritte

Im Verhältnis zu anderen Dritten ändert sich mit der *notification* nichts. Die Abtretung entfaltet allein mit der Angabe des Datums auf dem Forderungsverzeichnis Drittwirksamkeit.[383]

Behaupten Dritte, sie könnten die Forderung einziehen, weil sie die Forderung gepfändet hätten oder weil sie ebenfalls Gläubiger seien, stehen sie mit dem Zessionar nach der *Loi Dailly* in Wettbewerb. Die Lösung des Konflikts liegt darin, dass die Daten des Erwerbs des Rechts zum Forderungseinzug verglichen werden. Derjenige, der als erster zum Forderungseinzug berechtigt ist, hat Vorrang.[384] Die Lösung des Problems ist aber nicht immer ganz einfach.

Folgende Dritte sind zu unterscheiden:

1. Die Gläubiger des Zedenten: Pfänden Gläubiger des Zedenten die Forderung gegen den Schuldner, so können sie sich gegenüber einem Zessionar nach der *Loi Dailly* nur durchsetzen, wenn die Pfändung vor dem auf dem Forderungsverzeichnis angegebenen Datum erfolgte.[385]

   Die Pfändung der Forderung gegen den Schuldner ist allerdings sorgsam von der Pfändung der Aktiva des Zedenten zu unterscheiden. Zu den Aktiva kann eine Leistung des Schuldners zählen, die er in Unkenntnis der Forderungsübertragung und auf Betreiben des Zedenten an diesen vorgenommen hat. In einem solchen

381 Loi n. 2001-420 du 15 mai 2001 relative aux nouvelles réglementations économiques (J.O., 16 mai 2001).

382 Cass. com. 21.11.2000: D. aff. 2001, AJ 123, obs. *Avena-Robardet*; PA 9 mars 2001, p. 5.

383 Paris, 04.11.1990: D. 1990, somm. 234, obs. *Vasseur*.

384 *Rives-Lange/Contamine-Raynaud*, Droit bancaire[6], n. 552; *Cabrillac*, Les conflits entre les cessionnaires d'une même créance transmise par bordereau, D. 1990, chron. p. 128, n. 8.

385 *Rives-Lange/Contamine-Raynaud*, Droit bancaire[6], n. 553.

Fall ist das frühere Datum auf dem Forderungsverzeichnis im Verhältnis zur Pfändung unerheblich.[386] Der Schuldner hat eine wirksame Leistung zugunsten des Zedenten, dem vom Zessionar Bevollmächtigten, vorgenommen. *Vasseur* sieht in der Frage, ob ein Zessionar nach der *Loi Dailly* von einem Bankinstitut des Zedenten den vom Schuldner an dieses gezahlten Betrag verlangen kann, ein schwerwiegendes Problem der *cession Dailly.*[387] *Rives-Lange/Contamine-Raynaud*[388] vertreten die Ansicht, dass, wie bei allen vertretbaren Sachen, das Geld nicht mehr verlangt werden könne. Dies gelte auch für den Fall, dass die Gelder sich noch lokalisieren ließen, beispielsweise auf einem Bankkonto des Zedenten seien.

Eine besondere Stellung innerhalb der Gläubiger des Zedenten nehmen die durch einen Eigentumsvorbehalt gesicherten Gläubiger ein. Die Rechte eines Zessionars nach der *Loi Dailly* können mit den Rechten eines Verkäufers, der sich einen Eigentumsvorbehalt hat einräumen lassen, kollidieren. Meist verbietet die Eigentumsvorbehaltsklausel dem Käufer nicht, die Ware weiter zu veräußern. Sie sieht in diesem Falle lediglich vor, dass die Forderung aus dem Weiterverkauf zugunsten des Vorbehaltsverkäufers gepfändet wird.[389] Die *Cour de cassation* hat entschieden, dass die Kaufpreisforderung aus der Weiterveräußerung mittels *subrogation réelle* an die Stelle der unter Eigentumsvorbehalt stehenden Ware tritt.[390]

Der Vorbehaltsverkäufer kann aber bei der Durchsetzung seiner Rechte auf Schwierigkeiten stoßen. Beruft er sich gegenüber einem Zessionar auf die Pfändung der Kaufpreisforderung, so kann er damit nur durchdringen, wenn die Pfändung gemäß Art. 2075 C. civ. Drittwirksamkeit erlangt hat. Hierfür ist eine Pfändungsanzeige *(signification)* gegenüber dem Schuldner oder eine Annahme der Pfändung *(acceptation)* durch ihn in einer beglaubigten Urkunde erforderlich. Werden diese Voraussetzungen zur Erreichung der Drittwirksamkeit der Pfändung erst nach dem auf dem Forderungsverzeichnis angegebenen Datum erfüllt, so kann der Vorbehaltsverkäufer sich nicht mit Erfolg auf die Pfändung stützen.

Beruft sich der Vorbehaltsverkäufer darauf, dass ihm aufgrund des vorbehaltenen Eigentums nunmehr ein Recht an der Forderung aus der Weiterveräußerung zusteht, so besteht die Gefahr, dass er es erst nach dem auf dem Forderungsverzeichnis angegeben Datum und damit zu spät geltend macht.

386 *Rives-Lange/Contamine-Raynaud*, Droit bancaire[6], n. 554.
387 Banque 1985.1071.
388 *Rives-Lange/Contamine-Raynaud*, Droit bancaire[6], n. 554.
389 *Rives-Lange/Contamine-Raynaud*, Droit bancaire[6], n. 602.
390 Cass. com. 08.03.1988, Bull IV, n. 99, Les Petites Affiches, 2 mai 1988, p. 18.

Hat der Vorbehaltsverkäufer noch keine Zahlung erhalten und wird über das Vermögen des Vorbehaltskäufers ein gerichtliches Reorganisationsverfahren *(redressement judiciaire)* eröffnet, so war lange Zeit umstritten, ob er sich auf Art. L 621-124 C. de com.[391] berufen und einwenden kann, er habe einen Anspruch auf Revindikation/Herausgabe des Kaufpreises und gehe dem Zessionar nach der *Loi Dailly* vor.

Zahlreiche Gerichte hatten sich für den Vorrang des Vorbehaltsverkäufers entschieden.[392] Andere hingegen sprachen den Kaufpreis aus der Weiterveräußerung der Ware dem Zessionar nach der *Loi Dailly* zu.[393] Die *Cour* von Dijon stützte sich in ihrer Entscheidung auf den Rechtssatz, dass niemand mehr Rechte übertragen könne, als er selbst inne habe und stellte fest, dass der Vertrag bezüglich der Weiterveräußerung der Ware mit dem Eigentumsvorbehalt des ersten Kaufvertrags behaftet sei. Diesen Gedanken griff die *Cour d'appel* von Paris in dem viel beachteten Urteil vom 3. Februar 1988 auf und erweiterte ihn um die *subrogation.* An die Stelle der unter Eigentumsvorbehalt verkauften Ware trete die Kaufpreisforderung aus der Weiterveräußerung. Ein hiergegen eingelegtes Rechtsmittel wurde von der *Cour de cassation* am 20. Juni 1989 zurückgewiesen.[394] Nach der *Cour de cassation* ist entscheidend, dass die Eigentumsvorbehaltsklausel dem Vermögen des Vorbehaltsverkäufers zuzurechnen sei und die aus der Weiterveräußerung der Ware entstehende Kaufpreisforderung an die Stelle der Vorbehaltsware trete. Der Vorbehaltskäufer könne folglich nicht mehr Rechte auf den Zessionar übertragen als er selbst innehabe. Der Zessionar könne demnach nicht geltend machen, er habe einen Anspruch auf die Einziehung der Kaufpreisforderung.

Fraglich ist, ob diese Lösung auch gilt, wenn es nicht zu einem gerichtlichen Reorganisationsverfahren über das Vermögen des Vorbehaltskäufers kommt. Die Lösung der *Cour de cassation* stützt sich auf die zeitliche Priorität der *subrogation* im Verhältnis zur Abtretung. Nach *Rives-Lange/Contamine-Raynaud* darf zugunsten des Vorbehaltsverkäufers auf die *subrogation* nur im Falle des Konkurses des Vorbehaltskäufers/Zedenten zurückgegriffen werden.[395] Die Rechtsprechung, die zulasse, dass das Recht des Vorbehaltsverkäufers unter der aufschiebenden Bedingung der Weiterveräußerung der Kaufsache entstehe, müsse zuvor wirksam vereinbarten Rechten nachträglich die Wirksamkeit ent-

---

391 Ursprünglich Art. 122 des Gesetzes vom 25. Januar 1985.

392 Dijon 09.09.1987, D. 1988.74, Anm. *Zénati*; Paris 03.02.1988, D. 1988.I.R.84; Gaz. Pal. 1988.1.312, concl. *Sauvel*, Anm. *Garnier et Leblond.*

393 Nanterre 1212.1986, D. 1987, Somm. 149, obs. *Vasseur*; Paris 16.01.1987, D. 1987, Somm. 148, obs. *Vasseur.*

394 D. 1989.431, Anm. *Pérochon.*

395 Droit bancaire[6], n. 555.

ziehen. Nach dieser Ansicht kann der Vorbehaltskäufer die Kaufpreisforderung übertragen mit der Folge, dass dem Zessionar nach der *Loi Dailly* vor dem Vorbehaltsverkäufer der Vorrang einzuräumen ist.

Fraglich ist indes, ob die Entscheidung der *Cour d'appel* überhaupt mit der *Loi Dailly* zu vereinbaren ist. Diese sieht nämlich die Abtretung künftig entstehender Forderungen vor. Der Vorbehaltskäufer kann bereits vor der Weiterveräußerung seine Kaufpreisforderungen abtreten, so dass eine *subrogation réelle* unter Umständen gar nicht erfolgen und der Vorbehaltsverkäufer seinen Anspruch auf Revindikation nicht geltend machen kann.

Dem Zessionar nach der *Loi Dailly* vor dem Vorbehaltsverkäufer den Vorrang einzuräumen, erscheint angesichts dem mit der *Loi Dailly* verfolgten Zweck sinnvoll. Die *Loi Dailly* soll zur Förderung des Außenhandels auf der Grundlage einer erleichterten Finanzierung durch Kreditinstitute beitragen. Das Ergebnis ist auch sachgerecht, wenn man bedenkt, dass der Vorbehaltsverkäufer, der den Vorbehaltskäufer zum Weiterverkauf ermächtigt hat, bei der Vereinbarung einer *cession Dailly* mit Delkredereübernahme und gleichzeitiger Zahlung des Kaufpreises ebenso dasteht, wie wenn der Schuldner des Vorbehaltskäufers den Kaufpreis gezahlt hätte.[396]

2. Insolvenzverwalter: Eine Abtretung nach der *Loi Dailly,* die vor dem Beschluss auf Eröffnung des Insolvenzverfahrens erfolgt ist, kann dem Insolvenzverwalter entgegengehalten werden. Dieser ist nicht berechtigt, die Forderung einzuziehen oder Zahlungen zu behalten. Dies gilt auch für eine nach dem Eröffnungsbeschluss vorgenommene Abtretung. Solange es keinen entgegengesetzten Beschluss des Gerichts gibt, kann der Schuldner (Zedent) über sein Vermögen verfügen.

   Schwierigkeiten können sich bei einer vor dem Eröffnungsbeschluss erfolgten Abtretung einer entstehenden Forderung ergeben. Bestimmtheit erlangt diese erst durch die Erfüllung von Leistungen, die im Rahmen der Unternehmensfortführung zu erbringen sind. Der Zessionar hat zwar ein Recht erworben, das er dem Insolvenzverwalter entgegensetzen kann; solange aber der Drittschuldner seine gekaufte Ware nicht erhält, kann er die Kaufpreiszahlung verweigern. Der Zessionar ist demnach darauf angewiesen, dass der Betrieb fortgeführt wird und die Arbeiten verrichtet werden, die zur Erfüllung der Forderung des Drittschuldners erforderlich sind. Es stellt sich dann aber die Frage, ob der Zessionar oder der Insolvenzverwalter im Namen des Unternehmens die Kaufpreisforderung einziehen darf. Wie der Entscheidung der *Cour de cassation*

396 So auch *Diehl-Leistner*, Internationales Factoring, S. 46.

zu entnehmen ist, sind Billigkeitserwägungen anzustellen.[397] Es ist richtig, den Forderungsbetrag der Arbeitnehmerschaft und den Lieferanten zu gewähren, die durch ihre Leistungen die Forderung realisierbar gemacht haben.

3. Andere Zessionare: Was die Rechtsfolgen einer Mehrfachzession anbelangt, so ist eine Entscheidung der *Cour de cassation* vom 5. Juli 1994 äußerst aufschlussreich.[398] Ihr lag folgender Sachverhalt zu Grunde: Die Gesellschaft *Persacoise* hatte nacheinander dieselbe Forderung gegen die Gesellschaft *Centre chaussures* an zwei Banken abgetreten, einmal an die *BFA (Banque Française de l'Agriculture)* und dann an die *CCF (Crédit Commercial de France).* Die Schuldnerin, die Gesellschaft *Centre chaussures,* die von der zeitlich ersten Abtretung Kenntnis hatte, nahm eine Zahlung an die *CCF* vor. Auf eine Klage der *BFA* verurteilte das *Tribunal de commerce* von Clermont-Ferrand (Handelsgericht) die Schuldnerin zur Zahlung an die *BFA,* und jene erlangte den bereits geleisteten Betrag von der *CCF* zurück. Die *Cour d'appel* von Riom hob das Urteil mit der Begründung auf, dass es der Gesellschaft *Centre chaussures* oblag, die *CCF* von der vorangegangenen Zession zu unterrichten, von der sie Kenntnis hatte, und dass sie nicht unter Missachtung der Rechte der *BFA* eine Zahlung an die *CCF* vornehmen konnte. Sie schloss daraus, dass die Gesellschaft *Centre chaussures* die Folgen ihres Fehlers selbst zu tragen hatte, und die *CCF,* die gutgläubig war, nichts zurückzuzahlen hatte. Die Revision der Gesellschaft *Centre chaussures* hatte Erfolg. Die *Cour de cassation* hob hervor, dass zuerst eine Zession zugunsten der *BFA* vorgenommen worden sei, die *CCF* nicht die Qualität einer Gläubigerin der Gesellschaft *Centre chaussures* erlangen konnte und mangels Gläubigerstellung nicht zum Empfang der Leistung berechtigt war, so dass der Gesellschaft *Centre chaussures* ein Bereicherungsanspruch zustand.

In der Entscheidung der *Cour de cassation* kommt das Prioritätsprinzip zum Ausdruck.[399] Mit der zeitlich ersten Datumseintragung verliert der Zedent die Forderung. Er kann nicht ein weiteres Mal wirksam über sie verfügen.[400] Der zweite Zessionar kann demnach nicht Gläubiger werden. Insofern ist unerheblich, ob der zeitlich nachfolgende Zessionar den Schuldner vor dem Erstzessionar von dem Forderungsübergang in Kenntnis setzt. Die Drittwirksamkeit verhindert das Entstehen eines konkurrierenden Rechts. Der Erstzessionar kann nachfolgende Abtretungen unberücksichtigt lassen und Zahlung vom Schuldner nach

397 *Rives-Lange/Contamine-Raynaud* (Droit bancaire[6], n. 556) verweisen auf: Ord. juge com., Trib. com. Saint-Étienne, 07.10.1986, Banque 1987, p. 91. Beim Factoring: Cass. com. 21.11.1972, D. 1972. 213, Anm. *Rodière*; RTD com. 1973, 844, Anm. *Cabrillac* und et *Rives-Lange*.

398 Cass. com. 05.07.1994, Bull. IV, n. 251.

399 Siehe hierzu auch:*Cabrillac*, D. 1990, chron. p. 128, n. 8.

400 *Cabrillac*, D. 1990, chron. p. 127, n. 6.

dem Motto, wer schlecht zahlt, zahlt zwei Mal, verlangen.[401] Die Leistung, die der Schuldner an den Zweitzessionar vorgenommen hat, kann er grundsätzlich im Rahmen der Leistungskondiktion *(répétition de l'indu)* zurückfordern.[402]

Anders ist die Situation zu beurteilen, wenn der Erstzessionar den Schuldner nicht von der Abtretung in Kenntnis setzt oder ihn nicht in Anspruch nimmt und der Schuldner in gutem Glauben an den Zweitzessionar leistet. In einem solchen Fall findet Art. 1240 C. civ. Anwendung. Die an den vermeintlichen Forderungsinhaber vorgenommene Zahlung hat befreiende Wirkung. Der Erstzessionar hat dann auch keine Rückgriffsmöglichkeit gegen den Zweitzessionar.[403] Nach *Cabrillac* soll der Erstzessionar jedoch nach der *notification* einen Revindikationsanspruch auf die Forderung haben, sofern der Schuldner noch keine Zahlung vorgenommen hat.[404]

4. Das die Leistung erhaltende Kreditinstitut: Äußerst kontrovers wird der Fall diskutiert, in dem der Schuldner keine *notification* von der *cession Dailly* erhält und an ein Kreditinstitut leistet, bei dem der Zedent ein laufendes Konto unterhält. Umstritten ist, ob der Zessionar von dem Kreditinstitut Zahlung der in Empfang genommenen Gelder verlangen kann.

   Die *Cour de cassation* hatte über folgenden Sachverhalt zu entscheiden[405]: Im Februar des Jahres 1981 eröffnete die Gesellschaft *Les Établissements Granel* ein laufendes Konto mit einer Laufzeit von 13 Monaten bei der *Caisse régionale du Crédit agricole du Sud-Ouest.* Mitte Oktober 1982 übertrug *Les Établissements Granel* eine Forderung gegen einen italienischen Schuldner im Wege der *cession Dailly* auf die Bank *Pelletier.* Im Dezember 1982 erhielt die *Caisse régionale du Crédit agricole du Sud-Ouest* eine Zahlung des italienischen Schuldners und schrieb den Betrag dem debitorischen Konto der Gesellschaft *Les Établissements Granel* gut.

   Die Bank *Pelletier* verlangte daraufhin von der *Caisse régionale du Crédit agricole du Sud-Ouest* die Auszahlung des streitigen Betrags, den der italienische Schuldner geleistet hatte, an sich. Die erste Instanz, das *Tribunal de commerce de Dax* wies die Klage der Bank *Pelletier* ab. Zur Begründung führte es aus, dass es sich bei Geld um eine Gattungsschuld handele, sich dieses vermischt habe und daher nicht mehr Gegenstand einer Forderung sein könne. Die *Cour d'appel de Pau* hob das Urteil auf, indem sie vor allem darauf abstellte, dass das laufende Konto im Zeitpunkt der Überweisung bereits geschlossen gewesen sei und es der *Caisse régionale du Crédit agricole du Sud-Ouest* oblag,

401 Cass. com. 05.07.1994, JCP 1995.I.3828, obs. *Billiau*, n. 17.
402 Cass. com. 05.07.1994, JCP 1995.I.3828, obs. *Billiau*, n. 18.
403 *Cabrillac*, D. 1990, chron. p. 129, n. 15.
404 *Cabrillac*, D. 1990, chron. p. 129, n. 15.
405 Cass. com. 28.10.1986, D. 1986, p. 592, Anm. *Vasseur*.

das überwiesene Geld auf ein anderes Konto einzuzahlen. Im Ergebnis gestand sie der Bank *Pelletier* einen Anspruch gegen die *Caisse régionale du Crédit agricole du Sud-Ouest* zu. Die von der *Caisse régionale du Crédit agricole du Sud-Ouest* eingelegte Revision blieb ohne Erfolg. Die *Cour de cassation* stützte ihre Entscheidung auf Art. 4 Abs. 1 der *Loi Dailly* (heute Art. 313-27 C. mon. et. fin.).

Das Urteil hat in der Literatur sowohl Zustimmung als auch Ablehnung erfahren.

Vasseur hebt in einer Anmerkung zu ihm hervor, dass es sich bei der Empfängerbank, der *Caisse régionale du Crédit agricole du Sud-Ouest,* ebenso um einen Dritten im Sinne des Art. 4 der *Loi Dailly* handele, wie bei einem Zweitzessionar oder einem Gläubiger an den die Forderung nach der Abtretung verpfändet worden sei.[406] Die Einrichtung eines laufenden Kontos dürfe nicht dazu führen, dass ein Zessionar von einer Empfängerbank keine Rückgabe des Geldes verlangen könne. Es gebe zwar keinen Anspruch auf eine bestimmte Gattungssache, insbesondere Geld, das Begehren der Zessionarin stelle sich aber lediglich als Rückübertragung dar.

Rives-Lange und *Contamine-Raynaud* stützen ihre ablehnende Haltung hingegen auf die Besonderheiten eines laufenden Kontos. Die Bank *Pelletier* könne die Gelder nicht herausverlangen, da es sich bei ihnen um eine vertretbare Sache handele und diese im Vermögen der Zedentin aufgegangen sei.[407]

Auch *Martin* und *Synvet* greifen das Urteil in vielen Punkten an. Der dem Urteil zugrunde liegende Konflikt könne nicht unter Rückgriffnahme auf die Drittwirksamkeit gelöst werden.[408] Bei dem das Geld erhaltenden Institut handele es sich nicht um einen Dritten. Davon könne nur bei jemandem ausgegangen werden, der nicht Partei der Zession sei und ein Interesse daran habe, dass der Zedent noch immer Gläubiger sei. Die Bank zur Herausgabe des vom Schuldner gezahlten Geldes zu verpflichten, missachte ihre Aufgaben als Bevollmächtigte, zudem weise die von der *Cour de cassation* verwendete Wortwahl, die abgetretene Forderung zu bezahlen, auf einen rechtlichen Konstruktionsfehler hin.[409]

Nach einer Bestätigung des Urteils im Jahre 1993[410], hat die *Cour de cassation* allerdings 1995 eine Wende vorgenommen.[411] Zur Entscheidung stand folgender Sachverhalt an: Die Gesellschaft *MAT* hatte drei Forderungen an die Gesellschaft *SDBO (Société de banque occidentale)* abgetreten. Im

406 Cass. com. 28.10.1986, D. 1986.592, Anm. *Vasseur*, n. 5.
407 *Rives-Lange/Contamine-Raynaud*, Droit bancaire[6], n. 558.
408 *Martin/Synvet*, JCP 1987 (Éd. E).II.14940, n. 5.
409 *Martin/Synvet*, JCP 1987 (Éd. E).II.14940, n. 10, 13.
410 Cass. com. 12.10.1993, JCP 1993.II.2606.
411 Cass. com. 04.07.1995, Bull. IV, n. 203.

Rahmen eines Insolvenzverfahrens über die *MAT* verlangte die *SDBO* von der Gesellschaft *CCF (Crédit commercial de France)* Zahlung des von den drei Schuldnern erhaltenen Betrags, der dem laufenden Konto der Gesellschaft *MAT* gutgeschrieben worden war. Die *Cour de cassation* hob das Berufungsurteil auf und betonte, dass die *CCF* die streitigen Zahlungen nur im Namen und für das Konto der *MAT* erhalten hatte, die Zahlungsempfängerin war. Die *CCF* musste keine Zahlung an die *SDBO* leisten.[412]

Auch wenn die Urteilsgründe sehr knapp gehalten sind, so lässt sich ihnen doch ein Perspektivwechsel entnehmen.[413] Es wird nicht mehr aus der Sicht des Zessionars und mit der Drittwirksamkeit argumentiert, sondern auf die Rechtsbeziehung des Kontoinhabers zu der das Konto führenden Bank abgestellt. Entscheidend ist, dass die *CCF* selbst keine Handlung vorgenommen, insbesondere im Verhältnis zur Zessionarin keinen Anspruch auf die abgetretene Forderung erhoben hat.

In diesem Zusammenhang unterstreicht auch *Legeais,* dass Dritter nur der sein könne, der einen Anspruch auf die abgetretene Forderung geltend mache und nicht das die Zahlung erhaltende Kreditinstitut. Dieses habe keine Möglichkeit, den Ursprung des eingegangenen Geldes zu überprüfen.[414] In diesem Sinne argumentiert auch *Stoufflet.* Die Bank habe keine Forderung, sondern nur eine Zahlung erhalten und diese in das laufende Konto eingestellt.[415] Er betont zudem, dass die Zessionarin lediglich gegen die Zedentin vorgehen könne, die eine Leistung erhalten habe, obwohl ihr nichts mehr geschuldet worden war. Die Zessionarin müsse insofern den positiven Saldo des Kontos pfänden lassen.

Auch wenn die Zahlung des Schuldners fälschlicherweise an das Kreditinstitut des Zedenten erfolgte, so ist sie in das laufende Konto des Zedenten eingestellt worden. Unabhängig davon, ob man das eingezahlte Geld für nicht herausgebbar hält oder das Kreditinstitut zu den Dritten im Sinne der *Loi Dailly* zählt, bleibt unklar, auf welche Rechtsgrundlage der Zessionar einen Anspruch stützen können soll. Letztlich ist damit die Änderung der Rechtsprechung zu begrüßen und der Zessionar auf Ansprüche gegen den Zedenten zu verweisen.

Anders ist die Rechtslage zu beurteilen, wenn der Zedent als Bevollmächtigter des Zessionars vom Schuldner einen Scheck oder Eigenwechsel erhält und diesen im Zeitpunkt der Insolvenz noch innehat. Er muss den Scheck oder Wechsel

412 „ *..., alors que le CCF avait reçu les paiements litigieux au nom et pour le compte de la société MAT, qui en était destinataire, de sorte qu'il n'était pas tenu à restitution envers la SDBO, ...*"

413 Cass. com. 04.07.1995, D. 1995.488, Anm. *Martin* et *Synvet.*

414 Cass. com. 04.07.1995, JC 1995.I.22553, Anm. *Legeais.*

415 Cass. com. 04.07.1995, JC 1995 (Éd. E) II.738, Anm. *Stoufflet.*

an den Zessionar weitergeben. Erst mit seiner Einlösung ist von einem Erlöschen der Forderung auszugehen.[416]

f. Zwischenergebnis

In der Rechtspraxis hat sich die Übertragung von Forderungen nach der *Loi Dailly,* auch im Rahmen des Factoringgeschäfts bis heute nicht durchsetzen können.[417] Dies hängt im Allgemeinen sicherlich mit der Entscheidung der *Cour de cassation* vom 4. Juli 1995 zusammen. Während Kreditinstitute, bei denen der Zedent ein laufendes Konto unterhält, das Urteil begrüßen, stehen Zessionare dem Rechtsinstitut der *cession Dailly* eher noch misstrauischer gegenüber. Auch wenn es Schutzmöglichkeiten für sie gibt, so sind diese doch unzulänglich. Viele Kunden der Kreditinstitute, die von der *cession Dailly* Gebrauch machen, wollen nicht offen legen, dass sie auf dieses Finanzierungsinstrument zurückgreifen und eine Information des Schuldners nicht wünschen.[418] Auch die Haftung des Zedenten ist keine wahre Hilfe. Der Zessionar kann zwar positive Salden des laufenden Kontos des Zedenten bei anderen Kreditinstituten pfänden lassen, dies nützt ihm jedoch nichts, wenn der Zedent insolvent ist. Berücksichtigt werden muss zudem, dass die *notification* der Schuldner kostspielig ist, da sie den Forderungseinzug mit sich bringt. Aus diesem Grunde wird die Ansicht vertreten, dass die *cession Dailly* eher die Ausnahme bleiben werde.[419] Es wird zudem angeführt, dass durch die aufgrund der Rechtsprechung praktisch notwendig gewordene *notification,* die *Loi Dailly,* die mit dem Ziel angetreten war, die Abtretung von Formalitäten zu befreien, erheblich an Nützlichkeit eingebüßt habe.

Vor diesem Hintergrund plädiert *Legeais* für eine fakultative Publizität der Zession, die eine Mehrfachabtretung verhindern müsse und dem Zessionar im Konfliktfalle mit einem Zahlungen erhaltenden Kreditinstitut den Vorrang einräume.

Auch wenn der Einwand, die Abtretung wollten viele Zedenten nicht offen legen und die *notification* sei aufgrund des mit ihr verbundenen Forderungseinzugs kostspielig und daher beim Factoring unerwünscht, dessen Vorteil nicht nur in einem professionalisierten Forderungseinzug liege, so nicht zutrifft, bleibt es bei der Feststellung, dass Factoringinstitute nicht auf *cession Dailly* als vereinfachte Möglichkeit der Forderungsübertragung zurückgreifen. Dies mag u.a. auch daran liegen, dass die Praxis sich zu helfen wusste und mit Erfolg auf das Rechtsinstitut

---

416 *Rives-Lange/Contamine-Raynaud,* Droit bancaire^{6}, n. 561.

417 *Rives-Lange/Contamine-Raynaud,* Droit bancaire^{6}, n. 582; Cass. com. 04.07.1995, JCP1995. I.22553, Anm. *Legeais*; a.A. *Siggemann*, Frankreich, in *Bette/Brink* (Hrsg.), Rechtsfragen im Exportgeschäft, S. 67.

418 Cass. com. 04.07.1995, JC 1995.I.22553, Anm. *Legeais.*

419 Cass. com. 04.07.1995, JC 1995.I.22553, Anm. *Legeais.*

der *subrogation personnelle* zurückgreifen konnte und die *Loi Dailly* schlichtweg zu spät kam.

Weshalb die *cession Dailly* im ausländischen Factoringgeschäft Vorteile bieten soll, wie vielfach vertreten wird, wird zu untersuchen sein. Das Argument, für einen ausländischen Factor sei der Weg über eine *subrogation personnelle* häufig nicht so überzeugend[420], ist schwer nachvollziehbar.

Als Tendenz lässt sich ausmachen, dass im Handels- und Bankrecht einfachere Techniken des Forderungsübergangs an Bedeutung gewinnen. Diese aber auf einen genau definierten Personenkreis zugeschnitten sind. Damit geht ein Wandel des Zwecks der Forderungsübertragung einher. Stand früher vor allem der Forderungskauf im Mittelpunkt, so geht es heute um die Erlangung von Kreditmitteln zu günstigen Konditionen und darüber hinaus um die Abtretung zu Sicherungszwecken.[421]

3. Der Eintritt eines neuen Gläubigers aufgrund Vereinbarung und kraft Erfüllung *(subrogation conventionnelle)*

a. Allgemeines

Das französische Recht kennt im Rahmen eines Schuldverhältnisses zwei Formen der Ersetzung mittels *subrogation.* Tritt in einem Rechtsverhältnis eine Sache an die Stelle einer anderen, so liegt eine *subrogation réelle* vor. Wird hingegen eine Person durch eine andere ersetzt, ist von einer *subrogation personnelle* auszugehen.

Die *subrogation réelle* ist im Bereich des ehelichen Güterstands anzutreffen. Dort tritt häufig ein Gut an die Stelle eines anderen. Wird beispielsweise eine im Eigentum eines Ehegatten stehende Immobilie verkauft und durch eine andere Immobilie, die als Wiederanlage erworben wird, ersetzt, so tritt die neue Immobilie nicht nur faktisch an die Stelle der verkauften, sondern auch rechtlich. Sie unterliegt denselben rechtlichen Bestimmungen wie die alte.[422] Nach *Ferid/Sonnenberger*[423] werden bei der *subrogation réelle* Rechte, die der Vermögensträger anstelle von aus der *universalité* ausscheidenden Rechten erwirbt, durch diese ersetzt. Die *subrogation réelle* ist für die vorliegende Arbeit im Gegensatz zur *subrogation personnelle* ohne Belang.

---

420 *Gavalda*, Rép. com. D. 1996, n. 44.

421 *Blaise/Desgorces*, Frankreich, in *Hadding/Schneider* (Hrsg.), Die Forderungsabtretung², S. 246, Rdnr. 4.

422 *Mazeaud/Mazeaud/Chabas*, Droit civil II/1⁹, n. 841.

423 Das französische Zivilrecht 1/1², Rdnr. 1 C 324 ff.

Bei der *subrogation personnelle* wird eine Person rechtlich durch eine andere ersetzt. Die in das Schuldverhältnis eintretende Person kommt in den Genuss aller Rechte der ersetzten.[424] Die *subrogation personnelle* ist, wie die Abtretung, eine Rechtstechnik, nach welcher eine Forderung auf einen neuen Gläubiger übertragen wird. Voraussetzung ist die Befriedigung des Zahlungsanspruchs des Gläubigers gegen den Schuldner durch einen Dritten.[425] Der Dritte kann die Erfüllung als Nichtschuldner vornehmen. Denkbar ist aber auch, dass er, obwohl er nicht in erster Linie schuldet, etwa als Bürge oder als Gesamtschuldner leistet. Die Leistung, die in einer Zahlung besteht, führt demnach nicht generell zu einem Erlöschen der Forderung. Es ist zu unterscheiden: Gegenüber dem alten Gläubiger gilt die Schuld als erloschen, nicht aber gegenüber dem neuen.

Die *subrogation personnelle* liegt systematisch auf der Naht zwischen Schuldübergang und Erfüllung.[426] Sie ist ein Gläubigerwechsel besonderer Art. Der Dritte, der die Forderung des Gläubigers erfüllt, kann aufgrund der *subrogation personnelle* seinen Rückgriff gegen den Schuldner nicht nur auf eine Geschäftsführung ohne Auftrag stützen. Er tritt so in die Rechtsstellung des ursprünglichen Gläubigers ein, dass er auch die persönlichen und dinglichen Sicherheiten, die jener innehatte, geltend machen kann.

Nach Art. 1249 C. civ. erfolgt die *subrogation,* also der Eintritt eines zahlenden Dritten in die Rechtsstellung des Gläubigers, entweder aufgrund einer Vereinbarung oder aufgrund Gesetzes. Von diesem Wortlaut ausgehend wird angenommen, dass eine *subrogation* nur möglich ist, wenn sie deutlich gewollt ist (sog. *subrogation conventionnelle*) oder einer der ausdrücklich gesetzlich geregelten Fälle vorliegt (sog. *subrogation légale*).[427]

Die *subrogation personnelle* ist in den Artt. 1249–1252 C. civ. geregelt und befindet sich im 3. Buch, 3. Titel „Über Verträge und vertragliche Verpflichtungen im Allgemeinen", 5. Kapitel „Über das Erlöschen der Verpflichtungen", 1. Abschnitt „Über die Zahlung" und dort in § 2 „Über die Zahlung mittels *subrogation*".

aa. Der gesetzliche Forderungsübergang (subrogation légale)

Die *subrogation légale* ist in Art. 1251 C. civ. geregelt.[428] Sie ist aus den beiden Rechtsinstituten des römischen Rechts, der Übertragung der Klagerechte und der

---

424 *Mazeaud/Mazeaud/Chabas*, Droit civil II/1^{9}, n. 841.

425 *Terré/Simler/Lequette*, Droit civil, Les obligations^{8}, n. 1361; *Blaise/Desgorces*, Frankreich, in *Hadding/Schneider* (Hrsg.), Die Forderungsabtretung^{2}, S. 262, Rdnr. 36.

426 *Ferid*, Das französische Zivilrecht 1, Rdnr. 2 E 146.

427 *Terré/Simler/Lequette*, Droit civil, Les obligations^{8}, n. 1364.

428 Eine Übersetzung des Gesetzestexts findet sich in *Münch*, Abtretungsverbote im deutschen und französischen Recht, S. 205.

successio in locum, hervorgegangen.[429] Art. 1251 C. civ. nennt vier Fälle der *subrogation légale.* Nach Art. 1251 Nr. 1 C. civ. findet die *subrogation légale* zugunsten eines nachrangig gesicherten Gläubigers Anwendung, der einen mit einer vorrangigen Hypothek gesicherten Gläubiger bezahlt. Art. 1251 Nr. 2 C. civ. regelt den Fall, dass der Erwerber einer Immobilie die hypothekarisch gesicherten Gläubiger in der Reihenfolge ihrer Sicherung bezahlt, anstatt den Kaufpreis direkt gegenüber dem Verkäufer zum Ausgleich zu bringen. Der Käufer leistet schuldbefreiend, da er die Schulden des Verkäufers tilgt.[430] Nach Art. 1251 Nr. 3 C. civ. greift die *subrogation légale* auch zugunsten desjenigen ein, der mit anderen oder für andere verpflichtet ist, eine Schuld zu bezahlen, und der ein Interesse an der Tilgung hat. Auf Art. 1251 Nr. 4 C. civ. kann sich der Inventarerbe berufen, der mit seinen Mitteln die Schulden des Nachlasses bezahlt hat.

Allen vier Fällen ist gemein, dass es zu einer *subrogation* zugunsten desjenigen kommt, der eine Forderung direkt gegenüber dem Gläubiger begleicht.[431] Die *subrogation* vollzieht sich automatisch von Gesetzes wegen, ohne dass es der Einwilligung der Parteien bedarf.

Den weitesten Anwendungsbereich hat Art. 1251 Nr. 3 C. civ. Unerheblich ist, ob die Schuld vertraglichen, deliktischen oder quasi-deliktischen Ursprungs ist. Art. 1251 Nr. 3 C. civ. ist aber auch die größte Bedeutung beizumessen. Sind mehrere Schuldner gegenüber einem Gläubiger als Gesamtschuldner verpflichtet, so kann der Gläubiger von einem der Schuldner die Erfüllung der ganzen Schuld verlangen. Der in Anspruch Genommene kann sich anschließend an die anderen Schuldner halten. Er war „mit anderen verpflichtet“. Um seinen Rückgriff gegen die anderen Mitverpflichteten ausüben zu können, tritt er in die Rechte des Gläubigers ein.[432] In den Genuss der *subrogation* kommt auch der Bürge, der für den Hauptschuldner eine Zahlung an den Gläubiger vornimmt.[433] Der Bürge ist nicht „mit anderen verpflichtet“, sondern „für andere“. Gibt es mehrere Bürgen, so sind sie zugleich mit anderen und für andere verpflichtet.[434]

Nach *Mazeaud/Mazeaud/Chabas*[435] gilt es im Rahmen der *subrogation légale* drei wichtige Regeln festzuhalten:

---

429 *Mazeaud/Mazeaud/Chabas*, Droit civil II/1[9], n. 854; *Terré/Simler/Lequette*, Droit civil, Les obligations[8], n. 1363. Siehe zu den beiden Rechtsinstituten: Teil 1, B., IV., 4. b) aa).

430 Vgl. *Billiau*, La transmission des créances et des dettes, n. 90.

431 *Mazeaud/Mazeaud/Chabas*, Droit civil II/1[9], n. 854.

432 *Mazeaud/Mazeaud/Chabas*, Droit civil II/1[9], n. 855.

433 *Mazeaud/Mazeaud/Chabas*, Droit civil II/1[9], n. 855.

434 *Terré/Simler/Lequette*, Droit civil, Les obligations[8], n. 1374.

435 Droit civil II/1[9], n. 855.

1. Die *subrogation* vollzieht sich bereits dann, wenn ein Schuldner, ohne Verurteilung hierzu, die Gesamtschuld erfüllt. Er kann dann bei dem/den anderen Gesamtschuldner/n Rückgriff nehmen, bevor diese/r verurteilt worden ist/sind.
2. Die *subrogation* wird auch dem eröffnet, der dem Risiko ausgesetzt ist, Schadensersatz leisten zu müssen, oder der sich bereits verpflichtet hat, den Gläubiger zu bezahlen. Unerheblich ist, dass diese Schulden noch nicht liquide oder noch nicht bestimmt sind.
3. Wenn die Voraussetzungen der *subrogation légale* erfüllt sind, kann der Zahlende seine Klage auf Art. 1251 Nr. 3 C. civ. stützen, auch wenn er über ein anderes, eigenes Klagerecht verfügte und dieses verjähren ließ, oder wenn er zugleich eine *subrogation conventionnelle* vereinbart hatte.

Die *subrogation légale* ist auch in anderen Gesetzen anzutreffen. Sie findet sich beispielsweise in Art. L. 121-12 Code des assurances.[436] Die Versicherung, die ihrem Versicherungsnehmer einen Schaden ersetzt, tritt in die Rechte ihres Versicherungsnehmers gegen den Schädiger ein.

Die *subrogation légale* entspricht mit ihrem gesetzlich angeordneten Forderungsübergang der in Deutschland bekannten *cessio legis*. Für die vorliegende Arbeit ist sie ohne Belang.

bb. Der vertragliche Forderungsübergang (subrogation conventionnelle)

Die *subrogation conventionnelle* kennt zwei Unterformen: die *subrogation ex parte creditoris* (Art. 1250 Nr. 1 C. civ.) und die *subrogation ex parte debitoris* (Art. 1250 Nr. 2 C. civ.).[437] Bei letzterer wird dem Gläubiger die *subrogation* durch den Schuldner gewissermaßen auferlegt. Der Schuldner kann sich gegen den Willen des Gläubigers einen neuen Gläubiger beschaffen, der ihm beispielsweise bei der Umschuldung bessere Konditionen gewährt als sein bisheriger. Fließen die Geldmittel des Dritten zunächst an den Schuldner, damit dieser seine Schuld zum Erlöschen bringen kann, so ist es der Schuldner, der dem Dritten die Rechte seines bisherigen Gläubigers überträgt. Zahlt der Dritte hingegen direkt an den Gläubiger, so liegt eine *subrogation ex parte creditoris* vor. Der Gläubiger *(subrogeant)* lässt den Zahlenden *(solvens, subrogé)* in seine Rechtsposition eintreten.

---

436 Art. L. 121-12 – *L'assureur qui a payé l'indemnité d'assurance est subrogé, jusqu'à concurrence de cette indemnité, dans les droits et actions de l'assuré contre les tiers qui, par leur fait, ont causé le dommage ayant donné lieu à la responsabilité de l'assureur.*

437 Eine Übersetzung des Gesetzestexts findet sich in *Münch*, Abtretungsverbote im deutschen und französischen Recht, S. 206.

Für das Factoring und die in seinem Rahmen vorzunehmende Forderungsübertragung ist allein die *subrogation ex parte creditoris* von Bedeutung.[438] Zeitgleich mit der Zahlung der Forderungen durch den Factor gehen die Forderungen auf ihn über.

b. Der geschichtliche Hintergrund und die Gegenwart

aa. Die Vorläufer der subrogation personnelle im römischen Recht

Der Begriff *„subrogation"* entstammt entgegen einer vielleicht ersten Vermutung nicht dem römischen Recht.[439] Das römische Recht kannte das Rechtsinstitut der *subrogation* nicht.[440] Es legte besonderen Wert auf den persönlichen Charakter einer schuldrechtlichen Verpflichtung. Die Vorstellung, dass ein Dritter in die Rechte des Gläubigers eintreten sollte, indem ein subjektives Forderungsrecht aus der persönlichen Bindung zwischen Gläubiger und Schuldner herausgelöst wurde, bereitete erhebliche Schwierigkeiten. Der Dritte, der die Schuld eines anderen zahlte, konnte nicht an die Stelle des bisherigen Gläubigers treten.[441]

Das römische Recht ließ die Auswechslung des Gläubigers allerdings durch indirekte Verfahren und in bestimmten Fällen zu. Sie war zwei besonderen Fällen vorbehalten: Der Übertragung der Klagerechte *(cession d'actions)*[442] und der sog. *successio in locum.*[443]

---

438 Wenn im Folgenden der Begriff *subrogation* verwendet wird, so steht er für die *subrogation ex parte creditoris.*

439 Um die Zeitenwende eroberten die Römer das Gebiet zwischen den Alpen, den Pyrenäen, dem Atlantik und dem Rhein und führten das römische Recht ein. Dieses konnte sich im Süden Frankreichs unter den Franken und dann über Jahrhunderte halten. Seit der Antike wurde es aufgezeichnet.

440 *Marty/Raynaud/Jestaz*, Droit civil, Les obligations², t. 2, n. 381; *Mestre*, La subrogation personnelle, n. 12.

441 *Marty/Raynaud/Jestaz*, Droit civil, Les obligations², t. 2, n. 381; *Mestre*, La subrogation personnelle, n. 12.

442 Siehe zum heutigen Verständnis des Begriffs *action*: *Ferid/Sonnenberger*, Das französische Zivilrecht 1/1², Rdnr. 1 C 18 ff. Man muss sich zunächst vergegenwärtigen, dass das französische Recht die Rechtsfigur des Anspruchs nicht kennt. Er wird als Element des subjektiven Rechts verstanden. Bis zur neuen Konzeption des im Jahre 1972 reformierten Art. 30 NCPrC wurden subjektives Recht und Klagerecht als Einheit verstanden. Das Klagerecht war das subjektive Recht im Zustand der gerichtlichen Geltendmachung. Heute haben beide unterschiedliche Funktionen. Mit dem Klagerecht kann der Kläger ein Rechtsbegehren in einer der möglichen Klagearten zur Sachentscheidung vor einen staatlichen Richter bringen. Aber auch das Bestreiten des Beklagten wird als *action* (Klagerecht) bezeichnet.

443 *Marty/Raynaud/Jestaz*, Droit civil, Les obligations², t. 2, n. 381; *Mestre*, La subrogation personnelle, n. 12 et suivantes.

(1) Die Übertragung der Klagerechte

Bestand für eine Forderung eine Bürgschaft, so konnte sich der Gläubiger aussuchen, ob er von seinem Schuldner oder von dem Bürgen Erfüllung verlangen sollte. Zahlte der Bürge, so gab es für diesen keine besondere gesetzliche Rückgriffsmöglichkeit gegen den Schuldner.[444] Der Bürge konnte sich nur dann an den Schuldner halten, wenn zwischen ihnen eine der Bürgschaft vorangegangene Rechtsbeziehung bestand. Der Bürge musste aufgrund eines Auftrags für den Schuldner gehandelt haben. Unter dieser Voraussetzung wurde dem Bürgen die Möglichkeit der sog. *actio mandati contraria* eröffnet. Die Rechtsgelehrten gingen schließlich einen Schritt weiter und ließen die *actio mandati* zu, sobald der Schuldner den Bürgen um seine Beteiligung ersucht hatte. Sie führten darüber hinaus die Ausübung der sog. *actio negotiorum gestorum* ein, wenn sich der Bürge auf eigenen Entschluss hin unter Verhältnissen, die den Schluss einer Geschäftsführung nahe legten, verpflichtet hatte.[445] In ihrer Tragweite blieb diese Verbesserung für den Bürgen aber beschränkt. Denn in allen Fällen, in denen dem Bürgen diese persönliche Rückgriffnahme zugestanden wurde, sah er sich dem Risiko ausgesetzt, mit der Insolvenz des Schuldners konfrontiert zu werden. Gerade dieser Gefahr hatte der Gläubiger durch die Vereinbarung der Bürgschaft entgehen wollen. Um die Wirkung des Rückgriffrechts des Bürgen zu sichern, wäre es erforderlich gewesen, dem Bürgen zu erlauben, von dem Gläubiger die Übertragung des gegen den Schuldner bestehenden Klagerechts zu fordern und zwar mit den anhängenden, insbesondere dinglichen Sicherheiten. Aber die Strenge des Rechts ließ dies nicht zu.[446] Das Klagerecht und die dieses ausstattenden Sicherheiten gehörten dem Gläubiger. Nichts verpflichtete ihn, diese auf den Bürgen zu übertragen. Selbst wenn er zur Übertragung verpflichtet gewesen wäre, weil sein Klagerecht aufgrund der Zahlung durch den Bürgen seinen Nutzen verloren hätte, wäre er hierzu nicht in der Lage gewesen, da dieses nebst den Sicherheiten mit der Zahlung erloschen war.

Aus Billigkeitsgründen überwanden die Rechtsgelehrten der kaiserlichen Epoche dieses Hindernis.[447] Sie entzogen die Übertragung dem Wohlwollen des Gläubigers. Sie nahmen an, dass sich ein Gläubiger arglistig verhält, wenn er es ablehnt, seine nicht mehr benötigten Klagerechte, die dem Bürgen nützen, zu übertragen. Um dem Einwand der erlöschenden Wirkung der Zahlung zu begegnen, bedienten sich die Rechtsgelehrten einer Fiktion. Sie weigerten sich, zwischen der Übertragung und der Zahlung zu unterscheiden und stellten diese als zwei Elemente

444 *Mestre*, La subrogation personnelle, n. 13.
445 *Mestre*, La subrogation personnelle, n. 13.
446 *Mestre*, La subrogation personnelle, n. 14.
447 *Mestre*, La subrogation personnelle, n. 14.

des gleichen Rechtsaktes, nämlich eines Kaufs, dar.[448] Von dem Bürgen, der den geschuldeten Betrag zahlte, wurde angenommen, er kaufe die Forderung.[449] Die Forderung wurde mit Hilfe der Abtretung des Klagerechts übertragen, d.h. durch eine Vereinbarung zwischen dem Gläubiger und dem Begünstigten.

Die Billigkeitserwägungen, die die Schaffung des Rechtinstituts der Übertragung der Klagerechte gerechtfertigt hatten, führten zu seiner Ausweitung auf den Drittinhaber einer mit einer Hypothek belasteten Immobilie.[450] Ursprünglich war allerdings ein anderes Rechtsinstitut im Interesse des Zahlenden entwickelt worden, die sog. *successio in locum.*

(2) Die *successio in locum*

Ebenso wie die Möglichkeit der Übertragung der Klagerechte, war die *successio in locum* unter Billigkeitsgesichtspunkten unerlässlich geworden. In Anbetracht eines befriedigten Gläubigers, für den die zuvor vom Schuldner erhaltenen Zahlungsgarantien nutzlos geworden waren, ging es darum, diese einem zahlenden Dritten zu übertragen.[451] Der Dritte sollte nicht die endgültige Last der Schuld bei einem aussichts- oder nach einem erfolglosen Rückgriffsversuch gegen den Schuldner tragen. Der Dritte folgte dem ursprünglichen Gläubiger jedoch nicht in alle Rechte und Klagerechte nach, sondern bekam nur die Hypothek übertragen.[452]

Die *successio in locum* spielte insbesondere zugunsten eines hypothekarisch gesicherten Gläubigers, der einen anderen, ebenfalls hypothekarisch gesicherten Gläubiger befriedigt hatte, um an dessen Stelle zu rücken, eine Rolle.[453] Der hypothekarisch nachrangig gesicherte Gläubiger verfügte über ein bemerkenswertes Recht.[454] Konnte er doch den anderen zur Annahme der angebotenen Zahlung zwingen. Verweigerte der vorrangig gesicherte Gläubiger das Angebot, durfte er sein aus der Hypothek herrührendes Klagerecht nicht mehr ausüben.[455] Durch sein Verschulden war es nicht zum Erlöschen der Forderung, die sein hypothekarisches Recht rechtfertigte, gekommen. Die *successio in locum* war hauptsächlich für einen Gläubiger, der Inhaber einer Hypothek zweiten oder dritten Ranges war, von Belang. Diesem erlaubte sie, in die Stellung des Gläubigers ersten Ranges einzutreten, sei es, um die Sache zu besitzen oder sei es, um sie zu einem güns-

448 *Mestre*, La subrogation personnelle, n. 14.

449 *Marty/Raynaud/Jestaz*, Droit civil, Les obligations^{2}, t. 2, n. 381; *Mestre*, La subrogation personnelle, n. 14.

450 *Mestre*, La subrogation personnelle, n. 14.

451 *Mestre*, La subrogation personnelle, n. 15.

452 *Mestre*, La subrogation personnelle, n. 15.

453 *Marty/Raynaud/Jestaz*, Droit civil, Les obligations^{2}, t. 2, n. 381; *Mestre*, La subrogation personnelle, n. 15.

454 Sog. *jus offerendae pecuniae.*

455 *Mestre*, La subrogation personnelle, n. 15.

tigen Zeitpunkt zu verkaufen. Dies war insofern von erheblicher Bedeutung, als nur der Gläubiger ersten Ranges das Recht hatte, die mit einer Hypothek belastete Immobilie zu veräußern.[456]

Die *successio in locum* war auch für einen Darlehensgeber, der dem Schuldner das für die Zahlung des hypothekarisch gesicherten Gläubigers notwendige Geld vorstreckte, von Vorteil. An sich war sie ursprünglich gerade für ihn eingeführt worden.[457] Sie fand u. a. auch zugunsten des Erwerbers einer mit seiner Hypothek belasteten Immobilie Anwendung. Er konnte den Erwerbspreis dazu verwenden, die vorrangigen, hypothekarisch gesicherten Gläubiger zu befriedigen.[458] Hierbei handelt es sich um eine Besonderheit, die das im römischen Recht der *successio in locum* entgegen gebrachte Wohlwollen zum Ausdruck bringt. Obwohl der Grundsatz bestand, dass niemand auf seinem eigenen Grundstück eine Hypothek innehaben darf, erhielt der Erwerber eine Hypothek auf dem Grundstück, dessen Eigentümer er wurde.[459]

Zusammenfassend lässt sich festhalten, dass die *successio in locum* ein Rechtsinstitut mit einem weiten Anwendungsbereich war und sich von der Möglichkeit der Übertragung des Klagerechts dadurch unterschied, dass sie von Rechts wegen in den zugelassenen Fällen eintrat.[460]

bb. Die Entwicklung des Begriffs subrogation personnelle durch das ancien droit[461]

Zunächst gerieten die beiden oben dargestellten Rechtsinstitute in Vergessenheit. Ende des 11. und im 12. Jahrhundert lebte das Studium des römischen Rechts wieder auf, und bei der Untersuchung der justinianischen Sammelwerke wurden sie am Ende des 11. Jahrhunderts wieder entdeckt und von den Glossatoren mit Begeisterung vorgestellt.[462]

Der Bürge, der die Schuld eines anderen bezahlt hatte, war zu jener Zeit allerdings, wie dies noch anfangs im römischen Recht der Fall gewesen war, nicht ohne Rückgriffsrecht gegen den Hauptschuldner. Der Bürgschaftsvertrag wies meist eine

---

456 *Mestre*, La subrogation personnelle, n. 15-6.

457 *Mestre*, La subrogation personnelle, n. 16-8.

458 *Marty/Raynaud/Jestaz*, Droit civil, Les obligations², t. 2, n. 381. Aus den beiden Fällen der *successio in locum*, also der Zahlung durch den Drittinhaber eines mit einer Hypothek belasteten Grundstücks und der Zahlung durch den Erwerber eines mit einer Hypothek belasteten Grundstücks, wurde Art. 1251 C. civ., der eine *subrogation* von Rechts wegen vorsieht.

459 *Mestre*, La subrogation personnelle, n. 16-9.

460 *Mestre*, La subrogation personnelle, n. 16.

461 Siehe zu den näheren Einzelheiten des *ancien droit* vom 12. Jahrhundert bis zur französischen Revolution: *Ferid/Sonnenberger*, Das französische Zivilrecht 1/1², Rdnr. 1 A 210 ff.

462 *Mestre*, La subrogation personnelle, n. 17.

Klausel auf, nach welcher der Bürge von dem Hauptschuldner ein mit Sicherheiten versehenes Schuldanerkenntnis erhielt.[463]

Aber die dem römischen Recht anhängenden Gelehrten betonten den praktischen Vorteil der Möglichkeit der Übertragung der Klagerechte. Durch diese wurden dem Bürgen die anderen Sicherheiten verschafft, die der Schuldner mit seinem Gläubiger vereinbart hatte.[464] Unter ihrem Einfluss wurde die Möglichkeit der Übertragung durch Art. 81 der *Coutume de Toulouse* eingeführt. Nach diesem Artikel war der Gläubiger, der von einem Bürgen befriedigt wurde, verpflichtet, diesem seine Rechte und Klagerechte durch eine öffentlichen Urkunde zu übertragen.[465] Die Übertragung der Klagerechte erforderte eine Vereinbarung, die im Zeitpunkt der Zahlung getroffen wurde.

Die Wiederentdeckung der Möglichkeit der Übertragung der Klagerechte brachte es mit sich, dass eine andere Lücke des Gewohnheitsrechts geschlossen werden konnte. Bis zu diesem Zeitpunkt hatte der Bürge, der eine Gesamtschuld beglich, gegen die anderen Mitbürgen kein Rückgriffsrecht. Dem Bürgen wurde der Erwerb der Klagerechte des Gläubigers, den er befriedigt hatte, zugestanden.[466] Auf dieser Grundlage konnte der Bürge gegen jeden Mitverpflichteten hinsichtlich seines Anteils vorgehen. Voraussetzung war nur, dass der Gläubiger ausdrücklich sein Klagerecht übertrug. Daran hielt die Rechtslehre in den Gebieten des *droit écrit*[467] bis zum Ende des *Ancien Régime* fest. In den Gebieten des *droit coutumier* gewann hingegen eine für den Zahlenden vorteilhaftere Lösung die Oberhand. Artikel 194 der *Coutume de Bretagne* aus dem Jahre 1539 ließ einen Rückgriff des Bürgen, der mehr gezahlt hatte, als seinem Anteil entsprach, gegen die anderen Mitverpflichteten von Gesetzes wegen zu. Gerade *Dumoulin*[468] unterstützte eine Abtretung ipso jure. Nach dieser verbesserte sich die Situation eines Bürgen, der es versäumt hatte, sich die Klagerechte des befriedigten Gläubigers übertragen zu lassen. Die Auffassung *Dumoulins* konnte sich unter Hinweis auf die Digesten allerdings nicht durchsetzen.[469]

Trotz dieser Vorbehalte war es seit dem Mittelalter zu einer Annäherung zwischen der Übertragung der Klagerechte und der *successio in locum* gekommen. Beide

---

463 *Mestre*, La subrogation personnelle, n. 17.

464 *Mestre*, La subrogation personnelle, n. 17.

465 *Mestre*, La subrogation personnelle, n. 17.

466 *Mestre*, La subrogation personnelle, n. 17.

467 Entsprechend der überwiegenden Bevölkerung eines Gebiets bildeten sich nach Verfall der fränkischen Königsgewalt Territorien des römischen und germanischen Rechts heraus. Im Süden entstand ein Geltungsgebiet des *droit écrit*, im Norden eines des *droit coutumier.*

468 *Charles Dumoulin* (1500–1566) war einer der herausragenden Vertreter der *coutume*-Juristen. Siehe zu den näheren Einzelheiten: *Ferid/Sonnenberger*, Das französische Zivilrecht 1/1^2, Rdnr. 1 A 229.

469 *Mestre*, La subrogation personnelle, n. 17.

Rechtsinstitute waren sich doch sehr ähnlich. Bei beiden gab es eine Zahlung, die durch eine Person vorgenommen wurde, die sich vom Hauptschuldner unterschied. Der Zahlende wollte jedoch in beiden Fällen nicht die endgültige Last der Schuld tragen, so dass ein Rückgriff gegen den eigentlichen Schuldner gewährt wurde. Sie führte schließlich zu einem Zusammenschluss der beiden Rechtsinstitute römischen Ursprungs unter einen neuen Begriff, der *subrogation.*[470] Der Begriff *subrogation* wurde dem kanonischen Recht[471], genauer gesagt, dem Pfründewesen *(pratique bénéficiale)* entnommen.[472] Durch das Rechtsinstitut der *subrogation* trat eine Person, die eine Zahlung vorgenommen hatte, an die Stelle der hierdurch befriedigten Person.

cc. *Die subrogation ex parte debitoris*

Die *subrogation conventionnelle,* insbesondere die *subrogation ex parte debitoris* konnte ihren Anwendungsbereich aufgrund einer Erklärung Heinrichs IV. aus dem Jahre 1609 ausweiten. Nach dieser konnte der Schuldner selbst, ohne Beteiligung des Gläubigers, eine subrogation mit einem Dritten vereinbaren. Die Umstände, unter denen die Erklärung Heinrichs IV. zu Stande kam, machen den Nutzen dieses Rechtsinstituts verständlich. Unter der früheren Monarchie gab es viele Anlagen in Renten *(placements en rentes),* da verzinsliche Darlehen verboten waren.[473] Der maximale Zinssatz der ausgesetzten Renten, mittels Edikt festgelegt, war während der Religionskriege sehr stark erhöht worden. Ein Edikt Karls IX. aus dem Jahre 1572 hatte ihn auf Heller 12 (1 für 12), nämlich 8,13% festgesetzt.[474] Nach der Befriedung und der Wiederaufnahme der Geschäftstätigkeiten, die das Ende der Religionskriege deutlich machten, legte Heinrich IV.[475] im Mai des Jahres 1609 den Zinssatz für die Aussetzung von Renten auf Heller 16 (1 für 16), nämlich 6,14% fest.[476] Die Rentenschuldner waren natürlich an der Aufnahme von Geldern zu den neuen Zinssätzen interessiert, um die Schulden, einst zu kostspieligeren Bedingungen aufgenommen, zum Erlöschen zu bringen. Aber die neuen Geldgeber verlangten Sicherheiten, die die Schuldner oftmals nicht beschaffen konnten. Die ersten Geldgeber, die sich ihren Vorteil der vorrangigen Stellung bewahren wollten, hätten sich allerdings geweigert, die neuen Geldgeber in ihre hypothekarischen

470 *Marty/Raynaud/Jestaz*, Droit civil, Les obligations^2, t. 2, n. 381; *Mestre*, La subrogation personnelle, n. 20.

471 Siehe zum *droit canonique* und seinem Verhältnis zum *droit écit* und *droit coutumier*: *Ferid/ Sonnenberger*, Das französische Zivilrecht 1/1^2, Rdnr. 1 A 216 f.

472 *Mestre*, La subrogation personnelle, n. 20.

473 *Weill/Terré*, Droit civil, Les obligations^3, n. 1038.

474 *Weill/Terré*, Droit civil, Les obligations^3, n. 1038.

475 Er selbst war Hugenotte und konvertierte im Jahre 1593 zum Katholizismus.

476 *Weill/Terré*, Droit civil, Les obligations^3, n. 1038.

Sicherheiten eintreten zu lassen, wenn nicht Heinrich IV. den Schuldnern erlaubt hätte, den Widerstand ihrer Gläubiger zu brechen und auf deren Zustimmung zu verzichten, um die *subrogation* zu realisieren.

dd. Die subrogation ex parte creditoris

Wie oben bereits ausgeführt wurde, handelt es sich bei der *subrogation légale* um eine Mischung aus den beiden römischen Rechtsinstituten *cession d'actions* und *successio in locum.* Das *ancien droit* kannte die *subrogation ex parte creditoris,* also die *subrogation* aufgrund einer Vereinbarung mit dem Gläubiger, lange Zeit nicht. Die klassische Forderungsabtretung schien ausreichend zu sein. Als die *subrogation ex parte debitoris* geschaffen wurde, dehnte man das Rechtsinstitut aus und erlaubte auch dem Gläubiger, eine *subrogation* zu vereinbaren und den zahlenden Dritten in seine Rechtsposition eintreten zu lassen, statt eine klassische Abtretung vorzunehmen.[477]

ee. Die heutige Bedeutung der subrogation personnelle

Ursprünglich war die Anwendung der *subrogation personnelle* nur für einen kleinen Bereich gedacht. Lange Zeit stellte sie eine Vergünstigung dar, die demjenigen gewährt wurde, der einem Freund einen Dienst erwies, indem er dessen Schuld bezahlte, ohne jedoch auf eine spätere Rückzahlung durch den Schuldner verzichten zu wollen.[478] Es schien angemessen, dem Zahlenden die bezahlte Forderung zu übertragen. Auf diese Weise konnte er in den Genuss der mit der Forderung verbundenen Sicherheiten, etwa einer Bürgschaft oder Hypothek, kommen. Dies wäre im Rahmen eines einfachen, persönlichen Rückgriffs aufgrund eines Darlehens, eines Auftrags oder einer Geschäftsführung nicht möglich gewesen.

In dieser übertragenden Wirkung der *subrogation personnelle* wurde und wird ihr Nutzen gesehen.[479] Ihre Vorteile sind es, die sie nicht als reine Gefälligkeit unter Freunden haben bestehen lassen, sondern zu ihrer Entwicklung in jüngerer Zeit zu einem bedeutenden Teil des Schuldrechts neben der klassischen Forderungsabtretung geführt haben.[480] Der Code civil hält an der Möglichkeit der Zahlung durch einen Dritten fest, die zum Übergang der Forderung mit den für sie bestehenden Sicherheiten führt *(effet translatif)* und damit der Regel des Erlöschens der Forderung *(effet extinctif)* widerspricht. Dies gilt auch, wenn bei der Unterscheidung von *cession de créance* und *subrogation ex parte creditoris* bisweilen Schwierigkeiten auftreten.

---

477 *Mazeaud/Mazeaud/Chabas*, Droit civil II/1^{9}, n. 861.

478 *Marty/Raynaud/Jestaz*, Droit civil, Les obligations^{2}, t. 2, n. 381.

479 *Marty/Raynaud/Jestaz*, Droit civil, Les obligations^{2}, t. 2, n. 381.

480 *Marty/Raynaud/Jestaz*, Droit civil, Les obligations^{2}, t. 2, n. 381; *Billiau*, La transmission des créances et des dettes, n. 79.

Zu berücksichtigen sind jedenfalls zwei Funktionen, die die *subrogation personnelle* erfüllen kann. Im Rahmen der Garantiefunktion wird dem Gläubiger einer Schadensersatzforderung die Zahlung durch eine Institution versichert, die ihm eine größere Sicherheit bietet. Vor dem Hintergrund der Garantiefunktion haben sich die Versicherungen und die Sozialversicherung entwickelt. Als Ausgleich können die Institutionen, die ihre Pflichten gegenüber dem Gläubiger erfüllt haben, bei dem wahren Schuldner der Schadensersatzforderung, also dem für den Schaden Verantwortlichen, Rückgriff nehmen. Die Übertragung der Forderung erlaubt es dem Gläubiger darüber hinaus, Kreditmittel zu erhalten. Insofern kann man von der Kreditfunktion der *subrogation* sprechen.

Bereits an dieser Stelle sei der Hinweis erlaubt, dass die *subrogation* ohne weitere Formerfordernisse Drittwirksamkeit erlangt. Dies erklärt, weshalb sie beim Factoring der klassischen Forderungsabtretung vorgezogen wird und eine beachtliche Entwicklung erfahren hat.

c. Die Parteien der Zahlung und das tatsächliche Angebot

Die Zahlung mit *subrogation* erfordert auf der einen Seite einen Zahlenden und auf der anderen Seite einen Empfänger der Zahlung.

aa. Der Zahlungsempfänger

Der Zahlungsempfänger muss Gläubiger des Schuldners sein. Als Forderungsinhaber ist er in der Lage, die Forderung zu übertragen. Damit die Zahlung gültig ist und den Schuldner befreit, muss der Zahlungsempfänger geschäftsfähig sein.[481] Ist der Gläubiger geschäftsunfähig, so wirkt eine Zahlung ihm gegenüber nicht befreiend. Der Zahlende muss gegebenenfalls ein zweites Mal und zwar an den Berechtigten, etwa den Betreuer, leisten. Er kann einer zweiten Zahlung nur entgehen, wenn er nachweisen kann, dass sich die Zahlung in einem Vorteil für den Geschäftsunfähigen niedergeschlagen hat, indem sie bzw. ihr Äquivalent noch in seinem Vermögen vorhanden ist.[482]

Ausreichend ist, dass die Zahlung gegenüber dem gesetzlichen oder durch Vereinbarung bestellten Vertreter des Gläubigers vorgenommen wird.[483] Erfolgt die Zahlung weder an den Gläubiger noch an seinen Stellvertreter, so kann sich der

481 *Lorvellec*, JC 2, 1988, Fasc. 77, n. 11; *Mazeaud/Mazeaud/Chabas*, Droit civil II/1⁹, n. 831.

482 *Mazeaud/Mazeaud/Chabas*, Droit civil II/1⁹, n. 835.

483 *Ponsard/Blondel*, D. 1976, Subrogation, n. 12; *Lorvellec*, JC 2, 1988, Fasc. 77, n. 12; *Mazeaud/Mazeaud/Chabas*, Droit civil II/1⁹, n. 832. Siehe zu der Problematik, ob ein mit dem Forderungseinzug beauftragter Gerichtsvollzieher eine *subrogation* vereinbaren kann: *Lorvellec*, JC 2, 1988, Fasc. 77, n. 14.

Schuldner nicht auf eine befreiende Leistung berufen. Es gilt der Grundsatz: „Wer schlecht zahlt, zahlt zwei Mal".[484] Hiervon sind drei Ausnahmen zu machen:

1. Der Gläubiger genehmigt die an einen nicht bevollmächtigten Empfänger vorgenommene Zahlung (Art. 1239 Abs. 2 C. civ.). Hierbei handelt es sich nicht um eine wirkliche Ausnahme, da der Gläubiger mit der Genehmigung dem Empfänger nachträglich die Stellung eines Bevollmächtigten verleiht.
2. Zahlt der Schuldner an den Gläubiger seines Gläubigers, so ist diese Zahlung gültig. Sie kommt dem Gläubiger des Schuldners zugute (Art. 1239 Abs. 2 C. civ.). Könnte der Gläubiger des zahlenden Schuldners dennoch erfolgreich von ihm Zahlung verlangen, so wäre er ungerechtfertigt bereichert, da seine Schuld gegenüber seinem Gläubiger ohne eigene Leistung zum Erlöschen gekommen wäre.
3. Nach Art. 1240 C. civ. ist die Zahlung eines gutgläubigen Schuldners an den scheinbaren Gläubiger wirksam. So gilt beispielsweise der Scheinerbe als Inhaber der Forderungen, die Bestandteil des Nachlasses sind. Der wahre Gläubiger kann sich hinsichtlich der Erfüllung seiner Forderung in einem solchen Falle nur an den Zahlungsempfänger halten.[485]

bb. Der Zahlende

Derjenige, der sich für einen anderen verpflichtet hat, etwa der Bürge, oder ein Gesamtschuldner, kann zweifellos eine wirksame Zahlung an den Gläubiger vornehmen. Aber auch ein Dritter hat das Recht, an Stelle des Schuldners den Gläubiger zu bezahlen. Art. 1236 Abs. 2 C. civ. bestimmt in diesem Zusammenhang, dass ein Dritter, der gar nicht verpflichtet ist, die Schuld begleichen kann. Der Gläubiger ist grundsätzlich verpflichtet, eine Zahlung von einem anderen als dem Schuldner anzunehmen. Die Zahlung hat für den Schuldner zumindest im Verhältnis zu seinem Gläubiger befreiende Wirkung.[486] Der Zahlende muss, wie auch der Zahlungsempfänger, geschäftsfähig sein, um eine wirksame Zahlung vornehmen zu können.[487]

cc. Das tatsächliche Angebot des Zahlenden

Liegt die vom Zahlenden angebotene Summe unterhalb des vom Schuldner geschuldeten Betrags, so kann der Gläubiger ein Interesse daran haben, das Zahlungsangebot abzulehnen. Denkbar ist dies auch, wenn der Gläubiger mit der Forderung höhere Zinsen erzielen kann. Grundsätzlich muss sich der Schuldner

484 *Mazeaud/Mazeaud/Chabas*, Droit civil II/1^{9}, n. 832.
485 *Mazeaud/Mazeaud/Chabas*, Droit civil II/1^{9}, n. 833.
486 Civ. 1re, 17.12.1996; D. 1997.IR.24.
487 *Mazeaud/Mazeaud/Chabas*, Droit civil II/1^{9}, n. 838.

aber wirksam von seiner Schuld befreien können. Ihm muss eine Möglichkeit eingeräumt werden, den Gläubiger zur Annahme einer Zahlung zu zwingen.[488] Ausnahmsweise gilt dies nicht, wenn im Interesse des Gläubigers für die Forderung eine Laufzeit vereinbart worden ist.[489]

Das Gesetz sieht ein Verfahren vor, nach welchem die Leistung des Zahlenden befreiende Wirkung hat. Der Zahlende muss über einen Amtsträger (Notar, Gerichtsvollzieher) dem Gläubiger ein tatsächliches Angebot unterbreiten. Lehnt der Gläubiger das Angebot ab, muss der Zahlende den Betrag hinterlegen, Art. 1257 C. civ. Beharrt der Gläubiger auf seiner Weigerung, kann der Schuldner die Feststellung der Gültigkeit des Angebots gerichtlich beantragen. Stellt das Gericht die Gültigkeit des Angebots fest, so gilt der Schuldner rückwirkend ab dem Tage des Angebots als von seiner Verpflichtung befreit.[490] Die Kosten des Verfahrens hat der Gläubiger zu tragen.

d. Die Voraussetzungen

Nach Art. 1250 Nr. 1 C. civ.[491] müssen zur Wirksamkeit einer *subrogation conventionnelle* die drei folgenden Voraussetzungen erfüllt sein. Der Zahlende muss die Schuld eines anderen ausgleichen. Der die Zahlung erhaltende Gläubiger muss mit der *subrogation* einverstanden sein. Die *subrogation* muss zeitgleich mit der Zahlung erfolgen. Eine Beteiligung des Schuldners ist hingegen nicht erforderlich.[492] Auch Formvorschriften sind nicht zu beachten.[493] Anders als bei der Abtretung, bei welcher die Formvorschriften des Art. 1670 C. civ. dem Schutz der Gläubiger des Zedenten dienen, werden ihre Interessen bei der *subrogation* nicht gefährdet. Der Gläubiger wird befriedigt, wobei die *subrogation* nur in Höhe der tatsächlichen Zahlung erfolgt.

Die *subrogation* muss ausdrücklich und zeitgleich mit der Zahlung eines Dritten erfolgen.

488 *Mazeaud/Mazeaud/Chabas*, Droit civil II/1^{9}, n. 839.

489 *Mazeaud/Mazeaud/Chabas*, Droit civil II/1^{9}, n. 839.

490 *Mazeaud/Mazeaud/Chabas*, Droit civil II/1^{9}, n. 840.

491 Eine Übersetzung des Gesetzestexts findet sich in *Münch*, Abtretungsverbote im deutschen und französischen Recht, S. 206.

492 *Marty/Raynaud/Jestaz*, Droit civil, Les obligations^{2}, t. 2, n. 387.

493 *Billiau*, La transmission des créances et des dettes, n. 82; *Blaise/Desgorces*, Frankreich, in *Hadding/Schneider* (Hrsg.), Die Forderungsabtretung^{2}, S. 262, Rdnr. 37. *Marty/Raynaud/Jestaz* (Droit civil, Les obligations^{2}, t. 2, n. 387) weisen auf die Schwierigkeiten hin, die die Lehre mit den fehlenden Formvorschriften hatte und die Art. 1670 C. civ. auf die *subrogation* ausdehnen wollte.

aa. Die Schuld eines anderen

Die *subrogation* zeichnet sich dadurch aus, dass eine Person bereit ist, die Schuld einer anderen auszugleichen, sei es aus Gefälligkeit oder einem anderen Grund.[494] Nach Art. 1250 Nr. 1 C. civ. scheidet eine *subrogation* aus, wenn der Schuldner seine eigene Schuld tilgt.[495] Die *Cour de cassation* hält sich aber nicht streng an den Wortlaut. In ihrem Urteil vom 7. Juni 1978 hat sie entschieden, dass die Haftpflichtversicherung durch *subrogation conventionnelle* in die Rechtsposition des Geschädigten eintritt, wenn sie seinen Schaden reguliert und damit an sich nur ihrer eigenen Verpflichtung aus dem Versicherungsvertrag nachkommt.[496] Entscheidend ist, dass der Schädiger, gegen den die Versicherung nach der erfolgten *subrogation* vorgeht, derjenige ist, der letztlich für den Schaden aufzukommen hat.

Damit es zu einer *subrogation conventionnelle* kommt, muss das Geld entweder direkt von dem Dritten an den bisherigen Gläubiger gezahlt werden oder von dem Schuldner als Bevollmächtigten des Zahlenden.[497] Leiht sich ein Schuldner zum Forderungsausgleich Geld, so genügt der Hinweis auf die Herkunft des Geldes nicht, um den Geldgeber in die Rechte des ursprünglichen Gläubigers eintreten zu lassen.[498]

bb. Das Einverständnis des Gläubigers

Der Grundsatz, nach welchem eine stillschweigende Einigung der Parteien einer ausdrücklichen gleichgesetzt wird, greift bei der *subrogation* nicht. Die Parteien müssen ihre Absicht, den Zahlenden in die Rechtsstellung des bisherigen Gläubigers eintreten zu lassen, klar zum Ausdruck bringen.[499] Dies findet seine Rechtfertigung in der Wirkung der *subrogation.* Ausnahmsweise führt die Zahlung nämlich nicht zum Erlöschen der Forderung.[500] Es ist allerdings nicht erforderlich, dass die Parteien die *subrogation* schriftlich vereinbaren oder den Begriff *„subrogation“* verwenden. Es empfiehlt sich jedoch, im Vertrag den Begriff *„subro-*

---

494 *Billiau*, La transmission des créances et des dettes, n. 83.

495 *Mestre*, La subrogation personnelle, n. 43.

496 Cass. civ. 1re, 07.06.1978, D. 1979, p. 333, Anm. *Mestre*.

497 *Terré/Simler/Lequette*, Droit civil, Les obligations[8], n. 1367; *Marty/Raynaud/Jestaz*, Droit civil, Les obligations[2], t. 2, n. 386.

498 *Malaurie/Aynès*, Cours de droit civil, Les obligations[4], n. 1208; *Billiau*, La transmission des créances et des dettes, n. 83.

499 *Terré/Simler/Lequette*, Droit civil, Les obligations[8], n. 1367; *Mazeaud/Mazeaud/Chabas*, Droit civil II/1[9], n. 848; *Mestre*, La subrogation personnelle, n. 50.

500 *Terré/Simler/Lequette*, Droit civil, Les obligations [8], n. 1367; *Billiau*, La transmission des créances et des dettes, n. 84.

gation" zu gebrauchen.[501] In der Praxis hat sich die sog. Subrogationsquittung *(quittance subrogative/subrogatoire)* durchgesetzt. Bei ihr handelt es sich um eine schriftliche Bestätigung der Zahlung, die die *subrogation* mit sich bringt.[502] Sie wird vom Gläubiger an den Zahlenden übergeben. Das Einverständnis zur *subrogation* kann auch von einem vom Gläubiger Bevollmächtigten, der die Zahlung erhält, erteilt werden.[503]

Hat nur der Zahlende den Willen, mit seiner Zahlung an die Stelle des Gläubigers zu treten, so ist dies unzureichend.[504] Der Zahlende kann die Einwilligung des Gläubigers nicht erzwingen, Art. 1236 Abs. 2 C. civ. Verweigert der Gläubiger die Einwilligung, so kann der Zahlende nur den Schuldner bitten, der *subrogation* zuzustimmen. Eine *subrogation ex parte debitoris* setzt allerdings voraus, dass der Dritte die Geldmittel dem Schuldner zur Verfügung stellt.

cc. Die Gleichzeitigkeit

Nach Art. 1250 Nr. 1 C. civ. kommt es nur dann zum Forderungsübergang, wenn die Erklärung des Forderungsinhabers, eine *subrogation* vorzunehmen, nicht nur ausdrücklich, sondern zeitgleich mit der Zahlung des Dritten erfolgt. Die *subrogation* kann nicht nach der Zahlung vereinbart werden.[505] Gleichzeitigkeit liegt aber auch nicht vor, wenn die Subrogationserklärung der Zahlung vorausgeht.[506]

Grundsätzlich bringt eine Zahlung eine Forderung zum Erlöschen. Die Rechte des Gläubigers gegen den Schuldner gehen unter. In die frühere Rechtsposition des Gläubigers kann nachträglich niemand nachfolgen. Der bisherige Gläubiger kann die Forderung nicht wieder aufleben lassen, um sie nachträglich auf einen Zahlenden zu übertragen.[507] Allein die zum Zeitpunkt der Zahlung vorgenommene *subrogation* verhindert diese Rechtsfolge.

Der Gleichzeitigkeit widerspricht es an sich auch, dass eine Subrogationserklärung einer Zahlung vorausgeht, zumal die Zahlung Bedingung der *subrogation* ist. Eine *subrogation* kann allerdings im Hinblick auf eine vorzunehmende Zahlung vereinbart werden. Hierbei handelt es sich um das Versprechen einer *subrogation (promesse de subrogation)*.[508] Die Rechtsprechung sieht das Versprechen

---

501 *Blaise/Desgorces*, Frankreich, in *Hadding/Schneider* (Hrsg.), Die Forderungsabtretung², S. 262, Rdnr. 37.

502 *Bénabent*, Droit civil, Les obligations⁹, n. 744.

503 Vgl. *Billiau*, La transmission des créances et des dettes, n. 84.

504 *Lorvellec*, JC 2, 1988, Fasc. 77, n. 7.

505 *Mazeaud/Mazeaud/Chabas*, Droit civil II/1⁹, n. 849.

506 *Chaumette*, RTD civ. 1986, 33, 47, n. 34; vgl. *Terré/Simler/Lequette*, Droit civil, Les obligations⁸, n. 1367; *Mazeaud/Mazeaud/Chabas*, Droit civil II/1⁹, n. 849.

507 *Marty/Raynaud/Jestaz*, Droit civil, Les obligations², t. 2, n. 389; *Bénabent*, Droit civil, Les obligations⁹, n. 744.

508 *Marty/Raynaud/Jestaz*, Les obligations 2², n. 389.

als wirksam an, wenn der Gläubiger an seiner Willensäußerung festhält, indem er in der Zahlungsaufforderung an den zahlenden Dritten erklärt, dass mit der Zahlung eine *subrogation* stattfinden werde.[509] Nach einer Entscheidung der *Cour de Cassation* vom 29. Januar 1991 ist die Gleichzeitigkeit als erfüllt anzusehen, wenn der Gläubiger in einem der *subrogation* vorausgehenden Dokument seinen Willen zum Ausdruck bringt, den Zahlenden im Augenblick der Zahlung in seine Rechtsposition eintreten zu lassen.[510] In ihrem Urteil vom 2. Februar 1993 hat die *Cour de cassation* die Wirksamkeit einer antizipierten *subrogation* bestätigt, indem sie zugelassen hat, dass die *subrogation* im Voraus vereinbart werden kann.[511]

Eine *subrogtion* in noch nicht bestehende Rechte ist allerdings nicht möglich.[512] So werden Klauseln in Versicherungsverträgen, die bereits vor dem Schadensereignis vorsehen, dass die Versicherung in die ihrem Versicherungsnehmer gegebenenfalls zustehenden Rechte eintritt, mit obiger Begründung als Zession eines eventuellen Rechts und nicht als *subrogation* gewertet.[513] Eine *subrogation* ist zudem nicht möglich, wenn die Forderung zwar dem Grunde, aber nicht der Höhe nach bestimmt ist.[514]

e. Die Rechtsfolgen

Die Vorstellung, dass eine Zahlung eine Geldforderung nicht zum Erlöschen bringt, sondern den Übergang der Rechte und Klagerechte vom befriedigten Gläubiger auf den Zahlenden bewirkt, versteht sich nicht von selbst. Eine Forderung erlischt an sich mit ihrer Erfüllung und kann nicht zugleich mit ihren Nebenrechten übertragen werden. Zunächst wurde daher angenommen, eine beglichene Forderung könne im Gegensatz zu ihren Nebenrechten nicht weiterbestehen, zu diesen komme eine neue, persönliche Forderung des Zahlenden gegen den Schuldner hinzu.[515] Heute wird hingegen die Ansicht vertreten, dass es die Forderung des Gläubigers ist,

---

509 Paris, 5e Ch., 21 janv. 1970, JCP 1971.2.16837 et Anm. *Gavalda*. In der Entscheidung handelte es sich bei dem Zahlenden um einen Factor.

510 Vgl. *Billiau*, Anmerkung zu Cass. com. 2 fév. 1993, JCP 1993.1.3684. Er sieht hierin die Wirksamkeit einer antizipierten *subrogation* bestätigt. Hintergrund der vom Gericht gefundenen Lösung seien praktische Erwägungen im Zusammenhang mit dem Factoring. Der Gläubiger müsse sich nunmehr nicht zu jeder Zahlung des Factors erklären.

511 Vgl. *Billiau*, Anmerkung zu Cass. com. 2 fév. 1993, JCP 1993.1.3684.

512 *Marty/Raynaud/Jestaz*, Les obligations 2[2], n. 389.

513 Vgl. *Marty/Raynaud/Jestaz*, Droit civil, Les obligations[2], t. 2, n. 389 mit weiteren Nachweisen.

514 *Blaise/Desgorces*, Frankreich, in *Hadding/Schneider* (Hrsg.), Die Forderungsabtretung[2], S. 264, Rdnr. 39.

515 *Terré/Simler/Lequette*, Droit civil, Les obligations[8], n. 1385; *Marty/Raynaud/Jestaz*, Les obligations 2[2], n. 402.

die auf den Zahlenden übertragen wird.[516] Die *subrogation* wird bei der Zahlung durch einen sich vom Schuldner unterscheidenden Dritten als Möglichkeit des Forderungsübergangs angesehen, die das Gesetz ausdrücklich zulässt. Ob eine *subrogation ex parte debitoris, ex parte creditoris* oder aufgrund Gesetzes vorliegt, ist für die Rechtsfolgen unerheblich.

aa. Das Verhältnis des Zahlenden zum Gläubiger

Bei der *subrogation* tritt der Zahlende an die Stelle des Gläubigers. Die *subrogation* wird als eine dem Zahlenden gewährte Sicherheit für die Rückzahlung seiner Vorleistung angesehen.[517] Dem Zahlenden wird die Forderung jedenfalls mit allen Nebenrechten und Sicherheiten übertragen.[518] Zu diesen zählen die Hypothek, das Pfandrecht, die Bürgschaft und andere persönliche Sicherheiten. Damit weist die *subrogation* eine Ähnlichkeit zur *cession de créance* auf.[519] Lange Zeit war umstritten, ob und, wenn ja, auf welche Weise Vorbehaltseigentum übertragen wird.[520] Inzwischen hat die Rechtsprechung entschieden, dass der ursprüngliche Gläubiger, das Eigentum, das er sich bis zur vollständigen Zahlung des Kaufpreises vorbehalten hat, auf den zahlenden neuen Gläubiger übertragen kann.[521]

Die *subrogation* ist untrennbar mit einer Zahlung verbunden.[522] Wird nur ein Teil der Schuld getilgt, so kommt es lediglich in Höhe des Zahlbetrags zu einer *subrogation.*[523] Der Zahlende tritt nur in dem Umfang seiner Zahlung an die Stelle des Gläubigers. Hinsichtlich des nicht beglichenen Teils bleibt der Gläubiger Forderungsinhaber und zwar mit allen Nebenrechten und Sicherheiten.[524] Dies gilt auch dann, wenn der bisherige Gläubiger dem Zahlenden eine Quittung über den gesamten Forderungsbetrag ausstellt.[525] Hieraus wird gefolgert, dass die *subrogation personnelle* im Gegensatz zur klassischen Zession einen Gewinn nicht zulässt

516 *Terré/Simler/Lequette*, Droit civil, Les obligations[8], n. 1385; *Marty/Raynaud/Jestaz*, Les obligations 2[2], n. 402.

517 *Malaurie/Aynès*, Cours de droit civil, Les obligations[4], n. 1215.

518 *Mazeaud/Mazeaud/Chabas*, Droit civil II/1[9], n. 858; *Terré/Simler/Lequette*, Droit civil, Les obligations[8], n. 1385.

519 *Terré/Simler/Lequette*, Droit civil, Les obligations[8], n. 1290.

520 Vgl. *Gerth*, WM 1984, 793, 795 f., zu den vorgeschlagenen Lösungsmöglichkeiten.

521 Cass. com. 15.03.1988, D. 1988.330, Anm. *Pérochon*. Siehe auch die Anmerkung von *Gerth*, WM 1985, 1409 f.

522 *Terré/Simler/Lequette*, Droit civil, Les obligations[8], n. 1383.

523 *Ponsard/Blondel*, D. 1976, Subrogation, n. 196; *Malaurie/Aynès*, Cours de droit civil, Les obligations[4], n. 1215; *Blaise/Desgorces*, Frankreich, in *Hadding/Schneider* (Hrsg.), Die Forderungsabtretung[2], S. 262, Rdnr. 37.

524 *Terré/Simler/Lequette*, Droit civil, Les obligations[8], n. 1384.

525 Beispiel: B schuldet seinem Gläubiger A € 100. C zahlt an A € 80. Dieser stellt C eine Quittung über € 100 aus. Trotz dieser Quittung kann C von B nur € 80 verlangen.

und kein spekulatives Geschäft darstellt.[526] Überzeugend ist dies für die *subrogation légale,* zweifelhaft hingegen bei der *subrogation conventionnelle.* Hielte man sich streng an die Folgen der Teilzahlung, so wäre das Rechtsinstitut der *subrogation* für eine Forderungsübertragung im Rahmen des Factorings ungeeignet, da der Factor die Forderung abzüglich eines gewissen Prozentsatzes zum Ausgleich bringt.

Kommt es hinsichtlich des vom Schuldner noch zu bezahlenden Rests bzw. hinsichtlich der für die Restforderung bestehenden Sicherheiten zu einem Konflikt zwischen dem Gläubiger und dem Zahlenden, so greift der in Art. 1252 C. civ. zum Ausdruck kommende und von den Regeln des gemeinen Rechts abweichende Gewohnheitssatz *nemo contra se subrogasse censetur.* Die *subrogation* darf dem bisherigen Gläubiger nicht schaden.[527] Der Gläubiger kann im Verhältnis zu dem Zahlenden seine Rechte hinsichtlich des noch geschuldeten Rests vorrangig ausüben. Stehen der Gläubiger und der Zahlende in einem Konflikt mit anderen Gläubigern, so sind der Gläubiger und der Zahlende allerdings gleichrangig.[528] Art. 1252 C. civ. findet aber keine Anwendung, wenn es um eine Mehrzahl von Forderungen geht und nur eine vom Zahlenden ausgeglichen worden ist.

Hintergrund des sich nicht ohne weiteres erschließenden Grundsatzes ist, dass unter Billigkeitsgesichtspunkten eine Teilsubrogation nicht zu Lasten der Rechtsposition des ursprünglichen Gläubigers gehen darf. Zahlt der Schuldner einen Teil seiner Schuld, so behält sein Gläubiger in voller Höhe seine Sicherheiten bezüglich des noch offenen Restbetrags. Gäbe es Art. 1252 C. civ. nicht, so stünde der bisherige Gläubiger bei einer Zahlung durch einen Dritten schlechter da als bei einer vom Schuldner selbst vorgenommenen Zahlung, da er mit dem zahlenden Dritten hinsichtlich des Forderungsrestes in Konkurrenz träte.

Der dargestellte Grundsatz entspricht allerdings kaum den Absichten der Parteien. Aufgrund dessen treffen sie bei der *subrogation conventionnelle* meist eine von Art. 1252 C. civ. abweichende Vereinbarung.[529]

---

526 *Terré/Simler/Lequette*, Droit civil, Les obligations^{8}, n. 1383. Inzwischen wird in Frage gestellt, ob eine *subrogation* tatsächlich eine Zahlung erfordert (*Chaumette*, RTD civ. 1986, 33 ff.) und ob in ihrem Rahmen nicht doch ein Gewinn möglich ist (*Mouloungui*, L'Admissibilité du profit dans la subrogation, n. 113 ff.).

527 Beispiel: A ist Hypothekengläubiger des B über einen Betrag von € 100.000. A erhält von C € 50.000. Hierdurch tritt C bis zum Betrag der Zahlung in die Gläubigerstellung des A ein. Das mit der Hypothek belastete Grundstück des B wird im Anschluss daran für € 50.000 veräußert. A muss zuerst bezahlt werden. Er hat noch eine Forderung über € 50.000 und erhält daher € 50.000. C bekommt nichts. Dem widersprechende Lösung des gemeinen Rechts: Hinsichtlich der € 50.000 stehen A und C in einem Konkurrenzverhältnis. Jeder erhält € 25.000. A würde folglich insgesamt € 75.000 erhalten und C € 25.000. Jeder verlöre € 25.000.

528 *Terré/Simler/Lequette*, Droit civil, Les obligations^{8}, n. 1384.

529 *Ponsard/Blondel*, D. 1976, Subrogation, n. 201.

Handelt es sich bei der erworbenen Forderung um die eines Verkäufers, so kann der Zahlende auf Auflösung des Kaufvertrags klagen. Der Zahlende kann eine Klage auch auf eine Garantie, die dem Gläubiger gewährt worden ist, oder auf eine mit der Forderung verbundene Haftung stützen.[530]

Ab dem Zeitpunkt der Zahlung stehen dem Zahlenden darüber hinaus die Zinsen für die Forderung zu.[531] Eine Gleitklausel kommt auch ihm zugute. Dem Zahlenden wird ferner die *action oblique*[532], nach welcher er Rechte des Schuldners gegenüber Dritten wahrnehmen kann, eröffnet.[533] Liegt bereits ein Vollstreckungstitel zugunsten des Gläubigers vor, so kann der Zahlende die Vollstreckung betreiben, ohne dass es eines weiteren Urteils bedarf.[534]

Weil der Zahlende in die Rechtsposition des Gläubigers tritt, sind Vereinbarungen, die den Bestand der Forderung betreffen nur noch zwischen dem Zahlenden und dem Schuldner möglich.[535]

Anders als die Abtretung kennt die *subrogation* keine Mängelhaftung des Gläubigers.[536] Art. 1693 C. civ. findet keine Anwendung. Begründet wird dies mit dem fehlenden spekulativen Charakter der *subrogation.* Der Zahlende kann aber einwenden, dass die Zahlung zur Tilgung einer Schuld vorgenommen wurde. Existiert die Schuld nicht oder ist das Rechtsgeschäft, aus welcher sie resultiert, nichtig, so ist der Zahlende berechtigt, eine Bereicherungsklage zu erheben.[537]

bb. Das Verhältnis des Zahlenden zum Schuldner

Die *subrogation* ist ohne die Einhaltung besonderer Formvorschriften dem Schuldner gegenüber wirksam.[538] Obwohl eine Beteiligung des Schuldners an

---

530 Civ. 1re, 07.12.1983, RTD civ. 1984, 717, obs. *Mestre.*

531 Civ. 1re, 03.05.1978, D. 1980, 107 et Anm. *Poulnais.*

532 Nach der allgemeinen Vorschrift des Art. 1166 C. civ. über die *action oblique* kann der Gläubiger Rechte seines Schuldners gegenüber Dritten ausüben, ohne dass es dafür einer gerichtlichen Überweisung bedarf. Der Gläubiger des Schuldners kann beispielsweise mittels der *action oblique* die Verjährung geltend machen. Die Funktion der *action oblique* liegt vor allem in dem Erhalt des Schuldnervermögens als Haftungsmasse für den Gläubiger. Siehe zu den näheren Einzelheiten der *action oblique*: *Ferid/Sonnenberger*, Das französische Zivilrecht 1/1[2], Rdnr. 1 C 140, 1 C 244.

533 Civ. 1re, 02.12.1992, RTD civ. 1993, 824, obs. *Mestre.*

534 Vgl. *Mazeaud/Mazeaud/Chabas*, Droit civil II/1[9], n. 858.

535 Vgl. *Rives-Lange/Contamine-Raynaud*, Droit bancaire[6], n. 588; *Ripert/Roblot*, Traité de droit commercial[17], t. 2, n. 2400.

536 *Blaise/Desgorces*, Frankreich, in *Hadding/Schneider* (Hrsg.), Die Forderungsabtretung[2], S. 262, Rdnr. 37.

537 *Billiau*, La transmission des créances et des dettes, n. 95; *Blaise/Desgorces*, Frankreich, in *Hadding/Schneider* (Hrsg.), Die Forderungsabtretung[2], S. 262, Rdnr. 37.

538 *Blaise/Desgorces*, Frankreich, in *Hadding/Schneider* (Hrsg.), Die Forderungsabtretung[2], S. 262, Rdnr. 37.

der *subrogation* nicht erforderlich ist, ist der Schuldner nicht völlig rechtlos. Eine vor der Benachrichtigung von der *subrogation* in gutem Glauben vorgenommene Zahlung an den Gläubiger hat befreiende Wirkung.[539] Der Zahlende kann sich in diesem Falle nur an den befriedigten Gläubiger halten.[540] Der Beweis der Kenntnis des Schuldners von der *subrogation* kann mit allen Mitteln geführt werden.[541]

Die *subrogation* führt wie die Abtretung zu einem Gläubigerwechsel. Die Forderung selbst bleibt mit ihren Sicherheiten, Mängeln und Risiken bestehen. Der Schuldner behält grundsätzlich die Einwendungen und Einreden, die er gegen seinen bisherigen Gläubiger hätte geltend machen können.[542] Es ist allerdings danach zu unterscheiden, ob die Einwendungen und Einreden der Forderung innewohnen, oder außerhalb der Forderung stehen.[543] Im ersten Fall handelt es sich um Leistungsstörungen, also um die Nicht- oder Schlechterfüllung der aus dem Ursprungsvertrag herrührenden Pflichten. Außerhalb der Forderung steht der Aufrechnungseinwand. Die der Forderung innewohnenden Einwendungen und Einreden kann der Schuldner dem Zahlenden jederzeit entgegenhalten. Es wird keine Unterscheidung dahingehend getroffen, ob die Einwendung vor oder nach der *subrogation* eingetreten ist. Bei den außerhalb der Forderung stehenden Einwendungen ist der Zeitraum vor der *subrogation* von dem nach der *subrogation* eintretenden zu trennen. Um eine außerhalb der Forderung stehende Einwendung geltend machen zu können, müssen ihre Voraussetzungen vor der *subrogation* vorliegen.[544] Deutlich wird dies bei der Aufrechnung. Konnte die Aufrechnung zwischen dem Gläubiger und dem Schuldner bereits vor der *subrogation* eintreten, so kann sich der Schuldner hierauf gegenüber dem Zahlenden berufen.[545] Der Zahlende konnte durch die *subrogation* nicht mehr Rechte erwerben, als der Gläubiger selbst innehatte. Nach der *subrogation* ist der Zahlende Forderungsinhaber. Die Aufrechnung scheitert daran, dass sich keine gegenseitigen Forderungen derselben

---

539 *Blaise/Desgorces*, Frankreich, in *Hadding/Schneider* (Hrsg.), Die Forderungsabtretung², S. 262, Rdnr. 37; *Malaurie/Aynès*, Cours de droit civil, Les obligations⁴, n. 1214; *Marty/Raynaud/Jestaz*, Les obligations 2², n. 387.

540 Paris, 22ᵉ Ch., 23.01.1970, JC 1971.2.16837 et Anm. *Gavalda*.

541 Vgl. *Malaurie/Aynès*, Cours de droit civil, Les obligations⁴, n. 1212.

542 *Bénabent*, Droit civil, Les obligations⁹, n. 747; *Malaurie/Aynès*, Cours de droit civil, Les obligations⁴, n. 1214.; *Rives-Lange/Contamine-Raynaud*, Droit bancaire⁶, n. 588.

543 *Rives-Lange/Contamine-Raynaud*, Droit bancaire⁶, n. 588; *Ripert/Roblot*, Traité de droit commercial¹⁷, t. 2, n. 2400.

544 *Rives-Lange/Contamine-Raynaud*, Droit bancaire⁶, n. 588; *Ripert/Roblot*, Traité de droit commercial¹⁷, t. 2, n. 2400.

545 Cass. com. 03.04.1990, D. 1991.180 et Anm. *Dagorne-Labbé*; *Rives-Lange/Contamine-Raynaud*, Droit bancaire⁶, n. 588.

Personen mehr gegenüber stehen.[546] Die Aufrechnung bleibt hingegen möglich, wenn die Forderungen konnex sind.[547]

Der Schuldner kann sich auch auf eine vor der *subrogation* eingetretene Verjährung berufen.

cc. Das Verhältnis der Parteien der subrogation zu Dritten

Im Verhältnis der Parteien der *subrogation* zu Dritten entfaltet die Subrogationsvereinbarung Drittwirksamkeit, wenn sie ein bestimmtes Datum aufweist.[548] Dies ergebe sich aus dem Erfordernis der Gleichzeitigkeit und der Tatsache, dass die *subrogation conventionnelle* eine Vereinbarung des Gläubigers mit dem Zahlenden verlange.[549] Erst das bestimmte Datum mache nachvollziehbar, ob die *subrogation* nicht nach der Zahlung vorgenommen worden und damit wirkungslos sei.[550] Zu den auf diese Weise geschützten Dritten werden allerdings nur Zessionare derselben Forderung oder andere durch *subrogation* Eingetretene gezählt.[551]

Hat der Gläubiger die Forderung mehrfach im Wege der *subrogation* übertragen, so findet das Prioritätsprinzip Anwendung. Die Zahlung, die die Voraussetzungen der *subrogation* als erste erfüllt, geht den anderen vor.

Hatte sich ein Gläubiger des befriedigten Gläubigers vor der Zahlung einen Eigentumsvorbehalt einräumen lassen, so kann er diesen dem Zahlenden entgegenhalten.[552]

f. Zwischenergebnis

Eine *subrogation* erfordert eine Zahlung. Formvorschriften sind nicht zu beachten. Die Höhe der Zahlung ist für den Teil der Forderung, der auf den Zahlenden übergeht, maßgeblich. Gleicht der Zahlende die Forderung nur zum Teil aus, so bleibt der Gläubiger hinsichtlich der für die Forderung bestehenden Nebenrechte und Sicherheiten bevorrechtigt. Hintergrund ist, dass es sich bei der *subrogation* um ein Rechtsinstitut handelt, das keine Spekulation erlaubt. Eine antizipierte *subrogation*

546 Rives-Lange/Contamine-Raynaud, Droit bancaire[6], n. 588.

547 Vgl. *Mazeaud/Mazeaud/Chabas*, Droit civil II/1[9], n. 858; *Rives-Lange/Contamine-Raynaud*, Droit bancaire[6], n. 588; Cass. com. 22.10.1991, D. 1992.somm. 408, obs. *Aynès*. V et cpr. Cass. com. 09.11.1993, JC 1994 IV.49.

548 *Terré/Simler/Lequette*, Droit civil, Les obligations[8], n. 1367. So auch *Mazeaud/Mazeaud/Chabas*, Droit civil II/1[9], n. 849. Die Rechtsprechung hat mehrfach eine entgegengesetzte Auffassung vertreten (vgl. *Terré/Simler/Lequette*, Droit civil, Les obligations[8], n. 1384 mit Entscheidungshinweisen).

549 *Terré/Simler/Lequette*, Droit civil, Les obligations[8], n. 1367.

550 *Mazeaud/Mazeaud/Chabas*, Droit civil II/1[9], n. 849.

551 *Terré/Simler/Lequette*, Droit civil, Les obligations[8], n. 1367; *Mazeaud/Mazeaud/Chabas*, Droit civil II/1[9], n. 849.

552 Cass. com. 27.06.1989, JC 1989.IV.332, RTD civ. 1990, 76, obs. *Mestre*.

ist möglich. Undenkbar ist hingegen eine *subrogation* in noch nicht bestehende Rechte. Im Rahmen der *subrogation* besteht keine Mängelhaftung des Gläubigers.

4. Ein Vergleich von *cession*, *cession Dailly* und *subrogation*

a. Der Vergleich der *cession* mit der *cession Dailly*

Die *cession Dailly* ist, anders als die *cession,* auf einen genau bestimmten Personenkreis zugeschnitten.[553] Zedent kann jede juristische Person des Privatrechts oder Öffentlichen Rechts sein. Handelt es sich bei dem Zedenten um eine natürliche Person, so muss die zu übertragende Forderung aus einer gewerblichen Tätigkeit stammen.[554] Zessionar kann nur ein Kreditinstitut sein.

Die *cession Dailly* beruht auf der Übergabe eines Forderungsverzeichnisses an ein Kreditinstitut. Sie wird im Verhältnis der Abtretungsparteien zueinander und im Verhältnis zu Dritten mit der Eintragung des Datums auf dem Verzeichnis wirksam. Publizitätsvorschriften, wie sie bei der *cession* zur Erlangung der Drittwirksamkeit bekannt sind *(signification, acceptation),* sind nicht zu beachten. Dies ist eine der Besonderheiten der *cession Dailly.*

Der Kreis der Dritten wird, anders als bei der *cession,* einheitlich bestimmt. Ihm werden die anderen Zessionare im Falle der Mehrfachzession, die Gläubiger des Zedenten und der Schuldner zugerechnet. Hat der Zessionar die Forderung mehrfach im Wege der *cession Dailly* abgetreten, so gilt das Prioritätsprinzip. Ausschlaggebend ist das auf dem Forderungsverzeichnis angegebene Datum. Es kommt nicht wie bei der *cession* darauf an, welcher Zessionar die Drittwirkung als erster herbeiführt. Die in der *Loi Dailly* vorgesehene Benachrichtigung des Schuldners ist freiwillig und wird nur vorgenommen, um zu verhindern, dass der Schuldner mit befreiender Wirkung an den Zedenten, den Bevollmächtigten des Zessionars, leistet. Die *cession Dailly* lässt, anders als die *cession,* die Abtretung künftiger Forderungen ausdrücklich zu (Art. L. 313-23 Abs. 2 C. mon. et fin.).

Akzeptiert der Schuldner, eine Zahlung an den Zessionar vorzunehmen, so verpflichtet er sich ihm gegenüber und kann sich nicht auf die Einwendungen und Einreden berufen, die er dem Zedenten hätte entgegenhalten können.[555] Die im

553 *Malaurie/Aynès* (Cours de droit civil, Les obligations[4], n. 1235) sprechen von der „*bancarisation*" des Zivilrechts. Die *cession Dailly* sei nicht auf das Handelsrecht beschränkt, sondern viel ungenauer auf das Recht der Gewerbetreibenden *(droit des professi, 'onnels).*

554 Art. L. 313-23 C. mon. et fin. lautet: „ … *personne physique dans l'exercice par celle-ci de son activité professionnelle, …*".

555 *Malaurie/Aynès,* Cours de droit civil, Les obligations[4], n. 1235.

Rahmen der *cession* vom Schuldner abgegebene *acceptation* hat nicht diese weitreichende Wirkung.[556]

b. Der Vergleich der *cession* mit der *subrogation*

aa. Die Gemeinsamkeiten

Gemeinsam ist der *subrogation* und der *cession,* dass ein Forderungsübergang stattfindet, ohne dass die Forderung des ursprünglichen Gläubigers erlischt und eine neue Verpflichtung entsteht. Die Forderung bleibt mit all ihren Nebenrechten, etwa einer für sie bestehenden Bürgschaft oder Hypothek, bestehen.[557] Der Schuldner behält seine Einwendungen und Einreden.[558]

bb. Die Unterschiede

Die *cession* beruht ausschließlich auf einem Vertrag zwischen dem Zedenten und dem Zessionar. Insofern weist sie Ähnlichkeiten zur *subrogation ex parte creditoris* auf. Die *subrogation* kann aber auch ohne Mitwirkung des alten Gläubigers eintreten. Sie kann mittels einer Vereinbarung zwischen dem Schuldner und dem neuen Gläubiger herbeigeführt werden *(subrogation ex parte debitoris)* oder aufgrund Gesetzes erfolgen *(subrogation légale).*

Grundsätzlich unterliegt die vertragliche Vereinbarung von Zedent und Zessionar keinen Formvorschriften. Sie erlangt ihre Drittwirksamkeit jedoch erst mit der Erfüllung der Publizitätstatbestände des Art. 1690 C. civ. Der *subrogation* sind derartige Publizitätsanforderungen fremd. Um allerdings zu vermeiden, dass der Schuldner mit befreiender Wirkung an seinen ursprünglichen Gläubiger leistet, wird der neue Gläubiger/der Zahlende den Schuldner von der *subrogation* in Kenntnis setzen. Die Anforderungen zur Wirksamkeit gegenüber Dritten sind bei der *cession* verglichen mit der *subrogation* erheblich höher.

Bei der *subrogation* tritt der Zahlende in die Rechtsstellung des Gläubigers ein, indem er die Schuld des Schuldners bezahlt. Die *subrogation* setzt demnach eine Zahlung voraus. Der Zahlende kann nur in Höhe seiner eigenen Leistung, die für den Umfang des Gläubigerwechsels maßgeblich ist, Zahlung vom Schuldner verlangen. Bei der *cession* gilt Folgendes: Der Zessionar tritt in der Regel durch einen Forderungskauf an die Stelle des Zedenten. Hierbei handelt es sich meist um ein spekulatives Geschäft, bei dem der Zessionar die Forderung als einen Vermögenswert betrachtet. Unabhängig von dem Preis, den der Zessionar für den Forderungserwerb entrichtet, kann er den gesamten Betrag der Forderung gegen

---

556 Nimmt der Schuldner die *cession* an, so erklärt er zumindest einen Verzicht hinsichtlich der gesetzlich eingetretenen Aufrechnung (Siehe hierzu: Teil 1: B. IV. 1. c. bb.).

557 *Terré/Simler/Lequette*, Droit civil, Les obligations^{8}, n. 1388.

558 *Mazeaud/Mazeaud/Chabas*, Droit civil II/1^{9}, n. 1276.

den Schuldner geltend machen. Insofern kann die Rechtsstellung des bei der *subrogation* Eintretenden schwächer sein.

Weil der Zahlende bei der *subrogation* an Stelle des Schuldners die Forderung zum Ausgleich bringt, stehen ihm persönliche Klagerechte zu. Diese können sich aus einem Auftrag, einer Geschäftsbesorgung oder einem Darlehen ergeben. Der Zessionar hingegen verfügt nur über das Klagerecht, das bereits der Zedent inne hatte.

Aufgrund des Forderungskaufs kann der Zessionar aber auch Gewährleistungsrechte gegen den Zedenten geltend machen. Der Zedent haftet für das Bestehen der Forderung. Auch wenn er gutgläubig eine nicht existente Forderung abtritt, hat er Zinsen zu entrichten und Aufwendungen und Nebenkosten des Vertrags zu ersetzen. Eine Gewährleistungshaftung ist der *subrogation* fremd. Ist der bisherige Gläubiger gutgläubig und scheitert ein Gläubigerwechsel an einer nicht bestehenden Forderung, so muss der Gläubiger dem Zahlenden die Leistung zurückerstatten, die er zu Unrecht erhalten hat *(répétition de l'indu)*.[559] Der Unterschied liegt demnach darin, dass bei der *subrogation* kein Schadensersatzanspruch und grundsätzlich[560] auch kein Anspruch auf Ersatz der Zinsen gegeben ist.

Die *subrogation* darf dem bisherigen Gläubiger nicht zum Schaden gereichen. Zahlt der neue Gläubiger nur einen Teil der Schuld, dann kann der ursprüngliche Gläubiger bei Zahlungsunfähigkeit des Schuldners hinsichtlich des noch ausstehenden Rests vorrangig Befriedigung verlangen. Er kann vor dem Zahlenden Vorrechte, Hypotheken und andere der Forderung anhaftende Sicherheiten geltend machen.[561] Etwas anders gilt bei der *cession.* Wird nur ein Teil der Forderung abgetreten, dann steht der Zedent hinsichtlich der Ausübung der mit der Forderung verbundenen Rechte mit dem Zessionar in Konkurrenz. Eine exakte Unterscheidung von *subrogation* und *cession* ist gerade dann von erheblicher Bedeutung, wenn zwei Forderungsinhaber jeweils nur einen Teil der Forderung innehaben und es bei der Befriedigung zum Konflikt zwischen ihnen kommt. Der eine Forderungsinhaber könnte sich darauf berufen, der andere habe nur aufgrund einer *subrogation* seine Gläubigerstellung erworben und könne somit keine vorzugsweise Befriedigung verlangen. Jener könnte entgegnen, er sei aufgrund einer Teilabtretung Gläubiger geworden und stehe insofern gleichberechtigt neben dem anderen Gläubiger.

Ein Forderungsinhaber, der über eine unabtretbare und unpfändbare Forderung verfügt, kann diese nicht abtreten. Er darf aber, wenn die Forderung eintreibbar ist,

559 Art. 1376 et s. C. civ.

560 Etwas anderes gilt bei Bösgläubigkeit gemäß Art. 1378 C. civ.

561 Siehe hierzu Art. 1252 C. civ. und die Ausführungen unter Teil 1: B. IV. 3. e. aa.

eine Zahlung in Empfang nehmen. Er ist folglich auch in der Lage, einen zahlenden Dritten in seine Rechte und Klagerechte eintreten zu lassen.[562]

Zusammenfassend lässt sich festhalten, dass sich beide Rechtsinstitute sehr ähneln. So wurde gelegentlich in Urteilen zur *subrogation* mit Blick auf Art. 1376 C. civ. anerkannt, dass der bisherige Gläubiger für das Bestehen der Forderung einzustehen habe.[563] Dies entspricht der Mängelhaftung des Zedenten, welches bei der *cession* in Art. 1693 C. civ. festgeschrieben ist. So verwundert es nicht, dass auch Autoren, die an einem Unterschied zwischen *cession* und *subrogation* festhalten, einräumen, dieser beruhe eher auf zufälligen Gegebenheiten als auf einer grundsätzlichen Gestaltung.[564] Nicht umsonst wird in der Literatur gefordert, eine Vereinfachung dieses Bereichs des Schuldrechts vorzunehmen.[565]

c. Der Vergleich der *cession Dailly* mit der *subrogation* als Übertragungstechniken im Rahmen des Factorings

Aufgrund der hohen Formanforderungen des Art. 1690 C. civ. greifen französische Factoringinstitute und ihre Kunden auf die *subrogation* als Rechtstechnik zur Forderungsübertragung zurück. Mit der Zahlung der vom Kunden eingereichten Rechnungen wird der Factor Forderungsinhaber. Den Anforderungen des Art. 1250 C. civ. wird genügt, wenn die *subrogation* ausdrücklich und zeitgleich mit der Zahlung erklärt wird. Zu diesem Zweck überlässt der Kunde dem Factor mit den Rechnungen Subrogationsquittungen. Die Drittwirksamkeit tritt ohne die Einhaltung von Formvorschriften mit der Zahlung ein. Die Benachrichtigung des Debitors vom Forderungsübergang ist keine Wirksamkeitsvoraussetzung. Dies ist der entscheidende Vorteil der *subrogation.* Der Factor rückt an die Stelle des Kunden, dem ursprünglichen Gläubiger des Debitors, und erhält alle mit der übertragenen Forderung verbundenen Rechte und Sicherheiten, aber auch die ihr anhaftenden Mängel. Zu diesen zählen u. a. die Einwendungen und Einreden des Debitors. Mit der *subrogation* verliert der Factor, abgesehen von Bereicherungsrechten, jeglichen Rückgriff gegen den Kunden, etwa in Form von Gewährleistungsrechten.

Die Einwendungen und Einreden des Debitors sind danach zu unterscheiden, ob sie der Forderung innewohnen, oder außerhalb der Forderung stehen.[566] Im ersten Fall handelt es sich um Leistungsstörungen, also um die Nicht- oder Schlechterfüllung der aus dem Ursprungsvertrag herrührenden Pflichten. Außerhalb

---

562 *Ponsard/Blondel*, D. 1976, Subrogation, n. 222, mit Hinweis auf die Entscheidung: Toulouse, 21.06.1887, D. P. 88.2.77.

563 *Ponsard/Blondel*, D. 1976, Subrogation, n. 218, mit Hinweis auf die Entscheidung: Cass. civ. 0402.1846, D. P. 46.1.49; Riom, 17.01. 1889, D. P. 91.1.313.

564 *Ponsard/Blondel*, D. 1976, Subrogation, n. 219.

565 *Mazeaud/Mazeaud/Chabas*, Droit civil II/1[9], n. 1276.

566 Siehe zu den näheren Einzelheiten: Teil 1: B. IV. 3. e. bb.

der Forderung steht der Aufrechnungseinwand. Die der Forderung innewohnenden Einwendungen und Einreden kann der Debitor dem Factor jederzeit entgegenhalten. Bei den außerhalb der Forderung stehenden Einwendungen ist der Zeitraum vor der *subrogation* von dem nach der *subrogation* zu trennen. Um eine außerhalb der Forderung stehende Einwendung geltend machen zu können, müssen ihre Voraussetzungen vor der *subrogation* vorliegen.[567]

Vor dem Hintergrund dieser Rechtslage, könnten sich Factoringinstitute veranlasst sehen, die *subrogation conventionnelle* als Möglichkeit des Forderungsübergangs zugunsten der *cession Dailly* aufzugeben. Der Zessionar nach der *Loi Dailly* ist nämlich besser geschützt. Der Ausschluss der Einwendungen und Einreden beruht auf Art. L. 511-12 C. de com.[568]

Als vorteilhaft erweist sich zudem, dass Art. L. 313-23 C. mon. et fin. ausdrücklich die Übertragung von zukünftigen Forderungen zulässt. Gleichwohl muss auch bei der *cession Dailly* die zu übertragende Forderung im Zeitpunkt der Übergabe des Forderungsverzeichnisses bestimmbar sein.[569]

Die Regelung des Art. L. 313-24 Abs. 2 C. mon. et fin., nach welcher Zedent und der Schuldner ohne anderslautende Vereinbarung als Gesamtschuldner haften, wird im Rahmen des Factorings in der Regel abbedungen. Die Übernahme des Risikos des Forderungsausfalls durch den Factor stellt eines der Hauptinteressen des Kunden am Factoring dar.

d. Die Konfliktfälle, insbesondere zwischen einem Factor und einem Zessionar nach der *Loi Dailly*

Die drei dargestellten Möglichkeiten des Forderungsübergangs können zueinander in Konkurrenz treten, wenn der Inhaber seine Forderung mehrfach übertragen hat. Die Lösung hat sich an dem Zeitpunkt des jeweiligen Forderungserwerbs zu orientieren.[570]

Ist eine Forderung mehrfach auf gleiche Weise übertragen worden, so gilt das Prioritätsprinzip.

Deutlich wird dies bei der *cession Dailly*. Nimmt der Zedent nacheinander zwei Abtretungen nach der *Loi Dailly* vor, so wird der erste Zessionar Forderungsinhaber.[571] Entscheidend für die Drittwirksamkeit ist das zeitlich frühere Datum auf dem Forderungsverzeichnis. Der Zedent kann zu diesem Zeitpunkt nicht

567 *Rives-Lange/Contamine-Raynaud*, Droit bancaire[6], n. 588; *Ripert/Roblot*, Traité de droit commercial[17], t. 2, n. 2400.

568 *Rives-Lange/Contamine-Raynaud*, Droit bancaire[6], n. 588.

569 Vgl. *Münch*, Abtretungsverbote im deutschen und französischen Recht, S. 194.

570 *Rives-Lange/Contamine-Raynaud*, Droit bancaire[6], n. 601.

571 Paris, 04.01. RTD com. 1990, 238.

mehr erneut als Inhaber über die Forderung verfügen. Gleiches gilt beim Factoring. Entscheidend ist der erste Forderungsübergang.[572]

Eine Besonderheit ist bei der *cession* zu beachten. Sie entfaltet gemäß Art. 1690 C. civ. erst Drittwirksamkeit, wenn eine Abtretungsanzeige *(signification)* an den Schuldner erfolgt ist, oder der Schuldner die Abtretung in einer beglaubigten Urkunde angenommen *(acceptation)* hat. Insofern hat eine Leistung des Schuldners an denjenigen, der ihn als erstes von der Abtretung in Kenntnis gesetzt hat, schuldbefreiende Wirkung. Unerheblich ist, dass dieser Zessionar die Forderung als zweiter vom Zedenten erworben hat.[573]

Aber auch wenn zwei unterschiedliche Übertragungsmöglichkeiten kollidieren, gilt der Prioritätsgrundsatz. Es ist nach dem Augenblick des Forderungserwerbs zu fragen. In der Praxis ist der Konflikt zwischen einem Factor, der die Forderung mittels einer *subrogation* erwirbt, und einem Zessionar nach der *Loi Dailly* von besonderer Bedeutung. Bei der *subrogation* ist für den Forderungserwerb der Zeitpunkt der Zahlung an den Forderungsinhaber entscheidend.

Werden Forderungen mittels einer *cession Dailly* an eine Bank übertragen, so kann die Drittwirksamkeit dieser Abtretung einem Factor entgegengehalten werden, der lediglich im Auftrag des Kunden den Zahlungseinzug übernommen hat. Der Factor ist dann nicht mittels einer *subrogation* in die Rechtsstellung des Kunden eingetreten. Er muss die durch die *cession Dailly* aus dem Vermögen des Kunden ausgeschiedenen Forderungen bzw. die eingezogenen Beträge an die Bank herausgeben.[574]

Nach der *Cour de cassation*[575] hat auch ein Factor vom Debitor erhaltene Zahlungen herauszugeben, der mit dem Kunden einen Factoring-Rahmenvertrag geschlossen hat, wenn die *subrogation* hinsichtlich bestimmter Forderungen zeitlich der *cession Dailly* nachfolgt. Unerheblich ist, dass der Zessionar nach der *Loi Dailly* von der Factoringvereinbarung wusste und den Factor nicht von der Abtretung in Kenntnis setzte.

Cabrillac und *Teyssié* weisen in ihrer Besprechung des oben genannten Urteils der *Cour de cassation* auf zwei grundsätzliche, in der Entscheidung vorzufindende Ausführungen hin:[576]

Einerseits werde klargestellt,

- dass eine *cession Dailly* Drittwirksamkeit mit dem auf dem Forderungsverzeichnis angegebenen Datum erlangt,

572 *Gavalda*, Rép. com. D. 1996, n. 53.

573 Siehe zur Mehrfachabtretung auch: Teil 1: B. IV. 1. c. cc.

574 JC 2002, Banque – Crédit – Bourse, Fasc. 570, n. 79.

575 Cass. com. 19.05.1992, *Factofrance c/ CCF*, RTD com. 1992, 655.

576 RTD com. 1992, 655 f.

- dass die zweite Forderungsübertragung mit einer Unwirksamkeit behaftet war, wie es der Fall ist, wenn ein Verkäufer Güter veräußert, deren Eigentümer er nicht mehr ist,
- dass, auch wenn die Zahlung des Debitors an den Factor, den scheinbaren Gläubiger, befreiende Wirkung hat, die Forderung nicht als erloschen gilt,
- und dass der Factor nicht das Recht hat, die Zahlung zu behalten.

Andererseits mache die Entscheidung deutlich,

dass den Zessionar nach der *Loi Dailly,* der Kenntnis von dem Factoring-Rahmenvertrag hat, keine Verpflichtung dahingehend trifft, den Factor von der Abtretung in Kenntnis zu setzen.

Die Rechtsprechung räumt dem Factor, der aufgrund einer *subrogation* in die Rechtsstellung des Kunden eintritt, aber den Vorrang vor einem Kreditinstitut, das die Forderung über eine *cession Dailly* erwirbt, ein, wenn die Zahlung des Factors vor dem auf dem Forderungsverzeichnis vermerkten Datum erfolgte.[577]

5. Die im Rahmen des Factorings vorgenommene *subrogation*

a. Das Verfahren

Der Kunde verpflichtet sich in dem Factoringvertrag, dem Factor alle Forderungen, die ihm gegen einen Debitor zustehen, zum Kauf anzubieten.[578] Auf diese Weise soll vermieden werden, dass der Kunde dem Factor lediglich Forderungen, die mit hohen Risiken behaftet sind, überlässt und „gute“ Forderungen selbst einzieht.[579] Der Kunde fasst seine gegen den Debitor entstandenen Forderungen in einem Verzeichnis zusammen und übergibt dieses dem Factor. Mit der Übergabe des Verzeichnisses erteilt er dem Factor eine Subrogationsquittung.[580] Der Factor hat das Recht, eine Auswahl der Forderungen vorzunehmen.[581] Bestehen keine Bedenken gegen die Bonität des Debitors, stimmt der Factor den Forderungen zu. Der Factor schreibt zum Zeitpunkt der Übergabe des Forderungsverzeichnisses

577 *Rives-Lange/Contamine-Raynaud*, Droit bancaire⁶, n. 558, verweisen auf: Trib. com. Paris, 05.06.1987, RTD com. 1988, 660, obs. *Cabrillac* et *Teyssié*.

578 Art. 1 – Objet du Contrat, Contrat d'affacturage – I-240, Quelle: EUROFACTOR; *Gavalda*, Rép. com. D. 1996, n. 17; *Rives-Lange/Contamine-Raynaud*, Droit bancaire⁶, n. 581.

579 Siehe zu den näheren Ausführungen: Teil 1: B. III. 4.

580 *Blaise/Desgorces*, Frankreich, in *Hadding/Schneider* (Hrsg.), Die Forderungsabtretung², S. 263, Rdnr. 38; *Rives-Lange/Contamine-Raynaud*, Droit bancaire⁶, n. 585.

581 *Gavalda/Stoufflet*, Droit bancaire, n. 430.

den Forderungsbetrag dem laufenden Konto des Kunden gut.[582] Mit der Zahlung wird der Factor automatisch neuer Inhaber der Forderung. Mit dem Übergang der Forderung gehen Klagerechte und für sie bestehende Sicherheiten über. Bei Fälligkeit der Forderungen zieht der Factor die Forderung für sich im eigenen Namen ein.[583]

In dem Factoringvertrag verpflichtet sich der Kunde zudem, den Debitor von dem Forderungsübergang in Kenntnis zu setzen, damit der Debitor direkt an den Factor zahlt.[584] Bei der Benachrichtigung des Debitors handelt es sich allerdings nicht um eine Voraussetzung zur Erlangung der Drittwirksamkeit der Forderungsübertragung. Sie dient vor allem dazu, dem Debitor seine Gutgläubigkeit zu nehmen. Kommt es aufgrund fehlender Benachrichtigung zu einer Leistung des Debitors an seinen früheren Gläubiger, so muss sich der Factor dies entgegenhalten lassen.[585]

b. Die Voraussetzungen

Nach Art. 1250 C. civ. muss die *subrogation* ausdrücklich und zeitgleich mit der Zahlung erfolgen.

aa. Die Zahlung

Im Gegensatz zur *cession* stellt die *subrogation* kein Spekulationsgeschäft dar. Der Übergang der Forderung findet nur in Höhe der tatsächlich vorgenommenen Zahlung statt. Da der Factor den Kunden mit den Kosten der von ihm erbrachten Leistungen belastet und insofern die Forderung nicht in voller Höhe zum Ausgleich bringt, war zunächst zweifelhaft, ob es im Rahmen des Factorings nicht nur zu einer Teilsubrogation kommt.[586] Dies wurde jedoch abgelehnt. Es wurde zwar eingeräumt, dass der Factor vom Debitor nicht mehr fordern könne, als er an den Kunden bezahlt habe, gleichzeitig wurde aber darauf hingewiesen, dass der Factor gegenüber dem Kunden zahlreiche Leistungen erbringe, wie etwa die Übernahme des Ausfallrisikos und die Gewährung eines Kredits durch die frühe Zahlung. Diese Leistungen müsse der Factor vergütet bekommen.[587] Um sicher zu gehen,

---

582 *Gavalda*, „Subrogation“ und „Cession de Créance dite Dailly“ – ihr Einfluss auf Factoringverträge in Frankreich, Factoring-Handbuch[3], S. 313 f.

583 *Blaise/Desgorces*, Frankreich, in *Hadding/Schneider* (Hrsg.), Die Forderungsabtretung[2], S. 263, Rdnr. 38. Die Ausführungen stehen allerdings in gewissem Widerspruch zu denen in Rdnr. 39. Eine der Funktionen des Factorings liegt in der Regel darin, dass der Kunde bereits vor Fälligkeit der übertragenen Forderung eine Zahlung erhält.

584 Die Benachrichtigung unterliegt keiner bestimmten Form. Wird sie auf die Rechnung gestempelt, so sollte dies gut sichtbar geschehen und der Begriff „*subrogation*“ in der Formulierung verwendet werden.

585 *Rives-Lange/Contamine-Raynaud*, Droit bancaire[6], n. 585.

586 *Ferid*, Das französische Recht, Rdnr. 2 E 146; *Mezger*, RIW 1981, 213, 214.

587 *Mestre*, La subrogation personnelle, n. 220.

erteilt der Factor in der Praxis erst eine Gutschrift in Höhe des Forderungsbetrags, die die erforderliche Zahlung darstellt und zur *subrogation* führt, und belastet dann das Konto des Kunden mit seinen Kosten.[588]

bb. Die Gleichzeitigkeit

Der Factoring-Rahmenvertrag enthält in der Regel eine Bestimmung, nach welcher sich der Kunde verpflichtet, die Gesamtheit seiner frei abtretbaren Forderungen im Wege der *subrogation* zu übertragen.[589] Bei dieser Klausel handelt es sich lediglich um das Versprechen einer *subrogation.*[590] Dieses muss von Fall zu Fall erst noch verwirklicht werden.[591] Die neuere Rechtsprechung erlaubt allerdings, dass der Kunde in einem der *subrogation* vorausgehenden Dokument seinen Willen zum Ausdruck bringt, den Factor im Augenblick der Zahlung in seine Rechtsposition eintreten zu lassen.[592] Sie trägt damit den Erfordernissen der Praxis besonders Rechnung und erleichtert das Factoring mittels *subrogation.* Die Forderung muss im Zeitpunkt der Zahlung und der *subrogation* bereits entstanden sein.[593] Es ist nicht ausreichend, dass sie zwar dem Grunde nach, aber nicht der Höhe nach bestimmt ist.[594] Die *subrogation* in eine nicht existierende, entfernte oder eventuelle Forderung ist nicht möglich.[595]

Eine *subrogation,* die die Zahlung des Factors für eine unter einer Befristung stehenden Forderung vorsieht, ist hingegen denkbar.[596] Dies gilt auch dann, wenn eine unter einer Befristung stehende Forderung für eine Sache unmittelbar bezahlt wird, obwohl die Lieferung der Sache aufgeschoben worden ist.[597] Die Zahlung vor Fälligkeit der Forderung ist eines der entscheidenden Wesensmerkmale des Factorings. Dies heißt aber nicht, dass das Factoring, das zwar ein Kreditgeschäft ist, zur Vorfinanzierung künftiger Handelsgeschäfte herangezogen werden kann.[598]

588 *Gavalda*, „Subrogation" und „Cession de Créance dite Dailly" – ihr Einfluss auf Factoringverträge in Frankreich, Factoring-Handbuch[3], S. 313 f.

589 Art. 1 – Objet du Contrat, Contrat d'affacturage – I-240, Quelle: EUROFACTOR.

590 Siehe hierzu Ausführungen unter: Teil 1: B. IV. 3. d. cc.

591 *Gavalda*, Rép. com. D. 1996, n. 38.

592 Vgl. *Billiau*, Anmerkung zu Cass. com. 02.02.1993, JC 1993.1.3684.

593 *Gavalda*, Rép. com. D. 1996, n. 38: *„Il faut, ..., que la créance soit «née»...*"

594 *Blaise/Desgorces*, Frankreich, in *Hadding/Schneider* (Hrsg.), Die Forderungsabtretung[2], S. 264, Rdnr. 39.

595 *Gavalda*, Rép. com. D. 1996, n. 39.

596 *Gavalda*, Rép. com. D. 1996, n. 38. Er scheint von einer aufschiebenden Zeitbestimmung auszugehen. Bei ihr wird die Verpflichtung aus einem bereits wirksam geschlossenen Vertrag hinausgeschoben.

597 *Gavalda*, Rép. com. D. 1996, n. 39.

598 *Gavalda*, Rép. com. D. 1996, n. 39.

Schwierigkeiten ergeben sich im Falle der Insolvenz des Kunden, wenn der Factor Zahlungen auf vom Kunden eingereichte Rechnungen vornimmt, die Bestellungen von Debitoren entsprechen, welche noch nicht erfüllt worden sind. In einer solchen Konstellation hat die Rechtsprechung entschieden, dass eine *subrogation* nur in bestimmte und liquide Forderungen stattfinden kann.[599] Der Factor kann sich demnach nicht mit Erfolg auf eine *subrogation* stützen. Entscheidet sich der Insolvenzverwalter für die Erfüllung, so erwirbt der Factor kein insolvenzfestes Recht. Die Forderung entsteht zugunsten der Insolvenzmasse.

c. Die Rechtsfolgen

aa. Das Verhältnis des Factors zum Kunden

Der Factor erwirbt die Forderungen, so wie sie sich beim Kunden befanden. Mit der *subrogation* kommt der Factor einerseits in den Genuss der für die Forderung bestehenden Nebenrechte und Sicherheiten. Nach einem Urteil der *Cour de Cassation* vom 15. März 1988 kann der Kunde auch Eigentum, das er sich bis zur vollständigen Zahlung des Kaufpreises durch den Debitor vorbehalten hat, auf den Factor übertragen.[600] Der Factor erhält die Forderung andererseits auch mit ihren ungünstigen Eigenschaften. Diese liegen beispielsweise vor, wenn die Durchsetzung der Forderung mit Unsicherheiten behaftet ist, die Forderung selbst nicht eingefordert werden kann, oder wenn Mängel in Form von Einwendungen und Einreden des Debitors bestehen.[601] Dies gilt unabhängig davon, ob sie sich bereits realisiert haben oder nicht.

Mit Eintritt der *subrogation* verliert der Factor grundsätzlich jeglichen Rückgriff gegen seinen Kunden.[602] Dies ist insbesondere bei einer eintretenden Zahlungsunfähigkeit des Debitors der Fall. Etwas anderes gilt nur, wenn die übertragene Forderung zur Gänze oder teilweise nicht besteht. In diesem Fall kann der Factor auf Rückzahlung des zu Unrecht an den Kunden gezahlten Geldes klagen.[603]

Einigen sich der Factor und der Kunde darauf, dass der Factor nur einen Teil der eingereichten Rechnung bezahlen und demnach nur ein Teil der Forderung auf

---

599 Cass. com. 21 nov. 1972, D. 1974.213, Anm. *Rodière*; Cass. com. 16 juill. 1979, D. 1981.224, Anm. *Mestre*. Anders sehen dies *Rives-Lange/Contamine-Raynaud* (Droit bancaire[6], n. 585-2), die annehmen, dass ein Gläubiger einem Factor eine unbestimmte Forderung im Wege der *subrogation* übertragen kann. Sie begründen dies damit, dass eine Forderung nicht erst entstehe, wenn eine Bestellung erfüllt werde (so aber Cass. com. 21 nov. 1972, D. 1974.213, Anm. *Rodière*), sondern bereits mit dem Vertragsschluss. Mit der Lieferung der Ware erlange die Forderung lediglich Bestimmtheit.

600 Siehe hierzu Ausführungen unter Teil 1: B. IV. 3. e. aa.

601 *Rives-Lange/Contamine-Raynaud*, Droit bancaire[6], n. 585.

602 *Rives-Lange/Contamine-Raynaud*, Droit bancaire[6], n. 585.

603 *Rives-Lange/Contamine-Raynaud*, Droit bancaire[6], n. 585.

den Factor übergehen soll, so ist, sofern die Parteien des Factoringvertrags nichts anderes vereinbart haben, im Falle der Insolvenz des Debitors, der in Art. 1252 C. civ. festgeschriebene Grundsatz *nemo contra se subrogasse censetur* anzuwenden, wonach der Kunde als ursprünglicher Gläubiger hinsichtlich seiner Teilforderung bei für die Forderung bestehenden Nebenrechten und Sicherheiten vorrangig zu berücksichtigen ist.

bb. Das Verhältnis des Factors zum Debitor

Weil der Factor an die Stelle des Kunden tritt, kann er die Rechte des Kunden gegen den Debitor geltend machen. Er kann gegen den Debitor eine Zahlungsklage erheben.[604] Der Debitor hingegen kann mit befreiender Wirkung nur noch an den Factor leisten. Etwas anderes gilt, wenn der Debitor von dem Forderungsübergang nicht in Kenntnis gesetzt worden ist. In diesem Falle muss der Factor sich an seinen Kunden halten und von ihm die Herausgabe des vom Debitor Geleisteten verlangen.

Mit der *subrogation* verliert der Kunde seine ursprüngliche Rechtsposition. Er kann über seine Forderung nicht mehr verfügen.[605]

Bei der Frage, welche Einwendungen der Debitor nach der *subrogation* dem Factor als dem neuen Forderungsinhaber entgegenhalten kann, ist zwischen Einwendungen, die der Forderung innewohnen und außerhalb der Forderung stehenden Einwendungen zu unterscheiden.[606] Wendet der Debitor ein, der Vertrag sei nicht erfüllt worden oder die gekaufte Ware sei mangelhaft, so liegt eine Einwendung vor, die der Forderung innewohnt. Diese kann der Debitor unabhängig vom Zeitpunkt der *subrogation* dem Factor entgegenhalten. Anders stellt sich die Rechtslage bei einer außerhalb der Forderung stehenden Einwendung dar. Entscheidend ist, dass sie ihrem Rechtsgrund nach bereits in der Rechtsbeziehung zwischen Kunde und Debitor angelegt ist, bevor es zur *subrogation* kommt.[607] Bestand beispielsweise vor der *subrogation* gegenüber dem Kunden eine Aufrechnungslage, so bleibt dem Debitor die Einwendung der Aufrechung erhalten. Nach der *subrogation* kann eine Aufrechnung mangels Gegenseitigkeit nicht mehr erfolgen.

cc. Das Verhältnis des Factors zu anderen Dritten

Tritt der Kunde die Forderung nach einer *subrogation* nochmals über das Verfahren nach der *Loi Dailly* ab, so hat dies für den Factor keine Folgen. Er bleibt alleiniger

---

604 *Rives-Lange/Contamine-Raynaud*, Droit bancaire^{6}, n. 588, die sich in der Fußnote 1 auf das *Trib. com.* von Pontoise, 20.06.1967 berufen.

605 Paris, 03.05.1985, D. 1986.I.R.317, *Vasseur*; RTD com. 1986, 537, *Cabrillac* et *Teyssie*.

606 Siehe hierzu Ausführungen unter: Teil 1: B. IV. 3. e. bb.

607 *Rives-Lange/Contamine-Raynaud*, Droit bancaire^{6}, n. 588.

Forderungsinhaber.[608] Auch eine Pfändung der Forderung beim Kunden geht nach der *subrogation* ins Leere.

Die *subrogation* erlangt Drittwirksamkeit, ohne dass es einer Anzeige an den Debitor bedarf. Von besonderer Bedeutung ist das auf der Subrogationsquittung angegebene Datum. Es ist insbesondere dann entscheidend, wenn eine Forderung mehrfach subrogiert wird. Überträgt ein Kunde seine Forderungen nacheinander auf verschiedene Factoringunternehmen, so wendet die Rechtsprechung das Prioritätsprinzip an. Der zeitlich frühere Forderungsübergang hat Vorrang.[609]

Viele Konfliktfälle werden jedoch unabhängig von dem auf der Subrogationsquittung angegebenen Datum entschieden. Die wichtigsten seien im Folgenden dargestellt:

(1) Das Verhältnis des Factors zu einem Subunternehmer

Von Bedeutung sind zwei Urteile aus dem Bereich der Subunternehmung. Im Rahmen des Gesetzes Nr. 75-1334 vom 31. Dezember 1975[610] stellt sich die Frage nach dem Verhältnis eines bislang nicht befriedigten Subunternehmers, der gegen den Besteller vorgehen möchte, zu einem Factor, an den der Hauptunternehmer seine Forderungen gegen den Besteller übertragen hat. Die *Cour d'appel* von Versailles hat in ihrer Entscheidung vom 19. November 1986 die *subrogation* zugunsten des Factors als nichtig angesehen und dem Subunternehmer bei der Einziehung seiner Forderung den Vorrang eingeräumt.[611] Sie stützt sich dabei auf Art. 15 des Gesetzes vom 31. Dezember 1975. Diese Bestimmung richtet sich gegen Vereinbarungen, die ein Scheitern der *action directe* zur Folge haben. Die Kammer für Handelssachen der *Cour de cassation* hat in ihrem Urteil vom 22. November 1988 dem Subunternehmer gegenüber dem Factor ebenfalls den Vorrang eingeräumt. Nach Art. 13-1 des Gesetzes Nr. 75-1334 vom 31. Dezember 1975 könne der Hauptunternehmer nur die Forderungen gegen den Besteller übertragen, deren Höhe dem Betrag der von dem Hauptunternehmer selbst vorgenommenen Leistungen entspreche. Insofern wird der Übergang des Forderungsteils, der sich aus den Arbeiten des Subunternehmers ergibt, als unwirksam angesehen. Etwas anderes gilt allerdings dann, wenn der Hauptunternehmer eine Bürgschaft stellt. Die Rechtsposition des Factors erweist sich zusammenfassend als äußerst unsicher. Der Factor kann zum einen nicht einschätzen, inwieweit sein Kunde Subunternehmen einschaltet, und er kann sich zum anderen nicht durch eine gegenteilige Erklärung seines Kunden absichern, zumal der Konflikt mit einem Subunternehmen erst relevant wird, wenn der Kunde sich in wirtschaftlichen Schwierigkeiten befindet.

---

608 Trib. com. Paris, 05.06.1987, Rev. dr. bancairc 1988.127, *Crédot* et *Gérard.*

609 *Gavalda*, Rép. com. D. 1996, n. 53.

610 D. 1976.64.

611 D. 1987.282, Anm. *Bénabent*, RTD com. 1987, 559.

(2) Die Zahlung des Debitors an ein sich vom Factor unterscheidendes Kreditinstitut

Als problematisch stellt sich ferner der Fall dar, in dem der Debitor, nachdem der Factor die Forderungen erworben hat, in Höhe seiner Schuld eine Überweisung an ein sich vom Factor unterscheidendes Kreditinstitut vornimmt. Die *Cour d'appel* und das *Tribunal de commerce* (Handelsgericht) von Paris neigen dazu, dem Factor das Recht einzuräumen, den eingezogenen Betrag von dem Kreditinstitut herausverlangen zu können.[612]

(3) Die Kollision einer im Rahmen des Factorings erworbenen Forderung mit einem verlängerten Eigentumsvorbehalt

Denkbar ist darüber hinaus ein Konflikt zwischen einem Factor und einem Vorbehaltsverkäufer. Zu diesem kommt es, wenn ein Vorbehaltskäufer (Kunde des Factors) die gegen seine Abnehmer (Debitoren) bestehenden Forderungen, die einem verlängerten Eigentumsvorbehalt des ursprünglichen Verkäufers unterliegen, im Rahmen des Factorings überträgt. Hat der Debitor noch keine Zahlung vorgenommen, so wird dem Vorbehaltsverkäufer der Vorrang vor dem Factor eingeräumt.[613] Dieses Ergebnis wird damit begründet, dass der Factor die Forderungen seines Kunden nur mit dieser Unsicherheit erwerben konnte.[614] Anders wird die Rechtslage beurteilt, wenn der Debitor bereits eine Zahlung an den Factor vorgenommen hat.[615]

6. Zwischenergebnis

Der wesentliche rechtliche Kern des Factorings beruht auf einem Forderungsübergang. Dieser muss einfach und schnell zu handhaben sein, dem Erwerber der Forderung eine gewisse Sicherheit bieten und gegenüber Dritten wirksam sein. Die Regelungen der *cession* erwiesen sich für das Factoring als ungeeignet, so dass die *subrogation* gewissermaßen aus der Not heraus entdeckt wurde. Sie erfüllt die gestellten Anforderungen.

Im Jahre 1981 wurde die *Loi Dailly* geschaffen, um Unternehmen die Aufnahme kurzfristiger Kredite und die Übertragung gewerblicher Forderungen zu erleichtern. Obwohl eines der Hauptziele der *Loi Dailly* darin bestand, dem Factoring und insbesondere dem mit ihm einhergehenden Forderungsübergang einen rechtlichen

612 CA Paris, 4 févr. 1992, JCP, éd. E, 1992.I.156, n. 19, obs. *Gavalda* et *Stoufflet*; T. corr. Paris, 22 mai et 6 sept. 1990; Banque 1990. 990; a.A. T. com. Paris, 21 sept. 1990, Banque 1990.1210, obs. *Rives-Lange*.

613 *Gavalda*, Rép. com. D. 1996, n. 58.

614 Cass. com. 20.06.1989, Rapp. C. cass. 1989.308.

615 Cass. com. 11.12.1990, Bull. civ. IV, n. 322.

Rahmen zu geben, blieb der erstrebte Erfolg aus. Factoringinstitute bedienen sich überwiegend der *subrogation.*[616]

Ein Grund hierfür ist darin zu sehen, dass die *Loi Dailly* zu spät kam und die Factoringinstitute mit der *subrogation* vertraut waren. In vielen Konflikten mit Dritten stehen die Rechte des Factors bei der *subrogation* zurück. Bei der *Loi Dailly* ist die Situation für den Zessionar indes nicht besser. Auch dies erklärt, warum Factoringgesellschaften das Verfahren der *subrogation* nicht zugunsten der *cession Dailly* aufgegeben haben.[617]

Im Bereich des internationalen Factorings soll eine *cession Dailly* allerdings Vorteile bieten, da für ausländische Factoringinstitute die *subrogation* nicht so überzeugend sei.[618]

C. Eine vergleichende Zusammenfassung

I. Allgemeines

In Deutschland wird mit den drei Schlagworten „Liquidität, Sicherheit, Service" für das Factoring geworben. In Frankreich heißt es „Verkaufen Sie, wir kümmern uns um den Rest".[619] Beiden Botschaften ist gemein, dass Unternehmen eine Dienstleistung angeboten wird. Dies entspricht dem in unserem heutigen Wirtschaftsleben zu beobachtenden Trend der fortschreitenden Arbeitsteilung, der Spezialisierung und der Auslagerung bestimmter Unternehmensbereiche.

Factoring ist in beiden Ländern im Wachsen begriffen, national jeweils stärker als im internationalen Bereich.

II. Der Factoringvertrag

Das Factoring ist weder in Deutschland noch in Frankreich gesetzlich geregelt. In beiden Ländern wird es als Rahmenvertrag, der die Übertragung einer Vielzahl von Forderungen u. a. zu Finanzierungszwecken vorsieht, gestaltet.

---

616 Cass. com. 03.04.1990, D. 1991, 180 und Anm. *Dagorne-Labbé*; *Gavalda/Stoufflet*, Droit bancaire, n. 432. *Ripert/Roblot* (Traité de droit commercial[17], t. 2, n. 2400) weisen darauf hin, dass die von der Rechtsprechung hervorgehobenen negativen Begleiterscheinungen den Gebrauch der *cession Dailly* verlangsamt haben.

617 *Blaise/Desgorces*, Frankreich, in *Hadding/Schneider* (Hrsg.), Die Forderungsabtretung[2], S. 266, Rdnr. 40. *Bonneau*, Droit bancaire[5], n. 574; *Gavalda*, JCP 89.II.15374.

618 *Gavalda*, Rép. com. D. 1996, n. 44.

619 *„Vendez, nous ferons le reste"*.

III. Der Forderungsübergang

1. Die Grundlagen

a. Die abstrakte oder die kausale Ausgestaltung der Abtretung und die Folgen der unterschiedlichen Abtretungssysteme

Nach deutschem Recht begründet der schuldrechtliche Forderungskaufvertrag lediglich eine Verpflichtung zur Forderungsübertragung. Zu seiner Erfüllung bedarf es eines gesonderten Vollzugsgeschäfts, nämlich der Abtretung. Erst mit Abschluss des formlos möglichen Abtretungsvertrags wird der Zessionar Forderungsinhaber. Der Forderungsübergang wirkt nicht nur zwischen den Zessionsparteien sondern *erga omnes*. Die systematische Trennung von Verpflichtungs- und Erfüllungsgeschäft wird als Trennungsprinzip bezeichnet. Von diesem ist das Abstraktionsprinzip zu unterscheiden. Nach diesem bedarf das dingliche Verfügungsgeschäft keiner kausalen Zweckbestimmung (inhaltliche Abstraktion). Seine Wirksamkeit ist zudem von der des Verpflichtungsgeschäfts unabhängig (äußerliche Abstraktion). Der Forderungsübergang ist daher auch dann wirksam, wenn ihm kein wirksames Verpflichtungsgeschäft zugrunde liegt.

Dem französischen Recht ist die strikte Trennung von Verpflichtungs- und Verfügungsgeschäft und das damit zusammenhängende Abstraktionsprinzip fremd. Der Forderungsübergang ist als kausales Rechtsgeschäft ausgestaltet. Bereits mit der schuldrechtlichen Einigung der Parteien geht die Forderung, ohne dass es eines weiteren Vollzugsakts bedarf, auf den Zessionar über.

Je nach dem ob die Abtretung kausal oder abstrakt ausgestaltet ist, hat die Unwirksamkeit des der Abtretung zugrunde liegenden Verpflichtungsgeschäfts unterschiedliche Folgen. Ist die Zession abstrakter Natur, so kann sich der Schuldner nicht auf Einwendungen berufen, die aus dem Verpflichtungsgeschäft zwischen Zedent und Zessionar resultieren. Bei Unwirksamkeit des schuldrechtlichen Grundgeschäfts muss er an den Zessionar, den Forderungsinhaber leisten. Dies ist für ihn insofern von Vorteil, als er nicht prüfen muss, ob dem Forderungsübergang ein wirksames Verpflichtungsgeschäft zwischen Zedent und Zessionar zugrunde liegt.

Ist die Abtretung kausal, so kann der Schuldner Mängel des schuldrechtlichen Grundgeschäfts geltend machen. Ist es unwirksam, so ist der Zessionar nicht Forderungsinhaber geworden. Der Schuldner kann daher weiterhin mit befreiender Wirkung an den Zedenten leisten.

b. Die Voraussetzungen und die Rechtswirkungen der Abtretung

In Deutschland werden die Abtretungsvoraussetzungen einheitlich bestimmt. Mit dem Abschluss des Verfügungsgeschäfts zwischen Zedent und Zessionar entfaltet die Abtretung Wirksamkeit und zwar sowohl zwischen den Zessionsparteien als auch gegenüber dem Schuldner und Dritten.

Anders als in Deutschland hängen die Voraussetzungen und die Wirkungen der Forderungsübertragung in Frankreich davon ab, ob es um das Verhältnis der Zessionsparteien zueinander (Innenverhältnis) oder um das Verhältnis der Zessionsparteien zum Schuldner und zu Dritten (Außenverhältnis) geht. Mit Abschluss des Abtretungsvertrags erwirbt der Zessionar zwar die Forderung, allerdings nur im Verhältnis zum Zedenten. Im Verhältnis zum Schuldner und zu anderen Dritten bleibt der Zedent Forderungsinhaber. Drittwirksamkeit erlangt die Abtretung erst mit Erfüllung der Publizitätsanforderungen des Art. 1690 C. civ. Solange diesen nicht nachgekommen wird, kann der Zedent eine weitere Zession vornehmen. Erfüllt ein Zweitzessionar gutgläubig die Publizitätsanforderungen des Art. 1690 C. civ. vor dem Erstzessionar, so entfaltet die zweite Abtretung Drittwirksamkeit.

In Deutschland ist die Abtretung einer Vielzahl von gegenwärtigen und künftigen Forderungen (sog. Globalzession) möglich. Mit der abgetretenen Forderung gehen eine für sie bestehende Hypothek, sowie die Rechte aus einer für sie bestellten Bürgschaft auf den Zessionar über. Bei Sicherungs- oder Vorbehaltseigentum ist der Zedent im Zweifel zur schuldrechtlichen Übertragung verpflichtet. Ein gutgläubiger Forderungserwerb wird nicht zugelassen.

Im französischen Recht gilt Folgendes: Die Abtretung künftiger Forderungen ist möglich, sofern sie eine ausreichende Bestimmtheit aufweisen. Mit der Abtretung gehen die für die Forderung bestehenden Nebenrechte, etwa eine Bürgschaft oder Hypothek über. Sofern die Parteien nichts Entgegenstehendes vereinbaren, führt die Übergabe des *bordereau* (Forderungsverzeichnisses) bei der *cession Loi Dailly* automatisch zum Übergang der für sie bestehenden Sicherheiten. Bei der *subrogation* tritt der neue Gläubiger in die Rechtsposition des bisherigen ein. Ihm kommt auch ein Eigentumsvorbehalt, der die Forderung sichert, zugute.[620] Ein Forderungserwerb aufgrund Rechtsscheins wird inzwischen nicht mehr zugelassen.

Im Falle einer Mehrfachabtretung ist nach deutschem Recht nur die zeitlich erste Abtretung wirksam, da der Zedent mit ihr die Verfügungsbefugnis über die Forderung verliert. In Frankreich ist nach der jeweiligen Form des Forderungsübergangs zu unterscheiden. Bei der klassischen Zession kommt es auf den Zeitpunkt der Erfüllung der Publizitätsvoraussetzungen und damit den Eintritt der Drittwirksamkeit an. Bei der *subrogation* und der Abtretung nach der *Loi Dailly* entscheidet das zeitlich frühere Datum auf der *quittance subrogatoire* bzw. auf dem *bordereau,* wer die Forderung erwirbt.

620 Arrêt 15.03.1988, Bull. civ., IV. N. 106, p. 74; D. 1988, 330, Anm. *Pérochon*.

Kommt es zu einer Kollision eines verlängerten Eigentumsvorbehalts mit einer Abtretung im Rahmen des echten Factorings, so hat der Zessionar die Forderung nach deutschem Recht wirksam erworben. Im französischen Recht ist wiederum je nach Art des Forderungsübergangs zu differenzieren. Beabsichtigt der Zedent eine *cession Dailly,* so kann er nach der Rechtsprechung über eine Forderung, die einem verlängerten Eigentumsvorbehalt unterliegt, erst verfügen, wenn er gegenüber seinem eigenen Gläubiger den gesamten vereinbarten Kaufpreis gezahlt hat.[621] Dem liegt der Gedanke zu Grunde, dass der Zedent nicht mehr Rechte übertragen kann, als er selbst inne hat. Anders ist die Rechtslage bei der *subrogation* zu beurteilen, da sie eine Zahlung erfordert und nur in der Höhe der Zahlung erfolgt. Insofern ergeben sich bei ihr keine Unterschiede zur Lösung des Konflikts eines Vorbehaltsverkäufers mit einem Factor beim echten Factoring im deutschen Recht.

2. Die Folgen eines Abtretungsverbots

In beiden Rechtsordnungen ist ein vertraglich vereinbartes Abtretungsverbot grundsätzlich wirksam. Besonderheiten ergeben sich in Deutschland, wenn das Rechtsgeschäft, das die Forderung begründet hat, für beide Teile ein Handelsgeschäft ist. Der Schuldner kann sich dann nicht auf die absolute Unwirksamkeit der Abtretung berufen, denn die Abtretung wird als absolut wirksam angesehen. Dem Schuldner wird allerdings die Möglichkeit eröffnet, mit befreiender Wirkung an den bisherigen Gläubiger zu leisten, wobei seine Kenntnis von der Abtretung unbeachtlich ist.[622]

In Frankreich ist Art. L. 442-6 Abs. 2 lit. c) C. de com. von besonderer Bedeutung, besagt er doch, dass Abtretungsverbote, die sich ein Produzent, Kaufmann, Industrieller oder ein in die Handwerksrolle Eingetragener einräumen lässt, nichtig sind.[623]

3. Die Besonderheiten des Forderungsübergangs beim Factoring

Für den Factoringvertrag in Deutschland ist charakteristisch, dass dieser üblicherweise eine Globalzession der gegenwärtigen und künftigen Forderungen des Kunden gegen seine Debitoren an den Factor enthält. Die Zession steht dabei grundsätzlich unter der aufschiebenden Bedingung des Ankaufs der Forderungen

621 Dijon 09.09.1987: D. 1988, 74, Anm. *Zénati*; Paris 3 févr. 1988: GP 1988, 1, 312, concl. *Sauvel*, Anm. *Garnier* et *Leblond*: D. 1988, I. R. 84, confirmé par Cass. com. 20.06.1989: JC, éd. E, II, 15668, n. 14, obs. *Cabrillac*; D. 1989, 431.

622 Siehe hierzu: Teil 1: A. VII. 4. b.

623 Siehe hierzu: Teil 1: B. IV. 2. e. bb. (1).

durch den Factor. In der Factoringpraxis wird überwiegend echtes Factoring vereinbart. Bei diesem übernimmt der Factor nach einer Kreditwürdigkeitsprüfung das Risiko eines Forderungsausfalls, ohne dass er beim Kunden Regress nehmen kann.

Was den Forderungsübergang im Rahmen des französischen Factorings angeht, so hat sich die klassische *cession* vor allem durch die Erfüllung der Publizitätserfordernisse als schwerfällig und damit für das Factoring, bei dem es gerade um eine einfache Übertragungsmöglichkeit einer Vielzahl von Forderungen geht, als unbrauchbar erwiesen. Darüber hinaus wirkt die *cession* im grenzüberschreitenden Warenverkehr befremdlich. Ein deutscher Importeur französischer Waren wird durch die per Gerichtsvollzieher zuzustellende Abtretungsanzeige irritiert sein. Mit einer notariell erklärten Annahme des Forderungsübergangs wird er nichts anzufangen wissen und daher kaum rechnen. Die *cession* hat im Bereich der gewerblichen Finanzierungsgeschäfte, die auf einem Forderungsübergang beruhen, erheblich an Bedeutung verloren. Anwendung findet sie vorwiegend bei der Übertragung von Einzelforderungen außerhalb des Wirtschaftsverkehrs.

Die Schwerfälligkeit der Forderungsübertragung im Wege einer *cession* hat bei der gewerblichen Forderungsfinanzierung, insbesondere beim Factoring zu einem enormen Bedeutungsgewinn eines alten Rechtsinstituts, nämlich der *subrogation conventionnelle,* geführt. Dieses ist dem deutschen Recht fremd. Kommt es zu einer Befriedigung des Gläubigers durch einen anderen als den Schuldner, ohne dass die Voraussetzungen einer *cession,* insbesondere die Formerfordernisse des Art. 1690 C. civ. erfüllt sind, finden die Zessionsvorschriften anders als im deutschen Recht nicht entsprechend Anwendung (vgl. § 412 BGB). Das französische Recht hat hier das Rechtsinstitut der *subrogation* geschaffen. Der Forderungsübergang beruht auf einer besonderen Vereinbarung zwischen dem Gläubiger der Forderung und einem zahlenden Dritten. Hinderliche Publizitätserfordernisse sind zur Erlangung der Drittwirksamkeit nicht zu beachten. Es bestehen allerdings – anders als bei der *cession* – keine Gewährleistungsansprüche des Eintretenden gegen den bisherigen Gläubiger. Im Gegensatz zur *cession* sind auch Fälle denkbar, in denen der neue Gläubiger nicht in alle Rechte des bisherigen Gläubigers eintritt. Im Unterschied zur *cession* kann die *subrogation* auch nicht zum Nachteil des ersten Gläubigers geltend gemacht werden.

Mit dem Gesetz vom 2. Januar 1981 sollte Unternehmen die Aufnahme kurzfristiger Kredite erleichtert werden. Auch der im Rahmen des Factoringgeschäfts vorzunehmenden Globalzession sollten die vereinfachten Regelungen der sog. *Loi Dailly* zur Forderungsabtretung zugute kommen. Die *cession Dailly,* bei der eine Vielzahl von Forderungen in ein *bordereau* aufgenommen wird, hat jedoch nicht allzu große Verbreitung gefunden. Ein Grund hierfür ist sicherlich darin zu sehen, dass die sog. *Loi Dailly* schlichtweg zu spät kam und sich die Factoring betreibenden Kreditinstitute bereits seit einigen Jahren der *subrogation conventionnelle* als Möglichkeit der Forderungsübertragung bedienten.

Festhalten lässt sich, dass die Formanforderungen einer *cession* äußerst streng und dem deutschen Recht so nicht bekannt sind. Ganz anders ist die *cession Dailly* zu beurteilen. Sie ist von den strengen Formanforderungen der *cession* befreit. Ein einfaches Forderungsverzeichnis genügt. Die Abtretung wird zwischen den Zessionsparteien und gegenüber Dritten zu dem auf dem Verzeichnis vermerkten Datum wirksam.

Teil 2: Das internationale Factoring im Rahmen des EWG-Übereinkommens über das auf vertragliche Schuldverhältnisse anzuwendende Recht

A. Allgemeines

I. Der Begriff des internationalen Factorings

Von internationalem Factoring spricht man, wenn Geldforderungen, die abgetreten werden, aus grenzüberschreitenden Verträgen stammen.[1] Bei diesen handelt es sich typischerweise um Warenkauf-, Dienstleistungs- oder Transportverträge. Insofern kommt es nicht darauf an, ob der Factoringvertrag selbst Berührungspunkte zu einer ausländischen Rechtsordnung aufweist.

Das internationale Factoring[2] wird überwiegend in dem sog. Korrespondenzfactoring, das auch als Zwei-Factor-System bezeichnet wird, betrieben.[3] Der Kunde tritt die ihm laufend aus Exporten entstehenden, kurzfristigen Forderungen[4] gegen ausländische Debitoren an ein Kreditinstitut im eigenen Land, den Exportfactor, ab. Dieser wiederum überträgt die Forderungen an einen Korrespondenz- oder Importfactor, der seinen Sitz in dem Staat des ausländischen Debitors hat. Der Exportfactor bleibt allerdings der Ansprechpartner des Kunden und übernimmt die Finanzierung, die Delkrederehaftung und die Bonitätsüberwachung. Im Verhältnis zum Debitor tritt allein der Importfactor auf, der die Forderung einzieht.[5]

Das im nationalen Factoring bekannte Dreiecksverhältnis wird durch die Einschaltung des Importfactors zu einem Vierecksverhältnis. Auf diese Weise wird aus dem Auslandssachverhalt gewissermaßen ein inländischer Tatbestand: der Kunde hat mit einem inländischen Factor (Exportfactor) zu tun. Die Schwierigkeiten,

---

1 *Rebmann*, RabelsZ 53 (1989), 599, 601; *Goode*, in FS für *Sauveplanne*, S. 91, 94.

2 Siehe zu den möglichen Ausgestaltungsformen des internationalen Factorings: *Diehl-Leistner*, Internationales Factoring, S. 8 ff. und *Häusler*, Das UNIDROIT Übereinkommen, S. 72 ff.

3 *Diehl-Leistner*, Internationales Factoring, S. 8; *Martinek*, Moderne Vertragstypen I, S. 241; *v. Falkenhayn*, Das Verhältnis von Factor und Debitor beim Factoring, S. 10; *Häusler*, Das UNIDROIT Übereinkommen, S. 73 f.; *Schwarz*, Factoring[3], S. 137 ff.

4 Der deutsche Exportfactor wird Zahlungsziele bis zu 180 Tagen akzeptieren, während im Inland das Zahlungsziel bei 60 Tagen und ausnahmsweise bei maximal 90 Tagen liegt (*Schwarz*, Factoring[3], S. 66 ff. und S. 139).

5 *Häusler*, Das UNIDROIT Übereinkommen, S. 74.

die aufgrund einer anderen Sprache, unterschiedlichen Rechtssystemen und Gebräuchen bestehen, gehen vom Kunden auf den Exportfactor über. Der Exportfactor arbeitet regelmäßig eng mit dem Importfactor zusammen. In der Regel gehören der Exportfactor und der Importfactor demselben Factoring-Netz an. Hierbei handelt es sich um den Zusammenschluss von unabhängigen Factoringinstituten oder die Gründung von Tochterunternehmen in anderen Ländern.[6] Die Beziehungen des Exportfactors zum Importfactor werden materiellrechtlich in Standardverträgen[7], sog. Interfactor Agreements geregelt[8], die auf Vereinbarungen der Factoring-Netze über die grundsätzliche Zusammenarbeit beruhen. Da sie auch Schiedsgerichtsklauseln[9] enthalten, gibt es nur wenige Fälle, die vor staatlichen Gerichten verhandelt werden.[10]

Der Vorteil des Korrespondenzfactorings ist darin zu sehen, dass sich der Anspruch des Kunden gegen seinen ausländischen Debitor in einen Anspruch gegen einen Inländer, den Exportfactor, wandelt. Die Verbindlichkeit des Debitors gegenüber seinem ausländischen Gläubiger ändert sich entsprechend in eine gegenüber dem inländischen Importfactor. Jener ist mit den Rechtsnormen und Handelsbräuchen seines Landes vertraut, er verfügt zudem über eigene Informationen zur Bonität des Debitors, die er dem Exportfactor zur Verfügung stellt, der dann dem Kunden eine Deckungszusage erteilt.

Denkbar ist auch, dass der Exportfactor auf die Einschaltung eines im Importland ansässigen Kreditinstituts verzichtet, sog. direktes Exportfactoring. Der Vorzug für den Kunden liegt darin, dass die zusätzlichen Gebühren für einen Importfactor entfallen. Es setzt allerdings voraus, dass der Exportfactor das im Importland geltende Abtretungsrecht kennt, die Sprache des Schuldners beherrscht und mit den Regelungen vertraut ist, die notfalls zur gerichtlichen Durchsetzung der Forderung erforderlich sind. Von direktem Importfactoring spricht man hingegen, wenn der Kunde mit dem Factor des Importlandes einen Factoringvertrag schließt. Auch hier wird kein zweiter Factor eingeschaltet.[11]

---

6 *V. Westphalen*, Exportfinanzierung[3], S. 476 f.; *Häusler*, Das UNIDROIT Übereinkommen, S. 26 ff.

7 *Goode*, in FS für *Sauveplanne*, S. 91, 94.

8 Vgl. hierzu beispielsweise den Code of International Factoring Customs (IFC), des Factoring-Netzes Factors Chain International in *Hagenmüller/Sommer/Brink*, Factoringhandbuch, S. 426 ff.

9 Siehe beispielsweise Art. 2 des Code of International Factoring Customs (IFC), in *Hagenmüller/Sommer/Brink*, Factoringhandbuch, S. 426.

10 Siehe hierzu auch *Pardoel*, Les conflits de lois, n. 10.

11 Kurz erwähnt seien noch zwei weitere Formen des internationalen Factorings, nämlich das Back-to-back-Factoring und das Export-Inhouse-Factoring, die für die vorliegende Arbeit allerdings ohne Bedeutung sind. Beim Back-to-back-Factoring geht es um Forderungen, die eine Muttergesellschaft gegen ihre Tochter hat. Beim Export-Inhouse-Factoring finanziert der Factor die Forderungen und übernimmt das Delkredere, während die Buchhaltung und das Inkasso zu-

II. Eine kurze Einführung in das EWG-Übereinkommen über das auf vertragliche Schuldverhältnisse anzuwendende Recht (EVÜ)

1. Die Bedeutung des EVÜ

Solange internationales materielles Einheitsrecht fehlte oder in nunmehr vorhandenem[12] nicht alle das Factoring berührenden Rechtsfragen geregelt werden[13], unterlagen und unterliegen die Rechtsverhältnisse des internationalen Factorings dem nationalen Recht, auf das das jeweilige nationale Kollisionsrecht verweist. Auf dieses ist auch zurückzugreifen, wenn das vorhandene internationale Einheitsrecht von den Parteien ausgeschlossen wird, wie dies beispielsweise nach Art. 3 des UNIDROIT-Übereinkommens von Ottawa über das internationale Factoring möglich ist.

Die Internationalität des Factorings ergibt sich, wie oben bereits dargestellt, daraus, dass die betroffene Forderung aus einem grenzüberschreitenden Vertrag stammt. Zu klären ist, welchen Einfluss dies auf den Factoringvertrag, den Forderungsübergang und die Rechtsbeziehungen der Beteiligten hat. Die Frage nach dem auf den Factoringvertrag anwendbaren Recht stellt sich insbesondere dann, wenn sich die beiden Factoringinstitute beim Korrespondenzfactoring keinem Factoring-Netz angeschlossen haben oder bei Zugehörigkeit zu einer Factoringkette die sog. Interfactor Agreements, aus welchem Grund auch immer, keine Anwendung finden. Von Bedeutung ist sie aber auch für Fälle des direkten Importfactorings.

Mithilfe des Kollisionsrechtes sind zahlreiche weitere Fragen zu beantworten. Kurz erwähnt seien die Folgenden:

- Welches Recht ist für den Forderungsübergang maßgeblich, und welches Recht gilt für die Abtretung einer Vielzahl von Forderungen oder die Abtretung künftiger Forderungen?
- Unter welchen Voraussetzungen kann ein Zessionar den Gläubigern des Zedenten eine an ihn erfolgte Abtretung entgegenhalten?

---

nächst „im Hause" des Kunden verbleiben. Siehe zu den näheren Einzelheiten: *Diehl-Leistner*, Internationales Factoring, S. 10 f.; *Häusler*, Das UNIDROIT Übereinkommen, S. 76.

12 Das UNIDROIT-Übereinkommen von Ottawa über das internationale Factoring ist für die Bundesrepublik Deutschland am 01. 12. 1998 in Kraft getreten (Bekanntmachung über das Inkrafttreten vom 31. 08. 1998, BGBl. 1998 II, S. 2375). Es gilt ferner in folgenden Staaten: Frankreich (01. 05. 1995), Italien (01. 05. 1995), Nigeria (01. 05. 1995), Ungarn (01. 12. 1996) und Lettland (01. 03. 1998).

13 Bereits hier sei der Hinweis erlaubt, dass das UNIDROIT-Übereinkommen von Ottawa über das internationale Factoring keine Sachvorschriften für den Forderungsübergang enthält.

- Nach welchem Recht ist im Falle einer Mehrfachabtretung durch den Zedenten das Rechts- und Rangverhältnis zwischen den Zessionaren zu beurteilen?

In der Europäischen Union ist es durch das „Römische EWG-Übereinkommen über das auf vertragliche Schuldverhältnisse anzuwendende Recht“[14] (EVÜ), welches am 19.06.1980 in Rom unterzeichnet wurde und für die Bundesrepublik Deutschland im Verhältnis zu Belgien, Dänemark, Frankreich, Griechenland, Italien, Luxemburg und dem Vereinigten Königreich am 01.04.1991 in Kraft trat[15], zu einer Vereinheitlichung auf dem Gebiet des internationalen Schuldvertragsrechts gekommen.[16]

Die einheitlichen Normen über die Bestimmung des auf vertragliche Schuldverhältnisse anzuwendenden Rechts sollen unter den Vertragsstaaten gleiche (wirtschaftliche) Bedingungen schaffen, den Rechtsverkehr erleichtern und den Anreiz zum „forum shopping“, d.h. zur gezielten Ausnutzung der Unterschiede zwischen den Kollisions- und den Sachnormen der Mitgliedstaaten nehmen.

In fast allen Vertragsstaaten des EVÜ hat das Übereinkommen spätestens mit dem völkerrechtlichen Inkrafttreten für den jeweiligen Staat unmittelbare innerstaatliche Geltung mittels eines Transformationsgesetzes erlangt.

Die Bundesrepublik Deutschland hat insofern einen Sonderweg beschritten, als sie das EVÜ nicht zu unmittelbar innerstaatlich anwendbarem Recht transformiert, sondern es mit kleinen redaktionellen Änderungen in das Einführungsgesetz zum BGB inkorporiert hat.[17] Auch wenn es Bedenken gegen die Inkorporationslösung geben mag[18], ist sie mittlerweile anerkannt. Da die Artt. 1 bis 21 des EVÜ gemäß Art. 1 Abs. 2 des Gesetzes zu dem Übereinkommen vom 19.06.1980 über das auf vertragliche Schuldverhältnisse anzuwendende Recht vom 25.07.1986[19] in Deutschland keine unmittelbare Anwendung finden, haben sie auch nicht gemäß Art. 3 Abs. 2 EGBGB Vorrang vor dem autonomen deutschen IPR. Die Regelungen der Artt. 12 und 13 EVÜ zum IPR der Forderungsabtretung und der cessio legis

---

14 BGBl. 1986 II, S. 810 = *Jayme/Hausmann*, Int. Privat- und Verfahrensrecht[12], Nr. 70; konsolidierte Fassung: ABl. EG 1998 Nr. C 27, S. 34 ff.

15 Bek. vom 12.07.1991, BGBl. 1991 II, S. 871.

16 Das EVÜ gilt heute auch im Verhältnis zu den Niederlanden, Irland, Portugal, Spanien, Schweden, Österreich und Finnland.

17 Vergleiche hierzu beispielsweise: Art. 27 Abs. 1 S. 3 EGBGB mit Art. 3 Abs. 1 S. 3 EVÜ, Art. 27 Abs. 2 EGBGB mit Art. 3 Abs. 2 EVÜ, Art. 30 EGBGB mit Art. 6 EVÜ, Art. 11 Abs. 2 bis 4 EGBGB mit Art. 9 Abs. 2, 3 und 6 EVÜ, Art. 12 Abs. 1 S. 1 EGBGB mit Art. 11 EVÜ.

18 Siehe hierzu: Stellungnahme des Max-Planck-Instituts für ausländisches und internationales Privatrecht zum Regierungsentwurf von 1983, RabelsZ 47 (1983), 595, 602 ff.; *v. Hoffmann*, IPRax 1984, 10, 11 f.; *Jayme/Kohler*, IPRax 1985, 65, 69.

19 BGBl. 1986 II, S. 809.

hat der deutsche Reformgesetzgeber von 1986 im Wesentlichen unverändert in den neuen Art. 33 EGBGB als innerstaatliches Recht übernommen.[20]

Nach Art. 36 EGBGB[21] haben die Gerichte der Bundesrepublik Deutschland bei der Auslegung und der Anwendung der für vertragliche Schuldverhältnisse geltenden Vorschriften zu berücksichtigen, dass die ihnen zugrunde liegenden Regelungen des EVÜ in den Vertragsstaaten einheitlich ausgelegt und angewandt werden sollen.

Im Gegensatz zu Deutschland hat Frankreich die Normen des EVÜ nicht in sein autonomes IPR eingebracht und auch keine Änderungen vorgenommen. Das bisherige autonome IPR besteht neben den Regelungen des EVÜ weiter, hat allerdings seine Bedeutung nahezu verloren.[22]

Schwierigkeiten bei dem erstrebten Ziel der Rechtseinheit ergeben sich insbesondere dadurch, dass in Art. 12 EVÜ, dem Art. 33 Abs. 1 und 2 EGBGB weitestgehend entspricht, wichtige Aspekte der Forderungszession nicht geregelt werden. So ist unklar, welchem Recht der Forderungsübergang im Verhältnis von Zedent und Zessionar unterliegt und welches Recht darüber entscheidet, ob eine Abtretung ein kausales oder abstraktes Rechtsgeschäft ist. Offen ist zudem, welchem Statut die Voraussetzungen und Wirkungen einer Abtretung im Verhältnis zu sonstigen Dritten zuzuordnen sind.

Diese Fragen werden innerhalb Europas unterschiedlich beantwortet. Der BGH wendet für das Verhältnis von zwei konkurrierenden Zessionaren derselben Forderung unter Bezugnahme auf Art. 33 Abs. 2 EGBGB das Recht der abgetretenen Forderung an.[23] Anders sieht dies der *Hoge Raad* der Niederlande[24], der bei der Abtretung im Verhältnis des Zessionars zu Gläubigern des Zedenten Art. 12 Abs. 1 EVÜ und damit das Statut, dem die schuldrechtlichen Beziehungen zwischen Zedent und Zessionar unterliegen (Verpflichtungsstatut), anwendet. Die Unklarheiten hinsichtlich der kollisionsrechtlichen Behandlung der Drittwirkungen einer Abtretung zeigen sich auch in der Entscheidung *Raiffeisen Zentralbank v. Five Star Trading LLC.*[25]

Diese unterschiedlichen Ergebnisse hängen u. a. damit zusammen, dass die Systeme der rechtsgeschäftlichen Forderungsübertragung in den nationalen Rechtsordnungen erheblich voneinander abweichen. So werden nach deutschem

20 Staudinger[13]/*Hausmann*, Art. 33 EGBGB Rdnr. 4.

21 Art. 36 EGBGB entspricht Art. 18 EVÜ.

22 *Ferid/Sonnenberger*, Französisches Zivilrecht 1/1[2], Rdnr. 1 B 246.

23 BGH, Urteil vom 08. 12. 1998, NJW 1999, 940 = JZ 1999, 404 mit Anmerkung *Kieninger* = IPRax 2000, 128 mit Anm. *Stadler*, IPRax 2000, 104 ff.; BGHZ 111, 376, 381 f. = IPRax, 1991, 248, 249 mit Anmerkung *Stoll*, IPRax 1991, 223 ff.

24 Urteil vom 16. 05. 1997, NIPR 1997, Nr. 209; dazu *Joustra*, IPRax 1999, 280 ff.

25 2001, QB 825 (CA).

Recht die Abtretungsvoraussetzungen einheitlich bestimmt. Verpflichtungs- und Verfügungsgeschäft werden allerdings strikt voneinander getrennt und sind abstrakt. Das deutsche Recht gilt als abtretungsfreundlich, da der Forderungsübergang formlos möglich ist und mit der Einigung der Zessionsparteien Wirkung entfaltet und zwar nicht nur in ihrem Verhältnis, sondern *erga omnes*. Die Erfüllung von Publizitätsvorschriften ist zur Erlangung einer Drittwirksamkeit demnach nicht erforderlich.

Die romanischen Rechtsordnungen hingegen zeichnen sich durch das Konsensualprinzip aus. So geht bei der *cession de créance* des französischen Rechts die Forderung, wie oben gezeigt[26], im Verhältnis von Zedent zu Zessionar bereits mit Abschluss des schuldrechtlichen Vertrags über. Hierbei wird das Verfügungsgeschäft nicht scharf von dem ihm zugrunde liegenden Verpflichtungsgeschäft abgegrenzt. Es wird jedoch zwischen dem Innenverhältnis der Zessionsparteien zueinander und dem Außenverhältnis der Zessionsparteien zum Schuldner und zu anderen Dritten unterschieden. Je nachdem, welche Rechtsbeziehung betroffen ist, müssen unterschiedliche Voraussetzungen vorliegen und treten andere Rechtswirkungen ein.

Etwas anders ist die Rechtslage bei der *subrogation conventionnelle* zu beurteilen. Eine Differenzierung nach Innen- und Außenverhältnis ist ihr fremd. Der neue Gläubiger tritt in die Rechtsstellung des bisherigen ein, wenn letzterer als Forderungsinhaber ausdrücklich dem Forderungsübergang im Augenblick der Zahlung durch den neuen Gläubiger zustimmt. Es kann aber nicht angenommen werden, dass diese Möglichkeit der Forderungsübertragung bei der Schaffung des Art. 12 EVÜ von Bedeutung war. Dafür handelt es sich bei der *subrogation conventionnelle* zu sehr um eine exotische Rechtsfigur, sogar innerhalb des französischen Zivilrechts, als dass sie hätte maßgeblich Einfluss auf die Gestaltung und Systematik des Art. 12 EVÜ nehmen können.[27]

Unsicherheiten bei der Auslegung und Anwendung des EVÜ sollen durch die beiden Brüsseler Protokolle vom 19.12.1988[28] betreffend die Auslegung des EVÜ durch den Gerichtshof der Europäischen Gemeinschaften (EuGH) ausgeräumt

26 Teil 1: B. IV. 1. b. bb.

27 *Einsele* (ZVglRWiss 90 (1991), 1, 13 f.) verweist darauf, dass die sach- und kollisionsrechtliche Behandlung der Forderungsabtretung im französischen Recht neben dem englischen Grundlage des Art. 12 EVÜ und damit auch des Art. 33 Abs. 1 und Abs. 2 EGBGB ist. Diese Ansicht vertritt auch *Kaiser* (Verlängerter Eigentumsvorbehalt und Globalzession im IPR, S. 219). *Siehr* (IPR, S. 234) betont, Art. 33 Abs. 1 EGBGB sei als Kopie des Art. 12 Abs. 1 EVÜ übernommen worden, weil das EVÜ insofern einer französischen Gesetzgebungstechnik folge.

28 ABl. EG 1989, Nr. L 48, 1, 17 und 1998, Nr. C 27, 47 = *Jayme/Hausmann*, Int. Privat- und Verfahrensrecht[12], Nr. 71: Erstes Brüsseler Protokoll betreffend die Auslegung des am 19. Juni 1980 in Rom zur Unterzeichnung aufgelegten Übereinkommens über das auf ver-

werden. Diese Auslegungsprotokolle sehen ein Vorabentscheidungsverfahren beim EuGH bezüglich etwaiger Zweifel bei der Auslegung des EVÜ nach dem Vorbild des Auslegungsprotokolls zum EuGVÜ (Brüsseler EWG-Übereinkommen über die gerichtliche Zuständigkeit und die Vollstreckung gerichtlicher Entscheidungen in Zivil- und Handelssachen)[29] vom 03.06.1971 vor. Nachdem Belgien als letzter Vertragsstaat seine Ratifikationsurkunde sowohl für das 1. als auch für das 2. Protokoll am 05.05.2004 hinterlegt hat, sind beide Protokolle am 01.08.2004 für die 15 Vertragsstaaten des EVÜ in Kraft getreten.[30]

Damit obliegt es nicht mehr den nationalen Gerichten, der Gefahr einer unterschiedlichen Anwendung der Kollisionsnormen zu begegnen und die Rechtseinheit zu wahren. Es ist nunmehr dem EuGH überlassen, bei Auslegungszweifeln den mehrsprachigen Übereinkommenstext, den dazu von *Giuliano/Lagarde* angefertigten Bericht[31] sowie die einschlägige Rechtsprechung und Literatur in den Vertragsstaaten heranzuziehen.

Im Folgenden wird das auf die zu übertragende Forderung anwendbare Recht als Forderungsstatut bezeichnet. Das gemäß Art. 12 Abs. 1 EVÜ bzw. Art. 33 Abs. 1 EGBGB berufene Recht, das die Rechtsbeziehung zwischen den Zessionsparteien beherrscht, wird als Verpflichtungsstatut bezeichnet.

---

tragliche Schuldverhältnisse anzuwendende Recht durch den Gerichtshof der Europäischen Gemeinschaften.
ABl. EG 1989, Nr. L 48, 1, 17 und 1998, Nr. C 27, 47 = *Jayme/Hausmann*, Int. Privat- und Verfahrensrecht[12], Nr. 72: Zweites Brüsseler Protokoll zur Übertragung bestimmter Zuständigkeiten für die Auslegung des am 19. Juni 1980 in Rom zur Unterzeichnung aufgelegten Übereinkommens über das auf vertragliche Schuldverhältnisse anzuwendende Recht auf den Gerichtshof der Europäischen Gemeinschaften.

29 ABl. EG 1972, Nr. L 299, S. 32 = *Jayme/Hausmann*, Int. Privat- und Verfahrensrecht[12], Nr. 151: Luxemburger Protokoll betreffend die Auslegung des Übereinkommens vom 27. September 1968 über die gerichtliche Zuständigkeit und die Vollstreckung gerichtlicher Entscheidungen in Zivil- und Handelssachen durch den Gerichtshof.

30 Deutschland hat beide Protokolle ratifiziert (vgl. Gesetz zu den Protokollen vom 19.12.1988 betreffend die Auslegung des Übereinkommens vom 19.06.1980 über das auf vertragliche Schuldverhältnisse anzuwendende Recht durch den Gerichtshof der Europäischen Gemeinschaften sowie zur Übertragung bestimmter Zuständigkeiten für die Auslegung dieses Übereinkommens auf den Gerichtshof der Europäischen Gemeinschaften vom 16.11.1995, BGBl. 1995 II, S. 914 f.).

31 Bericht über das Übereinkommen über das auf vertragliche Schuldverhältnisse anzuwendende Recht, ABl. EG 1980, Nr. C 282/1 ff.

2. Ausblick auf einen europäischen Justizraum

In dem Vertrag von Amsterdam[32] wurde das Ziel formuliert, das Funktionieren des Binnenmarktes noch effizienter zu gestalten und die Wettbewerbsfähigkeit der europäischen Industrie durch kostenwirksame, gezielte Maßnahmen zu stärken.

Der EG wurde die Kompetenz zur Harmonisierung des Internationalen Privat- und Verfahrensrechts übertragen. Insbesondere völkerrechtliche Verträge können in Gemeinschaftsrechtsakte umgestaltet werden. Die Vorteile von Gemeinschaftsrechtsakten bestehen darin, dass sie zum selben Zeitpunkt in allen EU-Mitgliedstaaten in Kraft treten, kein Ratifikationsverfahren und bei einem Beitritt neuer Staaten zur EU kein Beitrittsübereinkommen erforderlich ist. Der EuGH kann nach den im EGV vorgesehenen Vorschriften angerufen werden, ohne dass es eines Auslegungsprotokolls bedarf. Auf diese Weise kommt es zu einer Verbesserung bzw. Kohärenz der geltenden und künftigen Vorschriften.

Bereits im Dezember 2000 wurde die Verordnung (EG) Nr. 44/2001 des Rates vom 22.12.2000 über die gerichtliche Zuständigkeit und die Anerkennung und Vollstreckung von Entscheidungen in Zivil- und Handelssachen verabschiedet.[33] Sie ist nach ihrem Art. 76 am 01.03.2002 in Kraft getreten und ersetzt das Brüsseler EWG-Übereinkommen über die gerichtliche Zuständigkeit und die Vollstreckung gerichtlicher Entscheidungen in Zivil- und Handelssachen (EuGVÜ) im Verhältnis aller EG-Mitgliedstaaten bis auf Dänemark. Abgesehen von einem anderen Namen, einer geänderten Artikelabfolge und der neuen Rechtsgrundlage (Art. 65, 249 Abs. 1 EGV) enthält sie kaum inhaltliche Neuerungen.[34] Die Rechtsform der Verordnung wurde allerdings gewählt, um der Einheitlichkeit und Transparenz der Regelungen sowie dem Bedürfnis nach zeitnaher Anwendung Rechnung zu tragen.[35] Ihre Vorteile liegen in ihrer unmittelbaren Verbindlichkeit, der sprachlichen Überarbeitung des EuGVÜ und der Einarbeitung der Rechtsprechung des EuGH.[36]

Bemerkenswert an der Anerkennungspflicht von Entscheidungen mit der geplanten Abschaffung des Exequaturs ist, dass mit ihr keine weitere Vereinheitlichung von Kollisionsnormen einhergegangen ist. Es ist denkbar, dass eine Anerkennungspflicht auch im Falle einer kollisionsrechtlichen Abweichung besteht.[37] Die Kommission weiß um das Problem der Kollisionsnormen, die unterschiedliche Verweisungen

32 Er ist am 01.05.1999 in Kraft getreten (Bek. vom 06.04.1999, BGBl. 1999 II, S. 296).

33 ABl. EG, Nr. L 12 vom 16.01.2001, S. 1. Im Folgenden abgekürzt mit EuGVVO (Europäische Gerichtsstands- und Vollstreckungsverordnung).

34 *Heß/Hub*, IPRax 2003, 93.

35 *Micklitz/Rott*, EuZW 2001, 325, 326.

36 *Micklitz/Rott*, EuZW 2001, 325, 333.

37 Auf diese Gefahr weist insbesondere *Kohler* (IPRax 2003, 401, 406) hin.

aussprechen und zu divergierenden Ergebnissen aufgrund von Sachnormen führen. Sie unternimmt erste Schritte zur Vergemeinschaftung des EVÜ.

Die Kommission der Europäischen Gemeinschaften hat das Grünbuch über die Umwandlung des EVÜ in ein Gemeinschaftsinstrument sowie über seine Aktualisierung vom 14.01.2003 veröffentlicht.[38] Mit ihm soll eine breite Anhörung interessierter Kreise über eine Reihe rechtlicher Fragen im Zusammenhang mit der Umwandlung des EVÜ sowie über eine inhaltliche Anpassung in die Wege geleitet werden.

Das EVÜ wurde noch als „normaler" völkerrechtlicher Vertrag geschlossen. Es baut auf allseitigen Kollisionsnormen auf.[39] Seine Regeln unterscheiden nicht danach, ob der zu entscheidende Sachverhalt einen Binnenmarktbezug aufweist oder nicht. Soll das EVÜ nunmehr in einen Gemeinschaftsrechtsakt überführt werden, so stellt sich die Frage, ob Art. 65 EGV als Kompetenzgrundlage in Betracht kommt, da er einen Binnenmarktbezug erfordert. Echte allseitige Kollisionsnormen könnten mit dem Binnenmarktbezug unvereinbar sein. Nach der deutschen vorherrschenden Lehre ist dies allerdings nicht der Fall.[40]

Parallel zum Grünbuch hat die Kommission einen Aktionsplan zu einem kohärenten europäischen Vertragsrecht vorgelegt.[41] Das Grünbuch und der Aktionsplan ergänzen sich gegenseitig. Dies gilt auch für die Frage, wie sich ein vorgesehenes vergemeinschaftetes Kollisionsrecht zu dem Vorhaben eines europäischen Vertragsrechts[42] verhält. Die Befürchtung, bei einer Angleichung des materiellen Vertragsrechts komme es nicht mehr auf die Bestimmung des zur Anwendung berufenen Rechts an, ist unbegründet. Die harmonisierten Sachnormen finden Einzug in die einzelnen nationalen Rechtsordnungen und werden in ihre Systematik und Dogmatik integriert, so dass die Frage, welches nationale Recht auf einen bestimmten Sachverhalt anzuwenden ist, weiterhin von Bedeutung ist.[43] Aus Sicht der Kommission ist darüber hinaus das Ziel des Projekts eines europäischen Vertragsrechts gegenwärtig weder eine völlige Angleichung des Vertragsrechts der Mitgliedstaaten noch die Schaffung eines europäischen Zivilgesetzbuchs. Es geht vielmehr um einen gemeinsamen Referenzrahmen, der gemeinsame Grundsätze

38 EVÜ (konsolidierte Fassung), ABl. EG 1998 Nr. C 27, S. 34 ff./Anhang II.

39 Nach Art. 2 EVÜ ist das nach dem Übereinkommen bezeichnete Recht auch dann anzuwenden, wenn es das Recht eines Nichtvertragsstaats ist.

40 Vgl. *Hau*, Rahmenbedingungen einer Vergemeinschaftung des Internationalen Vertragsrechts, in: Das Grünbuch zum Internationalen Vertragsrecht, 13, 17.

41 Mitteilung der Kommission an das Europäische Parlament und den Rat, ABl. C 63, vom 15.03.2003, S. 1 ff.

42 Mitteilung der Kommission zu einem Europäischen Vertragsrecht vom 02.07.2001 mit dem Ziel, die Diskussion über die Harmonisierung des materiellen Vertragsrechts auszuweiten, ABl. C 255, vom 13.09.2001, S. 1 ff.

43 *Kohler*, IPRax 2003, 401, 408.

und Begriffe im Bereich des europäischen Vertragsrechts festlegt.[44] Er soll Gemeinschaftsorganen bei der kohärenten Ausgestaltung von geltenden und künftigen Gemeinschaftsvorschriften helfen und den Bedürfnissen und Erwartungen der Wirtschaftsteilnehmer in einem Binnenmarkt entsprechen, der sich zu einem der dynamischsten Wirtschaftsräumen der Welt entwickeln soll.[45]

Das Grünbuch der Kommission widmet sich in Frage 18 der Forderungsabtretung. Gefragt wird, ob es zweckmäßig sei, in einem künftigen Rechtsinstrument festzulegen, welches Recht für die Frage maßgeblich ist, ob die Abtretung einer Forderung Dritten entgegengehalten werden kann und wenn ja, welche Kollisionsnorm vorgeschlagen würde. Bei Frage 19 geht es um das Verhältnis von Art. 12 zu Art. 13 EVÜ. Es wird zum einen gefragt, ob es zweckmäßig sei, den jeweiligen Anwendungsbereich der Artt. 12 und 13 zu präzisieren und zum anderen, ob eine Kollisionsnorm für die freiwillige Erfüllung einer fremden Verbindlichkeit ohne entsprechende Verpflichtung vorgesehen werden sollte.

Im jetzigen Stadium ist allerdings noch nichts entschieden. Bei der Ausarbeitung des EVÜ in einen Gemeinschaftsrechtsakt wird die Balance zwischen klaren, der Rechtssicherheit dienenden Regelungen und flexiblen Vorschriften, die den besonderen Umständen des Einzelfalles gerecht werden, zu wahren sein.

B. Das Kollisionsrecht des internationalen Factorings in Deutschland

I. Die Rechtsbeziehung des Kunden zum Debitor (des Zedenten zum Schuldner)

Auf die Rechtsbeziehungen des Kunden zu seinen ausländischen Debitoren ist regelmäßig internationales materielles Einheitsrecht, beispielsweise das Wiener UN-Übereinkommen über Verträge über den internationalen Warenkauf (CISG) vom 11.04.1980[46] oder das Genfer Übereinkommen über den Beförderungsvertrag im internationalen Straßengüterverkehr (CMR) vom 19.05.1956[47] anwendbar.

Sollte dies nicht der Fall sein, so ist in Deutschland auf die Art. 27 und 28 EGBGB, die im Wesentlichen den Artt. 3 und 4 EVÜ entsprechen, zurückzugrei-

44 Mitteilung der Kommission an das Europäische Parlament und den Rat, ABl. C 63, vom 15.03.2003, S. 10 ff.

45 Vgl. Schlussfolgerungen des Vorsitzes, Tagung des Europäischen Rates von Lissabon am 23. und 24. März 2000.

46 BGBl. 1989 II, S. 588 = *Jayme/Hausmann*, Int. Privat- und Verfahrensrecht[12], Nr. 77.

47 BGBl. 1961 II, S. 1119/BGBl. 1989 II, S. 586 = *Jayme/Hausmann*, Int. Privat- und Verfahrensrecht[12], Nr. 153.

fen. Nach ihnen wird das auf Schuldverträge anwendbare Recht in drei Stufen ermittelt:

1. Ausdrückliche Rechtswahl der Parteien (Art. 27 Abs. 1, S. 1 EGBGB)
2. Stillschweigende Rechtswahl der Parteien (Art. 27 Abs. 1, S. 2, 2. Alt. EGBGB)
3. Objektive Anknüpfung nach der „engsten Verbindung“ (Art. 28 Abs. 1, S. 1 EGBGB), wobei diese für die wichtigsten Vertragstypen durch widerlegbare Vermutungen in Art. 28 Abs. 2 bis 4 EGBGB konkretisiert wird.

Im Rahmen des Exportfactorings ist zu beobachten, dass Factoringinstitute versuchen, Einfluss auf die Rechtswahlklauseln ihrer Kunden dahingehend zu nehmen, dass diese in Verträgen mit ihren Abnehmern/Debitoren das an ihrem Sitz, also das des Factoringkunden, und das an der Niederlassung des Factors geltende Recht vereinbaren.[48]

Für das internationale Factoring in seiner typischen Form des Korrespondenzfactorings bedeutet dies in der Regel, dass im deutschen Export die Verträge über Warenlieferungen oder Dienstleistungen deutschem Recht unterliegen und zwar entweder aufgrund einer entsprechenden Rechtswahl oder nach der Vermutung des Art. 28 Abs. 2 EGBGB. Nur in Ausnahmefällen, etwa wenn der ausländische Debitor mittels einer Rechtswahl die Anwendbarkeit seines Rechts durchsetzen kann, wird es auf eine fremde Rechtsordnung ankommen.

II. Die Rechtsbeziehung der Parteien des Factoringvertrags: Kunde und Factor (Zedent und Zessionar)

1. Der Factoringvertrag

a. Vorbemerkung

Wie oben bereits kurz angesprochen, fehlt dem Factoringvertrag beim direkten Exportfactoring und beim Korrespondenzfactoring im Verhältnis des Kunden zum Exportfactor ein eigener Auslandsbezug. Ausreichend ist aber, dass die zu übertragende Forderung aus einem grenzüberschreitenden Vertrag stammt. Nach dem auf den Factoringvertrag anwendbaren Recht ist demnach beim Importfactoring und beim Korrespondenzfactoring im Verhältnis der beiden Factoringinstitute zueinander zu fragen. Dies gilt zumindest dann, wenn sie entweder keinem Factoringnetz angehören oder bei Zugehörigkeit zu einer Factoringkette sog. Interfactor Agreements keine Anwendung finden. Die Frage nach dem auf den Factoringvertrag anwendbaren Recht stellt sich auch beim Export- und Korrespondenzfactoring im Verhältnis des Kunden zum Exportfactor.

48 *Diehl-Leistner*, Internationales Factoring, S. 97.

Freilich besitzt die Frage in den beiden letztgenannten Factoringvarianten im Verhältnis des Kunden zu seinem Factor kaum Relevanz. In der Regel wird nämlich das Recht des Staates zur Anwendung kommen, in dem sowohl der Factor als auch der Kunde ihren Sitz haben.

b. Die Bestimmung des auf den Factoringvertrag anwendbaren Rechts

Welches Recht auf das einer Abtretung zu Grunde liegende kausale Verpflichtungsgeschäft anwendbar ist, regelt Art. 33 Abs. 1 EGBGB. Danach kommt es bei der Abtretung einer Forderung für die Verpflichtung zwischen dem bisherigen und dem neuen Gläubiger auf das Recht an, dem der Vertrag zwischen ihnen unterliegt. Art. 33 Abs. 1 EGBGB verweist auf die Artt. 27 ff. EGBGB. Das auf einen Factoringvertrag anwendbare Recht ist mithin in drei Stufen zu ermitteln.[49]

1. Zunächst ist danach zu fragen, ob die Parteien des Vertrags eine Rechtswahl getroffen haben. Diese kann ausdrücklich, etwa in Allgemeinen Geschäftsbedingungen vorgenommen worden sein. Ist das der Fall, so ist fraglich, ob die Rechtswahlklausel wirksam ist. Dies beurteilt sich nach Art. 27 Abs. 4 EGBGB, der auf Art. 31 EGBGB verweist. Entscheidend ist das darin genannte Recht.[50]
2. Liegt keine ausdrückliche Rechtswahl vor, so kann sich das anwendbare Recht nach Art. 27 Abs. 1, S. 2 EGBGB aus den Bestimmungen des Vertrags oder den Umständen des Falles ergeben (konkludente Rechtswahl).
3. Lässt sich weder eine ausdrückliche noch eine stillschweigende Rechtswahl ausmachen, so ist im Sinne des Art. 28 Abs. 1, S. 1 EGBGB nach dem Recht des Staates zu fragen, zu dem der Vertrag die engsten Verbindungen aufweist.

   Beruht die Abtretung etwa auf einem Forderungskauf, so gilt bei fehlender Rechtswahl der Parteien, dass das Recht des Staates zur Anwendung kommt, zu dem der Kaufvertrag die engste Verbindung hat. Nach der Vermutung des Art. 28 Abs. 2, S. 1 EGBGB ist hierbei der Niederlassungsort der Vertragspartei maßgeblich, die die für den Vertrag charakteristische Leistung erbringt. Bei gegenseitigen Verträgen ist es in der Regel die Sach- und nicht die Geldleistung, die dem Vertrag ihr rechtliches Gepräge gibt.[51] Dies gilt auch für einen Kaufvertrag über Forderungen. Die vertragscharakteristische Leistung wird am Verkäuferort

49 Besondere Relevanz hat die Frage nach dem auf den Factoringvertrag anwendbaren Recht beim direkten Importfactoring und beim Korrespondenzfactoring im Verhältnis der beiden Factoringinstitute zueinander, wenn die Interfactor Agreements keine Anwendung finden.

50 MünchKomm[3]/*Spellenberg*, Art. 31 EGBGB Rdnr. 18.

51 *Kropholler*, IPR[5], § 52 III 2; *v. Hoffmann*, IPR[7], S. 404.

vorgenommen.[52] Damit gelten für den Verkauf von Forderungen die gleichen Regeln wie für den Fahrniskauf.[53]

Eine andere Beurteilung ist jedoch beim Factoringvertrag vorzunehmen. In der Regel ist es nämlich der Factor, der die vertragscharakteristische Leistung erbringt. Seine Dienstleistungen, aus denen er seinen Erwerb ableitet, sind es, die wirtschaftlich im Vordergrund stehen.[54] Dies hat zur Folge, dass das Recht maßgebend ist, das am Niederlassungsort des Factors herrscht.[55] Auf das Recht, das am Sitz der Partei herrscht, die die Forderungen überträgt, kommt es nicht an. Insofern unterscheidet sich die Anknüpfung des Factoringvertrags von der eines einfachen Forderungskaufvertrags.

Beim Korrespondenzfactoring ist folgendes zu beachten: Sind ein Exportfactor und ein Importfactor beteiligt, so fehlt es zwischen dem Exporteur und dem Exportfactor, abgesehen von der Herkunft der zu übertragenden Forderung aus einem grenzüberschreitendem Vertrag, an einer unmittelbaren Auslandsberührung, da beide ihren Sitz in dem gleichen Staat haben. Eine Auslandsberührung besteht jedoch in dem Verhältnis von Export- zu Importfactor.[56] Bei fehlender Rechtswahl ist für dieses im Sinne des Art. 28 Abs. 2 S. 1 EGBGB auf das Recht abzustellen, welches am Niederlassungsort des Importfactors herrscht.[57] Der Importfactor kennt und nutzt die Handelsgewohnheiten seines Landes. Seine vertragscharakteristische Leistung ist darin zu sehen, dass er die Bonität des Debitors prüft, das Delkredererisiko und den Forderungseinzug übernimmt.

Zusammenfassend lässt sich festhalten, dass sowohl beim Importfactoring als auch beim Korrespondenzfactoring im Verhältnis der beiden Factoringinstitute zueinander bei fehlender Rechtswahl auf das an der Niederlassung des Importfactors herrschende Recht abzustellen ist.

---

52 Palandt[64]/*Heldrich*, Art. 28 EGBGB Rdnr. 8.

53 MünchKomm[3]/*Martiny*, Art. 28 EGBGB Rdnr. 116. Bei Kaufverträgen über Waren zwischen Parteien, die ihre Niederlassung in verschiedenen Staaten haben, kann jedoch auch Einheitskaufrecht, also das Wiener UN-Übereinkommen über Verträge über den internationalen Warenkauf, Anwendung finden.

54 Eine ausführliche Begründung zur Anwendung des am Sitz des Factors herrschenden Rechts bietet *Diehl-Leistner* (Internationales Factoring, S. 82 ff.), die darauf abstellt, dass der Factor derjenige ist, der die berufstypische Leistung erbringt. Siehe auch: MünchKomm[3]/*Martiny*, Art. 28 EGBGB Rdnr. 245 a; *Basedow*, ZEuP 1997, 615, 619.

55 *Basedow*, ZEuP 1997, 615, 619; *Ferrari*, RIW 1996, 181, 188, *Diehl-Leistner*, Internationales Factoring, S. 82 ff.; *Reithmann/Martiny*, Int. Vertragsrecht[6], Rdnr. 1228.

56 *V. Westphalen*, Exportfinanzierung[3], S. 478.

57 *Diehl-Leistner*, Internationales Factoring, S. 86; MünchKomm[3]/*Martiny*, Art. 28 EGBGB Rdnr. 245 a; *Basedow*, ZEuP 1997, 615, 620.

2. Die Reichweite des Art. 33 Abs. 1 EGBGB

Das nach Art. 33 Abs. 1 EGBGB zur Anwendung berufene sog. Verpflichtungsstatut entscheidet beim Forderungskauf, ob der Zedent für die Bonität und Verität der abgetretenen Forderung haftet.[58] Es regelt darüber hinaus, welche Haftungsfolgen im Falle mangelnder Übertragbarkeit oder Durchsetzbarkeit der Forderung eintreten.[59]

Fragen nach der Rechts- und Geschäftsfähigkeit der Parteien, nach der Stellvertretung, nach der gesellschaftsrechtlichen Befugnis zur Abtretung, nach den materiellen Voraussetzungen der Willenseinigung bei Vertragsschluss, nach den Formvorschriften sowie nach dem Inhalt eines wirksam zustande gekommenen Vertrags sind allerdings nach den allgemeinen Kollisionsregeln anzuknüpfen.[60]

Nach der Regelung des Art. 35 Abs. 1 EGBGB sind Rück- und Weiterverweisungen im Geltungsbereich des Art. 33 EGBGB ausgeschlossen. Nur auf diese Weise wird der Normzweck erreicht. Der Schuldner muss auf die Anwendbarkeit des Forderungsstatuts vertrauen können. Sein Schutz soll nicht durch die Beachtung eines Renvoi unterlaufen werden.[61]

3. Der Forderungsübergang

Welches Recht auf die Abtretung als Verfügungsgeschäft anwendbar ist, ist weder in Art. 33 Abs. 1 noch in Abs. 2 EGBGB ausdrücklich geregelt. Zur Beantwortung dieser Frage werden unterschiedliche Auffassungen vertreten.

a. Regelungslücke und Anwendung des an der Niederlassung des Zedenten herrschenden Rechts

Eine in der Literatur anzutreffende Ansicht geht davon aus, dass Art. 12 Abs. 1 EVÜ mangels ausdrücklicher Regelung nicht entnommen werden kann, dass ihm die Abtretung als Verfügungsgeschäft unterfällt.[62] Art. 12 Abs. 1 EVÜ spricht in seiner englischen und französischen Fassung von *„obligations“*. Art. 33 Abs. 1 EGBGB verwendet dementsprechend den Begriff „Verpflichtungen“.

58 *Reithmann/Martiny*, Int. Vertragsrecht[6], Rdnr. 333; *Kaiser*, Verlängerter Eigentumsvorbehalt und Globalzession im IPR; S. 179; *Ferid*, IPR[3], Rdnr. 6-122; *Siehr*, IPR, S. 234.

59 *V. Bar*, RabelsZ 53 (1989), 462, 466.

60 *Diehl-Leistner*, Internationales Factoring, S. 80 m.w.N. Siehe hierzu auch Staudinger[13]/*Hausmann*, Art. 33 EGBGB Rdnr. 54 ff.

61 Staudinger[13]/*Hausmann*, Art. 33 EGBGB Rdnr. 5; MünchKomm[3]/*Martiny*, Art. 33 EGBGB Rdnr. 45.

62 *Kieninger*, RabelsZ 62 (1998), 678, 689.

Diese Auffassung kann sich neben dem eindeutigen Wortlaut des jetzigen Art. 12 Abs. 1 EVÜ auf seine Entstehungsgeschichte stützen. Sein erster Absatz hatte ursprünglich folgende Fassung:

„Bei Übertragung einer Forderung durch Vereinbarung werden die Beziehungen zwischen Zedent und Zessionar durch das auf diese Vereinbarung anzuwendende Recht geregelt."

Diese Formulierung hätte als eine Regelung sowohl zum Verpflichtungs- als auch zum Verfügungsgeschäft verstanden werden können.

Heute hat Art. 12 Abs. 1 EVÜ indes folgenden Wortlaut:

„Für die Verpflichtungen zwischen Zedent und Zessionar einer Forderung ist das Recht maßgeblich, das nach diesem Übereinkommen auf den Vertrag zwischen ihnen anzuwenden ist."

Die Änderung des Wortlauts, der nunmehr allein auf die Verpflichtungen zwischen Zedent und Zessionar abgestellt, wird als eine bewusste Nichtregelung des Verfügungsgeschäfts gewertet.[63]

Der Grund der Einschränkung bestand darin, dass Auslegungsschwierigkeiten im deutschen Recht bzw. Überschneidungen mit Art.12 Abs. 2 EVÜ befürchtet wurden.[64] Sollten allerdings, wie der *Giuliano/Lagarde*-Bericht nahe legt, die Schwierigkeiten des deutschen Gesetzesanwenders tatsächlich in der Formulierung des Entwurfs „Übertragung einer Forderung durch Vereinbarung" im Verhältnis zu den Wirkungen der Abtretung gegenüber dem Schuldner gelegen haben, so stellt die nunmehr gültige Fassung des Art. 33 Abs. 1 EGBGB mit der Formulierung „bei Abtretung einer Forderung" keine eindeutigere dar. Klarheit ergibt vielmehr die Formulierung in Art. 12 Abs. 1 EVÜ bzw. Art. 33 EGBGB „für die Verpflichtungen".

Fraglich ist dennoch, ob mit der jetzigen Fassung des Art. 12 EVÜ bzw. Art. 33 EGBGB nicht lediglich verhindert werden sollte, dass in Rechtssystemen, in welchen die Abtretung als Kausalgeschäft verstanden wird, das auf die Abtretungsvereinbarung anzuwendende Recht auch die Voraussetzungen für die Wirksamkeit der Abtretung gegenüber dem Schuldner bestimmt.

Die Vertreter der vorstehend dargestellten Auffassung schließen die Lücke des EVÜ hinsichtlich des im Innenverhältnis zwischen Zedent und Zessionar

---

63 *Kieninger*, RabelsZ 62 (1998), 678, 689.

64 *Giuliano/Lagarde*, ABl. EG 1980, Nr. C 282/34 f. Art. 12 Abs. 2 EVÜ lautet folgendermaßen: „Das Recht, dem die übertragene Forderung unterliegt, bestimmt ihre Übertragbarkeit, das Verhältnis zwischen Zessionar und Schuldner, die Voraussetzungen, unter denen die Übertragung dem Schuldner entgegengehalten werden kann, und die befreiende Wirkung einer Leistung durch den Schuldner."

auf die Wirksamkeit der Abtretung anwendbaren Rechts, indem sie das am Sitz des Zedenten herrschende Recht heranziehen.[65] Zur Begründung wird zunächst auf das Recht abgestellt, das die Abtretungswirkungen der Zessionsparteien im Verhältnis zu Dritten[66] beherrscht. Bei diesem handele es sich um das am Sitz des Zedenten maßgebliche Recht.[67] Der Zedent nehme bei der Abtretung eine zentrale, jedermann erkennbare Position ein. Sowohl die Gläubiger des Zedenten als auch Zessionare seien auf ihn fixiert und rechneten im Konfliktfall am ehesten mit der Anwendung des Rechts am Sitz des Zedenten. Zudem wird in diesem Zusammenhang die Voraussehbarkeit des anwendbaren Rechts für antizipierte Abtretungen und die Einheitlichkeit des Drittwirkungsstatuts bei Globalzessionen angeführt. Hervorgehoben wird auch der Schutz der Gläubigerordnung. In einem zweiten Schritt wird die Bedeutung des Gleichlaufs des auf das Innenverhältnis zwischen Zedent und Zessionar anwendbaren Rechts mit dem im Verhältnis der Zessionsparteien zu Dritten herrschenden Recht betont. Vermieden werden soll, dass das auf das Innenverhältnis der Zessionsparteien anwendbare Recht sich von dem unterscheidet, das im Verhältnis der Zessionsparteien zu Dritten gilt.

Deutlich wird dies an folgendem Beispielsfall. Tritt ein Zedent eine Forderung an zwei unterschiedliche Zessionare ab, so ist denkbar, dass das auf die Erstzession anwendbare Recht, diese für unwirksam erachtet, während dies nach dem im Verhältnis zu Dritten, also auch im Verhältnis zum Zweitzessionar anwendbaren Recht nicht der Fall ist. In einer solchen Konstellation wird dann weder der Erst- noch der Zweitzessionar Forderungsinhaber. Der Erwerb der Forderung durch den Zweitzessionar scheitert daran, dass das auf das Verhältnis zu Dritten anwendbare Recht den Erstzessionar als neuen Forderungsinhaber ansieht.

b. Die Anknüpfung der Abtretung nach Art. 33 Abs. 2 EGBGB

Nach der in Deutschland h.M. erfasst Art. 33 Abs. 1 EGBGB lediglich die schuldrechtliche Beziehung zwischen Zedent und Zessionar, mithin nur das der Abtretung zugrunde liegende Kausalgeschäft. Die rechtsgeschäftliche Übertragung einer Forderung ordnet sie Art. 33 Abs. 2 EGBGB, dem sog. Forderungsstatut, zu.[68] Art. 33

65 *Mäsch*, Abtretung und Legalzession im Europäischen Kollisionsrecht, in: Das Grünbuch zum Internationalen Vertragsrecht, 193, 202 f.

66 Als Dritte sind die Gläubiger des Zedenten und Zweitzessionare zu verstehen.

67 *Mäsch*, Abtretung und Legalzession im Europäischen Kollisionsrecht, in: Das Grünbuch zum Internationalen Vertragsrecht, 193, 202. So auch *Kieninger* (RabelsZ 62 (1998), 678, 702) für die Anknüpfung der Voraussetzungen und Wirkungen der Abtretung gegenüber den Gläubigern des Zedenten sowie die Reihenfolge der Berechtigung bei mehrfacher Abtretung derselben Forderung.

68 MünchKomm³/*Martiny*, Art. 33 EGBGB Rdnr. 2; *Kegel/Schurig*, IPR⁹, S. 654; *Siehr*, IPR, S. 234; *v. Hoffmann*, IPR⁷, S. 430, Rdnr. 90; OLG Köln, Urteil vom 26.06.1986, IPRax 1987, 239, 240 mit Anm. *Sonnenberger*, IPRax 1987, 221, 222; BGHZ 111, 376, 380 ff.; OLG Karlsruhe,

Abs. 2 EGBGB ist demnach nicht nur für die dort ausdrücklich genannten Aspekte des Forderungsübergangs heranzuziehen, sondern auch für die Verfügung über eine Forderung, also ihre Voraussetzungen und ihre Wirkungen.

Zur Begründung wird darauf verwiesen, dass bereits vor der Übernahme von Art. 12 EVÜ in Art. 33 Abs. 1 und 2 EGBGB eine Zweiteilung erfolgte und sich durch die Reform nichts verändert habe.[69] Das der Abtretung zugrunde liegende Verpflichtungsgeschäft wurde an das Vertragsstatut, das die Rechtsbeziehung zwischen dem Zedenten und dem Zessionar bestimmte, angeknüpft, während die Abtretung als Verfügungsgeschäft nach dem Statut der übertragenen Forderung beurteilt wurde.[70]

Auch diese Ansicht kann sich auf den nunmehr eindeutigen Wortlaut von Art. 12 Abs. 1 EVÜ bzw. Art. 33 Abs. 1 EGBGB zumindest insoweit berufen, als dort nur „die Verpflichtungen" zwischen den Zessionsparteien Erwähnung gefunden haben. Soweit sie Art. 33 Abs. 2 EGBGB allerdings das Verfügungsgeschäft unterstellt, kommt dies einer erweiternden Auslegung gleich.

Es wird damit argumentiert, dass Verfügungen über Forderungen möglichst dem Recht unterstellt werden sollten, das ohnehin über ihren Bestand und ihr Erlöschen entscheide.[71] Art. 33 Abs. 2 EGBGB sei mit seiner Fixierung auf den bloßen Schuldnerschutz „zu eng gefasst".[72] Im Zusammenhang mit dem Schuldnerschutz wird ferner deutlich gemacht, dass der Schuldner vor jeder Beeinträchtigung seiner Rechtsstellung weitmöglichst bewahrt werden müsse.[73]

Weiter wird darauf verwiesen, dass eine einheitliche Anknüpfung der Voraussetzungen und Wirkungen jeglicher Abtretung die Rechtssicherheit und Vorhersehbarkeit der Rechtsanwendung erhöhe.[74] Eine Spaltung des Abtretungsstatuts, je nachdem welches Rechtsverhältnis – also ob das Innenverhältnis zwischen den Zessionsparteien oder das Außenverhältnis der Zessionsparteien zum Schuldner und zu anderen Dritten – betroffen sei, hätte erhebliche Probleme im deutschen

Urteil vom 28.01.1993, WM 1993, 893, 894; BGH, Urteil vom 08.12.1998, NJW 1999, 940 = IPRax 2000, 128 (Geltung des Forderungsstatuts sowohl für die Übertragbarkeit als auch für das Rangverhältnis konkurrierender Abtretungen); *Reithmann/Martiny*, Int. Vertragsrecht[6], Rdnrn. 326 und 328; *Kropholler*, IPR[5], § 52 VIII 1; *Rauscher*, IPR[2], S. 271; *Bette*, WM 1994, 1909 und 1913 und WM 1997, 797, 798; *v. Hoffmann/Höpping*, IPRax 1993, 302 f.; Palandt[64]/*Heldrich*, Art. 33 Rdnr. 2; Erman[11]/*Hohloch*, Art. 33 EGBGB Rdnr. 4; *Stoll*, IPRax 1991, 223; *Hakenberg*, RIW 1998, 906, 909; BGH, Urteil vom 26.11.1990, NJW 1991, 1414 f.

69 *Ferid*, IPR[3], Rdnr. 6-120; *v. Bar*, RabelsZ 53 (1989), 462, 465.

70 BGHZ 1987, 19, 22.

71 MünchKomm[3]/*Martiny*, Art. 33 EGBGB Rdnr. 2; *Kegel/Schurig*, IPR[9], S. 654.

72 *V. Bar*, IPRax 1992, 22.

73 BGHZ 111, 376, 381 f.

74 BGH, Urteil vom 20.06.1990, IPRax 1991, 248, 249.

Sachrecht zur Folge.[75] Es führte zu einer Aufgabe des Abstraktionsprinzips bei der Forderungsabtretung.[76] Einer nur relativen Wirksamkeit und Komplikationen kann nach dieser Auffassung nur begegnet werden, wenn die Rechtsordnung, die die Verpflichtung des Schuldners gegenüber dem Zedenten beherrscht, auch für die Abtretung als Verfügungsgeschäft maßgeblich ist.[77]

c. Die Anknüpfung der Abtretung nach Art. 33 Abs. 1 EGBGB

Einer anderen Meinung zufolge umfasst der Begriff „Verpflichtungen" in Art. 33 Abs. 1 EGBGB nicht nur das der Abtretung zugrunde liegende Kausalgeschäft, sondern das gesamte Innenverhältnis zwischen Zedent und Zessionar, also auch den Forderungsübergang.[78] Der Regelung des Art. 12 EVÜ und damit auch des Art. 33 Abs. 1 und 2 EGBGB liege die sach- und kollisionsrechtliche Behandlung der Forderungsabtretung sowohl in den romanischen Rechten als auch dem englischen und niederländischen Recht zu Grunde. Anknüpfungsgegenstand sei der kausale Abtretungsvertrag mit Verfügungswirkung.[79] Art. 33 Abs. 1 EGBGB müsse daher so ausgelegt werden, dass er mit Ausnahme der in Art. 33 Abs. 2 EGBGB ausdrücklich geregelten Schuldnerschutzaspekte die Abtretung als Verfügungsgeschäft erfasse.

Zur Begründung wird auch auf die Entstehungsgeschichte des Art. 12 Abs. 1 EVÜ abgestellt. Gewollt gewesen sei nicht nur eine Regelung der schuldrechtlichen Beziehungen zwischen den Beteiligten, sondern auch eine Kollisionsnorm für die Forderungsabtretung als Verfügungsgeschäft zumindest im Verhältnis Zedent und Zessionar.[80] Der Verzicht auf eine kollisionsrechtliche Differenzierung zwischen Verpflichtung und Verfügung habe den Vorteil, dass die Handhabung der internationalen Forderungsabtretung in den Mitgliedstaaten des EVÜ deutlich ver-

---

75 *Peltzer*, RIW, 1997, 893, 897.

76 MünchKomm³/*Martiny*, Art. 33 EGBGB Rdnr. 4 a.

77 MünchKomm³/*Martiny*, Art. 33 EGBGB Rdnr. 4 a.

78 Staudinger¹³/*Hausmann*, Art. 33 EGBGB Rdnr. 26; siehe auch *Diehl-Leistner*, Internationales Factoring, S. 90 und 94; *Kaiser*, Verlängerter Eigentumsvorbehalt und Globalzession im IPR; S. 219; *Einsele*, ZVglRWiss 90 (1991), 1, 13 f. Bereits *Beuttner* (La cession de créance en dr. int. pr., S. 152) sprach sich dafür aus, alle Aspekte des Rechtsverhältnisses von Zessionar und Zedent, sofern keine Rechtswahl getroffen wurde, dem am Sitz des Zedenten herrschenden Recht zu unterwerfen.

79 Staudinger¹³/*Hausmann*, Art. 33 EGBGB Rdnr. 26, der auf *Kaiser* (Verlängerter Eigentumsvorbehalt und Globalzession im IPR; S. 219 f.), *Einsele* (ZVglRWiss 90 (1991), 1, 13 f.) und Staudinger¹³/*Stoll* (Int. SachenR Rdnr. 348) verweist.

80 Staudinger¹³/*Hausmann*, Art. 33 EGBGB Rdnr. 27, der sich auf das Urteil des *Hoge Raad* vom 16.05.1997 (NIPR 1997, Nr. 209 mit Anm. *Joustra*, IPRax 1999, 280) und die ganz h. M. in den Mitgliedstaaten des EVÜ beruft.

einfacht werde.[81] Dies gelte namentlich für Globalzessionen, weil die einheitliche Anknüpfung von Zessions- und Verpflichtungsstatut zur Folge habe, dass für alle abgetretenen Forderungen das gleiche Zessionsrecht gelte. Auf diese Weise werde die Umlauffähigkeit von Forderungen beträchtlich ausgeweitet.[82]

Weiter wird vorgetragen, dass der Schuldnerschutz, entgegen der in Deutschland h. M., eine umfassende Anwendung des Rechts der abgetretenen Forderung auf die dinglichen Wirkungen der Zession nicht erfordere. Der Schuldner sei durch die in Art. 33 Abs. 2 EGBGB genannten Aspekte des Verfügungsgeschäfts hinreichend geschützt. Nicht ersichtlich sei, warum der Forderungsübergang im Verhältnis zu den Gläubigern des Zedenten oder zwischen mehreren Zessionaren von der Erfüllung von Publizitätserfordernissen nach dem jeweiligen Forderungsstatut abhängen solle.[83] Es wird zudem damit argumentiert, dass auch ein besserer Gläubigerschutz durch die Anwendung des Forderungsstatuts nicht erreicht wird, da dieses für den außenstehenden Gläubiger i. d. R. ebenso wenig erkennbar ist, wie das zwischen Zedent und Zessionar vereinbarte Recht.[84]

Schließlich wird Art. 33 Abs. 3 S. 1 EGBGB herangezogen. Obwohl der Schuldner sowohl bei der rechtsgeschäftlichen als auch bei der gesetzlichen Zession im selben Maße schützenswert sei, werde bei der Legalzession gemäß Art. 33 Abs. 3 S. 1 EGBGB die Maßgeblichkeit des Zessionsgrundstatuts[85] für den Forderungsübergang – vorbehaltlich der Schuldnerschutzbestimmungen, die dem Forderungsstatut unterliegen – angeordnet.[86]

d. Stellungnahme

Festzuhalten bleibt zunächst, dass Art. 12 EVÜ und auch Art. 33 Abs. 1 und Abs. 2 EGBGB nicht mit der gewünschten Klarheit formuliert sind. Weder Art. 33 Abs. 1 EGBGB noch Art. 33 Abs. 2 EGBGB nennt ausdrücklich die Abtretung als Verfügungsgeschäft. Die Berufung auf den Wortlaut, nach einer Ansicht in der Weise, dass auf die Formulierung des Art. 33 Abs. 1 EGBGB „für die Verpflichtungen" abgestellt wird, und nach einer anderen in der Art, dass die in Art. 33 Abs. 2 EGBGB genannten Schuldnerschutzaspekte als abschließend angesehen werden, hilft in der Sache nicht weiter.

Etwas anderes gilt für die Heranziehung der Entstehungsgeschichte der Norm. Ursprünglich sprach Art. 12 Abs. 1 EVÜ von den Beziehungen zwischen Zedent

81 Staudinger[13]/*Hausmann*, Art. 33 EGBGB Rdnr. 28.

82 Siehe hierzu *Kieninger*, RabelsZ 62 (1998), 678, 693.

83 *Kieninger*, RabelsZ 62 (1998), 678, 698.

84 *Kieninger*, RabelsZ 62 (1998), 678, 697 f.; *Stadler*, IPRax 2000, 104, 108.

85 Das Zessionsgrundstatut entspricht dem in der vorliegenden Arbeit verwendeten Begriff „Verpflichtungsstatut".

86 *Einsele*, ZVglRWiss 90 (1991), 1, 21 f.; Staudinger[13]/*Hausmann*, Art. 33 EGBGB Rdnr. 30.

und Zessionar.[87] Es kann davon ausgegangen werden, dass mit dieser Wortwahl das Verhältnis zwischen den Zessionsparteien umfassend, d.h. sowohl das Verpflichtungs- als auch das Verfügungsgeschäft, geregelt werden sollte. Dem lag die Behandlung der Forderungsabtretung in den romanischen Rechtsordnungen zu Grunde. Hieran hat sich durch die Änderung der Formulierung nichts geändert. Insofern ist davon auszugehen, dass versehentlich statt von den „Beziehungen" zwischen Zedent und Zessionar nunmehr von den „Verpflichtungen" zwischen ihnen die Rede ist. Beabsichtigt war lediglich eine Abgrenzung zu den Wirkungen der Abtretung im Verhältnis zum Schuldner, der umfassenden Schutz genießen soll. Bezweifelt werden kann somit, ob die erstrebte Klarstellung in Anbetracht der unterschiedlichen hierzu vertretenen Ansichten tatsächlich gelungen ist.

Zuzugeben ist der in Deutschland h.M., dass sie durch die Anwendung des Forderungsstatuts auf die Abtretung zum einen nicht auf eine dritte Rechtsordnung abstellt, die zu weiterer Rechtsunsicherheit im Bereich des vertraglichen Forderungsübergangs beiträgt, und zum anderen mit dem Forderungsstatut tatsächlich einen aussagekräftigen Fixpunkt, wie es *Martiny*[88] ausdrückt, schafft.

Hiergegen spricht allerdings, dass Art. 12 Abs. 1 EVÜ bzw. Art. 33 Abs. 1 EGBGB bei einer bloßen Beschränkung auf das Verpflichtungsgeschäft neben den Artt. 27 ff. EGBGB keinen eigenen Regelungsgehalt hat.

Eine Gefährdung des Schuldnerschutzes, der sich aus der Anknüpfung der Abtretung an das Verpflichtungsstatut ergeben könnte, ist nicht ersichtlich. Die in Art. 12 Abs. 2 EVÜ/Art. 33 Abs. 2 EGBGB genannten Aspekte des Forderungsübergangs im Verhältnis zum Schuldner sind als ausreichend anzusehen. Welche Fragen, im Falle der Anwendung des Verpflichtungsstatuts nicht erfasst werden, ist nicht auszumachen. Es ist auch nicht nachvollziehbar, weshalb der Forderungsübergang im Innenverhältnis von Zedent und Zessionar von der Erfüllung von Publizitätserfordernissen nach dem jeweiligen Forderungsstatut abhängen soll. Was den Gläubigerschutz angeht, so ist der Hinweis[89], dass für die Gläubiger das Forderungsstatut ebenso wenig erkennbar sei wie das Verpflichtungsstatut, durchaus berechtigt.[90]

Nicht zu überzeugen vermag das Argument, es sei zweckmäßiger und sowohl Abstraktionsprinzip als auch Schuldnerschutz eher entsprechend, das Recht, das über die Übertragbarkeit entscheide, auch auf die Verfügung anzuwenden.[91] Das Abstraktionsprinzip ist den meisten europäischen Rechtsordnungen, insbesonde-

87 *Giuliano/Lagarde*, ABl. EG 1980, Nr. C 282/34.

88 MünchKomm³, Art. 33 EGBGB Rdnr. 2.

89 Siehe Staudinger¹³/*Hausmann*, Art. 33 EGBGB Rdnr. 29.

90 Zu der Anknüpfung der Zessionswirkungen gegenüber Dritten siehe unten: Teil 2: A. IV.

91 So aber *Reithmann/Martiny*, Int. Vertragsrecht⁶, Rdnr. 333.

re dem französischen Recht und den von ihm beeinflussten romanischen Rechten nicht bekannt.

Trotz des Gebots der einheitlichen Auslegung des EVÜ die getrennte Behandlung von Verpflichtung und Verfügung beizubehalten, solange sich keine einheitliche Auffassung gebildet habe[92], trägt zur derzeitigen Unsicherheit im europäischen grenzüberschreitenden Abtretungsrecht und nicht zur Problemlösung bei. Meines Erachtens wird dem Schuldner mit Art. 33 Abs. 2 EGBGB ein ausreichender Schutz gewährt. Wo und weshalb er über die Regelung des Art. 33 Abs. 2 EGBGB weiteren Schutz verdient, erschließt sich nicht.

Der Vorhalt, durch die Anwendung des Art. 33 Abs. 1 EGBGB auf die Abtretung als Verfügungsgeschäft entstünden relative Forderungsrechte[93], erscheint vor den Nachteilen, die eine Anknüpfung der Abtretung an das Forderungsstatut mit sich bringt, nicht als gravierend, zumal andere Rechtsordnungen, wie etwa die französische, deutlich machen, wie damit zu verfahren ist.

e. Die kollisionsrechtliche Einordnung der Abtretung als abstraktes oder kausales Rechtsgeschäft

In engem Zusammenhang mit der Problematik, wie der Forderungsübergang anzuknüpfen ist, steht die Frage, sofern sie überhaupt gesehen wird, nach welchem Recht zu beurteilen ist, ob eine Abtretung als abstraktes oder kausales Rechtsgeschäft ausgestaltet ist. Eine ausdrückliche Regelung ist weder Art. 33 Abs. 1 EGBGB noch Art. 33 Abs. 2 EGBGB zu entnehmen.

Die in Deutschland h.M. beantwortet die Frage nach Art. 33 Abs. 2 EGBGB.[94] Sie begründet die Anwendung des Forderungsstatuts vor allem mit dem Verhältnis des Schuldners zum Zessionar. Die Ausgestaltung einer Abtretung als abstraktes oder kausales Rechtsgeschäft sei, da sie auf der Ebene des materiellen Rechts über die dem Schuldner zustehenden Einwendungen und damit über die Reichweite des Schuldnerschutzes entscheide, auch kollisionsrechtlich als eine Voraussetzung der Abtretung im Verhältnis zum Schuldner zu qualifizieren.[95]

---

92 So *Reithmann/Martiny*, Int. Vertragsrecht[6], Rdnr. 333.

93 *Reithmann/Martiny*, Int. Vertragsrecht[6], Rdnr. 333.

94 *Reithmann/Martiny*, Int. Vertragsrecht[6], Rdnr. 328; Soergel[12]/*v. Hoffmann*, Art. 33 EGBGB Rdnr. 7; MünchKomm[3]/*Martiny*, Art. 33 EGBGB Rdnr. 8; *Kegel/Schurig*, IPR[9], S. 655; Palandt[64]/*Heldrich*, Art. 33 EGBGB Rdnr. 2; *Kropholler*, IPR[5], § 52 VIII 1; *Siehr*, IPR, S. 235; *Mangold*, Die Abtretung im Europäischen Kollisionsrecht, S. 174 f.; *Kaiser*, Verlängerter Eigentumsvorbehalt und Globalzession im IPR; S. 184; *v. Hoffmann/Höpping*, IPRax 1993, 302 f.; Erman[11]/*Hohloch*, Art. 33 EGBGB Rdnr. 6; ablehnend: *Beuttner*, La cession de créance en dr. int. pr., S. 148.

95 *Mangold*, Die Abtretung im Europäischen Kollisionsrecht, S. 174.

Deutlich wird dies in folgendem Fall: Ein französisches Bekleidungsunternehmen verkauft eine dem französischen Recht unterliegende Forderung gegen einen deutschen Abnehmer an einen deutschen Factor. Sowohl für den Factoringvertrag als auch den Forderungskaufvertrag vereinbaren die Parteien die Anwendung deutschen Rechts. Obwohl der französische Bekleidungshersteller den Factoring- und den Kaufvertrag anficht, verlangt der Factor von dem deutschen Abnehmer Zahlung. Mit der in Deutschland h. M. könnte Letzterer einwenden, die Abtretung unterliege im Verhältnis zu ihm dem französischen Recht (Forderungsstatut) und sei kausal ausgestaltet. Dies habe zur Folge, dass der Factor nicht Forderungsinhaber geworden sei.

Schwierigkeiten entstehen allerdings, wenn die Vorzeichen wechseln. Handelt es sich bei dem Forderungsstatut um deutsches Recht und kommt es zu einem Forderungskaufvertrag, der französischem Recht unterliegt, so ist zumindest im Verhältnis zum Schuldner nach der in Deutschland h. M. denkbar, dass trotz der Nichtigkeit des Forderungskaufvertrags eine wirksame Abtretung nach deutschem Recht (Forderungsstatut) vorliegt. Die Abtretung ist von dem ihr zugrunde liegenden Verfügungsgeschäft abstrakt. Gelöst wird dieses Problem, indem die nach einer anderen Rechtsordnung rechtsgrundlos erworbene Forderung unter Anwendung des Art. 32 Abs. 1 Nr. 5 EGBGB nach Maßgabe des eigenen Rechts, hier des französischen Rechts, zurückübertragen wird.[96]

Die in Deutschland h. M. vermag allerdings nicht zu überzeugen. Sie kann sich nicht darauf stützen, dass auch im Sachenrecht unabhängig vom Kausalgeschäft angeknüpft wird.[97] Zum einen ist eine Parallele zu der hier behandelten Rechtsfrage nicht ersichtlich. Zum anderen ist anerkannt, dass bei einem rechtsgeschäftlichen Eigentumserwerb, die maßgebende lex rei sitae bestimmt, ob der Erwerb kausal oder abstrakt ist und ob zum Eigentumsübergang eine Übergabe der Sache notwendig ist.[98] Gegen die in Deutschland h. M. spricht, dass – wie oben dargestellt – bei Anwendung deutschen Rechts als Forderungsstatut ein Forderungsübergang auf den Zessionar trotz der Nichtigkeit des Verpflichtungsgeschäfts wirksam ist und eine Rückabwicklung nach dem Statut des Verpflichtungsstatuts konstruiert werden muss, obwohl sie unter Umständen nach dieser Rechtsordnung überhaupt nicht vorgesehen ist.

Nach der oben vertretenen Ansicht, wonach die Anknüpfung des Forderungsübergangs an das Verpflichtungsstatut zu erfolgen hat, erscheint es geboten, auch die

---

96 Für eine Lösung durch Anpassung spricht sich *Kieninger* (RabelsZ 62 (1989), 678, 708) aus. Das französische Recht müsse insoweit akzeptieren, dass die Forderung übergegangen sei, und einen Kondiktionsanspruch geben.

97 So aber MünchKomm[3]/*Martiny*, Art. 33 EGBGB Rdnr. 8

98 *Kegel/Schurig*, IPR[9], S. 664; *Siehr*, IPR, S. 273; MünchKomm[3]/*Spellenberg*, Art. 32 EGBGB Rdnr. 15; *Reithmann/Martiny*, Int. Vertragsrecht[6], Rdnr. 781.

Frage nach der Ausgestaltung der Forderungsabtretung als kausales oder abstraktes Rechtsgeschäft einheitlich dem Verpflichtungsstatut zu unterwerfen[99]. Hierdurch wird das sinnvolle Zusammenspiel von abstrakter bzw. kausaler Gestaltung und den gegebenenfalls notwendigen Rückabwicklungsmechanismen gewährleistet.[100] Dem liegt auch das Verständnis des Art. 12 Abs. 1 EVÜ zugrunde. Auch außerhalb des Rechts der Forderungsabtretung entscheidet das Verpflichtungsstatut darüber, ob ein Rechtsgeschäft abstrakt oder kausal ist.[101] Zu Recht weist *Hausmann*[102] darauf hin, dass im Anwendungsbereich des Art. 12 EVÜ nicht allzu einseitig vom abstrakten deutschen Vorverständnis der Forderungsabtretung ausgegangen werden darf, von dem die Regelung in Art. 12 EVÜ gerade nicht inspiriert sei.

Für den oben erwähnten Beispielsfall heißt dies: Beruht die Abtretung auf einem Verpflichtungsgeschäft, das dem französischen Recht unterliegt, dann geht die Forderung bereits mit Abschluss des Zessionsvertrags auf den Zessionar über. Ist dieser, aus welchem Grunde auch immer, unwirksam, so geht die Forderung nicht auf den Zessionar über. Die Frage, dass etwa nach deutschem Recht die Forderungsabtretung abstrakt ausgestaltet ist, stellt sich dann nicht. Auch einer Rückabwicklung bedarf es nicht.

Eine Einschränkung der hier vorgenommenen Anknüpfung ist allerdings dann geboten, wenn es um das Verhältnis der Zessionsparteien zum Schuldner geht. Der Schuldner muss darauf vertrauen können, dass das Recht, das auf die ursprüngliche Forderung Anwendung findet, auch nach einer Abtretung im Verhältnis zu ihm bestehen bleibt.[103]

f. Die Anknüpfung der Globalzession beim Factoring

Die Parteien des Factoringvertrags vereinbaren in der Regel die Abtretung einer Vielzahl von bestehenden und künftigen Forderungen. Stammen die bereits entstandenen Forderungen aus unterschiedlichen grenzüberschreitenden Verträgen, so führte die Anwendung des Forderungsstatuts, wie von der in Deutschland h. M.[104] vertreten, dazu, dass bei der Übertragung der Forderungen unterschiedliche Rechtsordnungen berücksichtigt werden müssten. Für jede übertragene Forderung

---

99 So auch Staudinger[13]/*Hausmann*, Art. 33 EGBGB Rdnr. 36; *Einsele*, ZVglRWiss 90 (1991), 1, 14 f.; *Stadler*, IPRax 2000, 104, 107; *Ebenroth*, EWiR 1991, 161, 162.

100 *Stadler*, IPRax 2000, 104, 107.

101 *Reithmann/Martiny*, Int. Vertragsrecht[6], Rdnr. 255; Erman[11]/*Hohloch*, Art. 32 EGBGB Rdnr. 7; MünchKomm[3]/*Spellenberg*, Art. 32 EGBGB Rdnr. 15; Staudinger[13]/*Hausmann*, Art. 33 EGBGB Rdnr. 36; *Einsele*, ZVglRWiss 90 (1991), 1, 14 ff.

102 In Staudinger[13], Art. 33 EGBGB Rdnr. 36.

103 Weitere Ausführungen unter: Teil 2: B. III. 3.

104 BGH, Urteil vom 20.06.1990, IPRax 1991, 248, 249; BGHZ 111, 376, 381 f.; *Basedow*, ZEuP 1997, 615, 620, Erman[11]/*Hohloch*, Art. 33 EGBGB Rdnr. 6.

müsste das auf sie anwendbare Recht bestimmt werden. Die Factoringpraxis stieße folglich auf erhebliche Schwierigkeiten. Nach der in Deutschland h. M. entscheidet das Forderungsstatut auch darüber, ob zukünftige Forderungen überhaupt abgetreten werden können. Sie stützt sich hierbei auf den Wortlaut des Art. 33 Abs. 2 EGBGB, indem sie die Frage nach der Abtretbarkeit künftiger Forderungen als eine Frage nach der Übertragbarkeit wertet. Damit wären die Schwierigkeiten eines Factors allerdings noch größer, da zum Zeitpunkt der Abtretungsabrede noch nicht einmal feststeht, welche Rechte zur Anwendung kommen werden. Der Factor wird auf das anwendbare Recht kaum Einfluss ausüben können, da es an sich allein dem Kunden und den Debitoren obliegt, welchem Recht sie ihre Rechtsbeziehung unterwerfen wollen. Denkbar ist sogar, dass der Kunde und der Debitor eine Rechtsordnung wählen, die die Abtretung künftiger Forderungen untersagt.

Sinnvoll erscheint es daher aus Gründen der Praktikabilität, einer einheitlichen Anknüpfung der Forderungen, seien sie bereits entstanden oder nicht, den Vorrang einzuräumen. Vor diesem Hintergrund wird eine Sonderanknüpfung an das Recht des gewöhnlichen Aufenthalts oder des Niederlassungsorts des Zedenten/Kunden vertreten.[105] Zur Begründung wird angeführt, dass dem berechtigten Interesse des Sitzstaates des Kunden an der Durchsetzung seiner Gläubigerordnung kollisionsrechtlich Rechnung getragen werde. Zudem werde die Rechtssicherheit für Alt- und Neugläubiger erhöht, wenn das Insolvenzstatut des Kunden mit dem der Globalzession übereinstimme. Die Frage der wirksamen Übertragung der Forderungen werde gerade dann entscheidend, wenn der Kunde insolvent werde.[106] Für Dritte sei der Sitz des Kunden jedenfalls leicht erkennbar.

Um eine Vielzahl von Forderungen einheitlich anzuknüpfen, bietet sich aber auch das Verpflichtungsstatut an. Eine Sonderanknüpfung, die nur bestimmte Aspekte der Zession berücksichtigte und eine Rechtszersplitterung brächte, wie von der h. M. gegen eine Anknüpfung an das am Nierderlassungsort der Zedenten herrschende Recht vorgetragen, wäre nicht zu erwarten. Die Voraussetzungen und Wirkungen der Abtretung würden wie nach der in Deutschland h. M. einheitlich angeknüpft, allerdings an ein anderes Recht.

Für diese Ansicht spricht zum einen die einheitliche Anknüpfung der Abtretung und zum anderen die Rechtssicherheit für den Factor, der hinsichtlich des auf die Abtretung anwendbaren Rechts nicht befürchten muss, dass der Kunde und der Debitor sich auf eine Rechtsordnung einigen, die eine Globalabtretung für unzuläs-

105 *Stoll*, IPRax 1991, 223, 225 f.; *Kaiser*, Verlängerter Eigentumsvorbehalt und Globalzession im IPR; S. 201 ff.; *Kreuzer* (in MünchKomm³, Art. 38 EGBGB, Anhang I Rdnr. 93) unterwirft dem am Niederlassungsort des Zedenten herrschenden Recht die Frage nach der Anknüpfung eines verlängerten Eigentumsvorbehalts in der Form der Vorausabtretung. Dieser Ansicht ist auch *Diehl-Leistner* (Internationales Factoring, S. 94).

106 *Diehl-Leistner*, Internationales Factoring, S. 91.

sig erklärt. Vorteilhaft ist aber auch, dass die Voraussetzungen und Wirkungen der Forderungsabtretung dem gleichen Recht unterliegen, wie der ihr zugrunde liegende Factoringvertrag. Dem steht auch der Wortlaut des Art. 33 Abs. 2 EGBGB nicht entgegen, denn die Frage nach der Abtretbarkeit künftiger Forderungen ist nicht mit der Frage nach der Übertragbarkeit gleichzusetzen. Zu Recht weist *Hausmann*[107] darauf hin, dass die Zulässigkeit der Abtretung künftiger Forderungen die hinreichende Bestimmtheit des Gegenstandes der Zession betrifft. Die Interessen des Debitors werden durch diese Lösung nicht gefährdet. Im Verhältnis zwischen dem Factor und ihm verbleibt es bei der Anknüpfung der dort genannten Aspekte nach Art. 33 Abs. 2 EGBGB. Es ist zudem nicht überzeugend, das Forderungsstatut anzuwenden, wenn es um die Belange von Kunde und Factor, beispielsweise um die Finanzierung des Kunden und die Absicherung des Factors geht.

g. Zwischenergebnis

Die Anwendung des Verpflichtungsstatuts auf die Abtretung als Verfügungsgeschäft trägt zu einer größeren Rechtssicherheit in den Vertragsstaaten des EVÜ bei. Die Handhabung der Globalzessionen insbesondere im Rahmen des internationalen Factorings wird vereinfacht und führt zu einer größeren Umlauffähigkeit der Forderungen.

III. Die Rechtsbeziehung des Factors zum Debitor (des Zessionars zum Schuldner)

Die Rechte des Schuldners dürfen durch die Abtretung der Forderung nicht beeinträchtigt werden.[108] Der Schuldner muss darauf vertrauen können, dass sich die Voraussetzungen und die Folgen einer Zession nach der ihm bekannten Rechtsordnung richten. Insofern kommt es im Verhältnis zum Schuldner bzw. bei Rechtsfragen, die seinen Schutz berühren gemäß Art. 33 Abs. 2 EGBGB auf das Recht an, das die abzutretende Forderung beherrscht, sog. Forderungsstatut. Stammt die Forderung aus einem Vertrag, so ist bei der Bestimmung des Forderungsstatuts auf die Artt. 27 ff. EGBGB abzustellen. Findet auf die Rechtsbeziehung zwischen dem Schuldner und dem Zedenten ein einheitsrechtliches Übereinkommen (z. B. das Wiener UN-Übereinkommen über Verträge über den internationalen Warenkauf oder das Genfer Übereinkommen über den Beförderungsvertrag im Internationalen Straßengüterverkehr) Anwendung, das keine Regelungen zur Abtretung enthält, so ist danach zu fragen, welchem Recht der Vertrag unterläge, wenn materielles Ein-

---

107 In Staudinger[13], Art. 33 EGBGB Rdnr. 62.

108 BGHZ, 125, 196, 205; BGH JZ 1999, 404 mit Anm. *Kieninger* = IPRax 2000, 128 mit Anm. *Stadler*; *v. Bar*, RabelsZ 53 (1989), 462, 467 f.

heitsrecht keine Anwendung fände.[109] Das Forderungsstatut ist somit über das Kollisionsrecht der lex fori zu bestimmen.

Im Bereich des internationalen Factorings gilt in der Regel, dass bei fehlender Rechtswahl das Recht des deutschen Exporteurs als Verkäufer, Dienstleister oder Transporteur für die Rechtsfragen, die den Schutz des Debitors betreffen, als Forderungsstatut maßgeblich ist.[110]

Art. 33 Abs. 2 EGBGB regelt ausdrücklich und unstreitig vier Aspekte der Abtretung im Verhältnis zum Schuldner: die Übertragbarkeit der Forderung, das Verhältnis zwischen dem neuen Gläubiger und dem Schuldner, die Voraussetzungen unter denen die Übertragung dem Schuldner entgegengehalten werden kann und die befreiende Wirkung der Leistung des Schuldners.

1. Die Übertragbarkeit der Forderung

Das Forderungsstatut entscheidet darüber, ob eine Forderung mit Wirkung gegenüber dem Schuldner abgetreten werden kann. Ihm unterliegen insbesondere die Voraussetzungen und die Folgen vertraglicher Abtretungsverbote. Die Wirkung einer Kontokorrentklausel oder die Reichweite eines Abtretungsverbots etwa im Anwendungsbereich des § 354 a HGB beurteilt sich nur dann nach deutschem Recht, wenn dieses die ursprüngliche Forderung beherrscht.

Das Forderungsstatut ist aber auch bei der Frage, ob ein gesetzliches Abtretungsverbot, insbesondere bei der Übertragung von Lohnforderungen, Versicherungsansprüchen, Schmerzensgeld- und Unterhaltsansprüchen besteht, heranzuziehen.[111] Es ist ferner maßgeblich bei der Übertragung von Teilforderungen und von bedingten oder künftigen Forderungen, soweit die Rechtsposition des Schuldners betroffen ist.[112]

2. Der Inhalt der Forderung

Das Forderungsstatut ist zudem für das Verhältnis des neuen Gläubigers zum Schuldner maßgeblich. Nach einer erfolgten Abtretung beherrscht es weiter-

---

109 Staudinger[13]/*Hausmann*, Art. 33 EGBGB Rdnr. 40; MünchKomm[3]/*Martiny*, Art. 33 EGBGB Rdnr. 6; *v. Bar*, RabelsZ 53 (1989), 462, 469.

110 Staudinger[13]/*Hausmann*, Anh. zu Art. 33 EGBGB Rdnr. 4.

111 Staudinger[13]/*Hausmann*, Art. 33 EGBGB Rdnr. 41; *v. Bar*, RabelsZ 53 (1989), 462, 470; MünchKomm[3]/*Martiny*, Art. 33 EGBGB Rdnr. 9.

112 Staudinger[13]/*Hausmann*, Art. 33 EGBGB Rdnr. 41; *Diehl-Leistner*, Internationales Factoring, S. 92; weitergehend die h. M. in Deutschland, die keine Einschränkung bezüglich der Rechtsstellung des Schuldners vornimmt: *v. Bar*, RabelsZ 53 (1989), 462, 470; MünchKomm[3]/*Martiny*, Art. 33 EGBGB Rdnr. 9.

hin ihren Inhalt. Dem liegt der Gedanke zugrunde, dass sich die Rechtsstellung des Schuldners nicht dadurch verschlechtern soll, dass die gegen ihn gerichtete Forderung ihren Inhaber wechselt.[113] Der Schuldner kann darauf vertrauen, dass das Forderungsstatut die Fälligkeit und die Höhe der Forderung, aber auch ihre Verjährung bestimmt.[114]

Ohne Mitwirkung des Schuldners ist es auch nicht möglich, dass Zedent und Zessionar im Nachhinein vereinbaren, dass die Forderung von einem anderen Recht beherrscht werden soll.[115]

3. Die Voraussetzungen, unter denen die Übertragung dem Schuldner entgegengehalten werden kann

Auch die Voraussetzungen unter denen der Forderungsübergang dem Schuldner entgegengehalten werden kann, richten sich nach dem Forderungsstatut. Zu diesen gehören materiellrechtlich zu qualifizierende Publizitätserfordernisse, wie etwa die im französischen Recht bei der *cession de créance* bekannte *signification* des Art. 1690 C. civ.[116] Diese ist als Sacherfordernis von bloßen Formvorschriften zu unterscheiden. Letztere sind nach Art. 11 Abs. 1 EGBGB anzuknüpfen. Bei der Abgrenzung der Sach- von den Formerfordernissen ist nach ihrer jeweiligen Funktion aus der Sicht der ausländischen Rechtsordnung zu fragen.[117] Geht es um den Schutz des Schuldners, soll er durch die Publizität von der Abtretung in Kenntnis gesetzt werden, vor einer ungerechtfertigten Inanspruchnahme bewahrt werden, und hängt die Wirksamkeit ihm gegenüber von der Erfüllung der Publizitätserfordernisse ab, dann liegt nicht nur eine Formvorschrift vor.[118] Es hat eine Anknüpfung nach Art. 33 Abs. 2 EGBGB zu erfolgen.[119] Die mit dem Forderungsstatut zusammenhängende Vorfrage, ob eine wirksame Benachrichtigung des Schuldners, beispielsweise durch einen Gerichtsvollzieher vorgenommen worden ist, ist nach dem Recht des Staates zu beurteilen, dessen Organ tätig geworden ist.[120]

Zu den Voraussetzungen, unter denen die Übertragung dem Schuldner entgegengehalten werden kann, zählt auch die Frage, nach welchem Recht zu beurteilen ist,

113 *Basedow*, ZEuP 1997, 615, 622.

114 *Basedow*, ZEuP 1997, 615, 622; *v. Bar*, RabelsZ 53 (1989), 462, 471; *Diehl-Leistner*, Internationales Factoring, S. 97.

115 MünchKomm³/*Martiny*, Art. 33 EGBGB, Rdnr. 10.

116 *Aubin*, in FS für *Neumayer*, S. 31, 40; *Ferid*, IPR³, Rdnr. 6-121.

117 BGHZ 29, 137, 139; BGH, Urteil vom 12.01.1967, NJW 1967, 1177.

118 OLG Köln, IPRax 1996, 270 mit Anm. *Thorn*.

119 *Aubin*, in FS für *Neumayer*, S. 31, 44.

120 *Aubin*, in FS für *Neumayer*, S. 31, 41.

ob die Abtretung im Verhältnis der Zessionsparteien zum Schuldner kausal oder abstrakt ausgestaltet ist.

Dies wird an folgendem Beispiel deutlich:

Der Zedent G verkauft und überträgt nach deutschem Recht (= Verpflichtungsstatut) eine dem französischen Recht (= Forderungsstatut) unterliegende Kaufpreisforderung gegen den Schuldner S an den Zessionar Z. Nachdem der Z den S mittels Gerichtsvollzieher förmlich von der Abtretung in Kenntnis gesetzt hat, ficht der G den mit Z geschlossenen Forderungskaufvertrag erfolgreich an. Der Z nimmt den S dennoch aus der ihm abgetretenen Forderung in Anspruch. S wendet hiergegen ein, die Forderung sei nicht wirksam auf den Z übergegangen. Zudem sei die Forderung des G durch Aufrechnung mit einer Forderung, die er nach der Kenntnis von der Abtretung gegen G erlangt habe, erloschen.

Unterwirft man die Frage, ob die Abtretung als kausales oder abstraktes Rechtsgeschäft einzuordnen ist, dem Verpflichtungsstatut, so findet im vorliegenden Fall deutsches Recht Anwendung mit der Folge, dass die Abtretung abstrakt ausgestaltet ist. S kann sich somit nicht darauf berufen, dass das der Abtretung zugrunde liegende Verpflichtungsgeschäft unwirksam und der Z nicht Forderungsinhaber geworden ist. Er kann aber auch nicht einwenden, die Forderung des G sei nach Art. 1290 C. civ. kraft Gesetzes durch Aufrechnung erloschen. Nach Art. 33 Abs. 2 EGBGB findet zwar für Einwendungen des Schuldners das Forderungsstatut und damit französisches Recht Anwendung, es ist jedoch Art. 1295 Abs. 2 C. civ. zu berücksichtigen. Nach dieser Norm ist eine Aufrechnung nur dann möglich, wenn der Schuldner die Forderung vor der förmlichen Zustellung erworben hat.

Im Beispielsfall kommt man zu einem anderen Ergebnis, wenn man die Abtretung im Verhältnis zum Schuldner an das Forderungsstatut, bei dem es sich um französisches Recht handelt, anknüpft. Nach französischem Recht ist die Abtretung kausal ausgestaltet. Für ihre Wirksamkeit muss gefragt werden, ob der ihr zugrunde liegende Kaufvertrag gültig ist. Dies beurteilt sich nach Art. 33 Abs. 1 EGBGB. Für den Vertrag zwischen Zedent und Zessionar ist deutsches Recht maßgeblich. Die Anfechtung des Forderungskaufvertrags hat gemäß § 142 Abs. 1 BGB zur Folge, dass er von Anfang an als nichtig anzusehen ist. Die Abtretung der Forderung an Z geht demnach ins Leere. Z ist nicht Inhaber der Forderung geworden und kann von S keine Zahlung verlangen. S kann sich mit Erfolg auf das Erlöschen der Forderung durch Aufrechnung berufen. Auf Art. 1295 Abs. 2 C. civ. kommt es nicht an, da dieser nur im Falle der Abtretung und einer nach der *signification* erworbenen Forderung greift.

Bei Maßgeblichkeit des Forderungsstatuts kann der S die Unwirksamkeit der Abtretung einwenden und sich auf eine eingetretene Aufrechnung berufen, während er bei Anwendung des Verpflichtungsstatuts zur Zahlung an den Zessionar verpflichtet wäre.

Geklärt werden muss nun, ob die Anwendung des Forderungsstatuts für die Frage nach der kausalen oder abstrakten Ausgestaltung der Abtretung auch im umgekehrten Fall sinnvoll erscheint. In diesem ist deutsches Recht Forderungsstatut und französisches Recht Verpflichtungsstatut. Danach käme es im Verhältnis zum Schuldner zu einem wirksamen Forderungsübergang auf den Zessionar, auch wenn das französische Recht dies nicht vorsieht. Der Schuldner könnte dem Zessionar gegenüber nicht einwenden, dass das der Abtretung zugrunde liegende Verpflichtungsgeschäft unwirksam ist und müsste an den Zessionar leisten. Gegen dieses Ergebnis spricht nichts, zumal nicht ersichtlich ist, weshalb der Schuldner in einem kollisionsrechtlichen Sachverhalt besser stehen soll als in einem rein nationalen.[121] Der Schuldner rechnet nämlich nur damit, dass sowohl auf die Forderung als auch auf eine Abtretung deutsches Recht Anwendung findet und er sich einer Inanspruchnahme durch den Zessionar nur entziehen kann, wenn auch das abstrakt ausgestaltete Verfügungsgeschäft unwirksam ist.

Zusammenfassend lässt sich festhalten, dass alle Abtretungsvoraussetzungen, die das Rechtsverhältnis zum Schuldner berühren, einschließlich der Frage nach der abstrakten oder kausalen Ausgestaltung der Abtretung, nach Art. 33 Abs. 2 EGBGB anzuknüpfen sind.[122] Das die ursprüngliche Forderung beherrschende Recht findet somit Anwendung.

4. Die befreiende Wirkung einer Leistung durch den Schuldner

Auf das Forderungsstatut ist ferner bei der Frage zurückzugreifen, ob eine Leistung des Schuldners befreiende Wirkung entfaltet. Sie stellt sich insbesondere dann, wenn der Schuldner eine Leistung an den Zedenten vornimmt.[123] Ist auf die ursprüngliche Forderung deutsches Recht anwendbar, dann ist § 407 BGB maßgeblich. Entscheidend ist, ob der Schuldner im Zeitpunkt der Leistungsbewirkung gutgläubig war. Etwas anderes gilt bei einem beiderseitigen Handelsgeschäft im Anwendungsbereich des § 354 a HGB. Auf die Kenntnis des Schuldners von der Abtretung kommt es dann nicht an. Zu einem anderen Ergebnis kommt man, wenn

121 So auch *Mangold*, Die Abtretung im Europäischen Kollisionsrecht, S. 177.

122 Staudinger[13]/*Hausmann*, Art. 33 EGBGB Rdnr. 36; Staudinger[13]/*Stoll*, Int. SachenR Rdnr. 348; *Mangold*, Die Abtretung im Europäischen Kollisionsrecht, S. 153, und S. 172 ff.; *Kaiser*, Verlängerter Eigentumsvorbehalt und Globalzession im IPR, S. 184; *Kegel/Schurig*, IPR[9], S. 655; BGH, Urteil vom 26.11.1990, NJW 1991, 1414 f. mit Anm. *v. Bar*, IPRax 1992, 20, 22 f.; MünchKomm[3]/*Martiny*, Art. 33 EGBGB Rdnr. 8.

123 *Ferid*, IPR[3], Rdnr. 6-121.

französisches Recht die abgetretene Forderung beherrscht. Liegt eine *cession de créance* vor, so kann der Schuldner, solange die Publizitätsvoraussetzungen des Art. 1690 C. civ. nicht erfüllt sind, mit befreiender Wirkung an den Zedenten leisten. Eine Kenntnis von der Abtretung ist unerheblich.

Aber auch die Frage, ob ein Erfüllungssurrogat, etwa eine wirksame Aufrechnung vorliegt, ist nach dem Forderungsstatut zu beurteilen.[124]

Dem Forderungsstatut unterliegen Fragen über die Fälligkeit und Höhe der Forderung[125]; über Ausschlussfristen und über die Verjährung.[126]

Nach Art. 33 Abs. 2 EGBGB bestimmt das Forderungsstatut ferner über die befreiende Wirkung einer Leistung des Schuldners[127], sowie Erfüllungssurrogate, wie die Aufrechnung.[128]

IV. Die Rechtsbeziehung des Factors zu Dritten (des Zessionars zu anderen Zessionaren oder des Zessionars zu Gläubigern des Zedenten)

Im Gegensatz zu Art. 16 Abs. 2 des Vorentwurfs eines Übereinkommens über das auf vertragliche und außervertragliche Schuldverhältnisse anwendbare Recht von 1972[129] ist Art. 33 Abs. 2 EGBGB nicht zu entnehmen, nach welchem Recht sich die Abtretungswirkungen im Verhältnis zu Dritten richten. Die Antwort auf diese Frage ist zum einen für das Verhältnis mehrerer Zessionare untereinander, wenn der Zedent die Forderung mehrfach abgetreten hat und zum anderen für die Wirkung der Zession gegenüber anderen Gläubigern des Zedenten, insbesondere im Fall seiner Insolvenz, von Bedeutung. Um zu verhindern, dass in einem weitestgehend vereinheitlichten Kollisionsrecht kleine Bereiche bestehen bleiben, in denen eine rein nationale Anknüpfung vorgenommen und damit die mit Art. 12 EVÜ angestrebte Rechtsvereinheitlichung gefährdet wird, ist eine einheitliche

124 *Basedow*, ZEuP 1997, 615, 622; *Diehl-Leistner*, Internationales Factoring, S. 97; Staudinger[13]/*Hausmann*, Art. 33 EGBGB Rdnr. 45.

125 *V. Bar*, RabelsZ 53 (1989), 462, 471; *Ferid*, IPR[3], Rdnr. 6-121.

126 *Diehl-Leistner*, Internationales Factoring, S. 97.

127 *V. Bar*, RabelsZ 53 (1989), 462, 471; *Diehl-Leistner*, Internationales Factoring, S. 97.

128 *Diehl-Leistner*, Internationales Factoring, S. 97.

129 RabelsZ 38 (1974), S. 211. Er lautete wie folgt: Das Recht, dem die ursprüngliche Forderung untersteht, bestimmt deren Übertragbarkeit, das Verhältnis zwischen Zessionar und Schuldner sowie die Voraussetzungen, unter denen die Abtretung dem Schuldner und Dritten entgegengehalten werden kann.

Kollisionsregel für alle Vertragsstaaten zu entwickeln.[130] Hierzu werden verschiedene Ansichten vertreten.

1. Meinungsstand

a. Das Statut der abgetretenen Forderung

Die in Deutschland h. M., die Art. 33 Abs. 2 EGBGB nicht nur auf die dort ausdrücklich genannten Aspekte des Schuldnerschutzes beschränkt, sondern ihm auch die Verfügung über eine Forderung unterstellt, wendet ihn darüber hinaus für die Anknüpfung der Zessionswirkungen gegenüber Dritten an.[131] Auch der BGH vertritt diese Ansicht und beurteilt die Prioritätsfrage bei einer mehrfach vorgenommenen Abtretung nach dem Forderungsstatut.[132] Damit unterliegen die Voraussetzungen der Drittwirksamkeit der Abtretung im Verhältnis zum Schuldner und zu Dritten einheitlich einem Recht. Schuldner- und Gläubigerschutz sind gleichgeschaltet. Zur Begründung wird zudem angeführt, dass bereits die Frage, wer Gläubiger einer Forderung sei, dem Recht der abgetretenen Forderung unterliege und dies dann auch für die Wirkung der Zession gegenüber Dritten gelten müsse.[133] Es wird aber auch der Wortlaut des Art. 16 Abs. 2 EVÜ-Entwurf herangezogen.

b. Das Recht der Niederlassung des Zedenten

Im deutschen Schrifttum findet sich darüber hinaus die Auffassung, wonach für die Voraussetzungen der Drittwirksamkeit der Abtretung das am Niederlassungsort des Zedenten herrschende Recht maßgeblich sein soll.[134] Der Zedent nehme bei der Abtretung eine zentrale Position ein.[135] Sein Recht sei für alle Gläubiger leicht erkennbar und für diese auch einheitlich.[136] Es sei am besten geeignet, die Voraussetzungen und Wirkungen der Abtretung gegenüber den Gläubigern des Zedenten sowie die Reihenfolge der Berechtigung bei mehrfacher Abtretung der-

130 *Peltzer*, RIW 1997, 898; *Basedow*, ZEuP 1997, 615, 623; *Kieninger*, RabelsZ 62 (1998), 678, 690 f.

131 MünchKomm[3]/*Martiny*, Art. 33 EGBGB Rdnr. 12 a; *Reithmann/Martiny*, Int. Vertragsrecht[6], Rdnr. 326; *Basedow*, ZEuP 1997, 615, 623; Soergel[12]/*v. Hoffmann*, Art. 33 EGBGB Rdnr. 12; BGHZ 111, 376 = IPRax 1991, 248; eingehende Kritik bei *Einsele*, ZVglRWiss 90 (1991), 1, 14 f. und 22 f., die das Zessionsgrundstatut des Art. 33 Abs. 1 EGBGB auf alle in Art. 33 Abs. 2 EGBGB nicht geregelten Fragen der Abtretung anwenden will.

132 BGH, Urteil vom 08. 12. 1998, IPRax 2000, 128 f.; BGHZ 111, 376, 379 ff. mwN.

133 MünchKomm[3]/*Martiny*, Art. 33 EGBGB Rdnr. 12 a.

134 *Kieninger*, RabelsZ 62 (1998), 678, 702; *Kaiser*, Verlängerter Eigentumsvorbehalt und Globalzession im IPR, S. 209 f; *Diehl-Leistner*, Internationales Factoring, S. 95.

135 *Kieninger*, RabelsZ 62 (1998), 678, 702.

136 *Diehl-Leistner*, Internationales Factoring, S. 95; *Kaiser*, Verlängerter Eigentumsvorbehalt und Globalzession im IPR, S. 203.

selben Forderung zu regeln.[137] Es wird zudem darauf verwiesen, dass das am Niederlassungsort des Zedenten herrschende Recht die internationale Abtretbarkeit von Forderungen weniger beeinträchtige als eine Anknüpfung an das Forderungsstatut oder an das an der Niederlassung des Schuldners herrschende Recht und dass es in den Fällen, in denen der Zedent und der Schuldner keine abweichende Rechtswahl getroffen hätten, regelmäßig zu einem Gleichlauf mit dem Forderungsstatut komme.[138]

Vor dem Hintergrund der Bestrebungen der Europäischen Kommission, das EVÜ in ein Gemeinschaftsinstrument umzuwandeln, hat auch der Deutsche Rat für Internationales Privatrecht eine Stellungnahme abgegeben.[139] Frage 18 des Grünbuchs[140] hat er allerdings nicht abschließend beantwortet. Er hat sich dahingehend geäußert, dass es für das im EVÜ nicht geregelte Statut der Drittwirkung einer Forderungsabtretung deutsche herrschende Lehre und Praxis sei, dass das Recht entscheide, dem die übertragene Forderung unterliege. Diese Regelung erscheine vernünftig, werde aber nicht in allen nationalen Kollisionsrechten der Mitgliedstaaten geteilt. Es werde jedenfalls für eine Regelung in der Verordnung befürwortet, Art. 22 der Konvention der Vereinten Nationen über Forderungsabtretungen im internationalen Handel (UNCITRAL-Konvention) in die Erwägungen einzubeziehen, wo auf den gewöhnlichen Aufenthalt des Zedenten abgestellt werde. Sofern mit einer EG-weiten Ratifizierung der UNCITRAL-Konvention zu rechnen sei, müsse geprüft werden, ob ein Gleichklang der zukünftigen europäischen Regelung und der Regelung der UNCITRAL-Konvention angestrebt werden solle.[141]

c. Das Verpflichtungsstatut

Um die Vorteile eines Gleichlaufs von Zessions- und Verpflichtungsstatut und der Rechtswahlfreiheit zu behalten, wird von der in der deutschen Literatur anzutreffenden Ansicht, die die Abtretung als Verfügungsgeschäft dem Verpflichtungsstatut gemäß Art. 33 Abs. 1 EGBGB unterwirft, vertreten, dass an dieses Statut auch die Drittwirkungen der Zession anzuknüpfen sind.[142] Auf diese Weise werde die Anwendung einer dritten Rechtsordnung neben den in Art. 33 Abs. 1 und Abs. 2

137 *Kieninger*, RabelsZ 62 (1998), 678, 702.

138 *Kieninger*, RabelsZ 62 (1998), 678, 702.

139 Beschluss des Deutschen Rates für Internationales Privatrecht – Zweite Kommission – anlässlich der Sitzung am 9./10.09.2003.

140 Gefragt wurde danach, ob es zweckmäßig sei, in einem künftigen Rechtsinstrument festzulegen, welches Recht für die Frage maßgeblich sei, ob die Abtretung einer Forderung Dritten entgegengehalten werden könne. Im Bejahensfall wurde um den Vorschlag einer Kollisionsnorm gebeten.

141 Beschluss des Deutschen Rates für Internationales Privatrecht – Zweite Kommission – anlässlich der Sitzung am 9./10.09.2003. Zur UNCITRAL-Konvention näher in Teil 4.

142 Staudinger[13]/*Hausmann*, Art. 33 EGBGB Rdnr. 50; *Stadler*, IPRax 2000, 104, 108 f.

EGBGB berufenen verhindert. Die Anknüpfung an das Sitzrecht des Zedenten erschwere die Rechtsanwendung nämlich nur weiter und sei nicht durch den Wortlaut des Art. 33 EGBGB gedeckt.[143]

Argumentiert wird auch damit, dass der Schutz der Gläubigerinteressen nicht soweit gehe, dass eine Sonderanknüpfung der Drittwirkungen gerechtfertigt sei. Wegen des Rechts des Forderungsinhabers zur freien Verfügung sei das Vertrauen des Gläubigers, dass der Schuldner Forderungen erwerben oder behalten werde, nicht geschützt.[144] Das Interesse des Gläubigers an der Publizität von Zessionsvorgängen sei zudem nicht überall anerkannt.[145]

Abgelehnt wird eine Anwendung des Forderungsstatuts. Dieses verbessere zum einen nicht den Gläubigerschutz und zum anderen stehe der Gläubiger des Zedenten außerhalb der Rechtsbeziehung von Zedent und Schuldner. Für einen Gläubiger sei das Forderungsstatut, das auch von einer Rechtswahl zwischen Zedent und Schuldner abhängig sein kann, ebenso wenig erkennbar, wie das auf das Rechtsverhältnis von Zedent und Zessionar anwendbare Recht.[146]

2. Stellungnahme

Auf den ersten Blick kann sich die herrschende Meinung in Deutschland darauf stützen, dass Art. 16 Abs. 2 EVÜ-Entwurf vorsah, die Voraussetzungen der Drittwirksamkeit der Abtretung im Verhältnis zum Schuldner und zu Dritten einheitlich dem Recht der ursprünglichen Forderung zu unterwerfen. Bedenkt man jedoch, dass die Erwähnung der Dritten in Art. 12 Abs. 2 EVÜ nicht versehentlich unterlassen wurde, sondern die Entfernung der kollisionsrechtlichen Regelung der Drittwirkung auf Betreiben der dänischen und irischen Delegation anlässlich der Sitzung der Gruppe „Internationales Privatrecht" der Kommission der Europäischen Gemeinschaften vom 19.02. bis 03.09.1977 und somit ganz bewusst erfolgte[147], so überzeugt dieses Argument nicht. Aus der absichtlichen Streichung kann vielmehr geschlossen werden, dass das Statut der abgetretenen Forderung nur im Verhältnis zum Schuldner und nicht auch im Verhältnis zu Dritten Anwendung finden sollte.

Zuzustimmen ist der Ansicht, die die Anknüpfung der Drittwirkungen einer Zession an das Verpflichtungsstatut befürwortet, dass es im Zusammenhang mit der Abtretung von Forderungen aus grenzüberschreitenden Verträgen möglichst bei der Anwendung von zwei Rechtsordnungen bleiben sollte. Sinnvoll erscheint es auch, mit dem Hinweis, der Gläubiger des Zedenten stehe außerhalb der Rechtsbeziehung

143 Staudinger[13]/*Hausmann*, Art. 33 EGBGB Rdnr. 50.
144 *Stadler*, IPRax 2000, 104, 108.
145 Staudinger[13]/*Hausmann*, Art. 33 EGBGB Rdnr. 50; *Stadler*, IPRax 2000, 104, 108 .
146 Staudinger[13]/*Hausmann*, Art. 33 EGBGB Rdnr. 50; *Stadler*, IPRax 2000, 104, 108.
147 Vgl. *Kieninger*, RabelsZ 62 (1998), 678, 689 f.

von Zedent und Schuldner und das auf ihr Rechtsverhältnis anwendbare Recht sei für ihn nicht erkennbar, die Anwendung des Forderungsstatuts abzulehnen. Auch die Schutzwürdigkeit des Gläubigers in seinem Vertrauen darauf, dass sein Schuldner Forderungsinhaber bleibe, zu bezweifeln, überzeugt.

Im Folgenden wird die Drittwirkung der Zession im Verhältnis des Zessionars zu anderen Gläubigern des Zedenten näher untersucht und der Frage nachgegangen, wie sich die Abtretung in einem Rechtsverhältnis mit Auslandsbezug zu der Rechtsstellung eines Gläubigers des Zedenten verhält. Im Anschluss hieran wird die Rechtslage im Falle einer Mehrfachabtretung erörtert.

a. Das Verhältnis des Zessionars zu anderen Gläubigern des Zedenten

Sowohl die in Deutschland h. M. als auch die Ansicht, die das Recht der Niederlassung des Zedenten anwendet, gehen von schutzwürdigen Interessen der Gläubiger des Zedenten aus. Unverkennbar ist, dass die Gläubiger des Zedenten von einer Globalzession bzw. Sicherungszession, die jener beispielsweise mit einem ihn finanzierenden Kreditinstitut schließt, berührt werden. Der Zedent kann durch die Abtretung künftig entstehender Forderungen im Rahmen eines verlängerten Eigentumsvorbehalts oder einer Globalzession seine Kreditwürdigkeit gegenüber anderen Gläubigern verschleiern.[148] Fraglich ist indes, worin schutzwürdige Interessen der Gläubiger bestehen und woraus sich diese ergeben sollen. Unstreitig ist, dass ein Forderungsinhaber frei über seine Forderungen verfügen kann; so kann er sie seinem Schuldner stunden oder gar erlassen. Seine Gläubiger haben hierauf keinen Einfluss. Einem Forderungsinhaber bleibt es zudem unbenommen, mit seinem Schuldner auch nach Entstehen der Forderung eine Rechtswahl zu treffen. Insofern ist nicht verständlich, weshalb die Interessen der Gläubiger des Zedenten an einer einfachen und leicht zu handhabenden Kollisionsregel schutzwürdig sein sollen.

Im Folgenden werden vier denkbare Konstellationen näher untersucht:

Fall 1[149]: Ein französischer Zedent überträgt einem Zessionar nach französischem Recht eine Forderung, die deutschem Recht unterliegt.[150]

Die Rechtsstellung der Betroffenen stellt sich wie folgt dar:

Im Verhältnis der Zessionsparteien erwirbt der Zessionar die Forderung mit Abschluss des Abtretungsvertrags. Er kann sie dem Schuldner gegenüber auch ohne

148 *Mangold*, Die Abtretung im Europäischen Kollisionsrecht, S. 204.

149 In Anlehnung an den von *Kieninger* (RabelsZ 62 (1998), 678, 705) besprochenen deutsch-französischen Fall.

150 Auf das internationale Factoring übertragen, handelt es sich hierbei um einen Fall des direkten Exportfactorings.

die Erfüllung der Voraussetzungen des Art. 1690 C. civ. geltend machen[151], da im Verhältnis zu ihm nach Art. 12 Abs. 2 EVÜ deutsches Recht als Forderungsstatut gilt.

Nimmt der Zessionar den Schuldner in Anspruch, so hat eine Leistung an ihn befreiende Wirkung. Dies kann er im Falle der Inanspruchnahme durch Gläubiger des Zedenten auch erfolgreich einwenden. Hat er noch keine Zahlung vorgenommen, ist er aber von der Abtretung in Kenntnis gesetzt worden, dann kann er nicht mehr mit befreiender Wirkung an einen Gläubiger des Zedenten leisten. Solange ihm die Abtretung nicht mitgeteilt worden ist, gilt jedoch das Gegenteil. Er kann sich durch eine Leistung an einen der Gläubiger des Zedenten noch wirksam von seiner Schuld befreien.

Im Verhältnis des Zessionars zu Gläubigern des Zedenten ist nach der hier vertretenen Ansicht gemäß Art. 12 Abs. 1 EVÜ französisches Recht Verpflichtungsstatut und damit für das Verhältnis des Zessionars zu Gläubigern des Zedenten maßgeblich. Der Zessionar muss im Verhältnis zu ihnen die Anforderungen des Art. 1690 C. civ. so schnell wie möglich erfüllen, damit sie nicht mit Erfolg auf die Forderung zugreifen können. Hat der Schuldner dem Zessionar gegenüber die Forderung bereits zum Ausgleich gebracht, dann haben die Gläubiger des Zedenten einen Anspruch gegen den Zessionar aus ungerechtfertigter Bereicherung, denn ihnen gegenüber hatte die Abtretung noch keine Wirksamkeit erlangt. Die Beachtung des Art. 1690 C. civ. kann vom Zessionar auch erwartet werden, da er weiß, dass sich die Abtretung nach französischem Recht richtet.

Fall 2: Ein französischer Zedent tritt eine Forderung, die französischem Recht unterliegt, an einen deutschen Zessionar ab. Die Zessionsparteien vereinbaren für den Forderungskaufvertrag die Anwendbarkeit deutschen Rechts.

Zugegebenermaßen ist diese Fallvariante in der Praxis kaum anzutreffen. Sie soll hier aber der Vollständigkeit halber ebenfalls erörtert werden. Ihr Auslandsbezug ergibt sich nicht daraus, dass die abzutretende Forderung aus einem grenzüberschreitenden Vertrag stammt, sondern daraus, dass der Abtretungsvertrag selbst einer anderen Rechtsordnung als die Forderung unterliegt.

Bereits mit Abschluss des Abtretungsvertrags wird der Zessionar Forderungsinhaber. Um die Forderung gegenüber dem Schuldner mit Erfolg durchsetzen zu können, muss der Zessionar allerdings gemäß Art. 33 Abs. 2 EGBGB das französische Recht als Forderungsstatut und damit die Voraussetzungen des Art. 1690 C. civ. beachten. Für das Verhältnis des Zessionars zu Gläubigern des Zedenten ist nach Art. 33 Abs. 1 EGBGB jedoch das deutsche Recht maßgeblich. Ihnen gegenüber wird die Abtretung auch ohne Erfüllung der Voraussetzungen des Art. 1690 C.

151 So auch *Pardoel*, Les conflits de loi, n. 375.

civ. wirksam. Die Gläubiger des Zedenten haben keinerlei Einflussmöglichkeit auf den Abtretungsvertrag oder das ihm zugrunde liegende Recht.

Fall 3: Dieser Fall entspricht Fall 2, hat nur andere Vorzeichen: ein deutscher Zedent tritt nach französischem Recht eine dem deutschen Recht unterliegende Forderung ab.

Der Zessionar wird im Verhältnis zum Zedenten nach französischem Recht und im Verhältnis zum Schuldner nach deutschem Recht mit Abschluss des Abtretungsvertrags Forderungsinhaber. Um die Forderung jedoch nicht an Gläubiger des Zedenten zu verlieren, muss er im Verhältnis zu ihnen die Voraussetzungen des Art. 1690 C. civ. erfüllen, da nach Art. 12 Abs. 1 EVÜ französisches Recht zur Anwendung berufen ist.

Fall 4: Ein deutscher Zedent tritt eine Forderung, die französischem Recht unterliegt, ab. Der Abtretung liegt ein Forderungskauf zu Grunde, auf den deutsches Recht Anwendung findet.[152]

Der Zessionar wird mit Abschluss der Abtretungsvereinbarung Forderungsinhaber, auch gegenüber den Gläubigern des Zedenten. Lediglich zur Durchsetzung der Forderung gegenüber dem Schuldner muss er französisches Recht, das über Art. 33 Abs. 2 EGBGB zu berücksichtigen ist, beachten.

Alle vier Konstellationen haben gezeigt, dass die Koordinierung eines deutsch-französischen Sachverhalts zu einer sinnvollen Lösung führen kann, wenn sowohl die Abtretung als Verfügungsgeschäft, als auch die Drittwirkung im Verhältnis zu einem Gläubiger des Zedenten an das Verpflichtungsstatut im Sinne des Art. 33 Abs. 1 EGBGB angeknüpft werden.

b. Das Verhältnis des Zessionars zu anderen Zessionaren im Falle der Mehrfachabtretung

Tritt der Zedent seine Forderung mehrfach an verschiedene Zessionare ab, so ist zunächst zu fragen, ob auf die einzelnen Verpflichtungsgeschäfte dasselbe Recht anwendbar ist. Ist dies der Fall, so ist mit der oben zur Anknüpfung des Verfügungsgeschäfts vertretenen Ansicht über Art. 33 Abs. 1 EGBGB das auf die Zessionen anwendbare Recht zu bestimmen. Dieses legt fest, unter welchen Voraussetzungen die Abtretung Wirksamkeit entfaltet und welcher Zessionar nach

152 Auch hier handelt es sich auf das internationale Factoring übertragen, wie in Fall 1, um direktes Exportfactoring.

dem Prioritätsprinzip im Verhältnis zu den anderen tatsächlich Forderungsinhaber geworden ist.[153]

Anders ist die Rechtslage zu beurteilen, wenn der Zedent seine Forderung mehrfach an Zessionare überträgt und die einzelnen Verpflichtungsgeschäfte nicht demselben Recht unterliegen. Schwierigkeiten ergeben sich dann daraus, dass die unterschiedlichen, zur Anwendung berufenen Rechtsordnungen die Wirksamkeit nicht von den gleichen Voraussetzungen abhängig machen und hinsichtlich der Priorität auf verschiedene Zeitpunkte abstellen. So kommt es in Deutschland alleine darauf an, wann die Zessionsparteien den Abtretungsvertrag geschlossen haben, während in Frankreich bei der *cession de créance* derjenige die Forderung erwirbt, der als Erster die Voraussetzungen des Art. 1690 C. civ. erfüllt, insbesondere dem Schuldner den Forderungsübergang anzeigt.

Nimmt der Zedent nacheinander mehrere Abtretungen vor, die verschiedenen Rechtsordnungen unterliegen, so ist es angebracht, eine zu bestimmen, die für alle Abtretungen gleichermaßen entscheidend ist. Sinnvoll erscheint es, auf das Forderungsstatut als einziges zur Anwendung kommendes Recht abzustellen.

Der Vorteil der Anknüpfung an das Forderungsstatut liegt darin, dass neben dem Verpflichtungsstatut nicht noch eine weitere Rechtsordnung berücksichtigt werden muss, die zu Wertungswidersprüchen führen kann. Denkbar ist nämlich, dass die Abtretung an den Erstzessionar nach dem Forderungsstatut wirksam ist und die weitere Zession nach einem hiervon zu unterscheidenden Statut, beispielsweise dem am Sitz des Zedenten herrschenden Recht, ebenfalls Wirksamkeit erlangt.

Dies wird an folgendem Beispiel deutlich:

> Die Abtretung an den Erstzessionar unterliegt nach der h. M. in Deutschland dem Forderungsstatut. Handelt es sich bei diesem um deutsches Recht, so erwirbt der Erstzessionar die Forderung mit Abschluss des Abtretungsvertrags, ohne dass ein weiterer Rechtsakt notwendig ist. Tritt der Zedent die Forderung ein weiteres Mal ab und wird diese zweite Zession entgegen der in Deutschland h. M. nicht einheitlich an das Forderungsstatut angeknüpft, sondern beispielsweise an das an der Niederlassung des Zedenten geltende Recht, bei dem es sich um französisches Recht handelt, so erwirbt der Zweitzessionar im Verhältnis zu Dritten die Forderung, wenn er die Publizitätsmaßnahmen des Art. 1690 C. civ. vor dem Erstzessionar erfüllt. Damit besteht die Gefahr, dass es zwei Zessionare gibt. Der Schuldner kann sich im Verhältnis zu dem Zessionar, der ihn in Anspruch nimmt, freilich auf die Rechte berufen, die ihm das Forderungsstatut gewährt.

153 Siehe hierzu *Stadler*, IPRax 2000, 104, 109.

Umgekehrt stellt sich die Rechtslage wie folgt dar:

Hat die erste Abtretung nach französischem Recht noch keine Drittwirksamkeit erlangt und ist eine weitere Zession nach deutschem Recht unwirksam, so sieht sich der Schuldner, zumindest solange die Voraussetzungen zur Erlangung der Drittwirksamkeit nicht erfüllt worden sind, keinem berechtigten Zahlungsverlangen ausgesetzt.

Das Ziel, einen Gleichlauf beider Abtretungen zu erreichen, ist möglich, wenn Erst- und Zweitzession einheitlich angeknüpft werden und auf das Forderungsstatut gewissermaßen als Fixpunkt abgestellt wird.

V. Zwischenergebnis

Art. 33 Abs. 1 und Abs. 2 EGBGB beruhen auf Art. 12 EVÜ. Der systematische Aufbau des Art. 12 EVÜ und damit auch der des Art. 33 Abs. 1 und Abs. 2 EGBGB lehnt sich an das französische Recht an, dem eine strikte Trennung von Verpflichtungs- und Verfügungsgeschäft fremd ist und das bei der klassischen Zession zwischen den jeweils betroffenen Rechtsverhältnissen unterscheidet.[154]

Art. 12 EVÜ und Art. 33 Abs. 1 und Abs. 2 EGBGB regeln ihrem Wortlaut nach nur zwei Rechtsbeziehungen, die von einer Abtretung berührt werden. Genannt wird das Verhältnis der Zessionsparteien zueinander, indem auf die zwischen ihnen bestehenden Verpflichtungen abgestellt wird, und das Verhältnis des Zessionars zum Schuldner, wobei bestimmte Aspekte des Schuldnerschutzes Berücksichtigung finden. Unerwähnt bleibt das Verhältnis des Zessionars zu Dritten, also den Gläubigern des Zedenten und konkurrierenden Zessionaren im Falle einer Mehrfachabtretung. Ungeregelt bleibt auch, nach welchem Recht die Wirksamkeit der Abtretung im Verhältnis der Zessionsparteien zueinander zu beurteilen ist.

Vor dem Hintergrund, dass Art. 12 EVÜ eng mit den romanischen Rechtsordnungen verbunden ist, ist bei der Auslegung des Art. 33 Abs. 1 EGBGB, auch wenn lediglich von „Verpflichtungen" die Rede ist, nicht streng an seinem Wortlaut festzuhalten. Art. 33 Abs. 1 EGBGB hat neben den Artt. 27 ff. EGBGB einen eigenen Regelungsbereich und bestimmt nicht nur das auf den Forderungskauf anzuwendende Recht, sondern ist auch für die Abtretung als Verfügungsgeschäft maßgeblich. Hierdurch wird der Schuldnerschutz nicht umlaufen. Die nur punktuelle Anwendung des Forderungsstatuts nach Art. 33 Abs. 2 EGBGB ist ausreichend.

Die Einordnung der Abtretung als abstraktes oder kausales Rechtsgeschäft ist ebenfalls nach dem Verpflichtungsstatut, also nach Art. 33 Abs. 1 EGBGB zu beurteilen.

154 *Einsele*, ZVglWiss 90 (1991), 1, 13 f. Sie verweist auch auf die sach- und kollisionsrechtliche Behandlung der Forderungsabtretung im englischen Recht.

Die Abtretung im Verhältnis des Zessionars zu Gläubigern des Zedenten richtet sich ebenfalls nach dem Verpflichtungsstatut. Dies gilt auch für das Verhältnis mehrerer Zessionare im Fall der Mehrfachabtretung durch den Zedenten. Etwas anderes ist lediglich dann anzunehmen, wenn die konkurrierenden Abtretungen nach verschiedenen Rechtsordnungen zu beurteilen sind, in denen die Prioritätsfrage aufgrund unterschiedlicher zeitlicher Bezugspunkte nicht einheitlich beurteilt wird. In diesem Falle bedarf es einer Sonderanknüpfung an das Forderungsstatut gemäß Art. 33 Abs. 2 EGBGB. Mit der Anwendung des Forderungsstatuts wird eine weitere kollisionsrechtliche Zersplitterung des Sachverhalts verhindert.

Die Anwendung des Verpflichtungsstatuts auf Globalzessionen, insbesondere im Rahmen des internationalen Factorings, führt zu einer größeren Umlauffähigkeit von Forderungen. Die Unwirksamkeit der Abtretung einer Vielzahl von gegenwärtigen und zukünftigen Forderungen nach einer nationalen Rechtsordnung kann mittels Rechtswahl umgangen werden. Insgesamt trägt die Anknüpfung der Abtretung an Art. 33 Abs. 1 EGBGB zu einer besseren Verwirklichung der europäischen Grundfreiheiten bei.

C. Das Kollisionsrecht des internationalen Factorings in Frankreich

I. Vorbemerkung

Französische Unternehmen mittlerer Größe, die im internationalen Handel tätig sind und ihre Aktivitäten ausweiten möchten, bedienen sich häufig des Factorings.[155] In der Regel überträgt der Kunde (Exporteur) seine Forderungen gegen einen ausländischen Debitor mittels *subrogation* auf den Factor.[156] Da dieser französische Factor die Solvenz des ausländischen Debitors nur schwer einschätzen kann, greift er auf einen ausländischen Factor im Importland des Debitors, den sog. Importfactor, zurück. Der Importfactor tritt gegenüber dem französischen Factor (Exportfactor) für die Zahlungsfähigkeit des Debitors ein.[157] Der Importfactor steht jedoch außerhalb der Rechtsbeziehung des Exportfactors zu seinem Kunden. Der Exportfactor ist derjenige, der die Forderungen des Kunden kauft und den Kaufpreis entrichtet.[158]

155 *Béraudo*, JC 1995, Études et Chroniques 458, 185, 189, n. 31; *Jacquet/Delebecque*, Droit du commerce international, n. 312.

156 *Jacquet/Delebecque*, Droit du commerce international, n. 312; a.A. *Siggemann*, Frankreich, in *Bette/Brink* (Hrsg.), Rechtsfragen im Exportgeschäft, S. 67.

157 *Jacquet/Delebecque*, Droit du commerce international, n. 312.

158 *Jacquet/Delebecque*, Droit du commerce international, n. 312.

Im Folgenden werden die beim internationalen Factoring betroffenen Rechtsbeziehungen dargestellt. Nach einem kurzen Blick auf das Verhältnis zwischen Kunde und Debitor wird die Rechtsbeziehung der Parteien des Factoringvertrags untersucht. Der Schwerpunkt liegt hierbei nicht auf der Anknüpfung des Factoringvertrags, sondern auf der Frage, welches Recht die verschiedenen Möglichkeiten der Forderungsübertragung beherrscht. Es werden kollisionsrechtliche Aspekte der *cession de créance,* der *cession Dailly* und der *subrogation conventionnelle* erörtert. Im Anschluss daran wird die Rechtsbeziehung des Factors zum Debitor und die des Factors zu Dritten unter Berücksichtigung der verschiedenen Möglichkeiten des Forderungsübergangs behandelt.

II. Die Rechtsbeziehung des Kunden zum Debitor (des Zedenten zum Schuldner)

Was die Rechtsbeziehung des Kunden zum Debitor betrifft, so ist – wie im deutschen Recht auch – auf die allgemeinen Anknüpfungsregeln abzustellen. Dem internationalen Warenkauf kommt selbstverständlich eine große Bedeutung zu, so dass zu prüfen ist, ob der Anwendungsbereich des Wiener UN-Übereinkommens über Verträge über den internationalen Warenkauf (CISG) eröffnet ist. Zu denken ist auch an das Haager Übereinkommen betreffend das auf internationale Kaufverträge über bewegliche Sachen anzuwendende Recht[159]. Beim grenzüberschreitenden Transport von Gütern kommt es auf das Genfer Übereinkommen über den Beförderungsvertrag im internationalen Straßengüterverkehr (CMR) an. Ist der Anwendungsbereich eines materielles Einheitsrecht schaffenden Übereinkommens nicht eröffnet oder seine Anwendung von den vertragsschließenden Parteien ausgeschlossen, dann ist mit Hilfe des internationalen Privatrechts das zur Anwendung berufene nationale Recht zu bestimmen. Für die Mitglieder der Europäischen Union ist es im Bereich der Schuldverhältnisse durch das EVÜ zu einer Vereinheitlichung des Kollisionsrechts gekommen.[160] Nach Art. 3 Abs. 1 S. 1 EVÜ ist das von den Parteien gewählte Recht entscheidend. Bei fehlender Rechtswahl kommt es nach Art. 4 Abs. 1 S. 1 EVÜ auf das Recht an, zu dem der Vertrag die engsten Verbindungen aufweist.

---

159 *Jayme/Hausmann,* Int. Privat- und Verfahrensrecht[12], Nr. 76. Deutschland hat das Übereinkommen bislang nicht gezeichnet. Es ist für Dänemark, Finnland, Frankreich, Italien, Niger, Norwegen, Schweden und die Schweiz in Kraft getreten. Es geht gemäß Art. 3 Abs. 1 S. 1 bei fehlender Rechtswahl grundsätzlich von der Geltung des Rechts am gewöhnlichen Aufenthalt oder der Geschäftsniederlassung des Verkäufers aus.

160 Siehe hierzu: Teil 2: A. II. 1.

III. Die Rechtsbeziehung der Parteien des Factoringvertrags: Kunde und Factor (Zedent und Zessionar)

1. Vorbemerkung

Wie oben ausgeführt wurde[161], ist dem französischen Recht das Abstraktionsprinzip mit seiner strikten Trennung von Verpflichtungs- und Verfügungsgeschäft unbekannt. Bereits der Wille der Parteien zum Abschluss des Verpflichtungsgeschäfts hat rechtsübertragende Wirkung. Dennoch werden die schuldrechtlichen Vertragselemente von den sachenrechtlichen unterschieden, wobei bemerkenswert ist, dass sie in einem kausalen Verhältnis zueinander stehen. Unwirksamkeitsgründe des Grundgeschäfts führen zur Unwirksamkeit der Verfügung.

Die enge Verzahnung von Verpflichtungs- und Verfügungsgeschäft wirkt bis in das französische Kollisionsrecht hinein. Wie im nationalen Recht auch, wird im internationalen Privatrecht eher auf die einzelnen Rechtsbeziehungen als auf die Unterscheidung zwischen Grund- und Verfügungsgeschäft abgestellt. So findet auf die Rechtsbeziehung der Zessionsparteien zueinander, das sog. Innenverhältnis, Art. 12 Abs. 1 EVÜ Anwendung. Fragen, die das Verhältnis zum Schuldner betreffen, also dem Außenverhältnis zuzuordnen sind, werden als in Art. 12 Abs. 2 EVÜ geregelt angesehen. Diese Sichtweise ist es übrigens ebenfalls, die auch dem EVÜ zugrunde liegt.[162]

Auch wenn im französischen Recht Verpflichtungs- und Verfügungsgeschäft sehr eng miteinander verbunden sind, mitunter in einem Rechtsakt zusammenfallen, wird doch eine selbstständige Anknüpfung des Forderungsübergangs vertreten. So unterscheidet beispielsweise *Stoufflet* im Verhältnis des Factors zum Kunden das Verpflichtungsgeschäft von der Übertragung der Forderung.[163]

Hiervon ausgehend, wird zunächst nach der Anknüpfung des Factoringvertrags gefragt. Im Anschluss wird die Anknüpfung des Übergangs einer internationalen Forderung dargestellt, wobei vor allem Problempunkte herausgearbeitet werden. Darüber hinaus wird geklärt, ob die *cession de créance,* die *cession Dailly* und die *subrogation conventionnelle* tatsächlich gleich zu behandeln sind. *Bourdeaux*[164] betont nämlich, dass im internationalen Privatrecht nicht zwischen den Rechtsinstituten unterschieden werde, auf denen das Factoring beruhe. So werde jeden-

161 Siehe hierzu: Teil 1: B. IV. 1. a. bb.

162 *Lagarde*, Rev. crit. DIP 80 (1991), 287, 335, n. 59; *Diehl-Leistner*, Internationales Factoring, S. 98.

163 JC de dr. int. 1985, Fasc. 566-B, n. 93: „*Les rapports entre le factor et l'adhérent relèvent en principe, comme les autres opérations bancaires, de la loi du lieu où est établi ce factor. En revanche, le transfert de créance au factor est soumis à sa propre loi.*" Wenn von dem Verhältnis des Factors zum Kunden die Rede ist, so ist hiermit das Verpflichtungsgeschäft gemeint.

164 JC de dr. int. 5, 1998, Fasc. 566-10, n. 24.

falls eine *cession Dailly* wie eine *cession de créance* behandelt und *Stoufflet* ist der Ansicht, dass die Grundsätze, die für eine *cession de créance* gelten, auf die *subrogation conventionnelle* erstreckt werden müssten.[165]

2. Die Anknüpfung der schuldrechtlichen Verpflichtungen

Der Factoringvertrag ist für die Rechtsbeziehung zwischen Kunde und Factor maßgeblich. Bei der Frage, welches Recht auf ihn anwendbar ist, hält *Bourdeaux*[166] zwei unterschiedliche Antworten für denkbar. Der Factoringvertrag könne entweder selbstständig angeknüpft werden, oder dem Recht der abgetretenen Forderung unterliegen. Der Factoringvertrag habe zwar die Übertragung einer Forderung auf einen Dritten zum Inhalt, das auf ihn anwendbare Recht sei dennoch unabhängig zu bestimmen. In diesem Zusammenhang verweist er auf die *cession de créance,* bei der anerkannt sei, dass die Zessionsparteien das auf sie anwendbare Recht frei wählen könnten. Nach Inkrafttreten des EVÜ[167] finden sich in der Literatur andere Stimmen, die ebenfalls auf Art. 12 Abs. 1 EVÜ[168] abstellen.[169]

Beabsichtigt ein Gläubiger, eine internationale Forderung[170] zu übertragen, so ist die sog. *loi d'autonomie* entscheidend. Bei ihr handelt es sich um das von Forderungsinhaber und Forderungserwerber ausdrücklich oder stillschweigend gewählte Recht.[171] Haben sich die Parteien nicht ausdrücklich auf die Anwendung einer bestimmten Rechtsordnung geeinigt, beziehen sie sich aber auf ein nationales

165 JC de dr. int. 1985, Fasc. 566-B, n. 96.

166 JC de dr. int. 1998, Fasc. 566-10, n. 33.

167 *Mayer/Heuzé* (Dr. int. pr.[8], n. 694) merken zum am 01.04.1991 in Kraft getretenen EVÜ an, dass es das zuvor herrschende nationale Recht ersetze und heute das französische internationale Privatrecht der Verträge bilde.

168 Die französische Fassung des Art. 12 Abs. 1 EVÜ lautet: „*Les obligations entre le cédant et le cessionnaire sont régies par la loi qui, en vertu de la présente convention, s'applique au contrat qui les lie*".

169 Siehe: *Pardoel*, Les conflits de lois, n. 35 et 63 s.

170 Siehe zur Internationalität der *cession*: *Pardoel*, Les conflits de lois, n. 40 et s. et n. 50. *Pardoel* problematisiert insbesondere die Internationalität des Übergangs künftiger Forderungen (n. 55 et s.). Da die Einzelheiten der Beziehung zwischen Gläubiger und Schuldner noch nicht bekannt seien, sei fraglich, ob die Zessionsparteien das auf die *cession* anwendbare Recht bereits im Voraus wählen könnten. Für das Factoring kommt sie zu folgendem Ergebnis: Bei dem Factoringvertrag handele es sich um einen Rahmenvertrag, der vor jeglichem Forderungsübergang geschlossen werde. Er habe das Ziel, wesentliche Grundlagen der Finanzierung und des Übergangs einer Mehrheit von Forderungen festzuhalten. Sobald die Internationalität in Erscheinung trete, es ist wohl auf den Zeitpunkt des Entstehens der Forderung abzustellen, könnten die Parteien das auf die Zessionsvereinbarung anwendbare Recht wählen. Dies gelte allerdings nicht für den Rahmenvertrag selbst, da dieser nicht zu einer *cession* führe.

171 *Bourdeaux*, JC de dr. int. 5, 1998, Fasc. 566-10, n. 34.

Rechtsinstitut, so spricht dies dafür, dass sie das Recht zur Anwendung berufen wissen wollen, dem dieses bekannt ist.[172] Haben Kunde und Factor keine Rechtswahl getroffen, so ist nach dem Recht des Staates zu fragen, das die engste Verbindung zu dem Vertrag aufweist. Abzustellen ist mithin auf das Recht, das am Sitz der Vertragspartei herrscht, die die charakteristische Leistung erbringt.[173] In Betracht kommt das an der Niederlassung des Zedenten herrschende Recht, denn bei dem Zedenten handelt es sich um die Partei, die die vertragscharakteristische Leistung, nämlich die Übertragung der Forderung erbringt.[174] Die Rechtsprechung[175] und die Literatur[176] gehen beim Factoring jedoch übereinstimmend davon aus, dass der Factor die vertragscharakteristische Leistung schuldet. Der Forderungsübergang gilt nicht als der wesentliche Kern des Factorings. Der Factor handelt im Rahmen seiner beruflichen Tätigkeit und stellt dem Kunden ein Bündel von Leistungen zur Verfügung, für das der Kunde ein Entgelt zu entrichten hat. In der Praxis ist allerdings zu berücksichtigen, dass Factoringinstitute auf Musterverträge, die Rechtswahlklauseln enthalten, zurückgreifen.[177]

Im Rahmen des internationalen Factorings ist häufig die Konstellation anzutreffen, dass der Factor im Land seines Kunden seinen Sitz hat und zum Forderungseinzug einen Factor einschaltet, der im Land des Debitors seine Niederlassung hat. Hierfür stehen dem Factor zwei Möglichkeiten zur Verfügung. Er kann einen anderen Factor entweder mit der Geltendmachung der Forderungen beauftragen oder ihm (dann sog. Importfactor) die Forderungen abtreten.[178] Der Vertrag zwischen dem Exportfactor und dem Importfactor unterliegt dann dem Recht des Importfactors, da dieser dem Exportfactor die charakteristischen Leistungen schuldet.[179]

Das auf den Factoringvertrag anwendbare Recht regelt aber nicht alle Aspekte der Rechtsbeziehung des Kunden zum Factor. So unterliegt die Rechts- und Geschäftsfähigkeit der Parteien ihrem nationalen Recht.[180] Bei der Frage nach

---

172 Entscheiden sich die Parteien beispielsweise für eine *cession Dailly*, so kann dies dahin verstanden werden, dass französisches Recht zur Anwendung kommen soll.

173 *Pardoel*, Anmerkung zu dem Urteil der *Cour d'appel* von Grenoble vom 13.09.1995, Rev. crit. DIP 85 (1996), 674, 681.

174 *Loussouarn/Bourel*, Dr. int. pr.[7], n. 425; *Sinay-Cytermann*, JC de dr. int. 1998, Fasc. 554, n. 3.

175 *Cour d'appel* von Grenoble, Urteil vom 13.09.1995, Rev. crit. DIP 85 (1996), 666, 670.

176 *Bourdeaux*, JC de dr. int. 5, 1998, Fasc. 566-10, n. 35; *Pardoel*, Anmerkung zu dem Urteil der *Cour d'appel* von Grenoble vom 13.09.1995, Rev. crit. DIP 85 (1996), 674, 681; *Stoufflet*, JC de dr. int. 1985, Fasc. 566-B, n. 93.

177 *Bourdeaux*, JC de dr. int. 5, 1998, Fasc. 566-10, n. 34.

178 Unklar ist, von welcher Möglichkeit die *Cour d'appel* von Grenoble in ihrem Urteil vom 13.09.1995 (Rev. crit. DIP 85 (1996), 666) ausgeht.

179 *Bourdeaux*, JC de dr. int. 5, 1998, Fasc. 566-10, n. 36; *Witz*, Anmerkung zu dem Urteil der *Cour d'appel* von Grenoble vom 13.09.1995, Journal DIP 1996, 960, 966.

180 *Monéger*, Dr. int. pr.[2], n. 245.

der Abtretbarkeit einer Forderung auf den Factor ist gemäß Art. 12 Abs. 2 EVÜ auf das Recht, dem die Forderung untersteht, abzustellen.[181] Auch bei der Frage nach der Form des Factoringvertrags kommt es nicht auf das Recht an, das auf den Factoringvertrag anwendbar ist. Die Form des Vertrags bestimmt sich vielmehr nach Art. 9 EVÜ.[182]

3. Die Anknüpfung des Forderungsübergangs

a. Die Anknüpfung der *cession de créance*

Da von der *cession de créance* nicht nur die Zessionsparteien, sondern auch der Schuldner der abgetretenen Forderung und Dritte betroffen sind, ergeben sich in Frankreich selbst nach Inkrafttreten des EVÜ Schwierigkeiten bei der Anknüpfung der *cession de créance.*

Noch vor ca. zehn Jahren ging nahezu die gesamte französische Lehre bei fehlender Rechtswahl davon aus, dass das die abgetretene Forderung beherrschende Recht für den Abtretungsvertrag maßgeblich sei.[183] Unklar war in diesem Zusammenhang zunächst, was unter der Bezeichnung, das die abgetretene Forderung beherrschende Recht, zu verstehen war. In Analogie zu mobilen und immobilen Vermögenswerten wurde eine Anknüpfung an den Belegenheitsort der Forderung vertreten, wobei als Belegenheitsort der Forderung sowohl der Sitz des Gläubigers als auch der Sitz des Schuldners in Frage kamen.[184] Inzwischen besteht sowohl in der Rechtsprechung[185] als auch in der Literatur[186] Einigkeit darüber, dass Forderungen dem Recht unterliegen, das auf den Ursprungsvertrag Anwendung findet.

Die Anknüpfung der *cession de créance* an das Recht der abgetretenen Forderung wurde vor allem mit der engen Verbindung zwischen dem Abtretungsvertrag und dem die Forderung begründenden Ursprungsvertrag gerechtfertigt. Die Zessionsparteien könnten, sofern sie nicht mit zwei unterschiedlichen Rechtsordnungen rechneten, sonst von diesen überrascht werden.

Gegen die Maßgeblichkeit des die abgetretene Forderung beherrschenden Rechts für die *cession de créance* wird aber Folgendes angeführt[187]: Die allgemeine Anknüpfung an das Recht der abgetretenen Forderung erlaube keinen hinreichenden Einklang mit den im internationalen Privatrecht bestehenden Lösungen.

181 *Bourdeaux*, JC de dr. int. 5, 1998, Fasc. 566-10, n. 37.

182 *Bourdeaux*, JC de dr. int. 5, 1998, Fasc. 566-10, n. 37.

183 Vgl. *Pardoel*, Les conflits de lois, n. 98 ff.

184 Siehe zu den näheren Einzelheiten: *Pardoel*, Les conflits de lois, n. 109 et s.

185 Paris 11.02.1969, *Marcille*, Clunet 1969, 918, Anm. *Kahn*; Rev. Crit. DIP 1970, 459 Anm. *Dayan*.

186 *Pardoel*, Les conflits de lois, n. 115 ff.

187 In Anlehnung an *Pardoel*, Les conflits de lois, n. 138 et s.

Zudem bereite bereits die Bestimmung des auf die abgetretene Forderung anwendbaren Rechts Schwierigkeiten und erweise sich in bestimmten Fällen als ungeeignet. Darüber hinaus führe die Anknüpfung zu unvorhersehbaren Lösungen. Als gänzlich unbrauchbar zeige sie sich bei Kreditgeschäften, die auf der Übertragung einer Vielzahl von Forderungen beruhten.

Insbesondere die beiden Kritikpunkte, schwierige Bestimmung des anwendbaren Rechts und Ungeeignetheit in bestimmten Konstellationen, sind durchaus berechtigt. Bei der Abtretung künftiger Forderungen ist die Forderung noch nicht entstanden, so dass sich das auf sie anwendbare Recht zunächst nicht bestimmen lässt. Insofern ist eine Anknüpfung vorzunehmen, die von dem die Forderung beherrschenden Recht unabhängig ist. Die Anknüpfung an das die abgetretene Forderung beherrschende Recht erweist sich beim Übergang einer Vielzahl von Forderungen, wie sie beim Factoring oder bei der *cession Dailly* möglich ist, als unbrauchbar.

Heute wird vor allem auf die schuldrechtlichen Verpflichtungen der *cession de créance* abgestellt und den Zessionsparteien die Möglichkeit eingeräumt, das auf den Abtretungsvertrag anwendbare Recht frei zu wählen.[188] Der Abtretungsvertrag unterliegt demnach seinem eigenen Recht, der sog. *loi d'autonomie.*[189] Das auf ihn anwendbare Recht ist nach Inkrafttreten des EVÜ über die Artt. 3 und 4 EVÜ zu ermitteln.[190] Es ist mithin danach zu fragen, ob die Zessionsparteien eine Rechtswahl getroffen haben. Liegt keine vor, so kommt es auf das Recht an, das am Sitz der Partei herrscht, die die vertragscharakteristische Leistung erbringt. In der Regel ist dies der Zedent.[191] Etwas anderes ist jedoch anzunehmen, wenn es sich beim Zessionar um ein Finanzinstitut handelt, dann ist das an seinem Sitz herrschende Recht maßgeblich.[192]

Art. 12 Abs. 1 EVÜ bestimmt somit, dass die gesamte Rechtsbeziehung zwischen Zedent und Zessionar dem auf den Abtretungsvertrag anwendbaren Recht untersteht.[193] Hierzu zählen die Wirksamkeitsvoraussetzungen der Abtretung und ihre Wirkungen zwischen den Zessionsparteien.[194]

---

188 *Pardoel*, Les conflits de lois, n. 35. Siehe zur Rechtswahl der Parteien insbesondere die Rdnrn. 39 ff.

189 *Mayer/Heuzé*, Dr. int. pr.^{8}, n. 750; *Sinay-Cytermann*, JC de dr. int. 1998, Fasc. 554, n. 3; *Monéger*, Dr. int. pr.^{2}, n. 499; *Audit*, Dr. int. pr.^{3}, n. 762.

190 *Mayer/Heuzé*, Dr. int. pr.^{8}, n. 750.

191 *Loussouarn/Bourel*, Dr. int. pr.^{7}, n. 425; *Sinay-Cytermann*, JC de dr. int. 1998, Fasc. 554, n. 3; *Blaise/Desgorces*, Frankreich, in *Hadding/Schneider* (Hrsg.), Die Forderungsabtretung^{2}, S. 259, Rdnr. 32; *Lagarde*, Rev. crit. DIP 80 (1991), 287, 335, n. 59; *Audit*, Dr. int. pr.^{3}, n. 762.

192 *Audit*, Dr. int. pr.^{3}, n. 762.

193 *Mayer/Heuzé*, Dr. int. pr.^{8}, n. 750.

194 *Blaise/Desgorces*, Frankreich, in *Hadding/Schneider* (Hrsg.), Die Forderungsabtretung^{2}, S. 259, Rdnr. 31.

b. Die Anknüpfung der *cession Dailly*

aa. Die Anwendbarkeit im internationalen Rechtsverkehr

Die Förderung des Außenhandels ist erstrebtes Ziel der *Loi Dailly*. Französischen Unternehmen soll die Finanzierung durch Kreditinstitute, die sich einfacher und wirksamer absichern können, erleichtert werden. Beurteilt man die *Loi Dailly* als ein Eingriffsgesetz, das zum Schutz der wirtschaftlichen Organisation des Landes notwendig ist, so müsste eine kollisionsrechtliche Behandlung ausscheiden und allein französisches Recht für anwendbar erklärt werden.[195] Stellt man allerdings im Gegensatz zu dem von der Norm verfolgten Zweck auf seinen Regelungsgegenstand, nämlich eine vereinfachte Abtretung ab, so sind zwei Konstellationen, bei denen internationales Privatrecht relevant wird, denkbar. Zum einen, wenn im Rahmen der Finanzierung eines Unternehmens internationale Forderungen mittels einer *cession Dailly* übertragen werden und zum anderen, wenn Forderungen an ein ausländisches Finanzinstitut abgetreten werden.

Natürlich ist nicht allen Rechtsordnungen ein der *cession Dailly* vergleichbares Rechtsinstitut bekannt. Vor diesem Hintergrund vertreten *Jacquet/Delebecque* die Auffassung, dass bei Finanzoperationen im internationalen Handel nicht auf die *cession Dailly* zurückgegriffen werden könne.[196]

Nachvollziehbar wird diese Ansicht in folgendem Beispielsfall: Ein französischer Exporteur tritt seine Forderungen gegen einen Abnehmer mit Sitz in Deutschland mittels *cession Dailly* an ein französisches Kreditinstitut ab. Unterläge die Frage der Wirksamkeit der *cession Dailly* im Verhältnis zu Dritten dem am Schuldnersitz herrschenden Recht, so käme deutsches Recht zur Anwendung. Diesem ist die *cession Dailly* allerdings nicht geläufig. Eine Lösung könnte jedoch darin bestehen, dass nach der Drittwirksamkeit eines der *cession Dailly* ähnlichen Rechtsinstituts gefragt wird. Im deutschen Recht käme eine Mantelzession in Betracht.[197] Anders wäre die Rechtslage zu beurteilen, wenn die Drittwirksamkeit nicht an das am Schuldnersitz geltende Recht angeknüpft würde. Eine abschließende Stellungnahme

---

195 Einen Denkanstoß in diese Richtung geben *Ferid/Sonnenberger* (Das französische Zivilrecht 1/1², Rdnr. 1 B 248), *Sinay-Cytermann* (Rev. crit. DIP 81 (1992), 35, 52, n. 34) und *Sonnenberger*, IPRax 1987, 221, 223. Zur Sonderanknüpfung ordnungsrelevanten Rechts: MünchKomm³/*Sonnenberger*, Einl. IPR Rdnr. 34. ff.

196 Droit du commerce international, n. 308; kritisch auch: *Lagarde*, Rev. crit. DIP 80 (1991), 287, 336, n. 59; a.A. *Siggemann*, Frankreich, in *Bette/Brink* (Hrsg.), Rechtsfragen im Exportgeschäft, S. 67.

197 Bei der Mantelzession verpflichtet sich der Zedent, Forderungen in bestimmter oder variabler Höhe abzutreten und dem Zessionar zu bestimmten Zeitpunkten Listen der abgetretenen Forderungen zu übergeben. Da die Abtretung erst mit der Übergabe der Listen wirksam wird, ist dem Bestimmbarkeitserfordernis genügt. Der Zessionar hat allerdings bis zu diesem Zeitpunkt keinen Schutz gegen Pfändungen oder Abtretungen (Palandt⁶⁴/*Heinrichs*, § 398 BGB Rdnr. 16).

zu dieser im EVÜ offen gebliebenen Rechtsfrage soll an dieser Stelle noch nicht erfolgen.[198]

Zu klären ist aber auch, ob ein französischer Zedent mit einem ausländischen Kreditinstitut überhaupt eine *cession Dailly* vereinbaren kann. Dies ist insofern zweifelhaft, als in Art. L. 313-23 Abs. 1 C. mon. et fin. von *„établissement de crédit"* die Rede ist. Dieser Begriff könnte dahin zu verstehen sein, dass nur französische Kreditinstitute gemeint sind.[199] Besondere Bedeutung erlangt diese Frage, wenn ein französischer Exporteur seine Forderungen im Rahmen des direkten Exportfactorings an einen deutschen Factor abtreten möchte. *Sonnenberger/Dammann*[200] verweisen in diesem Zusammenhang auf *Blaise* und *Pédamon,* die der Auffassung seien, dass es sich bei der *cession Dailly* um eine erleichterte Zessionsform handele, die auch ausländischen Zessionaren zugänglich sei. Dies erscheint vor dem Hintergrund des kreditpolitischen Zwecks[201] des Gesetzes, die Kreditgewährung an Unternehmen zu erleichtern und Forderungen aus dem Exporthandel gegen ausländische Abnehmer zur Finanzierung heranzuziehen, durchaus überzeugend.

bb. Die Anwendung des Art. 12 Abs. 1 EVÜ auf die cession Dailly

Zu der Frage, welches Recht das Verhältnis des Zessionars zum Zedenten bei einer *cession Dailly* beherrscht, lässt sich, soweit ersichtlich, kaum Rechtsprechung und Literatur finden.

Entscheidend wird sein, ob man die *cession Dailly* als ein völlig neues Instrument des Forderungsübergangs wertet, oder ob man sie lediglich als eine vereinfachte Form der *cession de créance* ansieht. Im letztgenannten Fall ließe sich dann eine Anknüpfung an die sog. *loi d'autonomie* vertreten. Vor diesem Hintergrund erscheint es sinnvoll, sich nochmals die Charakteristika der *cession Dailly* zu vergegenwärtigen. Der Forderungsübergang vollzieht sich bei der *cession Dailly* mit der Eintragung eines Datums auf dem vom Zedenten übergebenen Forderungsverzeichnis. Mit der Eintragung des Datums erlangt die Abtretung sowohl im Verhältnis der Zessionsparteien, aber auch im Verhältnis zum Schuldner und zu anderen Dritten Wirksamkeit. Die Beachtung der strengen Publizitätsanforderungen der *cession de créance* ist nicht erforderlich. Damit

198 Nähere Ausführungen unter: Teil 2: C. V. 2.

199 *Gerth* (WM 1984, 793, 795) verweist darauf, dass auch die Neufassung der *Loi Dailly* keine international-privatrechtlichen Anwendungsregeln enthalte und hebt auf einen anderen Aspekt ab. Unklar sei, ob aus der Sicht des französischen Rechts einem deutschen Kreditinstitut im Rahmen einer Bordereau-Zession wirksam Sicherheiten übertragen werden könnten.

200 Französisches Handels- und Wirtschaftsrecht², S. 341, Fußnote 262.

201 Dies ergibt sich aus der amtlichen Überschrift des Gesetzes: Loi n. 81-1 du 2 janvier 1981 facilitant le crédit aux entreprises (D. 1981, chron., 217).

in Zusammenhang stehend entfällt eine Unterscheidung von Innen- und Außenverhältnis, wie sie bei der *cession de créance* bekannt ist.[202] Diesbezüglich könnte in der Tat mehr als nur eine vereinfachte Form der *cession de créance* gesehen werden.

Entscheidend ist aber, dass Forderungen aufgrund einer Vereinbarung vom Inhaber auf den Erwerber übergehen. Um eine gewisse Rechtseinheit zu erlangen, ist es sinnvoll, die *cession Dailly* wie die *cession de créance* der sog. *loi d'autonomie* zu unterwerfen.

c. Die Anknüpfung der *subrogation*

aa. Die Abgrenzung des Anwendungsbereichs des Art. 12 EVÜ von dem des Art. 13 EVÜ

(1) Die in der Lehre anzutreffenden Auffassungen

Ausgehend von der französischen Fassung des EVÜ scheint die *subrogation* Art. 13 EVÜ zu unterfallen, dessen Überschrift *„Subrogation"* lautet. Ein Großteil der französischen Lehre spricht sich jedoch – anders als die Rechtsprechung[203] – dafür aus, Art. 13 EVÜ nur auf die *subrogation légale*[204] anzuwenden.[205] Auch wenn Art. 12 EVÜ die Überschrift *„Cession de créance"* trage, unterfalle die *subrogation conventionnelle* Art. 12 EVÜ. Zur Begründung lassen sich im Wesentlichen drei Argumente ausmachen:

---

202 *Marty/Raynaud/Jestaz*, Droit civil, Les obligations², t. 2, n. 380.

203 *Cour d'appel* von Grenoble, Urteil vom 13.09.1995, Rev. crit. DIP 85 (1996), 666, 670.

204 Bei der *subrogation légale* handelt es sich um einen von Gesetzes wegen eintretenden Forderungsübergang. Siehe hierzu die Ausführungen unter: Teil 1: B. IV. 3. a. aa.

205 *Pardoel*, Anmerkung zu dem Urteil der *Cour d'appel* von Grenoble vom 13.09.1995, Rev. crit. DIP 85 (1996), 674, 681; *Bourdeaux*, JC de dr. int. 5, 1998, Fasc. 566-10, n. 30; *Mayer/Heuzé*, Dr. int. pr.⁸, n. 751; *Gaudemet-Tallon*, RTD eur. 1981, 215, n. 94; Auch *Sonnenberger* (IPRax, 1987, 221, 223) betont, dass die *subrogation conventionnelle* im französischen internationalen Privatrecht wie eine Zession behandelt werde. Bei ihr handele es sich um eine vertragliche Übertragung einer Forderung auf einen Dritten, der seinerseits den Gläubiger durch Zahlung befriedigt habe. Der Umstand, dass der Subrogierte zuvor an Stelle des Schuldners gezahlt habe, sei hinsichtlich der Forderungsübertragung nicht von solcher Bedeutung, dass man, was letztere anbetreffe, eine andere kollisionsrechtliche Regelung befürworten müsse (S. 222). Anderer Ansicht sind *Blaise/Desgorces* (Frankreich, in *Hadding/Schneider* (Hrsg.), Die Forderungsabtretung², S. 266, Rdnr. 41), die nicht zwischen einer *subrogation conventionnelle* und einer *subrogation légale* differenzieren. Art. 13 EVÜ regele die Frage des auf die *subrogation conventionnelle* anwendbaren Rechts, wobei die Lösungen denen entsprächen, die im Falle der Forderungsabtretung gelten. Die *subrogation conventionnelle* werde im Verhältnis des Gläubigers zum zahlenden Dritten durch ihr eigenes Recht geregelt. Hierbei handele es sich um dasjenige Gesetz, das für die Verpflichtung gelte, aufgrund derer der Dritte den Gläubiger zahle. Auch *Böhner* (IPRax 1985, 15 f.) behandelt die *subrogation conventionnelle* kollisionsrechtlich als Legalzession.

1. Die Abgrenzung der beiden Rechtsinstitute *cession de créance* und *subrogation* erfolge heute danach, ob der Ursprung vertraglicher oder gesetzlicher Natur sei. Die *subrogation conventionnelle* und die *cession de créance* seien sich sehr ähnlich, da beide auf einer freien Willensäußerung beruhten und beide aufgrund einer Zahlung erfolgten.[206]

   In der Tat behandeln zahlreiche Autoren die *subrogation* heute nicht mehr im Zusammenhang mit einer Zahlung, sondern als Möglichkeit des Forderungsübergangs.[207]
2. Die These, die *subrogation conventionnelle* werde von Art. 12 EVÜ beherrscht, werde auch der Absicht der Verfasser des EVÜ gerecht. So machten *Giuliano* und *Lagarde* in ihrem Bericht zum Übereinkommen über das auf vertragliche Schuldverhältnisse anzuwendende Recht, insbesondere zu dessen Art. 13[208], deutlich, dass ein Gläubigerwechsel nicht nur aufgrund einer freiwilligen Forderungsübertragung (oder Abtretung) nach Art. 12 eintreten, sondern auch aufgrund eines gesetzlichen Forderungsübergangs im Anschluss an die Zahlung durch einen anderen als den Schuldner eintreten könne.[209]
3. Schließlich spreche auch die Rechtsvergleichung für die Anwendbarkeit des Art. 12 EVÜ auf die *subrogation conventionnelle.*[210] Das Factoring beruhe in anderen Staaten auf einer Forderungsabtretung, was ausländische Autoren dazu bringe, bevorzugt auf Art. 12 EVÜ zurückzugreifen.[211]

(2) Die Stellungnahmen zu Frage 19 des Grünbuchs[212]

Wie oben bereits erwähnt,[213] möchte die Kommission der Europäischen Gemeinschaften in dem Grünbuch über die Umwandlung des EVÜ in ein Gemeinschaftsinstrument mit Frage 19 wissen, ob es zweckmäßig sei, den jeweiligen Anwendungsbereich der Artt. 12 und 13 zu präzisieren.

Anlass gibt insbesondere die französische Überschrift des Art. 13 EVÜ, die „*Subrogation*" lautet. Zu Frage 19 wurden zahlreiche Stellungnahmen abgegeben. Da das Rechtsinsitut der *subrogation* der deutschen Rechtsordnung fremd ist, besteht vor allen Dingen aus französischer Sicht Regelungsbedarf. Insofern wer-

---

206 *Bourdeaux*, JC de dr. int. 5, 1998, Fasc. 566-10, n. 26 ff.

207 *Malaurie/Aynès*, Cours de droit civil, Les obligations[4], p. 689; *Marty/Raynaud/Jestaz*, Droit civil, Les obligations[2], t. 2, n. 381; *Bénabent*, Droit civil, Les obligations[9], n. 739 et s.

208 ABl. EG 1980, Nr. C 282/35.

209 *Bourdeaux*, JC de dr. int. 5, 1998, Fasc. 566-10, n. 29.

210 *Bourdeaux*, JC de dr. int. 5, 1998, Fasc. 566-10, n. 30.

211 *Bourdeaux*, JC de dr. int. 5, 1998, Fasc. 566-10, n. 30.

212 Die Stellungnahmen zum Grünbuch über die Umwandlung des EVÜ in ein Gemeinschaftsinstrument von Regierungen, Verbänden, Rechtsgelehrten etc. finden sich auf der Website der Kommission: http://www.europa.eu.int.

213 Siehe hierzu: Teil 2: A. II. 2.

den im Folgenden ausgewählte Stellungnahmen aus Frankreich zu Frage 19 dargestellt.

Die *Chambre de commerce et d'industrie de Paris* betont in ihrer Stellungnahme vom 3. Juli 2003 zunächst, dass das Factoring in den Mitgliedstaaten auf unterschiedlichen rechtlichen Konstruktionen beruhe.[214] Sie hebt die *cession de créance* und die *subrogation* hervor und spricht sich dafür aus, das Factoring der Regelung der *cession de créance,* also Art. 12 EVÜ zu unterwerfen. Beim Factoring handele es sich um ein Kreditgeschäft, das dem Bild der *cession de créance* entspreche.

Nach Auffassung der *Fédération Bancaire Française* (Stellungnahme vom 15. September 2003) sollte Art. 13 dahingehend präzisiert werden, dass er nur auf eine *subrogation légale* anwendbar sei.[215] Das Recht, das die Zahlungsverpflichtung des Dritten beherrsche, führe grundsätzlich ohne weitere Formanforderungen zur Drittwirksamkeit der *subrogation.* Die *subrogation conventionnelle* müsse hingegen – angesichts der Qualifikation des Factorings teils als *cession de créance* teils als *subrogation conventionnelle* – wie eine *cession de créance* behandelt werden. Hierfür spreche auch, dass der Forderungsübergang bei der *subrogation conventionnelle,* wie bei der *cession de créance,* auf einer Vereinbarung beruhe. Die *Fédération Bancaire Française* meint darüber hinaus, dass, sobald eine Kollisionsnorm für die *subrogation conventionnelle* bestehe, es nicht mehr erforderlich sei, eine Kollisionsnorm für Zahlungen vorzusehen, die ohne eine Verpflichtung erfolgten. Auch diese führten zu einer *subrogation conventionnelle.*

Die Stellungnahme des *Groupe européen de droit international privé,* die er seiner 13. Sitzung vom 19. bis 21. September in Wien verabschiedet hat, enthält sowohl einen Formulierungsvorschlag zur Änderung des EVÜ als auch eine Kommentierung zu diesem.[216] Was die Frage 19 des Grünbuchs angeht, so spricht sich der *Groupe européen de droit international privé* dafür aus, den Begriff *„subrogation"* zu präzisieren, indem zwischen der *subrogation conventionnelle* und der *subrogation légale* unterschieden werde. Die *subrogation conventionnelle* sei mit der *cession de créance* vergleichbar, da der Forderungsübergang auf einer

214 *Chambre de commerce et d'industrie de Paris,* La loi applicable au contrat: vers une communautarisation et une modernisation de la Convention de Rome de 1980, S. 20 f.

215 *Fédération Bancaire Française,* Livre vert sur la transformation de la Convention de Rome de 1980 sur la loi applicable aux obligations contractuelles en instrument communautaire ainsi que sur sa modernisation, S. 14 f.

216 *Groupe européen de droit international privé,* Réponse au Livre vert de la Commission sur la transformation de la Convention de Rome en instrument communautaire ainsi que sur sa modernisation, S. 5 und 18 f.

Vereinbarung beruhe. Insofern schlägt der *Groupe européen de droit international privé* vor, die *subrogation conventionnelle* in Art. 12 EVÜ einzubeziehen.[217]

bb. Zwischenergebnis

Aufgrund der Ähnlichkeit der *subrogation conventionnelle* mit der *cession de créance*[218], bei beiden Rechtsinstituten beruht der Forderungsübergang auf einer Vereinbarung, besteht abgesehen von einem Urteil der *Cour d'appel* von Grenoble Einigkeit darüber, die *subrogation conventionnelle* Art. 12 EVÜ zu unterwerfen, während die *subrogation légale* Art. 13 EVÜ zugeordnet wird. Dies gilt insbesondere auch vor dem Hintergrund, dass die *subrogation légale* einer deutschen Legalzession entspricht, die Art. 33 Abs. 3 EGBGB/Art. 13 EVÜ unterfällt.

cc. Die Anwendung des Art. 12 Abs. 1 EVÜ auf die subrogation conventionnelle

Wendet man Art. 13 EVÜ lediglich auf die *subrogation légale* an und unterwirft man die *subrogation conventionnelle* Art. 12 EVÜ[219], so ist die Frage, ob die *subrogation conventionnelle* an das Forderungsstatut oder an das Verpflichtungsstatut anzuknüpfen ist, noch nicht beantwortet.

Auch wenn Zahlung und Forderungsübergang sehr eng miteinander verbunden sind, was an sich für eine Anknüpfung an das Forderungsstatut spräche, so erscheint es der Rechtseinheit und Klarheit wegen sinnvoll, die *subrogation conventionnelle* wie die *cession de créance* zu behandeln. Sie unterliegt damit ihrem eigenen Recht.[220] Für die im Rahmen des Factorings verwendete *subrogation conventionnelle* kommt es demnach auf das Verpflichtungsstatut an.

---

217 Unter Einbeziehung der *subrogation conventionnelle* in Art. 12 EVÜ und unter Hinzufügung einer Regelung zur Wirksamkeit des Forderungsübergangs im Verhältnis zu Dritten lautet der Vorschlag wie folgt:

Art. 12 – Cession de créance et subrogation conventionnelle

1. *Les obligations entre le cédant et le cessionnaire d'une créance ou entre le subrogeant et le subrogé sont régies par la loi qui, en vertu de la présente convention, s'applique au contrat qui les lie.*
2. *La loi qui régit la créance cédée ou transférée par subrogation conventionnelle détermine le caractère cessible ou transférable de celle-ci, les rapports entre le débiteur et le cessionnaire ou le subrogé, les conditions d'opposabilité de la cession ou de la subrogation au débiteur et le caractère libératoire de la prestation faite par le débiteur.*
3. *La loi du pays dans lequel le cédant ou le subrogeant a sa résidence habituelle au moment de la cession ou du transfert régit l'opposabilité de la cession ou de la subrogation aux tiers.*

Als Überschrift des Art. 13 EVÜ wird „*Subrogation légale*" vorgeschlagen.

218 Siehe zu den Einzelheiten: Teil 1: B. IV. 4. b.

219 So auch. *Loussouarn/Bourel* (Dr. int. pr.[7], n. 383) geben hingegen zu Bedenken, dass eine *subrogation conventionnelle* auf einer neuen Vereinbarung beruhe, die nicht notwendigerweise von dem Recht des ursprünglichen Vertrags beherrscht werde.

220 Vergleiche hierzu die Ausführungen zur Anknüpfung der *cession de créance*: Teil 2: C. III. 3. a.

IV. Die Rechtsbeziehung des Factors zum Debitor (des Zessionars zum Schuldner)

1. Die Anknüpfung der *cession de créance*

Die Beziehung des Zessionars zum Schuldner wird dem Recht unterstellt, dem die ursprüngliche Forderung unterliegt.[221] Art. 12 Abs. 2 EVÜ regelt nämlich ausdrücklich, dass das Recht, das die abgetretene Forderung beherrscht, die Übertragbarkeit der Forderung, das Verhältnis des Zessionars zum Schuldner, die Voraussetzungen, unter denen die Übertragung dem Schuldner entgegengehalten werden kann, und die befreiende Wirkung einer Leistung durch den Schuldner bestimmt.[222] Hintergrund ist, dass sich die Rechtsposition des Schuldners nicht verschlechtern darf. Er ist schließlich nicht an der Abtretungsvereinbarung der Zessionsparteien beteiligt und kennt das auf die Abtretung anwendbare Recht nicht.

2. Die Anknüpfung der *cession Dailly*

Im Vehältnis des Zessionars zum Schuldner kommt es, wie bei der *cession de créance,* auf das Forderungsstatut an.[223]

3. Die Anknüpfung der *subrogation*

Auch die *subrogation* soll nicht dazu führen, dass sich das auf sie anwendbare Recht ändert. Das die ursprüngliche Forderung beherrschende Recht ist für die Rechtsbeziehung zwischen Forderungserwerber und Schuldner maßgeblich.[224] Es bestimmt insbesondere, unter welchen Voraussetzungen von einem wirksamen Forderungsübergang im Verhältnis des Zahlenden zum Schuldner auszugehen ist.

---

221 *Stoufflet*, JC de dr. int. 1985, Fasc. 566-B, n. 93; *Sinay-Cytermann*, JC de dr. int. 1998, Fasc. 554, n. 5. Sie weist in diesem Zusammenhang (n. 6) auf die kaum vorhandene Rechtsprechung hin und bespricht ein Urteil der *Cour d'appel* von Paris aus dem Jahre 1969 (Rev. crit. DIP 1970, p. 459) näher. Nach einer Abtretung war unklar, welches Recht auf einen vom Schuldner ausgeübten Rücktritt Anwendung finden sollte. Das Gericht hob hervor, dass die Rechte und Pflichten des Schuldners nicht durch einen Rechtsakt geändert werden können, an welchem der Schuldner nicht beteiligt ist, und unterwarf den Rücktritt dem auf die ursprüngliche Forderung anwendbaren Recht.

222 Siehe hierzu die Ausführungen zum deutschen Kollisionsrecht, das sich vom französischen Kollisionsrecht diesbezüglich nicht unterscheidet, insbesondere: Teil 2: B. III.

223 *Sinay-Cytermann*, Rev. crit. DIP 81 (1992), 35, 51, n. 32.

224 *Sinay-Cytermann*, Rev. crit. DIP 81 (1992), 35, 58, n. 43.

a. Die Entscheidung der *Cour d'appel* von Paris vom 15. März 1983

Interessant ist in diesem Zusammenhang eine Entscheidung der *Cour d'appel* von Paris vom 15.03.1983.[225] Dem Urteil lag folgender Sachverhalt zu Grunde: Die Gesellschaft *Grumic* mit Sitz auf der Insel Jersey (im Folgenden *Grumic* genannt) schloss mit der französischen Gesellschaft *Sidem* (im Folgenden *Sidem* genannt) einen Arbeitskräfteüberlassungsvertrag, der französischem Recht unterlag. Die Kosten für die Überlassung der Arbeitskräfte stellte die *Grumic* der *Sidem* in Rechnung. Gleichzeitig leitete die *Grumic* die Rechnungen an die *Slavensburg's Bank*, eine belgische Gesellschaft, weiter, die *Grumic* in Bezug auf die Rechnungen einen Vorauskredit gewährte und in die Rechtsstellung der *Grumic* eintrat. Auf den Rechnungen der *Grumic* an die *Sidem* war vermerkt, dass Zahlungen direkt und ausschließlich an die *Slavensburg's Bank* vorzunehmen waren. Als die *Sidem* von L iquiditätsschwierigkeiten der *Grumic* erfuhr und befürchtete, dass Zahlungen nicht mehr mit befreiender Wirkung gezahlt werden könnten, hinterlegte sie den noch geschuldeten Betrag. Diesen forderte die *Slavensburg's Bank* heraus.

Die Berufung der *Slavensburg's Bank* gegen das erstinstanzliche Urteil des *Tribunal de commerce* von Paris hatte Erfolg. Die *Cour d'appel* wandte für die Frage, ob die *Slavensburg's Bank* mit Wirkung auch gegenüber der *Sidem* Forderungsinhaberin geworden war, französisches Recht an. Der Grund hierfür lag darin, dass die ursprüngliche Gläubigerin *Grumic* und ihre Schuldnerin *Sidem* ihre Rechtsbeziehung dem französischen Recht unterstellt hatten und dieses für die Frage nach der Wirksamkeit des Forderungsübergangs gegenüber einem Schuldner als maßgeblich angesehen wurde. Obwohl dem französischen Recht eine Vorauszahlung nach Rechnungseinreichung unbekannt ist, ging die *Cour d'appel* davon aus, dass die Vereinbarung zwischen der *Grumic* und der *Slavensburg's Bank* in dem Rechtsinstitut der *subrogation conventionnelle* eine Entsprechung fände. Insofern erachtete sie den Forderungsübergang gegenüber der Schuldnerin, ohne die Einhaltung der strengen Formvorschriften des Art. 1690 C. civ., als wirksam.

b. Die Entscheidung der *Cour d'appel* von Grenoble vom 13. September 1995

Bemerkenswert ist auch eine Entscheidung der *Cour d'appel von Grenoble* vom 13. September 1995 zum internationalen Factoring.[226] Es ging um folgenden Sachverhalt: Herr *Caiato* mit Sitz in Frankreich importierte italienische Lebensmittel, um sie in Frankreich weiterzuverkaufen. Im Oktober 1992 bestellte er Waren bei seinem italienischen Lieferanten, der Gesellschaft *Invernizzi* (im Folgenden *Invernizzi* genannt), die ihm am 05. und 10.11.1992 mitteilte, dass sie

225 Journal DIP 1984, 143, 146, Anm. *Jacquemont*.

226 Journal DIP 1996, 948 ff., n. *Witz*; Rev. crit. dr. int. pr. 85 (1996), 665 ff., n. *Pardoel*.

ihre Forderungen vom 10. und 28.09.1992 und die Forderung mit Fälligkeit am 12.11.1992 an einen Factor übertragen habe und weitere Waren erst verkaufe, wenn der Factor seine Zustimmung erteilt habe. Herr *Caiato* war aufgrund dessen nicht in der Lage, seine Verpflichtungen gegenüber seiner Abnehmerin, der Gesellschaft *Carrefour*, rechtzeitig zu erfüllen. Diese ließ ihn wissen, dass sie die Geschäftsbeziehung zu ihm beende und einen Betrag von 30.000 Francs, welcher Herrn *Caiato* aus vorangegangenen Kaufverträgen zustand, zur Wiedergutmachung des eingetretenen Schadens einbehalte. Im November 1992 teilte Herr *Caiato* der *Invernizzi* mit, dass er die beiden Rechnungen aus dem Monat September 1992 nicht zum Ausgleich bringen werde und bot an, dass er nach Aufrechnung mit Forderungen, die ihm gegen die *Invernizzi* zustünden, den verbleibenden Betrag bezahlen werde. Seine Forderungen gegen die *Invernizzi* stammten zum einen vom 13.07. und 17.08.1992 und zum anderen aus Schadensersatzansprüchen aus der abrupten Beendigung der Geschäftsbeziehung und aus einer fehlerhaften Lieferung. Die *Invernizzi* verwies Herrn *Caiato* an ihren italienischen Factor, die *Ifitalia*. Im April 1993 forderte die *Société Française de Factoring* (im Folgenden *SFF* genannt), die von der *Ifitalia* die beiden Forderungen übertragen bekommen hatte, von Herrn *Caiato* Zahlung. Die daraufhin von der *SFF* vor dem *Tribunal de commerce* von Grenoble erhobene Klage hatte zunächst Erfolg. Herr *Caiato* legte gegen das Urteil Berufung ein und wandte ein, dass er über Gegenforderungen gegen die Gesellschaft *Invernizzi* verfüge. Durch Aufrechnung wollte er ein Erlöschen der gegenseitigen Forderungen erreichen.

Die *Cour d'appel* von Grenoble hob das erstinstanzliche Urteil auf und wies die Klage der *SFF* ab. Die *Cour d'appel* nahm zu dem im Rahmen des Factorings auf die Beziehung zwischen dem nachfolgenden Factor und dem Debitor anwendbaren Recht Stellung. Sie beschäftigte sich mit den eventuellen Forderungen des Herrn *Caiato* gegen die *Invernizzi* aufgrund der fehlerhaften Lieferung und der abrupten Beendigung der Geschäftsbeziehung. Schließlich prüfte die *Cour d'appel*, ob Herr *Caiato* der *SFF* Forderungen entgegenhalten konnte.

Die *Cour d'appel* ging bei dem Factoringvertrag zwischen der *Invernizzi* und der *Ifitalia* von einem internationalen Vertrag aus, da er einen Forderungseinzug im Ausland zum Gegenstand hatte. Sie unterwarf ihn mit der Begründung, dass die *Ifitalia* die charakteristische Leistung schulde, dem italienischen Recht. Aufgrund der Zahlung der *SFF* an die *Invernizzi* nahm die *Cour d'appel* eine *subrogation* an und knüpfte diese an Art. 13 EVÜ an. Sie machte deutlich, dass das Recht der ursprünglichen Forderung die Beziehung des zahlenden Dritten zum Schuldner beherrsche. Bei diesem Recht handele es sich allerdings um das Wiener UN-Übereinkommen über Verträge über den internationalen Warenkauf, das keine Regelung zu der Abtretung des Kaufpreises durch den Gläubiger enthalte. Insofern zog die *Cour d'appel* das Haager Übereinkommen betreffend das auf internationale

Kaufverträge über bewegliche Sachen anzuwendende Recht[227] in Erwägung mit der Folge, dass italienisches Recht zur Anwendung kommen müsse. Sie beurteilte die Beziehung zwischen der *SFF* und Herrn *Caiato* letztlich aber nach dem Factoring-Übereinkommen[228] und räumte Herrn *Caiato* unter Anwendung des Art. 9 Abs. 2 FactÜ die Möglichkeit ein, mit seinen Forderungen gegen die *Invernizzi* gegenüber der *SFF* aufzurechnen. Hierbei sprach sich die *Cour d'appel* für ein weites Verständnis des Begriffs der „Abtretung" aus und verlangte nicht, dass zum Zeitpunkt der Benachrichtigung des Herrn *Caiato* von dem Forderungsübergang alle Voraussetzungen der Aufrechnung nach nationalem Recht erfüllt waren. Sie sah es als ausreichend an, dass die Forderungen zu diesem Zeitpunkt bestanden und gegenüber der *Invernizzi* geltend gemacht worden waren.

Das Urteil der *Cour d'appel* widmet sich neben der Anwendbarkeit des Factoring-Übereinkommens sehr ausführlich kollisionsrechtlichen Fragen aus dem Bereich des internationalen Factorings. Es unterscheidet die Rechtsbeziehung zwischen Factor und Kunde von der des Factors zum Debitor. Ausführlich begründet die *Cour d'appel,* weshalb italienisches Recht auf den Factoringvertrag zwischen Kunde und Exportfactor, der *Ifitalia,* anwendbar ist. Mit Äußerungen zum maßgeblichen Recht zwischen Export- und Importfactor hält sich die *Cour d'appel* allerdings zurück. Geht man davon aus, dass es dem Importfactor, der *SFF,* oblag, die Forderung beim Debitor einzuziehen, und sieht man hierin die vertragscharakteristische Leistung, so wäre französisches Recht zur Anwendung berufen gewesen. Nicht nachvollziehbar ist, weshalb die *Cour d'appel* die *subrogation* Art. 13 EVÜ unterwirft. Die besseren Argumente sprechen für die Anwendung des Art. 12 EVÜ.[229] Die *subrogation conventionnelle* ist der *cession de créance* sehr ähnlich, so dass nur die *subrogation légale* Art. 13 EVÜ unterfallen dürfte. Hinsichtlich des Verhältnisses des Importfactors zum Debitor stellt die *Cour d'appel* auf das Recht ab, das die ursprüngliche Forderung beherrschte. Da es sich um das CISG handelt, das keine Regelungen für das Verhältnis des Forderungserwerbers zum Käufer der Ware trifft, hält sie das Haager Übereinkommen betreffend das auf internationale Kaufverträge über bewegliche Sachen anzuwendende Recht für berufen und würde an sich italienisches Recht anwenden, wenn die Parteien sich nicht auf die Geltung des Factoring-Übereinkommens eingelassen hätten. Damit äußert sich die *Cour d'appel* nicht abschließend über das auf eine Aufrechnung

227 *Jayme/Hausmann*, Int. Privat- und Verfahrensrecht[12], Nr. 76. Deutschland hat das Übereinkommen bislang nicht gezeichnet. Es ist für Dänemark, Finnland, Frankreich, Italien, Niger, Norwegen, Schweden und die Schweiz in Kraft getreten. Es geht gemäß Art. 3 Abs. 1 S. 1 bei fehlender Rechtswahl grundsätzlich von der Geltung des Rechts am gewöhnlichen Aufenthalt oder der Geschäftsniederlassung des Verkäufers aus.

228 Siehe: Teil 3, insbesondere zur Aufrechnung des Debitors: B. II. 2. b.

229 Siehe: Teil 2: C. III. 3. c.

anwendbare Recht. Das Recht, das die übertragene Forderung beherrschte, ist zwar für die Beziehung zwischen Factor und Debitor maßgeblich und entscheidet, ob der Debitor eine Einwendung gegenüber dem Factor geltend machen kann; es besagt aber nicht, nach welchem Recht sich die Voraussetzungen einer Aufrechnung richten. Unproblematisch ist der Fall, wenn – wie hier – die Hauptforderung, gegen die aufgerechnet wird, und die Gegenforderung, mit der aufgerechnet wird, aus demselben Vertrag stammen und demselben Recht unterliegen. Schwierigkeiten ergeben sich aber, wenn die Hauptforderung und die Gegenforderung verschiedenen Rechten unterstehen. *Sinay-Cytermann*[230] lehnt die Anwendung der lex fori ebenso wie die des Rechts, das die zeitlich nachfolgende Forderung beherrscht, ab und spricht sich in diesem Zusammenhang dafür aus, zu prüfen, ob beide Rechtsordnungen die Aufrechnung zulassen.

Nur kurz aufgezeigt werden soll ein Problem im Zusammenhang des Art. 14 C. civ. Nach dieser Norm kann ein französischer Kläger die Ladung eines ausländischen Schuldners vor ein französisches Gericht erreichen, wenn der Vertrag geschlossen worden ist oder die Schuld des Ausländers bereits entstanden ist. Fraglich ist nun, ob ein ausländisches Factoringinstitut, das an die Stelle des französischen Kunden tritt, sich auf Art. 14 C. civ. berufen kann und vor einem französischen Gericht gegen einen ausländischen Schuldner klagen kann. Dies wird unter Bezugnahme auf ein Urteil der *Cour de cassation*[231] verneint.[232] Die *Cour de cassation* entschied, dass sich ein französischer Gläubiger, der aufgrund einer *subrogation conventionnelle* in die Rechte eines ausländischen Gläubigers eintritt, auf Art. 14 C. civ. stützen kann. Im Umkehrschluss wird gefolgert, dass dies nicht für einen ausländischen Gläubiger gelten könne, der in die Rechtsstellung eines französischen Gläubigers eintrete.[233] Das Gericht habe in seiner Entscheidung zum Ausdruck gebracht, dass die Zuständigkeit französischer Gerichte auf der Staatsangehörigkeit der Parteien beruhe.

---

230 JC de dr. int. 1998, Fasc. 554, n. 191; in diesem Sinne auch *Bourdeaux*, JC de dr. int. 5, 1998, Fasc. 566-10, n. 40.

231 D. 1966, 429, Anm. *Malaurie*.

232 *Loussouarn/Bourel*, Dr. int. pr.[7], n. 463.

233 *Rives-Lange/Contamine-Raynaud*, Droit bancaire[6], n. 588-1.

V. Die Rechtsbeziehung des Factors zu Dritten (des Zessionars zu anderen Zessionaren oder des Zessionars zu Gläubigern des Zedenten)

1. Die Anknüpfung der *cession de créance*

Nach französischem materiellen Recht zeigt sich die volle Wirksamkeit/Drittwirksamkeit *(opposabilité aux tiers)* der *cession* darin, dass sie sowohl dem Schuldner als auch anderen Dritten, also Gläubigern des Zedenten und anderen Zessionaren, entgegengehalten werden kann. Für den Schuldner heißt dies, dass er nicht mehr mit befreiender Wirkung an den Zedenten leisten kann.

Drittwirksamkeit erlangt die *cession de créance* gemäß Art. 1690 C. civ. entweder dadurch, dass mittels eines Gerichtsvollziehers eine Abtretungsanzeige *(signification)* an den Schuldner oder eine notariell erklärte Annahme *(acceptation)* durch ihn erfolgt.[234]

Im Bereich des internationalen Privatrechts unterliegt die Wirksamkeit der *cession* im Verhältnis zum Schuldner nach Art. 12 Abs. 2 EVÜ dem Recht der abgetretenen Forderung.[235] Umstritten ist, ob diese Anknüpfung auch für die Wirksamkeit der Abtretung im Verhältnis zu Dritten gilt. Eine ausdrückliche Regelung dieser Frage ist dem EVÜ nicht zu entnehmen. Sie wird innerhalb der Lehre und von der Rechtsprechung unterschiedlich beantwortet.

Von Bedeutung ist diese Frage beispielsweise im Falle der Insolvenz des Zedenten, wenn Gläubiger des Zedenten Forderungen mit der Begründung pfänden, der Zedent sei noch immer Inhaber der Forderung und hierdurch mit dem Zessionar in Konkurrenz treten.

a. Die in der Lehre anzutreffenden Auffassungen

aa. Die Anwendung des am Schuldnersitz geltenden Rechts

Eine in Frankreich weit verbreitete Ansicht beurteilt die Frage nach der Anknüpfung der Drittwirksamkeit der Abtretung nach dem am Schuldnersitz herrschenden Recht.[236] Es wird damit argumentiert, dass die Forderung in gewisser Weise an das an der Niederlassung des Schuldners herrschende Recht anzusiedeln sei.[237] Dieses Recht sei auch dann maßgebend, wenn die Forderung einem anderen Recht als dem am Schuldnersitz geltenden unterliege.

---

234 Siehe hierzu: Teil 1: B. IV. 1 c. aa.

235 Siehe hierzu: Teil 2: C. IV. 1.

236 *Sinay-Cytermann*, Rev. crit. DIP 81 (1992), 35, 40, n. 10 ff.; *Lagarde*, Rev. crit. DIP 80 (1991), 287, 335 f., n. 59; *Batiffol/Lagarde*, Dr. int. pr.[8], t. 2, n. 611.

237 *Batiffol/Lagarde*, Dr. int. pr.[8], t. 2, n. 611.

Diese Anknüpfung der Drittwirksamkeit der Abtretung führt demnach zu einer Spaltung des anwendbaren Rechts: Für das Rechtsverhältnis des Zessionars zu Dritten gilt das Recht des Schuldnersitzes, während für die Beziehung des Zessionars zum Schuldner auf das Recht abgestellt werden muss, das die abgetretene Forderung beherrscht.

Zur Begründung wird zudem darauf verwiesen, dass es sich bei den Formanforderungen des Art. 1690 C. civ. um Publizitätsmaßnahmen handele und Dritte auf einfachste Weise am Schuldnersitz hiervon erfahren könnten.[238] Das am Niederlassungsort des Schuldners geltende Recht sei das fähigste, um die Sicherheit Dritter zu gewährleisten. Es sei im Gegensatz zum auf die ursprüngliche Forderung anwendbaren Recht, das nicht notwendigerweise im Vorfeld bestimmt sei, ohne weiteres feststellbar.[239] Dritte, die ein Interesse an der Kenntnis der Abtretung haben, müssten auf das am Schuldnersitz geltende Recht vertrauen dürfen.[240]

Bei der gegenüber dem Schuldner vorzunehmenden Abtretungsanzeige handele es sich hingegen nicht um eine Publizitätsmaßnahme, sondern um ein Mittel der Information des Schuldners.[241]

Unbestreitbar ist Folgendes: Der Schuldner muss wissen, wer sein Gläubiger ist. Er soll davor bewahrt werden, aufgrund einer Leistung an den vermeintlichen Forderungsinhaber ein weiteres Mal leisten zu müssen.[242] Abgesehen von der Information des Schuldners ist es Ziel der Abtretungsanzeige, dem Schuldner seine Gutgläubigkeit zu nehmen. Es soll verhindert werden, dass der Schuldner mit befreiender Wirkung an den Zedenten leistet.

Die Differenzierung von Informationsmitteln gegenüber dem Schuldner und Publizitätsmaßnahmen gegenüber Dritten findet durchaus ihre Rechtfertigung im materiellen Recht. Während zur Entfaltung der Wirksamkeit der Abtretung im Verhältnis zum Schuldner Erleichterungen von den Voraussetzungen des Art. 1690 C. civ. zugelassen werden, wird an ihnen im Verhältnis zu Dritten streng festgehalten.[243] Dritten gegenüber müssen die Voraussetzungen des Art. 1690 C. civ. zwingend eingehalten werden. So bleibt beispielsweise die persönliche Kenntnis eines Dritten von der Abtretung unberücksichtigt, solange weder eine Abtretungsanzeige an den Schuldner noch eine notariell erklärte Annahme der Abtretung durch ihn vorliegen. Im Gegensatz hierzu nimmt die französische Rechtsprechung im Verhältnis zwischen Zessionar und Schuldner an, dass der Zessionar bereits vor Erfüllung der Voraussetzungen des Art. 1690 C. civ. von dem Schuldner Zahlung

238 *Sinay-Cytermann*, Rev. crit. DIP 81 (1992), 35, 40, n. 10.

239 *Sinay-Cytermann*, Rev. crit. DIP 81 (1992), 35, 43, n. 17.

240 *Sinay-Cytermann*, Rev. crit. DIP 81 (1992), 35, 40, n. 10.

241 *Sinay-Cytermann*, Rev. crit. DIP 81 (1992), 35, 40, n. 11.

242 *Mazeaud/Mazeaud/Chabas*, Droit civil II/1[9], n. 1262.

243 Siehe hierzu: Teil 1: B. IV. 1. c. cc.

verlangen kann, wenn diese weder dem Schuldner noch einem anderen Dritten zum Schaden gereicht.[244] Der Schuldner hat vor Erfüllung der Voraussetzungen des Art. 1690 C. civ. dementsprechend die Wahl: Er kann trotz Kenntnis von der Abtretung noch guten Glaubens an den Zedenten leisten oder seine Schuld gegenüber dem Zessionar zum Erlöschen bringen.[245]

Die oben dargestellte Auffassung beruft sich darüber hinaus auf die Entwicklung des EVÜ und den heutigen Wortlaut des Art. 12 Abs. 2 EVÜ. Der Vorentwurf des Übereinkommens über das auf vertragliche und außervertragliche Schuldverhältnisse anwendbare Recht von 1972[246] bestimmte in Art. 16 Abs. 2:

> *„Das Recht, dem die ursprüngliche Forderung untersteht, bestimmt deren Übertragbarkeit, das Verhältnis zwischen Zessionar und Schuldner sowie die Voraussetzungen, unter denen die Abtretung dem Schuldner und Dritten entgegengehalten werden kann.“*

Art. 16 Abs. 2 unterwarf die Voraussetzungen der Drittwirksamkeit der Abtretung im Verhältnis zum Schuldner und zu anderen Dritten dem Recht der ursprünglichen Forderung. Im Vergleich hierzu erfasst Art. 12 EVÜ ausdrücklich nur noch die Voraussetzungen der Wirksamkeit der Abtretung im Verhältnis zum Schuldner. Vor diesem Hintergrund wird davon ausgegangen, dass das EVÜ die Frage nach der Anknüpfung der Wirksamkeit der Abtretung gegenüber dem Schuldner von der gegenüber Dritten trenne und auf eine einheitliche Regelung verzichte.[247]

Das obige Beispiel[248] zugrunde legend stellte sich die Rechtslage demnach wie folgt dar:

1. Hat der Schuldner seinen Sitz außerhalb Frankreichs, so kann die Forderungsabtretung gegenüber Dritten Wirksamkeit entfalten, ohne dass es auf die strengen Formvorschriften des Art. 1690 C. civ. ankommt. Voraussetzung ist natürlich, dass die Abtretungsregeln des jeweiligen Landes beachtet werden. Gilt am Schuldnersitz etwa deutsches Recht, so wird der Zessionar zumindest im Verhältnis zu Dritten in der Regel mit dem Abschluss des Abtretungsvertrags Inhaber der Forderung. Ob in dem Verhältnis zwischen Zessionar und Schuldner die Publizitätserfordernisse des Art. 1690 C. civ. eingehalten werden müssen, hängt hingegen davon ab, ob auf die Forderung des Zedenten französisches Recht Anwendung findet.
2. Hat der Schuldner seinen Sitz jedoch in Frankreich, so können Gläubiger des Zedenten darauf vertrauen, dass die Formanforderungen des Art. 1690 C. civ.

244 Siehe hierzu: Teil 1: B. IV. 1. c. aa.

245 *Terré/Simler/Lequette*, Droit civil, Les obligations^{8}, n. 1285.

246 Text in RabelsZ 38 (1974), 211 ff.

247 *Sinay-Cytermann*, Rev. crit. DIP 81 (1992), 35, 42, n. 14.

248 Siehe unter: Teil 2: B. III. 3. b. aa.

beachtet werden. Solange diesen Formanforderungen nicht nachgekommen wird, können die Gläubiger des Zedenten davon ausgehen, dass der Zedent noch immer Inhaber der Forderung ist.

bb. Die Anwendung des die ursprüngliche Forderung beherrschenden Rechts

In der Lehre trifft man jedoch auch die Ansicht an, nach welcher die Wirksamkeit im Verhältnis zum Schuldner und zu anderen Dritten einheitlich an das Recht der abgetretenen Forderung anzuknüpfen ist.[249] Zur Begründung wird angeführt, dass auf diese Weise das Risiko vermieden werde, dass eine Abtretung Dritten gegenüber unwirksam sei, während sie dem Schuldner gegenüber Wirksamkeit entfalte.[250] Dem am Sitz des Schuldners geltenden Recht wird jegliche Bedeutung abgesprochen. Es wird darauf verwiesen, dass es sich bei der Abtretungsanzeige an den Schuldner nicht um eine wahre Publizitätsmaßnahme handele. Die Formerfordernisse des Art. 1690 C. civ. könnten Dritte keinesfalls direkt betreffen, wie dies bei einer wahren Publizität sei. Unmittelbarer Gegenstand sei die beim Schuldner als Mittler einzuholende Information, aus der Dritte entnehmen könnten, ob die Forderung abgetreten worden sei. So sähen sich Gläubiger des Zedenten verpflichtet, sich beim Schuldner zu erkundigen. Diese Information könne ebensogut durch das die ursprüngliche Forderung beherrschende Recht erteilt werden.

cc. Die Anwendung des am Sitz des Zedenten herrschenden Rechts

In der Literatur findet sich aber auch die Auffassung, die Drittwirksamkeit der *cession de créance* an das am Sitz des Zedenten herrschende Recht anzuknüpfen.[251] Ein augenscheinliches Anknüpfungsmoment sei eine wesentliche Bedingung der Vorhersehbarkeit für Dritte. Mit dieser Begründung wird eine Anknüpfung an das Recht, dem die abgetretene Forderung unterliegt, abgelehnt. Aber auch die Anknüpfung an das am Sitz des Schuldners herrschende Recht wird verworfen. Die Publizitätsanforderungen hätten die Aufgabe, Dritte über den Forderungsübergang zu informieren. Auch wenn die Dritten auf unterschiedliche Staaten verteilt seien, so sei ihnen doch gemeinsam, dass sie alle in einer direkten rechtlichen Beziehung zum Zedenten stünden. Darüber hinaus sei wahrscheinlich, dass die meisten unter ihnen einen Sitz in dem Staat des Zedenten hätten. Als vorteilhaft erweise sich zudem, dass das am Sitz des Zedenten herrschende Recht leicht zu bestimmen sei. Dritte könnten auf einfache Weise erfahren, ob zur Erlangung der Drittwirksamkeit der Abtretung Formanforderungen zu beachten seien oder nicht. Die Anknüpfung

249 *Audit*, Dr. int. pr.^{3}, n. 762; *Batiffol/Lagarde*, Dr. int. pr.^{8}, t. 2, n. 611-2; *Stoufflet* weist zumindest darauf hin, dass die Ansicht, die die Drittwirksamkeit dem am Schuldnersitz herrschenden Recht unterstellt, sich von Art. 12 Abs. 2 EVÜ unterscheidet (JC de dr. int. 1985, Fasc. 566-B, n. 94).

250 *Audit*, Dr. int. pr.^{3}, n. 762.

251 *Pardoel*, Les conflits de lois, n. 380 et s.

an das am Sitz des Zedenten herrschende Recht wird aber auch damit begründet, dass es im Falle der Abtretung einer Vielzahl von Forderungen es günstig, diese einheitlich zu behandeln und nur einer Rechtsordnung zu unterwerfen.

b. Die Ansicht der Rechtsprechung

Zum Problem der Anknüpfung der Wirksamkeit der Abtretung im Verhältnis zu Dritten gibt es kaum Rechtsprechung. Ein Urteil der *Cour de cassation* liegt, soweit ersichtlich, bislang nicht vor.

aa. Die Entscheidung der Cour d'appel von Paris vom 26. März 1986

Der Entscheidung der *Cour d'appel* von Paris[252] lag vereinfacht der Sachverhalt zugrunde, dass die französische Gesellschaft *Peugeot* (im Folgenden *Peugeot* genannt) von der deutschen Gesellschaft *Facon* (im Folgenden *Facon* genannt) Radiogeräte gekauft hatte und zur Zahlung des Kaufpreises ein Akkreditiv zugunsten von *Facon,* das die französische Bank *B.N.P.* im Auftrag von *Peugeot* bewilligt hatte, vereinbart worden war. Die *Deutsche Bank,* die die Vorfinanzierung von *Facon* übernommen hatte, ließ sich einen Teil der Forderungen aus dem Akkreditiv von *Facon* abtreten. Als es bei der zweiten Warenlieferung zu Schwierigkeiten kam, nahm *Peugeot* eine Pfändung der Forderungen von *Facon* gegen die *B.N.P.* aufgrund des Akkreditivs vor. Die Wirksamkeit der Pfändung bzw. die von der *Deutschen Bank* begehrte Aufhebung der Pfändung, hing davon ab, ob zu ihrem Zeitpunkt die Forderungen noch zum Vermögen von *Facon* zählten. *Peugeot* berief sich darauf, dass die ordnungsgemäße Bekanntgabe der Abtretung im Sinne des Art. 1690 C. civ. an die *B.N.P.* erst nach der Pfändung der Forderungen stattgefunden hatte und damit ihr *(Peugeot)* gegenüber zum Zeitpunkt der Pfändung keine Drittwirksamkeit der Abtretung vorlag.

Die *Cour d'appel* knüpfte die Drittwirksamkeit an französisches Recht an und ging von einer verspäteten Bekanntgabe der Abtretung an die *B.N.P.* aus. Insofern konnte die *Deutsche Bank* die Abtretung nicht wirksam *Peugeot* entgegenhalten. Hinsichtlich der Abtretung wurde *Peugeot* als Dritte angesehen mit der Folge, dass keine Aufhebung der Pfändung erfolgte.

Die *Cour d'appel* gibt in ihrem Urteil allerdings nicht ausdrücklich an, weshalb sie sich auf französisches Recht stützt. In der Literatur wird das Urteil daher unterschiedlich ausgelegt. Nach einer Ansicht habe sich die *Cour d'appel* für das am Schuldnersitz geltende Recht ausgesprochen.[253] Dem wird zu Recht entgegengehalten, dass die unzureichende Begründung der Entscheidung keine klaren

252 D. 1986, 374 ff., Anm. *Vasseur.*

253 *Sinay-Cytermann*, Rev. crit. DIP 81 (1992), 35, 45 f., n. 23.

Schlüsse zugunsten des am Schuldnersitz geltenden Rechts zulasse.[254] Das Gericht habe eine mögliche Rechtswahl der Parteien nicht ernsthaft untersucht. Es wird daher angenommen, dass die *Cour d'appel* das französische Recht vielleicht als ergänzendes Recht der lex fori angewandt habe, da die *Deutsche Bank* die Geltung deutschen Rechts nicht habe beweisen können. An sich sei deutsches Recht als das über die abgetretene Forderung herrschende Recht zur Anwendung berufen gewesen.

bb. Die Entscheidung der Cour d'appel von Paris vom 27. September 1984

In der Entscheidung der *Cour d'appel* von Paris[255] geht es an sich um die Wirksamkeit einer Abtretung gegenüber dem Schuldner. Die deutsche Gesellschaft *Worms* hatte ihre Forderungen gegen einen französischen Schuldner, die Gesellschaft *Lincoln,* an die deutsche Gesellschaft *Bitumina* abgetreten. Die Gesellschaft *Lincoln* war per eingeschriebenen Brief über die Abtretung informiert worden. Die Gesellschaft *Lincoln,* die die Rechnungen eines anderen Unternehmens zum Ausgleich bringen wollte, zahlte irrtümlich an die Gesellschaft *Bitumina* und forderte aufgrunddessen von der Gesellschaft *Bitumina* den zu Unrecht erhaltenen Betrag zurück. Sie trug vor, die Formvorschriften des Art. 1690 C. civ. seien nicht eingehalten worden, mit der Folge, dass ihr gegenüber die Abtretung nicht wirksam sei. Die Gesellschaft *Bitumina* wandte ein, es sei zu einer Verrechnung mit der im Wege der Abtretung erhaltenen Forderung gegen die Gesellschaft *Lincoln* gekommen.

Die *Cour d'appel* entnahm die für die Abtretung maßgebenden Publizitätsvorschriften im Interesse des öffentlichen Glaubens dem am Schuldnersitz herrschenden und damit dem französischen Recht.

Bemerkenswert ist an dieser Entscheidung die Erwähnung des Interesses des öffentlichen Glaubens, das nicht den Schuldner, sondern andere, außerhalb der Abtretung stehende Dritte betrifft. So räumt eine Ansicht in der Lehre ein, dass das Gericht für die Anknüpfung der Wirksamkeit der Abtretung im Verhältnis zum Schuldner das auf die ursprüngliche Forderung anwendbare Recht hätte in Betracht ziehen müssen. Von besonderer Bedeutung sei aber die Formulierung „Interesse des öffentlichen Glaubens".[256] Immerhin sei das Recht des Schuldnersitzes für anwendbar erklärt worden, und zwar sowohl hinsichtlich wahrer Dritter als auch hinsichtlich des Schuldners.[257]

Nach Inkrafttreten des EVÜ und damit des Art. 12 Abs. 2 wäre das auf die abgetretene Forderung anwendbare Recht im Verhältnis des Zessionars zum Schuldner

254 *Jobard-Bachellier*, D. 1986, p. 374, 2^{e} esp.
255 *Clunet*, 1985, 664, Anm. *Diener*; D. 1985, I. R., 178, obs. *Audit*.
256 *Sinay-Cytermann*, Rev. crit. DIP 81 (1992), 35, 47, n. 26.
257 *Sinay-Cytermann*, Rev. crit. DIP 81 (1992), 35, 48, n. 27.

maßgeblich. Insofern ist die Entscheidung der *Cour d'appel* heute überholt. Fraglich bleibt dennoch, ob aufgrund der Regelungslücke des Art. 12 EVÜ hinsichtlich der Drittwirksamkeit der Abtretung das Urteil künftig von Bedeutung sein wird.

c. Die Stellungnahmen zu Frage 18 des Grünbuchs[258]

Wie oben bereits erwähnt,[259] möchte die Kommission der Europäischen Gemeinschaften in dem Grünbuch über die Umwandlung des EVÜ in ein Gemeinschaftsinstrument mit Frage 18 wissen, ob es zweckmäßig sei, in einem künftigen Rechtsinstrument festzulegen, welches Recht für die Frage maßgeblich ist, ob die Abtretung einer Forderung Dritten entgegengehalten werden kann und wenn ja, welche Kollisionsnorm vorgeschlgen würde.

aa. Die Stellungnahme der Chambre de commerce et d'industrie de Paris vom 3. Juli 2003

Die *Chambre de commerce et d'industrie de Paris* spricht sich dafür aus, die Drittwirksamkeit der *cession de créance* dem Recht der abgetretenen Forderung zu unterstellen.[260] Zur Begründung führt sie vor allem an, dass damit das Verhältnis des Zessionars zum Schuldner nicht von dem des Zessionars zu Dritten getrennt betrachtet werde.

Die Anknüpfung an das am Sitz des Schuldners herrschende Recht hält die *Chambre de commerce et d'industrie de Paris* – obwohl leicht auszumachen – für ungeeignet, wenn es um die Abtretung einer Vielzahl von Forderungen geht und die jeweiligen Schuldner ihren Sitz in unterschiedlichen Ländern haben. Im Falle der Abtretung einer Vielzahl von Forderungen biete sich zwar die Anknüpfung an das am Sitz des Zedenten herrschende Recht an, diese führe jedoch zu einer unerwünschten Spaltung der Anknüpfung der Drittwirksamkeit je nachdem, ob es um das Verhältnis zum Schuldner oder das zu Dritten gehe.

bb. Die Stellungnahme der Association Française des Entreprises d'Investissement (AFEI) vom 15. September 2003

Die *Association Française des Entreprises d'Investissement* spricht sich dafür aus, die Drittwirksamkeit der Abtretung dem am Sitz des Zedenten herrschenden Recht

---

258 Die Stellungnahmen zum Grünbuch über die Umwandlung des EVÜ in ein Gemeinschaftsinstrument von Regierungen, Verbänden, Rechtsgelehrten etc. finden sich auf der Website der Kommission: http://www.europa.eu.int.

259 Siehe hierzu: Teil 2: A. II. 2.

260 *Chambre de commerce et d'industrie de Paris*, La loi applicable au contrat: vers une communautarisation et une modernisation de la Convention de Rome de 1980, S. 19 f.

zu unterwerfen.[261] Diese Lösung werde dem Erfordernis der Vorhersehbarkeit für die von der Abtretung betroffenen Dritten gerecht und verhindere die kumulative Anwendung mehrerer Rechtsordnungen, wenn ein Bündel von Forderungen abgetreten werde. Die Anknüpfung an das am Sitz des Zedenten herrschende Recht stehe im Übrigen in Einklang mit der UNCITRAL-Konvention.[262]

Die *Association Française des Entreprises d'Investissement* hält es darüber hinaus für angebracht, materielles Einheitsrecht zu schaffen, das Prioritätsregeln für das Verhältnis mehrerer Zessionare zueinander vorsieht und die Wirksamkeit eines Abtretungsverbots gegenüber dem Zessionar, aber auch die Rechtsbeziehung des Schuldners zum Zessionar regelt.

cc. Die Stellungnahme der Fédération Bancaire Française (FBF) vom 15. September 2003

Die Argumentation und der Lösungsvorschlag der *Fédération Bancaire Française* entsprechen denen der *Association Française des Entreprises d'Investissement.*[263] Die Anknüpfung an das am Sitz des Zedenten herrschende Recht entspreche zudem dem Recht, das im Falle der Insolvenz des Zedenten zur Anwendung berufen sei, sofern es sich bei dem Staat, in welchem es zur Eröffnung des Verfahrens komme, nicht um einen Mitgliedstaat handele. Das auf den Abtretungsvertrag anwendbare Recht habe den großen Nachteil, dass es für Dritte nicht erkennbar sei und die Anknüpfung an das Forderungsstatut erweise sich bei der Abtretung einer Vielzahl von Forderungen als ungeeignet, wenn die der Abtretung zugrunde liegenden Grundverträge unterschiedlichen Rechtsordnungen unterworfen seien.

Auch die *Fédération Bancaire Française* befürwortet einen weiteren Gemeinschaftsrechtsakt, der im Bereich der Abtretung materielles Einheitsrecht schafft.

---

261 *Association Française des Entreprises d'Investissement*, Consultation de la Commission européenne relative à la révision de la Convention de Rome – Réponse de l'AFEI, S. 8 ff.

262 Siehe zur UNCITRAL-Konvention: Teil 4 und zum Verhältnis des Zessionars zu Dritten: C. II. 3.

263 *Fédération Bancaire Française*, Livre vert sur la transformation de la Convention de Rome de 1980 sur la loi applicable aux obligations contractuelles en instrument communautaire ainsi que sur sa modernisation, S. 12 ff.

dd. Die Stellungnahme des Groupe européen de droit international privé anlässlich seiner 13. Sitzung vom 19. bis 21. September 2003

Der *Groupe européen de droit international privé* spricht sich in Anlehnung an die UNCITRAL-Konvention[264] ebenfalls für die Anknüpfung der Drittwirksamkeit der Abtretung an das am Sitz des Zedenten herrschende Recht aus.[265]

2. Die Anknüpfung der *cession Dailly*

Anders als die *cession de créance* unterscheidet die *cession Dailly* nicht die Wirksamkeit der Abtretung im Verhältnis der Zessionsparteien (Innenverhältnis) von der Wirksamkeit der Abtretung im dem Verhältnis der Zessionsparteien zum Schuldner und zu anderen Dritten (Außenverhältnis). Die Frage, inwieweit Abschwächungen von den Publizitätsanforderungen des Art. 1690 C. civ. gegenüber dem Schuldner zuzulassen sind,[266] ist im Rahmen der *cession Dailly* irrelevant, da die Erfüllung der Publizitätsanforderungen des Art. 1690 C. civ. nicht Voraussetzung der Drittwirksamkeit der Abtretung ist.[267] Insofern wird keine Unterscheidung mehr zwischen dem Schuldner und Dritten vorgenommen. Vor diesem Hintergrund könnte man daran denken, das Verhältnis des Zessionars zu Dritten wie das des Zessionars zum Schuldner an das Forderungsstatut anzuknüpfen.

a. Die in der Lehre anzutreffenden Auffassungen

aa. Die Anwendung des die ursprüngliche Forderung beherrschenden Rechts

Die oben kurz angedeuteten Erwägungen werden auch von *Sinay-Cytermann* angestellt.[268] Das Recht, das die abgetretene Forderung beherrscht, könne für die Drittwirksamkeit der *cession Dailly* maßgeblich sein. Anders als die *cession de créance* kenne die *cession Dailly* keine zwingenden Formanforderungen, etwa die Benachrichtigung des Schuldners oder die Annahme der Abtretung. Entscheidend sei Art. L. 313-27 Abs. 1 C. mon. et fin. Im nationalen Recht könne aus dieser Norm geschlossen werden, dass die Wirksamkeit zwischen den Zessionsparteien nicht von der Drittwirksamkeit unterschieden werde. Im internationalen Recht stelle sich daher die Frage, ob die Anwendung des die abgetretene Forderung beherr-

264 Siehe zur UNCITRAL-Konvention: Teil 4 und zum Verhältnis des Zessionars zu Dritten: C. II. 3.

265 *Groupe européen de droit international privé*, Réponse au Livre vert de la Commission sur la transformation de la Convention de Rome en instrument communautaire ainsi que sur sa modernisation, S. 18.

266 Siehe hierzu Teil 1: B. IV. 1. c. aa. und cc.

267 Siehe hierzu Teil 1: B. IV. 2 d.

268 JC de dr. int. pr. 1998, Fasc. 554, n. 16.

schenden Rechts nicht für die Wirksamkeit und Drittwirksamkeit geboten sei. Die Berücksichtigung zweier Rechtsordnungen, des die ursprüngliche Forderung beherrschenden Rechts und des am Schuldnersitz geltenden Rechts, entspreche nicht dem mit der *Loi Dailly* verfolgten Zweck, die Abtretung zu vereinfachen, um Unternehmen die Kreditaufnahme zu erleichtern.

bb. Die Anwendung des am Schuldnersitz geltenden Rechts

Einer anderen Meinung zufolge ist die *cession Dailly* eine Möglichkeit der Abtretung, die die Drittwirksamkeit der Zession nur auf vereinfachte Weise herstellt.[269] Wie bei der *cession de créance* nimmt sie je nach betroffenem Dritten eine unterschiedliche Anknüpfung vor. Das Verhältnis des Zessionars zum Schuldner unterwirft sie dem Forderungsstatut und das Verhältnis des Zessionars zu Dritten dem am Schuldnersitz herrschenden Recht.

b. Die Ansicht der Rechtsprechung

Die Rechtsprechung hat sich, soweit ersichtlich, bislang nicht zu der Anknüpfung der Drittwirksamkeit geäußert. Dem Urteil der *Cour de Cassation* vom 28. 10. 1986[270] lag zwar die Abtretung einer Exportforderung nach der *Loi Dailly* zugrunde. Den Entscheidungsgründen lässt sich jedoch nicht entnehmen, weshalb die Drittwirksamkeit nach französischem Recht beurteilt wurde. Eine Anwendung französischen Rechts könnte sich daraus ergeben, dass die Exportforderung gegen den italienischen Schuldner französischem Recht, wie von *Sinay-Cytermann* angenommen,[271] unterlag. Denkbar ist aber auch, dass französisches Recht für die Abtretungsvereinbarung zwischen den beiden französischen Kreditinstituten maßgeblich war und sich nach diesem die Drittwirksamkeit richten sollte.

c. Stellungnahme

Das auf die *cession Dailly* anwendbare Recht muss für die von der Abtretung Betroffenen auf einfache Weise bestimmbar sein. Weshalb Dritte ein schützenswertes Interesse daran haben, das auf die Forderung geltende Recht im Voraus und mit Sicherheit zu kennen, erschließt sich ebenso wenig, wie die Annahme dieser Schutz könne nur durch eine Anknüpfung an das am Schuldnersitz geltende Recht erreicht werden.

Für die Anknüpfung der Drittwirksamkeit an das Forderungsstatut spricht hingegen in der Tat, dass die Abtretung mit der Eintragung des Datums auf dem Forderungsverzeichnis sowohl gegenüber dem Schuldner als auch gegenüber

269 *Mattout*, Droit bancaire international, Banque 1987, 100, n. 57.
270 D. 1986, 592, n. *Vasseur.*
271 JC de dr. int. pr. 1998, Fasc. 554, n. 17.

Dritten wirksam wird. Die Maßgeblichkeit des Forderungsstatuts verhindert, dass der Zessionar neben dem Verpflichtungs- und dem Forderungsstatut eine weitere Rechtsordnung beachten muss. Tritt ein französischer Gläubiger internationale Forderungen ab, so ist in der Regel davon auszugehen, dass es sich bei dem auf den Grundvertrag zum Schuldner anwendbaren Recht – sofern keine Rechtswahl getroffen wurde – um französisches handelt. Dem mit der *Loi Dailly* angestrebten Ziel, einer Erleichterung der Drittfinanzierung von Unternehmen durch Kreditinstitute, wird durch die Anknüpfung an das Forderungsstatut nachgekommen, da französische Kreditinstitute wohlwollend zur Kenntnis nehmen werden, dass das ihnen bekannte Rechtsinstitut der *cession Dailly* im Verhältnis zu Dritten der ihnen bekannten französischen Rechtsordnung auch dann unterfällt, wenn es um Forderungen gegen ausländische Schuldner geht.

3. Die Anknüpfung der *subrogation*

Die Wirksamkeit der *subrogation conventionnelle* im Verhältnis zu Dritten wird nicht dem Recht, dem die ursprüngliche Forderung unterliegt, unterworfen, sondern dem am Schuldnersitz herrschenden Recht. Zur Begründung wird angeführt, bei diesem handele es sich um einen Ankerpunkt, und es könne nicht unbekannt sein.[272]

Kommt es beispielsweise zu einem Konflikt zwischen einem Factoringinstitut und einem Zessionar, der die Forderung im Rahmen der *Loi Dailly* erworben hat, so ist das am Schuldnersitz herrschende Recht maßgeblich. Das *Tribunal de commerce* von Paris hat in seinem Urteil vom 5. Juni 1987 unter Anwendung des Prioritätsgrundsatzes dem Factoringinstitut vor dem Zessionar der *Loi Dailly* den Vorrang eingeräumt und dies, obwohl der Zessionar den Schuldner von dem Forderungsübergang in Kenntnis gesetzt hatte.[273]

VI. Zwischenergebnis

Das französische Kollisionsrecht zum Übergang einer Forderung erweist sich trotz der Artt. 12 und 13 EVÜ als äußerst undurchsichtig. Dies liegt zum einen an den drei möglichen Rechtstechniken, eine Forderung zu übertragen, zum anderen daran, dass es im internationalen Recht der Abtretung kaum Rechtsprechung gibt und sich in der Literatur keine klare Linie ausmachen lässt. Festzuhalten ist gleichwohl Folgendes:

Der Factoringvertrag unterliegt der sog. *loi d'autonomie,* d.h. das auf ihn anwendbare Recht ist über die Artt. 3 und 4 EVÜ zu bestimmen. Aufgrund der engen

---

272 *Sinay-Cytermann*, Rev. crit. DIP 81 (1992), 35, 59 f., n. 44.

273 Rev. de dr. bancaire 1988, 127, Anm. *Crédot* et *Gérard.*

Verzahnung von Verpflichtungs- und Verfügungsgeschäft gilt dies im Verhältnis der Zessionsparteien zueinander auch für die *cession de créance* und für die *cession Dailly.* Liegt eine *subrogation* vor, so ist unklar, ob diese Art. 12 oder Art. 13 EVÜ, dessen Überschrift in der französischen Sprachfassung „*Subrogation*" lautet, zuzuordnen ist. Richtigerweise ist nach der Rechtsgrundlage der *subrogation* zu unterscheiden. Liegt ihr eine vertragliche Abrede zugrunde – dann sog. *subrogation conventionnelle* –, so weist sie große Ähnlichkeiten zu einer *cession de créance*[274] auf und ist wie diese anzuknüpfen. Etwas anderes gilt, wenn sie sich kraft Gesetzes – dann sog. *subrogation légale* – vollzieht. In diesem Falle ist auf Art. 13 EVÜ abzustellen. Dies ist inzwischen auch die einhellige Meinung in der Literatur und in der Praxis, soweit sie sich aus den Stellungnahmen zu Frage 19 des Grünbuchs über die Umwandlung des EVÜ in ein Gemeinschaftsinstrument ergibt. Die *subrogation conventionnelle* unterliegt im Verhältnis des ursprünglichen Forderungsinhabers zum zahlenden Dritten Art. 12 Abs. 1 EVÜ. Für das Verhältnis des neuen Forderungsinhabers zum Schuldner gilt hingegen bei allen drei Übertragungstechniken Art. 12 Abs. 2 EVÜ. Unklar ist das Bild hinsichtlich des Verhältnisses des Forderungserwerbers zu Dritten. Hier wird alles vertreten: von der Maßgeblichkeit des am Sitz des Schuldners oder des am Sitz des Zedenten herrschenden Rechts bis zu der Maßgeblichkeit des Forderungsstatuts. Den Stellungnahmen zu Frage 18 des Grünbuchs über die Umwandlung des EVÜ in ein Gemeinschaftsinstrument lässt sich für die *cession de créance* eine gewisse Präferenz zugunsten des am Sitz des Zedenten herrschenden Rechts ausmachen. Für die im Rahmen des Factorings zur Anwendung kommende *subrogation conventionnelle* wird hingegen eine Anknüpfung der Drittwirksamkeit an das am Sitz des Schuldners herrschende Recht vertreten.

D. Zusammenfassung der kollisionsrechtlichen Darstellung

Das EVÜ von 1980 wurde in den Text des EGBGB in den Artt. 27-37 übernommen. In Frankreich wurde das EVÜ mit Inkrafttreten zum 1. April 1991 als Gesetz verabschiedet. Die Normen des EVÜ, die einheitliches europäisches Kollisionsrecht schaffen, sollen so ausgelegt und angewendet werden, dass die erstrebte Rechtseinheit in den europäischen Vertragsstaaten erreicht wird.[275] Dies sieht Art. 36 EGBGB, der auf Art. 18 EVÜ beruht, ausdrücklich vor. Die Rechtspraxis spiegelt allerdings ein anderes Bild wider. Zahlreiche Fragen, die

274 Siehe hierzu inbesondere: Teil 1: B. IV. 4. b.

275 Siehe hierzu: *Junker*, RabelsZ 55 (1991), 674 ff.; *Reinhart*, RIW 1994, 445 ff.

sich im Zusammenhang mit dem Übergang einer Forderung stellen, werden in Deutschland und in Frankreich unterschiedlich angeknüpft. Mit Spannung ist zu erwarten, welche Antworten der EuGH, dem nach dem Inkrafttreten der beiden Brüsseler Protokolle vom 19.12.1988 nunmehr die Auslegung des EVÜ obliegt, geben wird. Ebenso interssant ist, welche Entwicklung das EVÜ nehmen wird, nachdem die EG-Kommission das Grünbuch über die Umwandlung des EVÜ in ein Gemeinschaftsinstrument vorgelegt hat, in welchem sie sich mit den Fragen 18 und 19 des Forderungsübergangs widmet.

Für das deutsch-französische Factoring ergibt sich gegenwärtig Folgendes:

1. Der Factoringvertrag, der rechtliche Rahmen des Factorings, wird sowohl in Deutschland als auch in Frankreich selbstständig angeknüpft. Dies ergibt sich aus Art. 12 Abs. 1 EVÜ/Art. 33 Abs. 1 EGBGB. Diese Normen verweisen auf die Artt. 4 ff. EVÜ/Artt. 27 ff. EGBGB. Das auf den Factoringvertrag anwendbare Recht ist mithin in drei Stufen zu ermitteln. In einem ersten Schritt ist danach zu fragen, ob die Parteien des Factoringvertrags eine ausdrückliche Rechtswahl getroffen haben. Ist diese nicht feststellbar, ist zu prüfen, ob die Parteien sich stillschweigend auf die Rechtsordnung eines bestimmten Staates geeinigt haben. Ein Indiz hierfür kann die Vereinbarung eines bestimmten Rechtsinstituts sein, das nur einem Recht bekannt ist. Ist beispielsweise die Rede von einem Forderungsübergang mittels *subrogation conventionnelle,* so spricht dies dafür, dass der Kunde und der Factor ihre Rechtsbeziehung französischem Recht unterwerfen wollen. Lässt sich keine stillschweigende Rechtswahl ausmachen, so ist eine objektive Anknüpfung nach den engsten Verbindungen des Vertrags vorzunehmen. In Deutschland und Frankreich hat sich die Ansicht durchgesetzt, dass es sich bei dem Factor um die Partei handelt, die die vertragscharakteristische Leistung erbringt. Im Bereich des Korrespondenzfactorings kommt es bei der Bestimmung des auf den Factoringvertrag anwendbaren Rechts auf das an der Niederlassung des Importfactors herrschende Recht an.
2. Unklarheit besteht bei zahlreichen Fragen rund um die Anknüpfung der Abtretung. Diese besteht nicht nur innerhalb Deutschlands, sie lässt sich auch in Frankreich ausmachen.

   Die herrschende Meinung in Deutschland trennt klar zwischen Art. 33 Abs. 1 und Abs. 2 EGBGB. Die Voraussetzungen einer Abtretung und die Frage, ob eine Abtretung kausal oder abstrakt ist, unterwirft sie in Anwendung des Art. 33 Abs. 2 EGBGB dem Forderungsstatut. Auf das Forderungsstatut wird zudem abgestellt, wenn es um das Rangverhältnis konkurrierender Abtretungen geht. Eine Sonderanknüpfung für einen verlängerten Eigentumsvorbehalt und eine Globalzession lässt der BGH nicht zu.[276]

276 Siehe hierzu: Teil 2: B. II. 3. f.

Einer anderen Ansicht zufolge ist Art. 33 Abs. 1 EGBGB einschlägig und Art. 33 Abs. 2 EGBGB nur für die dort ausdrücklich angesprochenen Aspekte des Schuldnerschutzes. In Frankreich stellt sich aufgrund des Kausalitätsprinzips die Frage nach der Anknüpfung des Verfügungsgeschäfts, sofern es überhaupt als solches gesehen wird, nicht mit derselben Schärfe.

Im französischen Recht werden die verschiedenen Übertragungstechniken für Forderungen, die *cession,* die *cession Dailly* und die *subrogation conventionnelle* kollisionsrechtlich nahezu gleich behandelt. Ausgehend vom *Code civil* wird auch bei der Abtretung internationaler Forderungen nach den jeweils betroffenen Rechtsbeziehungen unterschieden.

3. Umstritten ist in beiden Ländern zudem, welchem Recht die Wirkungen der Zession gegenüber Dritten unterliegen, seien es Gläubiger des Zedenten oder andere Zessionare. Eine ausdrückliche Regelung lässt sich dem EVÜ im Gegensatz zu seinem Entwurf nicht entnehmen. Gerichtliche Entscheidungen sind kaum vorhanden. Um unterschiedliche Lösungen zu vermeiden, ist eine Kollisionsregel, die in allen Vertragsstaaten vertretbar ist, anzuwenden. Nach der Untersuchung des deutschen und französischen Kollisionsrechts ist eine Anknüpfung an das Verpflichtungsstatut zu befürworten. Schutzwürdige Interessen der Gläubiger sind nämlich nicht ersichtlich. Der Rückgriff auf eine weitere Rechtsordnung wird vermieden. Nicht auszuschließen ist allerdings, dass nach der Umwandlung des EVÜ in ein Gemeinschaftsinstrument auf das am Sitz des Zedenten herrschende Recht abgestellt wird.

Teil 3: Das UNIDROIT-Übereinkommen über das internationale Factoring im Verhältnis zum deutschen und französischen Recht

A. Einführung

I. Vorbemerkung

In Teil 1 der Arbeit wurden das Factoring in Deutschland und Frankreich, insbesondere die unterschiedlichen Formen des Forderungsübergangs dargestellt und miteinander verglichen. Nachdem Teil 2 dem im internationalen Factoring jeweils zur Anwendung kommenden nationalen Recht gewidmet war, soll Teil 3 das UNIDROIT-Übereinkommen über das internationale Factoring[1] als Einheitsrecht schaffende Quelle beleuchten. Es wird der Frage nachgegangen, ob das Factoring-Übereinkommen tatsächlich sein in der Präambel festgehaltenes Ziel, einen rechtlichen Rahmen zu schaffen, der das internationale Factoring erleichtert, erreicht oder ihm zumindest nahe kommt. Hierzu werden die materiellrechtlichen Normen des Factoring-Übereinkommens vorgestellt und zu den Regelungen des deutschen und französischen Rechts in Bezug gesetzt. Als Einstieg erfolgen kurz allgemeine Ausführungen und Anmerkungen zur Struktur, zur Auslegung und zum Anwendungsbereich des Factoring-Übereinkommens.[2]

Die in der Arbeit gewählte Benennung der am Factoring beteiligten Parteien mit Debitor, Kunde und Factor wird unabhängig von der deutschen Sprachfassung des

---

1 Abgedruckt in: *Jayme/Hausmann*, Int. Privat- und Verfahrensrecht[12], Nr. 78. Verbindlich sind gleichermaßen der französische und der englische Wortlaut (Siehe: Rev. dr. uniforme 1988 I, S. 162 ff. und RabelsZ 53 (1989), 729). Das UNIDROIT-Übereinkommen über das internationale Factoring wird fortan als „Factoring-Übereinkommen" bezeichnet und mit „FactÜ" abgekürzt. Sofern einzelne Artikel in diesem Teil der Arbeit nicht besonders gekennzeichnet sind, handelt es sich um solche des Factoring-Übereinkommens.

2 Insbesondere in Deutschland beschäftigen sich zahlreiche Beiträge mit dem Factoring-Übereinkommen. Beispielhaft genannt seien: *Häusler*, Das UNIDROIT Übereinkommen; *Kitsaras*, Das UNIDROIT Übereinkommen; *Diehl-Leistner*, Internationales Factoring; *v. Falkenhayn*, Das Verhältnis von Factor und Debitor beim Factoring; *Rebmann*, RabelsZ 53 (1989), 599 ff.; *Weller*, RIW 1999, 161 ff.; *Basedow*, ZEuP 1997, 615 ff.; Staudinger[13]/*Hausmann*, Anh. zu Art. 33 EGBGB; MünchKomm/*Ferrari* und *Brink*, FactÜ. Folgende französische Beiträge seien hervorgehoben: *Deschanel/Lemoine*, JC Banque et Crédit 11, 1999, Fasc. 580; *Marazzato*, L'affacturage international; *Béraudo*, JC 1995, Études et Chroniques 458, 185 ff.; *Bourdeaux*, JC de dr. int. 5, 1998, Fasc. 566-10; *Mestre*, Rev. de dr. uniforme 1987, 85 ff.

Factoring-Übereinkommens, die den Vertragspartner des Factors als Lieferanten bezeichnet und von dessen Schuldner spricht, beibehalten.

II. Allgemeines

Am 28. Mai 1988 mündeten die Bestrebungen des Internationalen Instituts zur Vereinheitlichung des Privatrechts (UNIDROIT)[3], das internationale Factoring zu vereinheitlichen, in Ottawa zur Annahme des UNIDROIT-Übereinkommens über das internationale Factoring.[4] Bei ihm handelt es sich um ein internationales, offenes Übereinkommen. Nach Art. 13 Abs. 3 steht es auch Staaten offen, die nicht Unterzeichnerstaaten sind. Da das Factoring-Übereinkommen nicht nur Pflichten für die Vertragsstaaten enthält, sondern unmittelbare Regelungen für die Beteiligten eines Factoringvertrags, wie etwa zur Wirksamkeit der Forderungsabtretung, zum Übergang von Nebenrechten oder zur Zahlungspflicht des Debitors gegenüber dem Factor, kann es zudem als ein *„self-executing"* Staatsvertrag bezeichnet werden.[5]

Das Factoring-Übereinkommen ist mit der Hinterlegung von drei Ratifikationsurkunden durch Frankreich (23. September 1991), Italien (29. November 1993) und Nigeria (25. Oktober 1994) gemäß Art. 14 Abs. 1 am 1. Mai 1995 in Kraft getreten. Inzwischen ist es auch für Ungarn mit Wirkung zum 1. Dezember 1996, für Lettland mit Wirkung zum 1. März 1998 und für Deutschland mit Wirkung zum 1. Dezember 1998[6] in Kraft. Ghana, Guinea, die Philippinen, Tansania, Marokko, Tschechien, die Slowakei, Finnland, Belgien, die Vereinigten Staaten von Amerika und Großbritannien haben das Factoring-Übereinkommen unterzeichnet.[7]

Das Factoring-Übereinkommen soll zu einer breiten Akzeptanz führen. Um möglichst viele Staaten zu einer Ratifizierung zu bewegen, wurde nur das internationale Factoring geregelt und das nationale Factoring unvereinheitlicht belassen. Mit der Regelung des internationalen Factorings soll dem Factoring-Übereinkommen

---

3 UNIDROIT ist eine Gründung des Völkerbundes und der italienischen Regierung aus dem Jahre 1926 mit Sitz in Rom. Nach dem Beitritt Serbiens und Montenegros zum 13.04.2001 verfügt UNIDROIT über 59 Mitglieder. Als zwischenstaatliche Organisation bemüht sich UNIDROIT um die internationale Vereinheitlichung des Privatrechts durch die Vorbereitung und Ausarbeitung von internationalen Übereinkommen.

4 Siehe zur Geschichte des Übereinkommens: *Rebmann*, RabelsZ 53 (1989), 599, 602 f.; *Häusler*, Das UNIDROIT Übereinkommen, S. 114 ff.

5 Siehe zur Einordnung des Factoring-Übereinkommens in die Instrumente der Rechtsvereinheitlichung: *Häusler*, Das UNIDROIT Übereinkommen, S. 87 ff.

6 Gesetz zum UNIDROIT Übereinkommen vom 28. Mai 1988 über das internationale Factoring vom 25.02.1998 = BGBl. 1998 II, S. 173; Bekanntmachung über das Inkrafttreten vom 31.08.1998, BGBl. 1998 II, S. 2375.

7 Eine aktuelle Liste der Staaten, die das Factoring-Übereinkommen unterzeichnet bzw. ratifiziert haben, ist auf der Homepage von UNIDROIT (http:// www.unidroit.org) abrufbar.

aber eine gewisse Vorbildfunktion zukommen, die zu einer freiwilligen, nationalen Rechtsänderung führt.[8]

Das Factoring-Übereinkommen verfügt über einen weiten Anwendungsbereich, da es alle denkbaren und in der Praxis existierenden oder eventuell noch entstehenden Variationen des internationalen Factorings umfasst.[9]

III. Die Struktur, die Auslegung und der Anwendungsbereich des Factoring-Übereinkommens

1. Die Struktur

Die Präambel des Factoring-Übereinkommens hält zunächst fest, dass dem internationalen Factoring in der Entwicklung des internationalen Handels eine bedeutende Rolle zukommt. Vor diesem Hintergrund betont die Präambel, dass die Schaffung einheitlicher rechtlicher Rahmenbedingungen das internationale Factoring erleichtert. Das Gleichgewicht zwischen den Interessen der verschiedenen Parteien eines Factoringgeschäfts soll gewahrt werden. Nach der Präambel gliedert sich das Factoring-Übereinkommen in vier Kapitel.

Kapitel I enthält Regelungen zum Anwendungsbereich des Factoring-Übereinkommens. So bestimmt Art. 1 seinen sachlichen und Art. 2 seinen international-territorialen Anwendungsbereich. Art. 3 sieht Ausschlussmöglichkeiten von der Anwendung des Factoring-Übereinkommens vor. In Kapitel I finden sich zudem allgemeine Bestimmungen, wie die Frage nach der Auslegung des Factoring-Übereinkommens (Art. 4), die Gleichsetzung der Dienstleistungsverträge mit den Warenkaufverträgen (Art. 1 Abs. 3)[10], die Bestimmung der maßgeblichen Niederlassung (Art. 2 Abs. 2) und Regelungen zur Form (Art. 1 Abs. 4).

Von besonderer Bedeutung ist Kapitel II. Es beschäftigt sich mit den Rechten und Pflichten der Parteien. Das Verhältnis der Parteien des Grundvertrags, also das zwischen Kunde und Debitor, ist allerdings nicht Regelungsgegenstand des Factoring-Übereinkommens. Art. 5 widmet sich der Abtretung bestehender und zukünftiger Forderungen. Nach Art. 6 Abs. 1 ist die Abtretung einer Forderung grundsätzlich auch dann wirksam, wenn der Vertrag zwischen Kunde und Debitor ein Abtretungsverbot enthält. Etwas anderes gilt nach Art. 6 Abs. 2, wenn der Debitor

---

8 Vgl. UNIDROIT Study LVIII-Doc 33, Nr. 14; *Diehl-Leistner*, Internationales Factoring, S. 125; *Rebmann*, RabelsZ 53 (1989), 599, 603; *Goode*, in FS für *Sauveplanne*, S. 91, 97.

9 Vgl. UNIDROIT Study LVIII-Doc 33, Nr. 14; *v. Falkenhayn*, Das Verhältnis von Factor und Debitor beim Factoring, S. 17.

10 Nach Art. 1 Abs. 3 schließen die Begriffe „Waren“ und „Warenkauf“ Dienstleistungen und die Erbringung von Dienstleistungen ein. Wenn im Folgenden die Begriffe „Waren“ und „Warenkauf“ verwendet werden, so umfassen diese Dienstleistungen und die Erbringung von Dienstleistungen.

bei Abschluss des Warenkaufvertrags seine Niederlassung in einem Vertragsstaat hat, der eine Erklärung nach Art. 18 abgegeben hat. In diesem Fall ist eine unter Verstoß des vereinbarten Verbots vorgenommene Abtretung gegenüber dem Debitor unwirksam. Einen Vorbehalt nach Art. 18 haben Frankreich und Lettland erklärt.[11] Art. 8 Abs. 1 lässt sich entnehmen, unter welchen Voraussetzungen der Debitor zur Zahlung an den Factor verpflichtet ist. Gegenrechte des Debitors werden in Art. 9 geregelt.

Kapitel III widmet sich nachfolgenden Abtretungen. Art. 11 Abs. 1 lit. a) enthält eine Ergänzung des Anwendungsbereichs des Factoring-Übereinkommens. Unterfällt ein Factoringvertrag dem Factoring-Übereinkommen, so finden die Artt. 5 bis 10 auf eine nachfolgende Abtretung Anwendung. Überträgt beispielsweise ein Exportfactor eine Forderung gegen einen ausländischen Debitor an einen Importfactor, so kann jener vom Debitor Zahlung nur unter den Voraussetzungen des Art. 8 Abs. 1 verlangen. Eine Einschränkung des Anwendungsbereichs eröffnet Art. 12. Nach ihm können die Parteien des Factoringvertrags eine nachfolgende Abtretung untersagen und auf diese Weise die Anwendung des Factoring-Übereinkommens ausschließen.

Kapitel IV enthält abschließende Bestimmungen. Fragen zur völkerrechtlichen Geltung des Factoring-Übereinkommens und zum zeitlichen Anwendungsbereich finden hier ihre Regelung. Nach Art. 15 geht das Factoring-Übereinkommen bereits geschlossenen oder in Zukunft zu schließenden Staatsverträgen nicht vor.[12] Angesichts der wachsenden Zahl von Einheitsrechtskonventionen und der mit dieser Entwicklung einhergehenden Konventionskonflikte schafft diese Regelung Klarheit. Für das Verhältnis des Factoring-Übereinkommens zum nationalen Recht gilt hingegen etwas anderes. Da das Factoring-Übereinkommen in seinem Anwendungsbereich internationales Einheitsrecht schafft, hat es gegenüber nationalem Recht Vorrang.[13]

---

11 Der Vorbehalt Frankreichs lautet wie folgt: „*Conformément à l'article 18 de la Convention, le Gouvernement français déclare qu'une cession en vertu de l'article 6 paragraphe 1er n'a pas d'effet à l'égard du débiteur qui, lors de la conclusion du contrat de vente de marchandises, a son établissement sur le territoire de la République française.*"

12 Unzutreffend ist in diesem Zusammenhang die Auffassung *Ferraris* (MünchKomm, Art. 15 FactÜ Rdnr. 2) in Bezug auf materiell-rechtliche Übereinkommen sei die Vorschrift praktisch irrelevant, da es kein Übereinkommen gebe, das mit dem Factoring-Übereinkommen kollidiere. Er übersieht hierbei die Konvention der Vereinten Nationen über Forderungsabtretungen im internationalen Handel (sog. UNCITRAL-Konvention).

13 MünchKomm/*Ferrari*, Einleitung FactÜ Rdnr. 26.

2. Die Auslegung

Bei der Auslegung des Factoring-Übereinkommens ist Art. 4 Abs. 1 heranzuziehen. Danach sind Zweck und Ziel des Factoring-Übereinkommens, sein internationaler Charakter und die Notwendigkeit zu berücksichtigen, seine einheitliche Anwendung und die Wahrung des guten Glaubens im internationalen Handel zu fördern.[14] Zweck und Ziel des Factoring-Übereinkommens liegen, wie sich bereits aus der Präambel ergibt, darin, Einheitsrecht zu schaffen, um den internationalen Handel zu fördern. Durch die Vereinheitlichung der Auslegungsmethoden soll die Rechtseinheit, die mit dem Factoring-Übereinkommen erstrebt wird, erreicht werden.

Fragen, die im Factoring-Übereinkommen geregelte Gegenstände betreffen, aber in ihm nicht ausdrücklich entschieden werden (sog. „interne Lücken"), sind gemäß Art. 4 Abs. 2 nach den allgemeinen Grundsätzen, die dem Factoring-Übereinkommen zugrunde liegen, zu beantworten. Besonders hervorzuheben ist der Grundsatz, nach welchem die Forderungsabtretung soweit als möglich zu fördern ist.[15] Fragen, die außerhalb des sachlichen Anwendungsbereichs des Factoring-Übereinkommens liegen (sog. „externe Lücken"), sind nach dem nationalen Recht zu lösen, auf welches das am Gerichtsort herrschende internationale Privatrecht verweist.[16] Zur Schließung von Lücken des Factoring-Übereinkommens kann zudem unter gewissen Voraussetzungen auf die von UNIDROIT im Jahre 1994 vorgelegten *„Principles of International Commercial Contracts"*[17] zurückgegriffen werden.[18]

---

14 Siehe zur Auslegung des Factoring-Übereinkommens insbesondere: *Häusler*, Das UNIDROIT Übereinkommen, S. 131 ff.

15 Der Grundsatz ergibt sich nicht nur aus Art. 6 Abs. 1, nach dem eine Abtretung trotz Abtretungsverbots wirksam ist, sondern auch aus Art. 5, der die Globalzession gegenwärtiger und künftiger Forderungen ausdrücklich zulässt. Weitere Grundsätze zeigen *Ferrari* (JZ 1998, 9, 13 f.) und *Häusler* (Das UNIDROIT Übereinkommen, S. 163 f.) auf. Erwähnt seien das Gebot von Treu und Glauben, das Prinzip, nach welchem sich die Position des Debitors nicht verschlechtern darf, der Grundsatz, dass Anzeigen und Mitteilungen dem gegenüber schriftlich zu machen sind, den sie am unmittelbarsten betreffen, wobei es bei Anzeigen auf ihren Zugang ankommt.

16 *Ferrari*, JZ 1998, 9 f.

17 Auszugsweise abgedruckt z. B. in IPRax 1997, 205 ff.

18 *Weller* (RIW 1999, 161, 164) stellt hinsichtlich der Wirkungsgrenze der *„Principles"* auf eine Art „Anklangstheorie" ab. Nach dieser müssen die in den *„Principles"* formulierten Grundsätze im Text des Factoringvertrags einen Anklang gefunden haben, also Ausdruck der dem Factoring-Übereinkommen zugrunde liegenden Prinzipien sein. Auf diese Weise soll dem Umstand Rechnung getragen werden, dass ein Gericht aufgrund eines nichtstaatlichen Regelungswerks eine für eine Partei nachteilige Entscheidung trifft und hierbei den Boden demokratischer Legitimation staatlichen Handelns verlässt.

Art. 4 FactÜ stimmt weitestgehend mit Art. 7 CISG überein. Insofern sei zum tieferen Verständnis der Auslegungsregel der Hinweis auf die umfangreiche Rechtsprechung und Literatur zu Art. 7 CISG erlaubt.[19]

3. Der Anwendungsbereich des Factoring-Übereinkommens

Nach Art. 2 Abs. 1 ist das Factoring-Übereinkommen anzuwenden, wenn die aufgrund eines Factoringvertrags abgetretenen Forderungen aus einem Warenkaufvertrag zwischen einem Kunden und einem Debitor entstanden sind, die ihre Niederlassung in verschiedenen Staaten haben und eine territoriale oder rechtliche Beziehung zum Factoring-Übereinkommen gegeben ist.

a. Die Definition des Factoringvertrags

Art. 1 Abs. 2 definiert den Factoringvertrag als einen Vertrag zwischen dem Kunden und dem Factor, aufgrunddessen der Kunde Forderungen gegen den Debitor aus Warenkauf- oder Dienstleistungsverträgen im offenen Verfahren[20] an den Factor abtritt und jener mindestens zwei der folgenden vier charakteristischen Merkmale erfüllt: Finanzierung für den Kunden, insbesondere Darlehensgewährung und Vorauszahlung, Buchhaltung bezüglich der Forderungen, Einziehung von Forderungen, Schutz gegen Nichtzahlung oder verspätete Zahlung der Debitoren.[21]

Die Forderungen, die der Kunde abtritt, dürfen nach Art. 1 Abs. 2 lit. a) nicht aus Kaufverträgen über Waren stammen, die in erster Linie für den persönlichen Gebrauch, oder den Gebrauch in der Familie oder im Haushalt gekauft werden. Soweit das Factoring-Übereinkommen von Warenkaufverträgen spricht, schließt dies nach Art. 1 Abs. 3 Dienstleistungsverträge, wie etwa Versicherungs-, Transport- und Beratungsverträge ein.[22] Forderungen, die sich aus Gesetz ergeben, werden vom Factoring-Übereinkommen nicht erfasst. Der Gegenstand der Forderungen muss sich auf eine Geldzahlung beziehen.[23]

---

19 Beispielsweise: *Schlechtriem*[4]*/Ferrari*, Art. 7 CISG; MünchKomm[4]/*Westermann*, Art. 7 CISG.

20 Das stille Factoring unterfällt nicht dem Factoring-Übereinkommen. Das zur Anwendung berufene Kollisionsrecht bestimmt, welchem nationalen Recht es unterliegt.

21 Zu Recht weist *Häusler* (Das UNIDROIT Übereinkommen, S. 261 f.) darauf hin, dass die beiden verbindlichen Sprachfassungen (Englisch: *default in payment*; Französisch: *défaillance*) bezüglich des Schutzes gegen die Nichtzahlung durch den Debitor nicht genau übereinstimmen. Es geht jedenfalls um das wirtschaftliche Risiko der Uneinbringlichkeit der Forderung.

22 *Rebmann*, RabelsZ 53 (1989), 599, 605.

23 Siehe hierzu: *Häusler*, Das UNIDROIT Übereinkommen, S. 246 f.

Das Factoring-Übereinkommen definiert den Begriff der Abtretung[24] nicht. Er ist weit und autonom auszulegen[25] und umfasst zahlreiche Operationen, durch die eine Person an Stelle einer anderen einen Geldbetrag einzieht. Insofern unterfallen ihm der Auftrag, die *subrogation,* der Wechsel, die Kreditversicherung und die Forderungsabtretung.[26] Dies gilt auch für die *cession Dailly.* Sie findet im Rahmen des internationalen Factorings Anwendung, wenn der Debitor seinen Sitz im Ausland hat.[27]

Die in Art. 1 Abs. 2 lit. b) aufgezählten vier Aufgaben des Factors entsprechen den drei allgemein anerkannten Funktionen des Factorings: der Finanzierung des Kunden, der Übernahme des Risikos der Einbringlichkeit der Forderung (sog. Delkrederefunktion) und der Dienstleistung. Die Übernahme des Risikos eines Forderungsausfalls ist nicht zwingend, so dass dem Factoring-Übereinkommen sowohl das echte als auch das unechte Factoring unterfällt. Es muss auch nicht zu einem Wechsel in der Forderungsinhaberschaft kommen. Der Factor kann sich auf den Forderungseinzug und die Buchhaltung beschränken. Insofern kann eine Inkassozession dem Factoring-Übereinkommen unterliegen. Die Einbeziehung der Inkassozession wird der Factoringpraxis gerecht, bei welcher der Factor im Auftrag des Kunden auch die Forderungen einzieht, die das zugesagte Limit überschreiten.[28] Ausgehend von den vier Funktionen des Factors sind insgesamt elf Kombinationen denkbar, wobei im internationalen Bereich die „Dreier-" und die „Viererzusammensetzungen" von Bedeutung sind.[29] Die weite Definition des Factorings, die zwar von nationalen Rechtsordnungen unabhängig, aber auch mit ihnen vereinbar sein soll, fördert die Rechtsvereinheitlichung.

b. Die Internationalität des Factorings

Die Internationalität des Factorings ergibt sich daraus, dass die Forderungen, die abgetreten werden, aus einem Warenkauf- oder Dienstleistungsvertrag stammen, dessen Parteien ihre Niederlassung in verschiedenen Staaten haben. Bei dem Grundvertrag zwischen Kunde und Debitor muss es sich demnach um einen grenzüberschreitenden Vertrag handeln. Auf die Internationalität des Factoringvertrags,

---

24 Die französische Sprachfassung verwendet den Begriff *cession.*

25 Siehe zur weiten Auslegung des Begriffs des Forderungsübergangs: *Häusler*, Das UNIDROIT Übereinkommen, S. 250. Er geht davon aus, dass das Factoring-Übereinkommen ein neues Verständnis des Abtretungsbegriffs einführt. Hinreichend aber auch erforderlich sei, dass der Erwerber ein Recht an der Forderung erhalte, aus dem er gegen den Schuldner vorgehen könne.

26 *Béraudo*, JC 1995, Études et Chroniques 458, 185, 189, n. 37.

27 *Béraudo*, JC 1995, Études et Chroniques 458, 185, 189, n. 37.

28 A.A. *Weller*, RIW 1999, 161, 162. Er ist der Ansicht, dass lediglich die Übernahme des Forderungseinzugs und der Debitorenbuchhaltung nichts mit dem Factoring zu tun hätten.

29 *Diehl-Leistner*, Internationales Factoring, S. 126.

wie sie etwa beim Korrespondenzfactoring gegeben ist, kommt es nicht an. So kann ein nationaler Factoringvertrag zwischen einem Kunden und einem Factor, die beide ihren Sitz in demselben Land haben, dem Factoring-Übereinkommen unterfallen, wenn der Kunde und der Debitor ihre Niederlassung in verschiedenen Staaten haben.

Über die Internationalität des Factoringvertrags hinaus muss nach Art. 2 Abs. 1 entweder die Voraussetzung der lit. a) oder die der lit. b) vorliegen. Nach der ersten Alternative müssen die Staaten, in welchen der Kunde und der Debitor ihre Niederlassung haben, und der Staat, in welchem der Factor seinen Sitz hat, Vertragsstaaten des Factoring-Übereinkommens sein. Die zweite Alternative besagt, dass sowohl der Warenkauf- bzw. Dienstleistungsvertrag als auch der Factoringvertrag dem Recht eines Vertragsstaats unterliegen müssen. Hierbei muss es sich allerdings nicht um dasselbe Recht handeln.[30]

Nach dem Inkrafttreten des Factoring-Übereinkommens in Deutschland ergibt sich seine Anwendbarkeit im deutsch-französischen Handel vor allem aus der ersten Alternative. Tritt beispielsweise ein französischer Exporteur seine Forderungen gegen einen deutschen Importeur an ein französisches Factoringunternehmen ab, so haben alle drei am Factoring beteiligten Parteien ihren Sitz in einem Vertragsstaat des Factoring-Übereinkommens.[31]

B. Die Sachnormen

I. Das Verhältnis der Parteien des Factoringvertrags

1. Die Regelung zum Factoringvertrag

Nach Art. 1 Abs. 1 regelt das Factoring-Übereinkommen in seinem ersten Kapitel die in ihm beschriebenen Factoringverträge und Forderungsabtretungen. Wie

30 *Diehl-Leistner*, Internationales Factoring, S. 127.

31 Das Factoring-Übereinkommen konnte allerdings aufgrund des Art. 2 Abs. 1 lit. b) schon vor der Ratifikation durch Deutschland im deutsch-französischen Handel zur Anwendung kommen. Trat beispielsweise ein französischer Exporteur seine Forderungen gegen einen deutschen Importeur an einen französischen Factor ab, so unterlag in der Regel sowohl der Factoring- als auch der Warenkaufvertrag dem französischen Recht. Wurde am Gerichtsstand des Debitors geklagt, so war französisches Recht Forderungsstatut. Dieses war insbesondere im Verhältnis des Factors zum Debitor über Art. 12 Abs. 2 EVÜ maßgeblich und beinhaltete das Factoring-Übereinkommen als Bestandteil des französischen Rechts. Im Falle des Korrespondenzfactorings hatte selbst ein deutscher Importfactor, der Zahlung vom deutschen Importeur verlangte, französisches Recht und damit auch das Factoring-Übereinkommen zu beachten. Etwas anderes galt dann, wenn marktstarke deutsche Importeure die Geltung deutschen Rechts für Warenkaufverträge durchsetzen konnten.

oben bereits ausgeführt, definiert das Factoring-Übereinkommen, wann ein Factoringvertrag in seinem Sinne vorliegt.[32] Entscheidend ist, dass der Kunde sich verpflichtet,[33] Forderungen im offenen Verfahren abzutreten und der Factor mindestens zwei der in Art. 1 Abs. 2 lit. b) genannten vier Aufgaben erfüllt.

Zu besonderen Fragen des Factoringvertrags, etwa zum Zustandekommen, zur Form, zur Gewährleistung der Parteien und zur Wirksamkeit bzw. ob der Abtretung ein kausaler oder abstrakter Forderungskauf zugrunde liegt, sagt das Factoring-Übereinkommen nichts. Der Formulierung des Art. 5 lit. a), nach welcher von der Abtretung in dem *Vertrag* und nicht in dem *Factoringvertrag* die Rede ist, lässt sich nicht entnehmen, dass das Factoring-Übereinkommen dem deutschen Trennungs- und Abstraktionsprinzip folgt. Das in Deutschland geltende Abstraktionsprinzip ist für mit der deutschen Rechtsordnung nicht allzu gut Vertraute schwer verständlich und lässt sich international kaum durchsetzen. Es ist vielmehr davon auszugehen, dass die Verfasser des Factoring-Übereinkommens nach vertretbaren Kompromissformulierungen gesucht, sich aber selbst in der Sache nicht festgelegt haben.[34] Für das Verhältnis des Factoringvertrags zur Abtretung ist über den Weg des Kollisionsrechts auf das jeweils zur Anwendung berufene nationale Recht abzustellen. Maßgeblich ist das Recht, dem der Factoringvertrag unterliegt.[35]

2. Die Regelungen zur Abtretung

Das Factoring-Übereinkommen stellt keine Definition der Abtretung zur Verfügung. Nach der weit und autonom vorzunehmenden Auslegung des Factoring-Übereinkommens ist zur Annahme einer Abtretung ausreichend, dass der Factor ein Recht an der Forderung des Kunden erwirbt, aus dem er gegen den Debitor vorgehen kann.[36] Nach dem Forderungsübergang muss die Forderung jedenfalls dem Zugriff des Factors unterliegen, wobei bloße schuldrechtliche Beschränkungen der Verfügung durch den Kunden nicht genügen.[37]

32 Teil 3: A. III. 3. a.

33 Nach dem Wortlaut des Art. 1 Abs. 2 lit. a) muss der Kunde zwar Forderungen an den Factor nicht abtreten, sondern kann dieses tun. Dennoch wird man davon ausgehen müssen, dass die Übertragung von Forderungen wesentlicher Bestandteil des Factorings und eine der Hauptpflichten des Kunden ist.

34 MünchKomm/*Brink*, Art. 5 FactÜ Rdnr. 21.

35 Siehe zur Begründung die Ausführungen unter: Teil 2: B. II. 3. e.

36 *Häusler*, Das UNIDROIT Übereinkommen, S. 250.

37 *Häusler*, Das UNIDROIT Übereinkommen, S. 250.

a. Die Regelung des Art. 5 lit. a)

Art. 5 lit. a) trägt der Tatsache Rechnung, dass im internationalen Factoringgeschäft gegenwärtige und künftige Forderungen aus Warenkauf- oder Dienstleistungsverträgen in der Regel im Wege der Globalzession auf den Factor übertragen werden. Nach Art. 5 lit. a) müssen die abzutretenden Forderungen im Factoringvertrag nicht im Einzelnen bezeichnet sein. Bestehende Forderungen müssen jedoch im Zeitpunkt des Vertragsschlusses und zukünftige Forderungen bei ihrer Entstehung bestimmbar sein. Ausreichend ist, dass die Forderungen nach allgemeinen Kriterien oder unter einem Sammelbegriff im Factoringvertrag aufgeführt werden.[38] Es muss zweifelsfrei feststehen, ob eine Forderung der Abtretungsvereinbarung des Factoringvertrags unterfällt oder nicht. In ihr kann beispielsweise festgehalten werden, dass Forderungen gegen bestimmte Debitoren, gegen Debitoren aus näher festgelegten Ländern oder Forderungen aus gewissen Verträgen von der Abtretung umfasst werden.[39]

Soweit Art. 5 lit. a) regelt, dass eine Abtretung nicht deshalb unwirksam ist, weil sie eine bestehende oder künftige Forderung zum Inhalt hat, betrifft dies nur das Verhältnis der Parteien des Factoringvertrags. Fragen, die die Voraussetzungen betreffen, unter welchen der Factor die Globalzession dem Debitor, Gläubigern des Kunden oder anderen Zessionaren entgegenhalten kann, werden vom Factoring-Übereinkommen nicht geregelt, so dass auf das zur Anwendung berufene nationale Recht zurückzugreifen ist.[40]

Bemerkenswert an Art. 5 lit. a) ist zudem, dass er eine Negativformulierung enthält.[41] Ursprünglich gingen die Bestrebungen dahin, die Wirksamkeitsvoraussetzungen eines Factoringvertrags abschließend positiv zu regeln.[42] Um die Bestimmungen des Factoring-Übereinkommens allerdings nicht zu umfangreich werden zu lassen, einigte man sich schließlich auf eine Ausschlussformulierung.[43] Neben der Anerkennung der Globalzession und der Abtretung zukünftiger Forderungen, regelt Art. 5 lit. a) aber nicht, welche weiteren möglichen Unwirksamkeitsgründe ebenfalls unbeachtlich sind.

38 *Zaccaria*, IPRax 1995, 279, 284.

39 UNIDROIT, Acts and Proceedings, Vol I., Explanatory report on the Draft Convention on international Factoring, Art. 4, Rdnr. 29.

40 Die Anknüpfung der Drittwirkungen der Zession ist äußerst umstritten, zumal auch dem EVÜ keine Regelung zu entnehmen ist. Grundsätzlich ist davon auszugehen, dass die Drittwirkungen der Abtretung dem Verpflichtungsstatut, also dem Statut des Factoringvertrags unterliegen. Siehe hierzu auch Ausführungen unter: Teil 2: B. IV. 2. A.A. *Basedow*, ZEuP 1997, 615, 631.

41 „... ist eine Bestimmung im Factoringvertrag, welche die Abtretung bestehender oder zukünftiger Forderungen vorsieht, nicht deshalb unwirksam, ..."

42 *Goode*, in FS für *Sauveplanne*, S. 91, 98.

43 *Häusler*, Das UNIDROIT Übereinkommen, S. 169, siehe hierzu auch Fußnote 869.

Inwiefern eine Abtretung aus anderen Gründen unwirksam ist, ist nach dem jeweils anwendbaren nationalen Recht zu beurteilen.[44] Dies gilt auch für die Frage, wann eine künftige Forderung überhaupt zur Entstehung gelangt,[45] denn hierzu äußert sich das Factoring-Übereinkommen ebenfalls nicht.

b. Die Regelung des Art. 5 lit. b)

Art. 5 lit. b) widmet sich im Gegensatz zu Art. 5 lit. a) ausschließlich zukünftigen Forderungen und legt den Zeitpunkt ihres Forderungsübergangs fest. Danach geht eine künftige Forderung im Zeitpunkt ihrer Entstehung unmittelbar auf den Factor über, ohne dass es eines weiteren Übertragungsakts bedarf. Weder Art. 5 lit. a) noch Art. 5 lit. b) trifft eine Aussage zum Zeitpunkt des Entstehens einer künftigen Forderung, so dass auf das zur Anwendung kommende nationale Recht abzustellen ist. Dies gilt zudem für die Frage, ob es in der Person des Kunden zu einem Durchgangserwerb kommt oder ob der Factor die Forderung im Zeitpunkt ihres Entstehens direkt erwirbt.[46] Diese Frage betrifft allerdings das Verhältnis der Vertragsparteien zu Dritten und ist ausdrücklich nicht Regelungsgegenstand des Art. 5.

Art. 5 lit. b) lässt sich auch nicht entnehmen, ob bei der Übertragung einer gegenwärtigen Forderung eine Übertragungshandlung erforderlich oder ob die Abtretungsvereinbarung zum Forderungsübergang ausreichend ist. Davon ausgehend, dass künftige Forderungen im Zeitpunkt ihrer Entstehung ohne weiteren Übertragungsakt übergehen, muss dies erst recht für gegenwärtige Forderungen gelten. Der Factor wird demnach automatisch mit der Abtretungsvereinbarung neuer Forderungsinhaber.

c. Zwischenergebnis

Das Factoring-Übereinkommen erkennt sowohl die Globalzession als auch die Abtretung künftiger Forderungen im Verhältnis der Parteien des Factoringvertrags

44 Staudinger[13]/*Hausmann*, Anh. zu Art. 33 EGBGB Rdnr. 27. Auch in diesem Zusammenhang stellt sich die Frage, wie das anwendbare nationale Recht zu bestimmen ist bzw. nach welchem Recht sich weitere Voraussetzungen und Wirkungen einer Abtretung richten. Ausgehend von der rechtlichen Behandlung der Abtretung in den romanischen Rechtsordnungen, die im Übrigen Art. 12 EVÜ zugrunde liegt, erscheint es sinnvoll, alle die Abtretung betreffenden Fragen dem Verpflichtungsstatut, also dem Statut des Factoringvertrags zu unterwerfen. Lediglich Fragen, die den Schutz des Schuldners berühren, sind dem Forderungsstatut zu unterstellen. Siehe zur näheren Begründung die Ausführungen unter: Teil 2: B. II. 3. d. Anderer Auffassung ist *Weller* (RIW 1999, 161, 165), der Art. 33 Abs. 2 EGBGB/Art. 12 Abs. 2 EVÜ und damit das Forderungsstatut anwendet.

45 *Häusler*, Das UNIDROIT Übereinkommen, S. 171.

46 A.A. *Zaccaria*, IPRax 1995, 279, 284. Er geht ohne nähere Begründung davon aus, dass das Factoring-Übereinkommen dem Prinzip des Durchgangserwerbs folgt.

ausdrücklich an. Es trägt damit der Tatsache Rechnung, dass der Kunde in der Regel im Factoringvertrag eine Vielzahl von gegenwärtigen und künftigen Forderungen gegen seine Debitoren an den Factor abtritt und diese nicht im Einzelnen genau bezeichnet. Das Factoring-Übereinkommen verlangt jedoch die Bestimmbarkeit sowohl bereits entstandener als auch künftig erst entstehender Forderungen, d. h. die eindeutige Zuordenbarkeit unter die Abtretungsvereinbarung, wobei nicht allzu hohe Anforderungen gestellt werden. Dem Factoring-Übereinkommen lassen sich allerdings keine Regelungen zu weiteren denkbaren Unwirksamkeitsgründen und zu Konfliktfällen, etwa im Falle der Mehrfachabtretung durch den Kunden, entnehmen. Das Factoring-Übereinkommen regelt die Abtretung nur unvollkommen.

3. Der Übergang von Nebenrechten aus dem Grundvertrag

Nach Art. 7 können die Parteien des Factoringvertrags vereinbaren, dass alle oder einzelne Nebenrechte des Kunden aus dem Grundvertrag mit dem Debitor unmittelbar oder durch eine neue Übertragungshandlung auf den Factor übergehen. Als Nebenrechte werden in Art. 7 ausdrücklich die Rechte aus Bestimmungen des Warenkaufvertrags genannt, die dem Kunden das Eigentum an den Waren vorbehalten oder sonst eine Sicherheit verschaffen. Zu den Nebenrechten zählen über die Sicherungsrechte hinaus Auskunfts- und Gestaltungsrechte, wie das Anfechtungs- und das Rücktrittsrecht.[47]

Art. 7 widmet sich vor allem der Frage, inwieweit der Factor in die Rechtsstellung des Kunden eintritt. Art. 7 stellt jedenfalls klar, dass eine Vereinbarung zwischen dem Kunden und dem Factor, die den Übergang von Nebenrechten vorsieht, als wirksam anzuerkennen ist und dies auch dann der Fall ist, wenn sie sich auf Nebenrechte künftig erst entstehender Forderungen bezieht.[48]

Die Frage nach der Gültigkeit einer Abtretung betrifft nur das Verhältnis der Zessionsparteien zueinander und das Verhältnis zum Debitor. Die Wirkungen der Abtretung im Verhältnis zu Dritten finden im Factoring-Übereinkommen keine Regelung. Dies gilt auch für den Übergang von Nebenrechten. Art. 7 behandelt nach seinem ausdrücklichen Wortlaut nur das Verhältnis der Parteien des Factoringvertrags, entfaltet also keine Wirkung *erga omnes.* Fragen, die andere Voraussetzungen des Übergangs von Nebenrechten betreffen, wie etwa die einzuhaltende Form, oder die sich hinsichtlich des Zeitpunkts des Übergangs oder der

47 *Häusler*, Das UNIDROIT Übereinkommen, S. 175.

48 *Rebmann*, RabelsZ 53 (1989), 599, 611; *Kitsaras*, Das UNIDROIT Übereinkommen, S. 78; *Häusler*, Das UNIDROIT Übereinkommen, S. 175.

Rangfolge der Nebenrechte stellen, sind über das anwendbare nationale Recht zu beantworten.[49]

Umstritten ist, welche Folgen eintreten, wenn die Parteien des Factoringvertrags keine Vereinbarung bezüglich des Übergangs der Nebenrechte getroffen haben.[50] Nach einer Ansicht geht ohne vertragliche Regelung nur die Forderung auf den Factor über, die Nebenrechte verbleiben beim Kunden.[51] Es wird damit argumentiert, dass im Falle der Anwendbarkeit des Factoring-Übereinkommens § 401 BGB von Art. 7 verdrängt werde. Die Konkurrenzfrage sei objektiv zu lösen und nicht danach, ob sich die Parteien zu einem bestimmten Punkt äußerten.[52]

Einer anderen Auffassung zufolge geht diese Annahme zu weit. Bei Fehlen einer Vereinbarung hinsichtlich des Übergangs der Nebenrechte befürwortet sie den Rückgriff auf das nach dem internationalen Privatrecht zur Anwendung berufene nationale Recht.[53] Das auf die Abtretung anwendbare Recht solle bestimmen, ob Nebenrechte automatisch mit der Abtretungsvereinbarung übergehen oder nicht.[54] Zur Begründung beruft sich diese Meinung zu Recht auf das Ziel des Factoring-Übereinkommens, das internationale Factoring zu erleichtern. Damit kommt es wiederum darauf an, ob die Abtretung dem Statut der abgetretenen Forderung oder dem Verpflichtungsstatut unterworfen wird.

Vor dem Hintergrund dieses Meinungsstreits empfiehlt es sich für Factoringunternehmen, eine Regelung zum Übergang der Nebenrechte zu treffen. In der Regel wird vereinbart, dass die bereits bestellten und die künftigen Sicherungsrechte, die der Kunde sich vom Debitor hat einräumen lassen oder einräumen lassen wird, auf den Factor übergehen. Der Factor sollte sich aber auch alle Ansprüche, die der Kunde aus seinem Vertrag mit dem Debitor, insbesondere auf Herausgabe oder Rückgabe gelieferter Waren hat oder haben wird, übertragen lassen.[55]

---

49 *Häusler*, Das UNIDROIT Übereinkommen, S. 177; MünchKomm/*Brink*, Art. 7 FactÜ Rdnr. 8.

50 Ursprünglich sah Art. 5 des Entwurfs von 1979 den automatischen Übergang des Eigentumsvorbehalts vor. (Vgl. hierzu *Häusler*, Das UNIDROIT Übereinkommen, S. 174 f. und *Cassandro Sulpasso*, RTD com. 1984, 639, 646.)

51 *Häusler*, Das UNIDROIT Übereinkommen, S. 177.

52 *Häusler*, Das UNIDROIT Übereinkommen, S. 176 und 178.

53 Staudinger[13]/*Hausmann*, Anh. zu Art. 33 EGBGB Rdnr. 33; *Diehl-Leistner*, Int. Factoring, S. 131; *Kitsaras*, Das UNIDROIT Übereinkommen, S. 79; *Rebmann*, RabelsZ 53 (1989), 599, 611; *Zaccaria*, IPRax 1995, 279, 284.

54 *Rebmann*, RabelsZ 53 (1989), 599, 611. Nach *Brink* (MünchKomm, Art. 7 FactÜ Rdnr. 12) findet § 401 BGB Anwendung, wenn der Factoringvertrag deutschem Recht unterliegt. Insofern wird nach dem nach Art. 12 Abs. 1 EVÜ/Art. 33 Abs. 1 EGBGB zu bestimmenden anwendbaren Recht gefragt und die Abtretung als Verfügungsgeschäft nicht Art. 12 Abs. 2 EVÜ/Art. 33 EGBGB unterworfen.

55 MünchKomm/*Brink*, Art. 7 FactÜ Rdnr. 12. Siehe zu den weiteren sinnvollen vertraglichen Abreden zum Übergang der Nebenrechte oder anderer Ansprüche: MünchKomm/*Brink*, Art. 7 FactÜ Rdnr. 13 ff.

Dem Factoring-Übereinkommen lässt sich nicht entnehmen, inwieweit für die Forderung bestehende Sicherungsrechte im Falle der Insolvenz des Kunden insolvenzfest sind. Kommt es zur Insolvenz des Kunden, so bestimmt das inländische Insolvenzstatut, ob und inwieweit der Factor aus der Sicherheit absonderungsberechtigt ist. Wird der Debitor insolvent, so ist die Frage nach der Durchsetzbarkeit der übertragenen Sicherheit nach dem Recht des Staats zu beurteilen, in dem das Insolvenzverfahren über das Vermögen des Debitors eröffnet worden ist.[56]

II. Das Verhältnis des Factors zum Debitor

1. Die gegenüber dem Factor bestehende Zahlungspflicht des Debitors

Der Debitor ist nach Art. 8 Abs. 1 unter zwei Voraussetzungen zur Zahlung an den Factor verpflichtet. Der Debitor darf zum einen keine Kenntnis von einem vorrangigen Recht eines anderen als dem Factor auf Zahlung haben und zum anderen muss ihm eine schriftliche Abtretungsanzeige gemacht worden sein.

a. Die Voraussetzungen im Einzelnen

aa. Keine Kenntnis von einem vorrangigen Recht

Der Debitor darf keine Kenntnis von einem besseren Recht auf Zahlung eines anderen haben. Dieses bessere Recht eines anderen liegt vor, wenn die Forderung entweder überhaupt nicht auf den Factor übergegangen ist oder der Factor sie zwar erworben, dann aber wieder verloren hat. In Betracht kommen etwa weitere Verfügungen durch den Kunden oder den Factor, Abtretungsverbote, die den Kunden an einer Verfügung über die Forderung hindern, oder Vollstreckungsakte von Gläubigern des Kunden in die Forderung.

Kenntnis im Sinne des Art. 8 Abs. 1 bedeutet positive Kenntnis des Debitors von dem vorrangigen Recht eines anderen auf Zahlung. Bloßes Kennenmüssen reicht nicht aus.[57]

Weiß der Debitor nichts von Umständen, die gegen eine Inhaberschaft des Factors sprechen, so ist er, sofern die an ihn gemachte Abtretungsanzeige den Anforderungen des Art. 8 Abs. 1 lit. a) bis c) genügt, zur Zahlung verpflichtet. Diese Verpflichtung besteht unabhängig davon, ob die Abtretung an den Factor tatsächlich wirksam ist. Dem Debitor obliegt es nämlich nicht, zu prüfen, ob die Abtretung zwischen den Parteien des Factoringvertrags gültig ist. Die Zahlungspflicht des Debitors besteht auch, wenn er nur einen vagen Anhaltspunkt hinsichtlich der

---

56 MünchKomm/*Brink*, Art. 7 FactÜ Rdnr. 9.

57 *Rebmann*, RabelsZ 53 (1989), 599, 612; *Diehl-Leistner*, Internationales Factoring, S. 131; *Häusler*, Das UNIDROIT Übereinkommen, S. 199.

Berechtigung eines anderen an der Forderung hat. Der Debitor hat nämlich nicht zu ermitteln, ob es anderweitige Verfügungen über die Forderung gibt.[58]

Erlangt der Debitor allerdings Informationen, die den Schluss nahe legen, dass es Verfügungen über die Forderung[59] oder Vollstreckungsversuche in sie gegeben hat oder gibt, muss er prüfen, wer das beste Recht an der Forderung hat, will er sich nicht dem Risiko einer Doppelzahlung aussetzen. Damit wird ihm, der nur eine Ware oder Dienstleistung erhalten wollte, eine rechtliche Prüfung aufgebürdet.[60] Die Prüfung erfolgt allerdings aus seinem Blickwinkel und nicht nach einem objektiven Maßstab. Hierbei hat der Debitor eine Prüfung der Rechtslage aufgrund des gesamten Rechts, also des internationalen Einheitsrechts und des nationalen Rechts vorzunehmen.[61] Bei der Frage nach internationalem Einheitsrecht ist das Factoring-Übereinkommen, insbesondere sein Art. 6 zu berücksichtigen. Nach Art. 6 Abs. 1 wird der Factor auch dann Forderungsinhaber, wenn die Abtretung in dem Grundvertrag zwischen Kunde und Debitor verboten war. Zugunsten des Debitors gilt die Forderung aber noch immer als Forderung des Kunden, wenn die Abtretung nach Art. 6 Abs. 2 wegen eines Vorbehalts relativ unwirksam ist.

bb. Die schriftliche Abtretungsanzeige

Weitere Voraussetzung zur Begründung einer Zahlungspflicht des Debitors ist, dass ihm nach Abschluss des Warenkaufvertrags vom Kunden oder mit dessen Ermächtigung vom Factor eine schriftliche Abtretungsanzeige gemacht worden ist, die die abgetretenen Forderungen und den Factor, an den zu zahlen ist, hinreichend genau bezeichnet.

Mit der schriftlichen Anzeige nimmt Art. 8 Abs. 1 Bezug auf Art. 1 Abs. 4. Danach braucht die Anzeige nicht unterschrieben zu sein. Ausreichend ist jede Art der Fernübermittlung, die in greifbarer Form wiedergegeben werden kann (z.B. E-Mail oder Telefax). Nach Art. 8 Abs. 1 lit. a) muss die Anzeige ergeben, von wem oder in wessen Namen sie gemacht worden ist. Kann der Debitor nicht erkennen, von wem sie stammt, ist er nicht verpflichtet, an den Factor zu leisten. Schwierigkeiten sind dann denkbar, wenn der Kunde keine Abtretungsanzeige an den Debitor vornimmt und dem Factor keine ausdrückliche Ermächtigung zur Abtretungsanzeige an den Debitor erteilt. Unklar ist zudem, wie der die Abtretung anzeigende Factor, im Falle der Ermächtigung durch den Kunden, diese nachwei-

58 *Kitsaras*, Das UNIDROIT Übereinkommen, S. 106; *Häusler*, Das UNIDROIT Übereinkommen, S. 201.

59 Zu denken ist beispielsweise an eine Abtretungsanzeige eines anderen Zessionars.

60 *Häusler*, Das UNIDROIT Übereinkommen, S. 200; *Kitsaras*, Das UNIDROIT Übereinkommen, S. 106.

61 *Häusler*, Das UNIDROIT Übereinkommen, S. 200.

sen soll.[62] Man wird wohl Art. 8 Abs. 1 lit. a) mit Hilfe des Art. 4 so auslegen können, dass in jedem Factoringvertrag die stillschweigende Zustimmung des Kunden zur Abtretungsanzeige durch den Factor liegt.[63] Ausreichend ist demnach, dass der Factor dem Debitor Einblick in den Factoringvertrag gewährt.[64]

Die Abtretungsanzeige muss nach Art. 8 Abs. 1 lit. b) ferner die abgetretenen Forderungen und den Factor an den oder für dessen Rechnung der Debitor zahlen soll, hinreichend genau angeben. Dabei darf sie sich nur auf Forderungen beziehen, die aus Warenkaufverträgen stammen, die im Zeitpunkt der Anzeige oder davor geschlossen worden sind (Art. 8 Abs. 1 lit. c).

b. Die Rechtsfolgen

aa. Die Spaltung der Rechtsbeziehungen

Das Factoring-Übereinkommen erachtet die Abtretung einer Vielzahl von bestehenden und künftigen Forderungen als wirksam, sofern sie im Zeitpunkt des Vertragsschlusses oder bei ihrer Entstehung bestimmbar sind. Hierin liegt eine seiner Besonderheiten. Zum Übergang der künftigen Forderungen auf den Factor kommt es mit deren Entstehung. Einer weiteren Übertragungshandlung bedarf es nicht. Art. 5 regelt allerdings nur das Innenverhältnis der Parteien des Factoringvertrags. So entfaltet die Vorausabtretung der Forderungen gegenüber dem Debitor erst Rechtswirkung, wenn ihm eine den Voraussetzungen des Art. 8 Abs. 1 entsprechende Abtretungsanzeige zugeht. Nach Art. 8 Abs. 1 lit. c) darf sich die Anzeige nur auf Forderungen aus Verträgen beziehen, die bei Zugang der Anzeige bereits abgeschlossen waren oder gerade abgeschlossen worden sind. Hintergrund ist, dass der Debitor davor geschützt werden soll, Abtretungsanzeigen zu beachten, die noch nicht entstandene Forderungen aus erst in vielen Jahren abzuschließenden Verträgen betreffen.[65] Solange dem Debitor keine ordnungsgemäße Anzeige gemacht worden ist, liegt eine relative Unwirksamkeit im Verhältnis des Factors zum Debitor vor. Der Debitor kann eine Zahlung an den Factor verweigern.

Ob die Abtretung der Forderung auch im Verhältnis des Factors zu Dritten, also zu anderen Zessionaren oder zu Gläubigern des Zedentenm, ebenfalls erst mit der Abtretungsanzeige an den Debitor Wirksamkeit entfaltet, lässt das Factoring-Übereinkommen offen. Die Lösung ist dem über das internationale Privatrecht zur Anwendung berufenen nationalen Recht zu entnehmen.

---

62 *Rebmann*, RabelsZ 53 (1989), 599, 612; *Diehl-Leistner*, Internationales Factoring, S. 131.

63 So auch *Kitsaras* (Das UNIDROIT Übereinkommen, S. 107 f.), der auf Art. 7 des Vorentwurfs von 1983 verweist: „ ... *with the suplier's actual or apparent authority* ...".

64 MünchKomm/*Brink*, Art. 8 FactÜ Rdnr. 20.

65 MünchKomm/*Brink*, Art. 8 FactÜ Rdnr. 26.

bb. Die Wirkungen der Zahlung

Gemäß Art. 8 Abs. 2 wird der Debitor zumindest bei Vorliegen der Voraussetzungen des Art. 8 Abs. 1 durch Zahlung an den Factor von seiner Schuld befreit. Der Debitor entgeht demnach einer doppelten Inanspruchnahme, wenn er nach Zugang einer schriftlichen Abtretungsanzeige, die die Anforderungen des Art. 8 Abs. 1 lit. a) bis c) erfüllt, entweder nichts von dem besseren Recht eines anderen auf Zahlung weiß oder im Falle konkreter Informationen hinsichtlich eines möglichen vorrangigen Rechts eines Dritten auf Zahlung nach Prüfung der Rechtslage zu dem Ergebnis kommt, dass es sich bei dem Recht des Factors um das bessere handelt.

Nach Art. 8 Abs. 2 bringt eine Zahlung „unabhängig von anderen Gründen, aus denen der Schuldner durch Zahlung an den Factor befreit wird", die Forderung zum Erlöschen, wenn sie nach Absatz 1 geleistet wird. Diese Formulierung ist dahin zu verstehen, dass der Debitor zwar bei Vorliegen der Voraussetzungen des Art. 8 Abs. 1 zur Zahlung an den Factor verpflichtet ist, darüber hinaus aber berechtigt ist, auch dann an den Factor mit befreiender Wirkung zu leisten, wenn das nach dem IPR anzuwendende materielle Recht dies vorsieht. Handelt es sich beispielsweise bei dem nach Art. 33 Abs. 2 EGBGB/Art. 12 Abs. 2 EVÜ zu bestimmenden Forderungsstatut um deutsches Recht, so erlischt die Forderung auch ohne Abtretungsanzeige im Sinn des Art. 8 Abs. 1, wenn der Debitor an den Factor leistet (§§ 398, 362 Abs. 1 BGB).

2. Die Erhaltung der Rechte des Debitors

Art. 9 regelt einen weiteren Aspekt der zwischen dem Factor und dem Debitor bestehenden Rechtsbeziehung. Nach Art. 9 Abs. 1 kann der Debitor dem Zahlungsverlangen des Factors Einwendungen aus dem Grundvertrag entgegenhalten; Art. 9 Abs. 2 eröffnet dem Debitor die Möglichkeit, mit Gegenrechten aufzurechnen, die mit der gegen ihn geltend gemachten Forderung nicht in Zusammenhang stehen.

a. Die Einwendungen des Debitors

Die Rechtsstellung des Debitors soll sich durch die Abtretung nicht verschlechtern. Vor diesem Hintergrund sieht Art. 9 Abs. 1 vor, dass der Debitor dem Factor alle Einwendungen entgegenhalten kann, die sich aus dem mit dem Kunden geschlossenen Warenkauf- oder Dienstleistungsvertrag ergeben und die er dem Kunden hätte entgegenhalten können, wenn die Zahlungsaufforderung durch den Kunden erfolgt wäre.

Unter „Einwendungen“[66] sind alle Rechte zu verstehen, auf die sich der Debitor zur Abwehr des Anspruchs berufen kann. Dies sind Rechte, die den Anspruch nicht entstehen lassen, ihn vernichten oder hemmen.[67] Hierbei handelt es sich mit Ausnahme der Einwendung eines bestehenden Abtretungsverbots nach Art. 6 Abs. 2 um Einwendungen, die dem anwendbaren nationalen Recht zu entnehmen sind, da das Factoring-Übereinkommen dem Debitor keine Gegenrechte gewährt. Zu denken ist insbesondere an Rechte des Debitors, die sich aus der Schlechtleistung des Kunden ergeben, aber auch an Vereinbarungen, die der Debitor mit dem Kunden geschlossen hat, wie etwa eine Stundung oder einen (teilweisen) Erlass der Forderung.

Um zu verhindern, dass der Debitor jede Zahlung sanktionslos hinauszögert, müssen die Gegenrechte objektiv bestehen und dürfen nicht nur möglicherweise begründet sein.[68] War die Einwendung unbegründet, dann hat der Debitor dem Factor den entstandenen Verzögerungsschaden nach dem anwendbaren nationalen Recht zu ersetzen.[69]

Die Gegenrechte des Debitors müssen aus dem mit dem Kunden geschlossenen Warenkauf- oder Dienstleistungsvertrag stammen. Bemerkenswert ist, dass Art. 9 Abs. 1 im Gegensatz zu Art. 9 Abs. 2 keine zeitliche Beschränkung enthält. Die Gegenrechte müssen dem Debitor zustehen, auch wenn dies erst nach der schriftlichen Abtretungsanzeige der Fall ist.

b. Die Aufrechnung durch den Debitor

Nach Art. 9 Abs. 2 kann der Debitor gegenüber dem Factor mit Forderungen aufrechnen,[70] die ihm im Zeitpunkt der schriftlichen Abtretungsanzeige nach Art. 8 Abs. 1 gegen den Kunden zustanden. Während der Debitor nach Art. 9 Abs. 1 Gegenrechte einwenden kann, die die gegen ihn geltend gemachte Forderung selbst betreffen, sie also nicht entstehen lassen, vernichten oder hemmen, gewährt ihm Art. 9 Abs. 2 das Recht, der Forderung einen Gegenanspruch entgegenzuhalten. Die Aufrechnung führt dazu, dass sich der Anspruch des Factors reduziert oder ganz erlischt.

Voraussetzung ist, dass dem Debitor im Zeitpunkt der schriftlichen Abtretungsanzeige eine Forderung gegen den Kunden zustand, zu dessen Gunsten die an den Factor abgetretene Forderung entstanden ist. Der Debitor kann demnach nicht mit Forderungen aufrechnen, die ihm gegen einen anderen Kunden zustehen, der zufäl-

66 Englisch: *defences*; Französisch: *moyens de défense*.
67 *Häusler*, Das UNIDROIT Übereinkommen, S. 211.
68 *Häusler*, Das UNIDROIT Übereinkommen, S. 211.
69 *Häusler*, Das UNIDROIT Übereinkommen, S. 212.
70 Zum autonomen Verständnis des in der englischen Fassung des Factoring-Übereinkommens verwendeten Begriffs „*right of set-off*“: *Häusler*, Das UNIDROIT Übereinkommen, S. 213 f.

lig seine Forderungen an denselben Factor abgetreten hat. Dem Debitor ist es auch verwehrt, mit Forderungen aufzurechnen, die ihm aufgrund eines Verstoßes des Kunden gegen das vereinbarte Abtretungsverbot (Art. 6 Abs. 3) entstanden sind.[71] Der Grundsatz der absoluten Unwirksamkeit eines Zessionsverbots gegenüber dem Factor soll nicht dadurch unterlaufen werden, dass ihm gegenüber mit Ansprüchen aus der verbotswidrigen Abtretung aufgerechnet werden kann und er damit letztlich derjenige ist, der die Folgen der verbotswidrigen Abtretung zu tragen hat. Die Gegenforderung des Debitors muss nicht gleichartig sein, d.h. es muss sich nicht um eine Geldforderung handeln.[72]

Die Gegenforderung muss dem Debitor im Zeitpunkt der Abtretungsanzeige zugestanden haben. Der Begriff des „Zustehens" ist allerdings nicht eindeutig. Er könnte dahin verstanden werden, dass nicht nur die Forderung, sondern die vollständige Aufrechnungslage im Zeitpunkt der Benachrichtigung bestehen muss. Dann müsste die Gegenforderung des Debitors fällig und durchsetzbar sein. Für diese Auslegung spricht der englische Wortlaut des Art. 9 Abs. 2, der zwischen *„existing"* und *„available"* unterscheidet. Nicht so klar ist die Abgrenzung in der französischen Sprachfassung, in welcher die Rede von *„existants"* und *„née"* ist. In der französichen Literatur wird daher von einer weiten Regelung, die keine Fälligkeit voraussetzt, ausgegangen.[73]

Den Materialien lässt sich zu dieser Problematik keine nähere Erläuterung entnehmen. Ziel der Vorschrift ist jedenfalls, die Rechtsposition des Factors zu schützen und zu verhindern, dass es nachträglich zu Aufrechnungen mit Forderungen seitens des Debitors aus zwischen ihm und dem Kunden geschlossenen Verträgen kommt, von denen der Factor keine Kenntnis hat.[74] In dem letzten Erläuterungsbericht vor der Konferenz hat die Expertenkommission die Frage, ob die Gegenforderung des Debitors zum Zeitpunkt der Abtretungsanzeige fällig sein muss oder ihre bloße Existenz ausreichend ist, offen gelassen. Sie unterstellt die Frage dem jeweils zur Anwendung kommenden nationalen Recht.[75]

---

71 *V. Falkenhayn*, Das Verhältnis von Factor und Debitor beim Factoring, S. 76 f; *Kitsaras*, Das UNIDROIT Übereinkommen, S. 87; MünchKomm/*Brink*, Art. 9 FactÜ Rdnr. 14; a.A. *Häusler*, Das UNIDROIT Übereinkommen, S. 215.

72 *Häusler* (Das UNIDROIT Übereinkommen, S. 215) weist darauf hin, dass die beiden verbindlichen Sprachfassungen voneinander abweichen. Die englische spricht von Forderungen *(claims)*, die französische von Rechten oder Klageansprüchen *(droits ou actions)*. Daraus, dass dem Debitor das nach der französischen Fassung Gewährte nicht genommen werden darf, schließt er, dass der Debitor nicht nur mit Geldforderungen, wie es die englische Fassung nahe legt, sondern auch mit nicht gleichartigen Forderungen aufrechnen kann.

73 *Marazzato*, L' affacturage international, n. 106.

74 *Mestre*, Rev. de dr. uniforme 1987, 85, 128, n. 43.

75 *Mestre*, Rev. de dr. uniforme 1987, 85, 128, n. 44; MünchKomm/*Brink*, Art. 9 FactÜ Rdnr. 16; so auch *v. Falkenhayn*, Das Verhältnis von Factor und Debitor beim Factoring, S. 74 f. mit eingehen-

Vor diesem Hintergrund ist höchst unsicher, ob die Frage nach der Fälligkeit der Gegenforderung, wie von der Expertenkommission beabsichtigt, tatsächlich nach nationalem Recht beantwortet wird, oder ob nicht doch von einer eindeutigen Regelung des Art. 9 Abs. 2, sei sie weit verstanden oder nicht, ausgegangen wird.

Nachdem dem Debitor die schriftliche Abtretungsanzeige gemäß Art. 8 Abs. 1 gemacht worden ist, kann der Debitor sich nicht auf neue Gegenrechte berufen.

3. Der Rückerstattungsanspruch des Debitors

Art. 10 widmet sich dem Fall, dass der Debitor den Factor bezahlt, bevor er vom Kunden die vertraglich geschuldete Leistung erhält. Fraglich ist in diesem Zusammenhang, ob der Debitor bei einer Nichterfüllung, mangelhaften Erfüllung oder verspäteten Erfüllung des Vertrags den an den Factor geleisteten Betrag von diesem zurückverlangen kann.

Nach Art. 10 Abs. 1 steht dem Debitor kein Rückerstattungsanspruch gegen den Factor zu, wenn er berechtigt ist, den an den Factor geleisteten Betrag vom Kunden zurückzufordern. Dies ist nach dem zur Anwendung berufenen nationalen Recht zu beurteilen.

Hintergrund des Art. 10 Abs. 1 ist, dass die meisten Rechtsordnungen dem Debitor einen Rückerstattungsanspruch gegen den Kunden einräumen und der Debitor durch dieses Recht ausreichend geschützt ist. Durch die Abtretung soll sich die Rechtsposition des Debitors zwar nicht verschlechtern, sie soll sich aber auch nicht verbessern.[76] Dies wäre jedoch der Fall, wenn dem Debitor bei einer vertraglichen Pflichtverletzung neben den Ansprüchen gegen den Kunden auch Ansprüche gegen den Factor zustünden. Läge keine Abtretung vor, könnte der Debitor seine Ansprüche auch nur gegenüber dem Kunden geltend machen. Der Factor soll jedenfalls nicht zum Garanten für die ordnungsgemäße Leistung des Kunden werden.[77] Insbesondere im Falle der Insolvenz des Kunden soll der Debitor seinen Rückerstattungsanspruch nicht aufgrund des glücklichen Umstands der Abtretung der Forderung an den Factor doch noch durchsetzen können.[78]

---

der Krititk; a.A. *Kitsaras*, Das UNIDROIT Übereinkommen, S. 117 f.; *Marazzato*, L'affacturage international, n. 106. Er ist der Auffassung, dass der Regelungsgehalt des Art. 9 Abs. 2 FactÜ weiter und die Fälligkeit der Forderung des Debitors nicht erforderlich sei.

76 *Rebmann*, RabelsZ 53 (1989), 599, 613; *Weller*, RIW 1999, S. 166; *Mestre*, Rev. de dr. uniforme 1987, 85, 130, n. 46; *v. Falkenhayn*, Das Verhältnis von Factor und Debitor beim Factoring, S. 88; MünchKomm/*Brink*, Art. 10 FactÜ Rdnr. 4.

77 *V. Falkenhayn*, Das Verhältnis von Factor und Debitor beim Factoring, S. 86, die sich auf UNIDROIT *Study LVIII* – Doc. 25, zu Art. 8, Nr. 58 bezieht.

78 *V. Falkenhayn*, Das Verhältnis von Factor und Debitor beim Factoring, S. 87, die sich auf UNIDROIT *Study LVIII* – Doc. 25, zu Art. 8, Nr. 58 und Doc. 33, zu Art. 8, Nr. 46 bezieht.

Das Rückforderungsrecht des Debitors gilt unbeschadet seiner Rechte aus Art. 9. Dem Debitor bleibt es unbenommen, mit Forderungen gegenüber dem Factor aufzurechnen, die ihm gegen den Kunden zustehen.

Von dem Grundsatz, dass der Debitor nicht berechtigt ist, einen an den Factor geleisteten Betrag zurückzufordern, wenn er berechtigt ist, diesen vom Kunden zu verlangen, lässt Art. 10 Abs. 2 zwei Ausnahmen zu. Der Debitor kann seinen Anspruch auf Rückerstattung sowohl gegen den Kunden als auch gegen den Factor geltend machen,[79] wenn der Factor entweder seiner Verpflichtung zur Zahlung des Kunden noch nicht nachgekommen ist, oder der Factor trotz des Wissens um die Nicht- oder Schlechtleistung des Kunden diesen bezahlt. Beide Ausnahmen gelten auch, wenn es nur um Teile der Forderung geht.[80] Dies ist insofern von Bedeutung, als der Factor in der Regel einen Betrag in Höhe von 20% bis 30% des Kaufpreises zunächst einbehält, zumindest so lange bis der Debitor ihm gegenüber die Forderung zum Ausgleich gebracht hat und feststeht, dass er keine Gewährleistungsrechte geltend macht. Der Fall, dass der Debitor den Factor bezahlt, bevor dieser den vollen Forderungsbetrag an den Kunden geleistet hat, ist selten. Hat der Debitor an den Factor geleistet und stellt er, bevor der Factor den Sperrbehalt freigibt, eine Schlechtleistung fest, so kann er, der Debitor, vom Factor die einbehaltenen 20% bis 30% zurückverlangen.

Beide Alternativen geben dem Debitor einen Anspruch auf Rückerstattung des gesamten an den Factor geleisteten Betrags. Der Factor kann sich nicht darauf berufen, dass er eine Provision oder einen gewissen Betrag für das Sperrkonto einbehalten kann. Die erste Alternative beruht auf der Überlegung, dass der Kunde im Falle einer Nichterfüllung oder vertragswidrigen Leistung keinen Anspruch gegen den Factor auf Zahlung hat und dem Factor durch die Inanspruchnahme seitens des Debitors kein Schaden entsteht.[81] Die zweite Alternative sanktioniert ein kollusives Zusammenwirken von Kunde und Factor zum Nachteil des Debitors. Es soll verhindert werden, dass der Factor einer Zahlungsverpflichtung gegenüber dem Debitor entgeht, indem er den Kunden noch nach Kenntnis von der Pflichtverletzung bezahlt. Nach Zahlung des Kunden fände nämlich die erste Alternative des Art. 10 Abs. 2 keine Anwendung mehr.

---

79 Kunde und Factor stehen sich in einer der deutschen Gesamtschuld vergleichbaren Weise gegenüber, so dass der Debitor den vollen Betrag von einem der beiden, insgesamt aber nur einmal, verlangen kann.

80 *V. Falkenhayn*, Das Verhältnis von Factor und Debitor beim Factoring, S. 87 f.; *Mestre*, Rev. de dr. uniforme 1987, 85, 132, n. 47.

81 *Rebmann*, RabelsZ 53 (1989), 599, 614; *Diehl-Leistner*, Internationales Factoring, S. 133.

III. Der vereinbarte Abtretungsausschluss

Art. 6 widmet sich der nicht nur im internationalen Factoring äußerst kontrovers diskutierten Frage, ob einer Abtretung, welche gegen ein vertraglich vereinbartes Abtretungsverbot verstößt, Wirksamkeit zukommen soll. Das Interesse des Debitors an einem Abtretungsverbot liegt auf der Hand. Es stellt sicher, dass er einen Gläubigerwechsel nicht beachten muss und dass eine Zahlung an seinen Vertragspartner befreiend wirkt.[82] Dem Kunden hingegen kann besonders daran gelegen sein, auch Forderungen, die dem Verbot unterfallen, abzutreten, um sich eine Finanzierungsquelle zu erschließen.

Bereits zu Beginn der Arbeiten an dem Entwurf des Factoring-Übereinkommens war klar, dass die Frage nach den Rechtsfolgen eines vereinbarten Abtretungsverbots beantwortet werden musste.[83] Ziel des Factoring-Übereinkommens war schließlich die Erleichterung des internationalen Factorings.[84] Vor diesem Hintergrund wurde in dem Entwurf zunächst die Wirksamkeit einer verbotswidrigen Abtretung festgeschrieben. Die Befürworter hielten die Regelung aus Gründen der Rechtssicherheit im internationalen Factoring für besonders wichtig. Sie war ihnen entweder aus ihrem eigenen nationalen Recht vertraut oder zumindest für die Abtretung einer grenzüberschreitenden Forderung vorstellbar. Die Gegner sahen in ihr jedoch einen Verstoß gegen den Grundsatz der Parteiautonomie. Nach langen Diskussionen verständigte man sich auf einen Kompromiss.[85]

Es wurde der Grundsatz aufgestellt, dass eine Abtretung trotz bestehenden Abtretungsverbots wirksam vorgenommen werden kann. Der Grundsatz wurde allerdings mit einer Einschränkung versehen. Diese greift dann ein, wenn der Debitor seine Niederlassung in einem Vertragsstaat hat, der einen Vorbehalt im Sinne des Art. 18 erklärt hat. Der Vorbehalt führt dazu, dass eine gegen ein Abtretungsverbot verstoßende Abtretung dem Debitor gegenüber unwirksam ist.[86]

1. Die Regelung des Art. 6 Abs. 1

Tritt der Kunde eine Forderung ab, obwohl er mit dem Debitor ein Abtretungsverbot vereinbart hat, so kommt der Abtretung nach Art. 6 Abs. 1 gleichwohl Wirksamkeit zu. Nationale Regelungen zu den Folgen einer verbotswidrigen Abtretung finden

82 Siehe zu den weiteren Interessen des Debitors: *Kitsaras*, Das UNIDROIT Übereinkommen, S. 83 f.

83 *Mestre*, Rev. de dr. uniforme 1987, 85, 116 f., n. 32.

84 Vgl. hierzu die Präambel des Factoring-Übereinkommens.

85 Siehe zur Entwicklung der Norm insbesondere: *Häusler*, Das UNIDROIT Übereinkommen, S. 183 f.; MünchKomm/*Brink*, Art. 6 FactÜ Rdnr. 25 ff.

86 MünchKomm/*Brink*, Art. 6 FactÜ Rdnr. 49; Staudinger[13]/*Hausmann*, Anh. zu Art. 33 EGBGB Rdnr. 32; *Häusler*, Das UNIDROIT Übereinkommen, S. 189; *Basedow*, ZEuP 1997, 615, 636.

keine Berücksichtigung. Art. 6 regelt allerdings nur die Rechtsfolgen eines vertraglichen Abtretungsverbots. Die Rechtsfolgen eines gesetzlichen Abtretungsverbots überlässt das Factoring-Übereinkommen dem jeweils zur Anwendung berufenen nationalen Recht.

Die Forderung scheidet trotz des vereinbarten Abtretungsausschlusses aus dem Vermögen des Kunden aus und geht in das des Factors über. Der Debitor wird daher durch eine Zahlung an den Zedenten nicht von seiner Schuld befreit.[87] Anders als Art. 5, der ausdrücklich nur das Verhältnis der Parteien des Factoringvertrags regelt, enthält Art. 6 Abs. 1 keine dahingehende Einschränkung. Ob hieraus der Schluss gezogen werden kann, die Abtretung entfalte Wirkung *erga omnes,* ist zweifelhaft.[88] Denn wie oben bereits dargestellt, lässt das Factoring-Übereinkommen das Verhältnis des Factors zu Dritten bei einer Globalzession gegenwärtiger und künftiger Forderungen offen.[89] Weshalb sich im Falle der gegen ein Abtretungsverbot verstoßenden Abtretung etwas anderes ergeben soll, erschließt sich nicht. Dass Art. 6 Abs. 1 jedenfalls keine Beschränkung auf das Verhältnis der Parteien des Factoringvertrags enthalten kann, liegt in der Natur der Sache, betrifft er doch das Verhältnis der Parteien des Factoringvertrags zum Debitor.

Der Factor ist berechtigt, die Forderung erneut abzutreten. Nach Art. 11 Abs. 1 lit. a) hindert ihn ein Abtretungsverbot im Grundvertrag nicht, die Forderung weiter abzutreten. Etwas anderes gilt, wenn der Factor mit dem Kunden im Factoringvertrag eine nochmalige Abtretung ausgeschlossen hat. In diesem Fall greift Art. 12. Nach dieser Norm findet das Factoring-Übereinkommen auf nachfolgende Abtretungen, die nach dem Factoringvertrag untersagt sind, keine Anwendung. Es ist wiederum auf das anwendbare nationale Recht abzustellen.[90]

2. Die Regelung des Art. 6 Abs. 3

Auch wenn es nach Art. 6 Abs. 1 zu einem Forderungsübergang kommt und der Debitor sich gegenüber dem Factor nicht auf das mit dem Kunden vereinbarte Abtretungsverbot berufen kann, so bleibt hiervon nach Art. 6 Abs. 3 eine Haftung des Kunden gegenüber dem Debitor unberührt. Art. 6 Abs. 3 begründet allerdings keine Ansprüche des Debitors, sondern stellt lediglich klar, dass Abs. 1 nichts an der Pflichtwidrigkeit einer verbotswidrigen Abtretung ändert.[91] Der Kunde hat nach nationalem Recht dem Debitor die Schäden zu ersetzen, die sich daraus erge-

87 MünchKomm/*Brink*, Art. 6 FactÜ Rdnr. 37; *Häusler*, Das UNIDROIT Übereinkommen, S. 186.

88 So aber *Häusler*, Das UNIDROIT Übereinkommen, S. 185 f. und MünchKomm/*Brink*, Art. 6 FactÜ Rdnr. 32.

89 Siehe: Teil 3: B. I. 2. a.

90 *Häusler*, Das UNIDROIT Übereinkommen, S. 186.

91 *V. Falkenhayn*, Das Verhältnis von Factor und Debitor beim Factoring, S. 240.

ben, dass der Debitor mit befreiender Wirkung nur noch an den Factor leisten kann. Die Schadensersatzansprüche des Debitors dürften allerdings überschaubar sein, sofern nicht eine Vertragsstrafe für den Fall einer verbotswidrigen Abtretung vereinbart worden ist. Ihre Höhe wird mit ausschlaggebend dafür sein, ob sich der Kunde über ein Zessionsverbot hinwegsetzt.

3. Die Regelung des Art. 6 Abs. 2

Art. 6 Abs. 2 eröffnet einem Vertragsstaat des Factoring-Übereinkommens die Möglichkeit, eine Erklärung nach Art. 18 abzugeben. Eine solche hat zur Folge, dass eine entgegen einem vereinbarten Abtretungsverbot vorgenommene Abtretung gegenüber dem Debitor unwirksam ist, wenn der Debitor bei Abschluss des Warenkaufvertrags seine Niederlassung in dem die Erklärung abgebenden Staat hatte.[92] Da es für die Wirksamkeit eines Abtretungsverbots somit auf den Sitz des Debitors ankommt, kann eine für den Grundvertrag getroffene Rechtswahl nichts ändern.

a. Die Voraussetzungen einer gegenüber dem Debitor unwirksamen Abtretung

Voraussetzung der Unwirksamkeit einer verbotswidrige Abtretung gegenüber dem Debitor ist zum einen, dass ein Vertragsstaat eine Erklärung nach Art. 18 abgegeben hat und zum anderen, dass der Debitor mit dem Kunden in dem Grundvertrag ein Abtretungsverbot vereinbart hat.[93] Erforderlich ist darüber hinaus, dass das Abtretungsverbot in dem den Vorbehalt erklärenden Staat wirksam ist.

b. Die Rechtsfolgen des Vorbehalts

aa. Das Verhältnis des Kunden zum Factor

Für das Verhältnis des Kunden zum Factor ist Art. 6 Abs. 1 maßgeblich mit der Folge, dass die Forderung wirksam übertragen worden ist und dem Kunden im Verhältnis zum Factor nicht mehr zusteht. Die Zahlungen, die der Kunde vom Debitor erhält, hat er entweder nach dem Factoringvertrag oder nach Bereicherungsrecht an den Factor abzuführen.[94] Insofern trägt der Factor das Weiterleitungsrisiko.[95] Solange der Factor den Gegenwert der Forderung nicht erhält bzw. solange der Debitor die Abtretung nicht genehmigt, hat der Kunde seine Hauptleistungspflicht nicht erfüllt.

---

92 Eine solche Erklärung kann jederzeit abgegeben werden. Sie ist an die Regierung von Kanada zu richten, welche die anderen Vertragsstaaten hierüber unterrichtet, Art. 23 Abs. 2 lit. a) ii). Bislang haben Frankreich und Lettland von dem Vorbehalt des Art. 18 Gebrauch gemacht.

93 *Häusler*, Das UNIDROIT Übereinkommen, S. 189.

94 *Basedow*, ZEuP 1997, 615, 637.

95 MünchKomm/*Brink*, Art. 6 FactÜ Rdnr. 55.

Die relative Unwirksamkeit der Abtretung ist als Rechtsmangel zu werten, mit den nach nationalem Recht zu bestimmenden Folgen.

bb. Das Verhältnis der Parteien des Factoringvertrags zum Debitor

Da eine abredewidrige Abtretung dem Debitor gegenüber – also relativ – unwirksam ist,[96] ist der Factor nicht berechtigt, vom Debitor Erfüllung zu verlangen. Das Recht zum Forderungseinzug verbleibt beim Kunden, auch wenn er im Verhältnis zum Zessionar nicht mehr Inhaber der Forderung ist.[97] Auch im Falle der Insolvenz des Kunden ist der Factor nicht berechtigt, die Forderung einzuziehen. An die Stelle des Kunden tritt der Insolvenzverwalter. Befriedigt der Debitor den Kunden, so wird er von seiner Verpflichtung frei. Dem Debitor bleibt es allerdings unbenommen, den Factor zu befriedigen und hierdurch die Abtretung konkludent zu genehmigen.

cc. Das Verhältnis des Factors zu Dritten

Der Verstoß gegen ein Abtretungsverbot führt nur zur Unwirksamkeit der Abtretung im Verhältnis zum Debitor. Zu dem Verhältnis des Factors zu Dritten äußert sich das Factoring-Übereinkommen nicht. Konkurriert der Factor beispielsweise mit anderen Gläubigern des sich in der Insolvenz befindlichen Kunden, so ist unklar, ob er sich ihnen gegenüber auf die Wirksamkeit der Abtretung nach Art. 6 Abs. 1 berufen kann.[98]

4. Zwischenergebnis

Art. 6 kommt dem in der Präambel des Factoring-Übereinkommens zum Ausdruck gebrachten Ziel nach, den internationalen Handel durch die Schaffung einheitlicher Vorschriften für das internationale Factoring zu fördern. Den Interessen des Kunden, seine Außenstände zu mobilisieren und insbesondere die Finanzierungsfunktion des Factorings zu nutzen, wird gegenüber den Interessen des Debitors, künftig erst entstehende eigene Forderungen gegen den Kunden verrechnen zu können oder im Falle der Insolvenz des Kunden durch gezielte Zahlungen an den Insolvenzverwalter den Betrieb des Zulieferers aufrecht zu erhalten, der Vorrang eingeräumt. Dennoch darf nicht übersehen werden, dass es sich bei Art. 6 letztlich um einen Kompromiss handelt.

96 Siehe: Teil 3: B. III.

97 Staudinger[13]/*Hausmann*, Anh. zu Art. 33 EGBGB Rdnr. 32.

98 Für einen Forderungsübergang auf den Factor mit Wirkung *erga omnes* sprechen sich hingegen aus: *Basedow*, ZEuP 1997, 615, 637; MünchKomm/*Brink*, Art. 6 FactÜ Rdnr. 54; *Häusler*, Das UNIDROIT Übereinkommen, S. 190; *Rebmann*, RabelsZ 53 (1989), 599, 611.

Deutlich wird dies an der Regelung des Art. 6 Abs. 2 i.V.m. Art. 18. Danach ist bei Vorliegen der Voraussetzungen eine trotz Abtretungsverbots vorgenommene Abtretung dem Debitor gegenüber unwirksam und zwar in allen Vertragsstaaten. Ein deutscher Richter müsste die Zahlungsklage eines deutschen Factors gegen einen Debitor mangels Aktivlegitimation abweisen, wenn dem vertraglich vereinbarten Abtretungsverbot in dem den Vorbehalt erklärenden Staat Wirksamkeit zukommt. Insofern erweist sich die Regelung des Art. 6 Abs. 2 i.V.m. Art. 18 für das internationale Factoring als hinderlich. Es wird zu untersuchen sein, ob dies auch für das deutsch-französische Factoring gilt, zumal Frankreich einen Vorbehalt nach Art. 6 Abs. 2 i.V.m. Art. 18 erklärt hat.[99]

IV. Nachfolgende Abtretungen

Unterliegt eine Forderungsabtretung in Verbindung mit einem Factoringvertrag dem Factoring-Übereinkommen, so unterfallen nach Art. 11 Abs. 1 lit. a) und lit. b) grundsätzlich alle weiteren Abtretungen dieser Forderung durch den Factor den Artt. 5–10, wobei in den Artt. 8–10 der Factor durch den bzw. die nachfolgenden Zessionare zu ersetzen ist. So sind die Artt. 5 bis 10 auf die nachfolgende Abtretung, etwa die eines Exportfactors an einen Importfactor, auch anzuwenden, wenn die Rechtsbeziehungen in dem Verhältnis zwischen Exportfactor, Importfactor und Debitor an sich nicht dem Anwendungsbereich des Factoring-Übereinkommens unterfallen. Auf diese Weise soll die Kontinuität der Rechtsstellung des Debitors gewahrt werden.[100]

C. Ein Vergleich der materiellrechtlichen Regelungen des Factoring-Übereinkommens mit denen des deutschen und französischen Rechts und die Folgen für das deutsch-französische Factoring

I. Ein Vergleich des Art. 5 mit dem deutschen und dem französischen Recht

1. Die Globalzession

Nach Art. 5 lit. a) müssen die Forderungen, die nach dem Factoringvertrag Gegenstand der Abtretung sind, nicht im Einzelnen bezeichnet sein. Die Vereinbarung einer Globalzession gegenwärtiger und zukünftiger Forderungen im Fac-

99 Siehe hierzu: Teil 3: C. IV. 2. und 3.

100 *Basedow*, ZEuP 1997, 615, 627; MünchKomm/*Brink*, Art. 11 FactÜ Rdnr. 3.

toringvertrag ist zulässig, sofern die Forderungen im Zeitpunkt des Vertragsschlusses oder ihres Entstehens bestimmbar sind.

Auch das deutsche Recht kennt die Globalzession gegenwärtiger und künftiger Forderungen. Die abzutretende Forderung muss, wie jeder Gegenstand einer Verfügung, bestimmt oder zumindest bestimmbar sein.[101] Insofern ergibt sich für das deutsche Recht im Vergleich zum Factoring-Übereinkommen kein Unterschied.

Im französischen Recht bereitet die Globalzession gegenwärtiger und künftiger Forderungen gewisse Schwierigkeiten. Abgesehen davon, dass sich die *cession de créance* für das Factoring als ungeeignet erwiesen hat, kann die *cession* einer künftigen Forderung keine Drittwirksamkeit erlangen.[102] Für das Rechtsinstitut der *subrogation,* auf welches die Factoringpraxis stattdessen zurückgreift, stellt sich die Rechtslage wie folgt dar: Der Eintritt des Factors in eine künftig erst entstehende Forderung ist nicht möglich, da die Forderung im Moment der Zahlung des Factors bereits entstanden sein muss, um auf ihn übergehen zu können.[103] In dem Factoringrahmenvertrag verpflichtet sich der Kunde allerdings, den Factor bezüglich der Gesamtheit der übertragbaren Forderungen in seine Rechtsstellung eintreten zu lassen (sog. *clause générale de subrogation*). Nach der Rechtsprechung wird dem sich aus Art. 1250 Nr. 1 C. civ. ergebenden Erfordernis der Gleichzeitigkeit der Subrogationserklärung und Zahlung genügt, wenn der Versprechende/Kunde an dem Versprechen, eine *subrogation* vorzunehmen, festhält.[104] Die *subrogation* kann jedenfalls im Voraus vereinbart werden. Für eine *cession Dailly,* die neben der *subrogation* für den Forderungsübergang im Rahmen des Factorings in Betracht kommt, gilt hingegen Folgendes: Die Übertragung einer Gesamtheit gegenwärtiger und künftiger Forderungen mithilfe eines Forderungsverzeichnisses wird in Art. L. 313-23 C. mon. et fin. ausdrücklich zugelassen.[105] Voraussetzung ist jedoch, dass die einzelne Forderung bestimmbar ist. Dies ist der Fall, wenn das Forderungsverzeichnis die Bezeichnung der Forderung enthält, oder die Bestimmbarkeit der Forderung möglich ist.[106]

In dieser Hinsicht weist die *cession Dailly* eine größere Nähe zu der Regelung des Art. 5 auf als die *subrogation.* Daraus erklärt sich, weshalb in der französi-

101 BGHZ 7, 365, 367 f.; BGH, Urteil vom 03.04.1974, NJW 1974, 1130; BGH, Urteil vom 16.03.1995, NJW 1995, 1668 f.

102 Siehe zu den Einzelheiten: Teil 1: B. IV. 1. b. aa. (2).

103 Zur Gleichzeitigkeit von Zahlung und *subrogation* siehe: Teil 1: B. IV. 3. d. cc.

104 Paris, 5e Ch., 21.01.1970, JC 1971.2.16837, Anm. *Gavalda.*

105 *Deschanel/Lemoine* (JC Banque et Crédit 11, 1999, Fasc. 580, n. 50) sehen hierin einen Vorteil zugunsten der *cession Dailly* als Übertragungstechnik im Rahmen des Factorings.

106 Siehe zu den Einzelheiten: Teil 1: B. IV. 2. c.

schen Lehre die *cession Dailly* im internationalen Factoring für geeigneter gehalten wird.[107]

2. Der Übergang künftiger Forderungen

Art. 5 lit. b) regelt, dass künftige Forderungen, die im Voraus abgetreten worden sind, im Zeitpunkt ihres Entstehens automatisch auf den Factor übergehen, ohne dass es dazu einer weiteren Übertragungshandlung bedarf. Wann eine Forderung entsteht, lässt sich dem Factoring-Übereinkommen allerdings ebenso wenig entnehmen, wie die Antwort auf die Frage, ob die abgetretene, künftige Forderung zumindest für eine logische Sekunde erst in der Person des Zedenten entsteht (sog. Durchgangserwerb) oder ob die Forderung direkt mit ihrem Entstehen auf den Zessionar übergeht.

Im deutschen Recht kommt es hinsichtlich der Bestimmbarkeit der Forderung auf den Zeitpunkt an, in dem sie übergehen soll. Dies ist entweder der Zeitpunkt der Abtretungsvereinbarung oder – bei einer zukünftigen Forderung – der ihres Entstehens.[108] Eines weiteren Übertragungsakts bedarf es hier ebenfalls nicht.

Nach Art. L. 313-27 C. mon. et fin. erlangt die *cession Dailly* zu dem auf dem Forderungsverzeichnis angegebenen Datum Wirksamkeit zwischen den Zessionsparteien und Drittwirksamkeit. Die Wirksamkeit der Abtretung tritt dabei unabhängig von dem Zeitpunkt des Entstehens oder der Fälligkeit der Forderungen ein. Hinsichtlich des Entstehens künftiger Forderungen wird man – wie auch im deutschen Recht – auf den Zeitpunkt des Abschlusses des Grundvertrags zwischen Zedent und Schuldner abstellen müssen.

3. Die Aufspaltung der Rechtsbeziehungen

Art. 5 regelt nur das Verhältnis der Parteien des Factoringvertrags zueinander. Auf eine allgemeine Prioritätsregel im Falle der mehrfachen Abtretung der gleichen Forderung an verschiedene Zessionare konnte man sich in Ottawa nicht einigen.[109] Unter welchen Voraussetzungen der Factor eine zu seinen Gunsten erfolgte Abtretung künftiger Forderungen gegenüber dem Debitor oder anderen Dritten geltend machen kann, ist nach dem zur Anwendung berufenen nationalen Recht zu beurteilen. Im deutschen Recht erfolgt die Abtretung der Forderung durch einen Vertrag zwischen dem Zedenten und dem Zessionar, ohne dass es der Mitwirkung des Schuldners bedarf. Tritt der Zedent die Forderung mehrfach ab, so gilt grund-

107 *Gavalda*, Rép. com. D. 1996, n. 10.
108 BGHZ 88, 205, 206 f.; BGH Urteil vom 16.03.1995, NJW 1995, 1668, 1671.
109 *Häusler*, Das UNIDROIT Übereinkommen, S. 180.

sätzlich das Prioritätsprinzip. Dem französischen Recht ist die Aufspaltung der Abtretungswirkungen nach Innen- und Außenverhältnis nur bei der *cession de créance* bekannt. Bei der *subrogation* entfaltet der Forderungsübergang mit der Zahlung und bei der *cession Dailly* mit der Eintragung des Datums auf dem Forderungsverzeichnis sowohl Wirksamkeit zwischen den Zessionsparteien als auch Drittwirksamkeit. In Konfliktfällen kommt es demnach auf diese Zeitpunkte des Forderungserwerbs an.

4. Zwischenergebnis

Das Factoring-Übereinkommen trägt der Tatsache Rechnung, dass die Abtretung von Forderungen aus Warenkauf- oder Dienstleistungsverträgen im Rahmen internationaler Factoringgeschäfte regelmäßig im Wege einer Globalzession erfolgt. Da die Globalzession sowohl dem deutschen als auch dem französischen Recht bekannt ist, bringt das Factoring-Übereinkommen zwar keine Neuerung. Es sorgt aber für Rechtsklarheit.

Angesichts der unterschiedlichen Ausgestaltung des Forderungsübergangs im deutschen und französischen Recht erweist es sich als unzureichend, dass das Factoring-Übereinkommen die Abtretungsvoraussetzungen nicht abschließend positiv regelt und auch das Verhältnis der Zessionsparteien zu Dritten offen bleibt.

II. Ein Vergleich des Art. 7 mit dem deutschen und dem französischen Recht

Nach § 401 Abs. 1 BGB gehen mit der abgetretenen Forderung die zu ihr gehörenden Nebenrechte automatisch auf den Zessionar über. Zu diesen zählen u. a. die Hypothek, das Pfandrecht und die Bürgschaft. In entsprechender Anwendung des § 401 BGB gehen die anderen unselbstständigen Sicherungsrechte und die Hilfsrechte über, die zur Durchsetzung der Forderung bestehen.[110] Die selbstständigen Sicherungsrechte, wie etwa das Sicherungs- oder Vorbehaltseigentum, erlangt der Zessionar nicht automatisch mit der Abtretung. Im Zweifel ist der Zedent allerdings schuldrechtlich verpflichtet, diese auf den Zessionar zu übertragen.[111] Im Rahmen des Factorings sind die Bürgschaft und das Vorbehaltseigentum von besonderer Bedeutung.

Bei Leistungsstörungen kann sich der Zessionar auf die Ansprüche aus den §§ 280 Abs. 1, 286 i. V. m. 280 Abs. 1 und 285 BGB berufen. Als mitabgetreten

110 Palandt[64]/*Heinrichs*, § 401 BGB, Rdnr. 4.
111 Palandt[64]/*Heinrichs*, § 401 BGB, Rdnr. 5.

gelten im Zweifel die Mängelansprüche und Schadensersatzansprüche statt der Leistung (§§ 281 ff. i. V. m. 280 Abs. 3 BGB).[112]

Im französischen Recht bestimmt Art. 1692 C. civ. für die *cession de créance* ausdrücklich, dass der Verkauf oder die Abtretung einer Forderung die Nebenrechte der Forderung, etwa eine für sie bestehende Bürgschaft, ein Vorrecht oder eine Hypothek, mitumfasst.[113] Bei der *cession Dailly* führt nach Art. L. 313-27 Abs. 3 C. mon. et fin. die Übergabe des Forderungsverzeichnisses von Gesetzes wegen zum Übergang der Sicherheiten, Garantien und Nebenrechte, die für jede Forderung bestehen. Hierzu zählen auch die hypothekarischen Sicherheiten.[114] Was die *subrogation conventionnelle* betrifft, so ist heute anerkannt, dass die Forderung mit ihren Nebenrechten auf den Zahlenden übergeht.[115]

Anders als nach deutschem und französischem Recht gehen nach dem Wortlaut des Art. 7 die Nebenrechte nicht automatisch auf den Zessionar über.[116] Art. 7 räumt den Parteien des Factoringvertrags aber die Möglichkeit ein, eine Regelung bezüglich des Übergangs der Nebenrechte zu treffen. Die Parteien des Factoringvertrags können sich dahingehend einigen, dass die Nebenrechte unmittelbar oder erst durch eine neue Übertragungshandlung übergehen. Liegt keine Vereinbarung zum Übergang der Nebenrechte vor, so ist auf das nach dem internationalen Privatrecht zur Anwendung berufene nationale Recht abzustellen. Es kommt auf die äußerst umstrittene Frage nach der Anknüpfung der Abtretung an. Insofern bringt das Factoring-Übereinkommen im internationalen Factoring keine Erleichterung. Auf das nationale Recht ist wegen der Relativität des Art. 7[117] aber auch zurückzugreifen, wenn die Parteien des Factoringvertrags zwar eine Regelung bezüglich des Übergangs der Nebenrechte getroffen haben, es aber um die Rechte Dritter an den Nebenrechten geht.

---

112 Palandt[64]/*Heinrichs*, § 398 BGB, Rdnr. 18 a.

113 Art. 1692 C. civ. – *La vente ou cession d'une créance comprend les accessoires de la créance, tels que caution, privilège et hypothèque*.

114 Art. L. 313-27 al. 3 C. mon. et fin. – *La remise du bordereau entraîne de plein droit le transfert des sûretés, des garanties et des accessoires attachés à chaque créance, y compris les sûretés hypothécaires, et son opposabilité aux tiers sans qu'il soit besoin d'autre formalité*.

115 *Terré/Simler/Lequette*, Droit civil, Les obligations[8], n. 1385.

116 Siehe zum deutschen Recht: Teil 1: A. VII. 5. a. und zum französischen Recht: Teil 1: B. IV. 1. b. bb.

117 Siehe: Teil 3: B. I. 3.

III. Ein Vergleich der Rechte und Pflichten des Debitors nach den Artt. 8 bis 10 mit dem deutschen und französischen Recht

1. Die Zahlungspflicht des Debitors

Nach § 398 S. 2 BGB hat der Factor bereits mit Abschluss des Abtretungsvertrags einen Zahlungsanspruch gegen den Debitor. Um jedoch zu verhindern, dass der Debitor nach der Abtretung noch gemäß § 407 Abs. 1 BGB mit befreiender Wirkung an den Kunden leistet, muss der Factor dem Debitor unmittelbar nach Abschluss des Abtretungsvertrags eine Abtretungsanzeige machen.[118] Denn erst die Kenntnis von den Tatsachen, die den Forderungsübergang bewirken, machen den Debitor bösgläubig. Wurden künftige Forderungen im Voraus abgetreten, so genügt die Kenntnis vom Abtretungsgeschäft auch dann, wenn die Forderungen noch nicht entstanden sind.[119]

Anders als im deutschen Recht ist der Schuldner nach Art. 8 Abs. 1 erst dann verpflichtet, an den Factor zu zahlen, wenn ihm entweder vom Kunden oder mit seiner Ermächtigung vom Factor eine schriftliche Abtretungsanzeige gemacht worden ist. Sind künftige Forderungen abgetreten worden, so ist dem Debitor nach Art. 8 Abs. 1 lit. c) nach ihrem Entstehen eine schriftliche Anzeige zu machen. Eine vor dem Zeitpunkt des Entstehens gemachte Anzeige entfaltet gegenüber dem Debitor keine Rechtswirkung. Insofern trennt das Factoring-Übereinkommen die Wirksamkeit der Abtretung zwischen den Parteien des Abtretungsvertrags von den Wirkungen der Abtretung im Verhältnis zum Debitor. Zumindest solange der Debitor keine Kenntnis von dem besseren Recht eines anderen auf Zahlung hat, soll ihm nicht zugemutet werden, dass er eine umfassende, rechtlich höchst anspruchsvolle Prüfung bezüglich des Übergangs der Forderung vornehmen muss.

Deutsche Factoringunternehmen haben demnach zu beachten, dass im internationalen Factoring erst die Abtretungsanzeige die Voraussetzung dafür schafft, dass der Factor seinen Anspruch gegen den Debitor durchsetzen kann. Bei noch nicht entstandenen Forderungen ist die Anzeige an den Debitor nach dem Zeitpunkt des Entstehens der Forderung aus dem Grundvertrag vorzunehmen.

Wie im deutschen Recht auch, bedarf der Forderungsübergang vom Forderungsinhaber auf den neuen Gläubiger im französischen Recht zu seiner Wirksamkeit nicht der Zustimmung des Schuldners. Für den Schuldner ist es rechtlich unerheblich, ob er mit befreiender Wirkung an den Zedenten oder an den Zessionar leis-

118 Der Aufkleber „Wir nehmen am Factoring teil" genügt nach dem OLG Bremen (Urteil vom 23.10.1986, NJW 1987, 912) allerdings nicht, um Kenntnis des Debitors von der Abtretung und damit Bösgläubigkeit zu begründen.

119 BGH, Urteil vom 22.03.1982, NJW 82, 2371 f.

tet.[120] Dies gilt für alle drei vorgestellten Arten des Forderungsübergangs: die *cession de créance,* die *cession Dailly* und die *subrogation.*

Um zu verhindern, dass der Schuldner mit befreiender Wirkung an seinen Gläubiger leistet, muss er über die Forderungsübertragung informiert werden. Bei der *cession de créance* erfolgt die Information des Schuldners gemäß Art. 1690 C. civ. mittels *signification,* der Abtretungsanzeige. Sie ist dem Schuldner durch einen Gerichtsvollzieher zuzustellen. Ausnahmsweise ist die *signification* nicht erforderlich, wenn der Schuldner die Abtretung in einer notariellen Urkunde anerkennt *(acceptation).* Vor der *signification* ist der Schuldner jedenfalls nicht offiziell von der Abtretung in Kenntnis gesetzt worden. Dementsprechend kann der Zessionar vom Schuldner noch keine Zahlung verlangen. Nach der *signification* ist allein der Zessionar berechtigt, die Forderung gegenüber dem Schuldner geltend zu machen. Der Zedent ist aus der Rechtsbeziehung zum Schuldner ausgeschieden. Ihm stehen gegen den Schuldner keine Rechte mehr zu.

Die *cession Dailly,* die vor dem Hintergrund der vereinfachten Kreditvergabe an Unternehmen geschaffen wurde, erfolgt mittels Übergabe eines Forderungsverzeichnisses. Ihre Besonderheit liegt darin, dass eine *signification* an den Schuldner nicht erforderlich ist. Der Zeitpunkt zu dem der Forderungsübergang Wirksamkeit und Drittwirksamkeit entfaltet, lässt sich Art. 313-27 C. mon. et fin. entnehmen. Entscheidend ist das von dem Zessionar auf dem Forderungsverzeichnis eingetragene Datum.

Der Code civil sieht für die *subrogation* keine Publizitätsanforderungen vor, die denen des Art. 1690 C. civ. entsprechen. Zunächst ging die Rechtsprechung davon aus, dass der zahlende Dritte die *subrogation* dem Schuldner nicht wirksam entgegenhalten könne, solange der Schuldner keine Kenntnis von der Zahlung an seinen Gläubiger habe.[121] Nahm der Schuldner vor der Information, dass es zu einer *subrogation* gekommen war, eine Zahlung an den bisherigen Gläubiger vor, so hatte diese befreiende Wirkung. Diese die Interessen des Schuldners schützende Lösung wurde von der *Cour de cassation* mit Urteil vom 3. April 1990 aufgegeben.[122] Die *Cour de cassation* entschied, dass eine *subrogation* im Zeitpunkt der Zahlung des Dritten gegenüber dem Schuldner Wirksamkeit erlange. In zwei Urteilen aus den Jahren 1996[123] und 1997[124] kehrte die *Cour de cassation* allerdings zu ihrer ursprünglichen Rechtsauffassung zurück. In dem Urteil vom 15. Oktober 1996 machte sie deutlich, dass die in Kenntnis der Factoringvereinbarung vorgenommenen Zahlungen des Debitors an den Kunden keine befreiende Wirkung

120 *Bénabent,* Droit civil, Les obligations[9], n. 728.
121 Cass. com. 04.10.1982, D. 1983, I.R. p. 411, obs. *Vasseur.*
122 D. 1990, I.R., p. 105.
123 RTD civ. 1997, 938 f. obs. *Mestre.*
124 RTD civ. 1997, 938 f., obs. *Mestre.*

hatten. Insofern ist die Kenntnis des Schuldners von der *subrogation,* insbesondere auch beim Factoring, als eine Voraussetzung der Drittwirksamkeit des Forderungsübergangs zu werten. Solange der Debitor keine Kenntnis von einem Factoringvertrag hat, kann er mit befreiender Wirkung an den Kunden leisten.[125]

Zusammenfassend lässt sich festhalten, dass je nach Form des Forderungsübergangs Wirksamkeit gegenüber dem Schuldner entweder im Zeitpunkt der Abgabe der sich entsprechenden Willenserklärungen des Zedenten und des Zessionars eintritt oder später, sei es mit der Erfüllung von genauen Formanforderungen oder im Augenblick der Kenntnisnahme durch den Schuldner.

2. Die Rechte des Debitors

Der Gläubigerwechsel verändert den Inhalt der Forderung nicht. Der Debitor, der an dem Forderungsübergang nicht mitwirkt, darf keine Verschlechterung seiner Rechtsposition erfahren. Vor diesem Hintergrund sorgt Art. 9 Abs. 1 dafür, dass der Debitor dem Factor alle sich aus dem Warenkaufvertrag mit dem Kunden ergebenden Einwendungen entgegenhalten kann, die er hätte geltend machen können, wenn die Zahlungsaufforderung durch den Kunden erfolgt wäre.

a. Die Einwendungen

Art. 9 ähnelt in seinen beiden Absätzen den §§ 404 und 406 BGB. Anders als § 404 BGB, der voraussetzt, dass die Einwendungen des Schuldners bereits zur Zeit der Abtretung der Forderung begründet waren, enthält Art. 9 Abs. 1 keine zeitliche Beschränkung. Die vermeintliche Besserstellung des Debitors gegenüber dem deutschen Recht erweist sich allerdings als nicht sehr groß. Denn auch nach deutschem Recht ist nicht erforderlich, dass alle Tatbestandvoraussetzungen der Einwendung im Zeitpunkt der Abtretung bereits vorliegen. Ausreichend ist, dass sie ihrem Rechtsgrund nach im Schuldverhältnis angelegt sind.[126] Bei einem gegenseitigen Vertrag kann der Schuldner dem Zessionar sogar noch Einwendungen entgegenhalten, die sich aus der Fortentwicklung des Vertragsverhältnisses ergeben.[127]

Auch bei der *cession de créance* gilt, dass der Schuldner dem Zessionar alle Einwendungen entgegenhalten kann, die er bereits gegen den Zedenten hätte geltend machen können. Voraussetzung ist, dass die Einwendungen vor der Erfüllung der Publizitätsanforderungen des Art. 1690 C. civ. bestanden.[128] Der Schuldner kann sich demnach auch auf Einwendungen berufen, die in dem Zeitraum zwischen

125 Cass. com. 26.04.2000, D. 2000, 290, obs. *Fadoul.*

126 BGHZ 25, 27, 29; BGH, Urteil vom 29.04.1992, NJW 1992, 2221 f.

127 Palandt[64]/*Heinrichs*, § 404 Rdnr. 4.

128 *Terré/Simler/Lequette*, Droit civil, Les obligations[8], n. 1291.

der Einigung der Zessionsparteien und der Erfüllung der Publizitätsanforderungen des Art. 1690 C. civ. entstanden sind.

b. Die Aufrechnung

Nach Art. 9 Abs. 2 kann der Debitor gegenüber dem Factor mit Forderungen aufrechnen, die ihm im Zeitpunkt der schriftlichen Abtretungsanzeige nach Art. 8 Abs. 1 gegen den Kunden zustanden. Ungeregelt bleibt die Frage, ob die Fälligkeit der Gegenforderung Voraussetzung der Aufrechnung ist.[129] Sie ist nach dem jeweils anwendbaren nationalen Recht zu beantworten. Findet französisches Recht Anwendung, kommt es allein auf den Zeitpunkt des Forderungserwerbs und nicht wie nach § 406 a.E. BGB auf den Zeitpunkt der Fälligkeit an. Der Debitor ist nach französischem Recht etwas besser gestellt. Er kann gegenüber dem Factor auch dann aufrechnen, wenn die vor der Abtretungsanzeige erworbene Forderung gegen den Kunden erst nach Zugang der Anzeige und nach der abgetretenen Forderung fällig wird.

Art. 9 Abs. 2 lässt sich auch nicht entnehmen, ob es zu einer Legalkompensation wie bei der *cession de créance* nach französischem Recht[130], die auch ohne Wissen des Schuldners eintreten kann, kommt, oder ob die Aufrechnung durch Erklärung gegenüber dem sog. anderen Teil, wie im deutschen Recht vorgesehen, erfolgt. Diese Fragen sind mit dem zur Anwendung berufenen nationalen Recht zu beantworten.

3. Der Rückerstattungsanspruch des Debitors gegen den Factor

a. Deutsches Recht

Hat der Debitor bereits an den Factor geleistet und erfüllt der Kunde seine Verpflichtung gegenüber dem Debitor nicht oder nicht vertragsgemäß, so kann der Debitor nach Art. 10 Abs. 1 keine Rückerstattung vom Factor verlangen, wenn er einen Rückforderungsanspruch gegen den Kunden hat. Eine dem Art. 10 Abs. 1 vergleichbare Regelung gibt es im deutschen Recht nicht. Aber auch nach deutschem Recht soll sich die Rechtsstellung des Debitors durch die Abtretung nicht verbessern.[131] Das Bereicherungsrecht gibt dem Debitor keinen Anspruch, da die Leistung nicht ohne Rechtsgrund erfolgte. Ist die gekaufte Sache mangelhaft, kann der Debitor, wenn er erfolglos Nacherfüllung verlangt hat, nach § 437 Nr. 2 i.V.m. §§ 440, 323 und 326 Nr. 5 BGB vom Vertrag zurücktreten. Nach § 346 Abs. 1 BGB

129 Siehe hierzu die Ausführungen unter: Teil 3: B. II. 2. b.

130 Siehe hierzu: Teil 1: B. IV. 1. c. bb. (2).

131 *Rebmann*, RabelsZ 53 (1989), 599, 613; *v. Falkenhayn*, Das Verhältnis von Factor und Debitor beim Factoring, S. 88; MünchKomm/*Brink*, Art. 10 FactÜ Rdnr. 4.

wandelt sich das Vertragsverhältnis mit dem Kunden in ein Abwicklungsschuldverhältnis um. Der Kunde ist es, der Leistungen zurückzugewähren hat.

Hieran ändert sich auch nichts, wenn der Factor den Kunden noch nicht bezahlt hat. Die Ausnahme des Art. 10 Abs. 2 lit. a) von Art. 10 Abs. 1, nach welcher der Debitor in diesem Falle vom Factor eine Rückzahlung verlangen kann, ist dem deutschen Recht fremd. Der Debitor muss seine Leistung vom Kunden zurückverlangen. Der Kunde behält allerdings seinen Anspruch auf Kaufpreiszahlung gegen den Factor.[132]

Anders ist die Rechtslage zu beurteilen, wenn der Factor den Kunden bezahlt, obwohl er weiß, dass der Kunde seine vertraglichen Pflichten verletzt hat. In diesem Fall kommt man über § 826 BGB oder § 823 Abs. 2 BGB i. V. m. einer Schutznorm des StGB zu einer Lösung, die der des Art. 10 Abs. 2 lit. b) entspricht.[133] Eine ausdrückliche Regelung mit einem dem Art. 10 Abs. 2 lit. b) vergleichbaren Inhalt kennt das deutsche Recht nicht.

b. Französisches Recht

Da der Forderungsübergang im französischen Factoring in der Regel auf einer *subrogation* beruht, ist für die Anwendung des Art. 10 Abs. 2 lit. a) kein Raum. Zum Eintritt des Factors in die Rechte des Kunden kommt es nämlich nur, wenn der Factor gegenüber dem Kunden eine Zahlung vornimmt.

c. Vergleich und Schlussfolgerung

Sowohl das deutsche als auch das französische Recht gehen – ohne dies ausdrücklich zu normieren – im Grundsatz davon aus, dass sich der Debitor trotz einer Leistung an den Factor bezüglich etwaiger Rückerstattungsansprüche primär an den Kunden, seinen Vertragspartner, halten muss. Für das internationale Factoring erweist sich Art. 10 Abs. 1 insofern als förderlich, vermittelt er dem Factor doch ein Gefühl der Sicherheit.[134] Allzu groß ist die Bedeutung des Art. 10 Abs. 1 allerdings nicht, da er selbst keine Ansprüche des Debitors gegen den Kunden begründet, sondern diese voraussetzt. Für die Ansprüche des Debitors gegen den Kunden gilt ausschließlich nationales Recht.

Anders als das deutsche und das französische Recht sieht Art. 10 Abs. 2 lit. a) einen Rückforderungsanspruch des Debitors gegen den Factor für den Fall vor, dass der Factor den Kunden noch nicht bezahlt hat. Dieser Regelung kommt nur geringe raktische Relevanz zu. In der deutschen Factoringpraxis ist diese Konstellation

---

132 *V. Falkenhayn*, Das Verhältnis von Factor und Debitor beim Factoring, S. 88.

133 *Rebmann*, RabelsZ 53 (1989), 599, 614; *Diehl-Leistner*, Internationales Factoring, S. 133; *Kitsaras*, Das UNIDROIT Übereinkommen, S. 126; *v. Falkenhayn*, Das Verhältnis von Factor und Debitor beim Factoring, S. 89.

134 *Ferrari*, JZ 1998, 9, 13.

selten, da in allen Factoringvarianten, in denen der Kunde auch die Finanzierung in Anspruch nimmt, der Factor praktisch zeitgleich mit der Rechnungseinreichung durch den Kunden die Kaufpreiszahlung erbringt.[135] Im französischen Factoring ist der Fall nicht denkbar, da die *subrogation* eine Zahlung erfordert.

Sieht man von diesen beiden Einwänden ab, so bietet Art. 10 Abs. 2 lit. a) für den Debitor gegenüber den Lösungen der nationalen Rechte den Vorteil, dass er im Falle der Insolvenz des Kunden den geleisteten Betrag direkt vom Factor fordern kann, sofern dieser den Kunden noch nicht bezahlt hat. Der Factor ist nicht verpflichtet, den erhaltenen Betrag abzüglich einer Provision an den Kunden weiterzuleiten mit der Folge, dass dieser in der Insolvenzmasse untergeht. Es ist durchaus angemessen, dem Debitor das Insolvenzrisiko des Kunden erst dann aufzubürden, wenn der Factor den Kunden bezahlt hat.[136]

Art. 10 Abs. 2 lit. b) enthält wie Art. 10 Abs. 1 – im Gegensatz zur deutschen und französischen Rechtsordnung – eine ausdrückliche Regelung für den eher unwahrscheinlichen Fall des kollusiven Zusammenwirkens von Kunde und Factor. Aber auch nach deutschem und französischem Recht lässt sich eine vergleichbare Lösung finden.

IV. Ein Vergleich des Art. 6 mit dem deutschen und dem französischen Recht

1. Das Verhältnis des Art. 6 zu § 399 Fall 2 BGB und zu § 354 a HGB

a. Die Regelung des § 399 Fall 2 BGB

Hat der Schuldner mit seinem Gläubiger ein Abtretungsverbot vereinbart, so ist eine trotz des Verbots vorgenommene Abtretung nach § 399 Fall 2 BGB absolut unwirksam.[137] Es kommt zu keinem Gläubigerwechsel. Die Forderung gehört weiterhin zum Vermögen des ursprünglichen Gläubigers und kann von seinen eigenen Gläubigern gepfändet werden. Dem Schuldner bleibt es jedoch unbenommen, die vom Gläubiger verbotswidrig vorgenommene Abtretung zu genehmigen und ihr damit Wirksamkeit zu verleihen.[138] Hat der Gläubiger die Forderung trotz des Verbots mehrfach abgetreten, so kann der Schuldner unabhängig von der zeitlichen Priorität entscheiden, welche der Abtretungen er genehmigt.[139]

135 Etwas anderes gilt beim Fälligkeitsfactoring, bei dem der Factor den Kunden erst bezahlt, nachdem er eine Leistung des Debitors erhalten hat.

136 So auch *v. Falkenhayn*, Das Verhältnis von Factor und Debitor beim Factoring, S. 90.

137 MünchKomm[4]/*Roth*, § 399 BGB Rdnr. 36.

138 MünchKomm[4]/*Roth*, § 399 BGB Rdnr. 37.

139 BGH NJW-RR 1991, 2552; OLG Koblenz WM 1992, 73.

Für das Verhältnis des Art. 6 zu § 399 Fall 2 BGB gilt, dass Art. 6 Abs. 1 als *lex specialis* der in § 399 Fall 2 BGB enthaltenen Regelung zum vertraglichen Abtretungsverbot vorgeht.[140] Art. 6 Abs. 1 findet aufgrund des Art. 2 Abs. 1 hingegen keine Anwendung, wenn die Abtretung von Gesetzes wegen oder im Hinblick auf die Natur des Schuldverhältnisses oder des betroffenen Anspruchs ausgeschlossen ist.

b. Die Regelung des § 354 a HGB

Im Jahre 1994 hat der deutsche Gesetzgeber den Anforderungen der Wirtschaft Rechnung getragen und § 354 a HGB eingeführt. Ist das der Forderung zugrunde liegende Rechtsgeschäft für beide Parteien ein Handelsgeschäft, so ist eine Abtretung, die entgegen einem vereinbarten Abtretungsverbot vorgenommen wird, wirksam. Die Regelung des § 354 a S. 1 HGB führt nicht zur Unwirksamkeit des Abtretungsverbots. Dem Schuldner wird in § 354 a S. 2 HGB das Recht eingeräumt, mit befreiender Wirkung an seinen bisherigen Gläubiger zu leisten.

Art. 6 Abs. 1 enthält eine von § 354 a HGB abweichende Regelung. Nach ihr ist es unerheblich, ob das Rechtsgeschäft, das die Forderung begründet, für den Kunden und den Debitor ein Handelsgeschäft darstellt oder nicht. Art. 6 findet auch im nicht-kaufmännischen Geschäftsverkehr Anwendung.[141] Zu berücksichtigen ist allerdings der Anwendungsbereich des Factoring-Übereinkommens. Nach Art. 1 Abs. 2 lit. a) sind Forderungen ausgenommen, die aus Kaufverträgen über Waren stammen, die in erster Linie für den persönlichen Gebrauch, oder den Gebrauch in der Familie oder im Haushalt gekauft werden. Art. 6 Abs. 1 unterscheidet sich von § 354 a S. 2 HGB dadurch, dass er dem Debitor nicht das Recht einräumt, mit befreiender Wirkung an den Kunden zu leisten.[142] Insofern geht die Aussage, Art. 6 Abs. 1 stimme inhaltlich mit § 354 a HGB überein, etwas weit.[143]

2. Das Verhältnis des Art. 6 zu Normen des französischen Rechts

Der Jahre 2001 neu eingeführte Art. L. 442-6 Abs. 2 lit. c) C. de com. regelt ausdrücklich, dass Produzenten, Kaufleute, Industrielle oder in die Handwerksrolle Eingetragene mit ihren Gläubigern kein wirksames Abtretungsverbot vereinbaren können.[144] Handelt es sich bei der abgetretenen Forderung hingegen nicht um eine gewerbliche Forderung, so ist ein vertraglich vereinbartes Abtretungsverbot wirk-

140 MünchKomm/*Brink*, Art. 6 FactÜ Rdnr. 37.

141 MünchKomm/*Brink*, Art. 6 FactÜ Rdnr. 37.

142 Siehe hierzu: Teil 3: B. III. 1.

143 MünchKomm^4/*Roth*, § 399 BGB Rdnr. 40. *Canaris* (HandelsR^{23}, S. 499, Rdnr. 25) meint etwas vorsichtiger, § 354 a S. 1 HGB stehe im Einklang mit Art. 6 Abs. 1 FactÜ.

144 Siehe Ausführungen in Teil 1: B. IV. 2. e. bb. (1).

sam.[145] Dies ergibt sich nunmehr im Umkehrschluss aus Art. L. 442-6 Abs. 2 lit. c) C. de com.

Auch wenn das Factoring in Frankreich nicht auf einer *cession de créance* beruht, wird vor diesem Hintergrund zumindest teilweise verständlich, weshalb der französische Delegierte auf der Konferenz von Ottawa einem zwischen Käufer und Verkäufer vereinbarten Abtretungsverbot gegenüber Dritten absolute Wirkung zuschrieb.[146]

Unabhängig davon, ob der im Rahmen des Factorings vorgenommene Forderungsübergang auf einer *subrogation* oder auf einer *cession Dailly* beruht, wird man wohl annehmen können, dass es sich bei den auf den Factor übergehenden Forderungen generell um gewerbliche handelt.[147] Der Factor muss demnach einem zwischen dem Kunden und Debitor vereinbarten Abtretungsverbot keine Beachtung schenken. Damit entspricht die französische Regelung der Regelung in Art. 6 Abs. 1, nach welcher der Factor trotz des vertraglich vereinbarten Abtretungsverbots Forderungsinhaber wird.

3. Der von Frankreich erklärte Vorbehalt im Sinne des Art. 18 und sein Einfluss auf das deutsch-französische Factoring

Da Deutschland davon abgesehen hat, eine Erklärung nach Art. 18 abzugeben, findet Art. 6 Abs. 2 keine Anwendung, wenn der Debitor seine Niederlassung im Bundesgebiet hat. Dies dürfte wegen § 354 a. S. 1 HGB keine Bedeutung haben. In der Regel ist nämlich davon auszugehen, dass es sich bei den dem Factoring unterliegenden Forderungen um solche handelt, die aus einem Rechtsgeschäft stammen, welches für beide Teile ein Handelsgeschäft ist. Will ein Debitor der Regelung des Art. 6 Abs. 1 gleichwohl entgehen, so bleibt ihm nur die Möglichkeit, im Warenkaufvertrag die Anwendung des Factoring-Übereinkommens insgesamt auszuschließen.

Anders stellt sich die Rechtslage auf den ersten Blick dar, wenn der Debitor zum Zeitpunkt des Abschlusses des Warenkaufvertrags seinen Sitz in Frankreich hat, da Frankreich von der Möglichkeit Gebrauch gemacht hat, einen Vorbehalt nach Art. 18 in Übereinstimmung mit Art. 6 Abs. 2 zu erklären. Danach ist eine Abtretung, die entgegen einem vertraglichen Abtretungsverbot erfolgt, gegenüber dem Debitor unwirksam. Die relative Unwirksamkeit ist in allen Vertragsstaaten zu beachten und nicht nur in dem den Vorbehalt erklärenden Staat.[148]

145 Siehe hierzu: Teil 1: B. IV. 1. c. bb. (3).
146 MünchKomm/*Brink*, Art. 6 FactÜ Rdnr. 23.
147 Siehe: Teil 1: B. I.
148 *Rebmann*, RabelsZ 53 (1989), 610; a.A. *Zaccaria*, IPRax 1995, 285.

Es ist aber kein Fall denkbar, in welchem der von Frankreich erklärte Vorbehalt relevant wird. Denn das Factoring-Übereinkommen schließt nach Art. 1 Abs. 2 lit. a) Forderungen aus Warenkaufverträgen, die in erster Linie für den persönlichen Gebrauch oder den Gebrauch in der Familie oder im Haushalt gekauft werden, aus seinem Anwendungsbereich aus, und für die dem Factoring-Übereinkommen unterfallenden gewerblichen Forderungen versagt bereits Art. L. 442-6 Abs. 2 lit. c) einem vertraglich vereinbarten Abtretungsverbot die Wirksamkeit. Der von Frankreich erklärte Vorbehalt, der für das grenzüberschreitende, insbesondere das deutsch-französische Factoring auf den ersten Blick hinderlich erscheint, wirkt sich demnach in der Praxis nicht aus.

D. Zusammenfassung und Stellungnahme

Das Factoring-Übereinkommen definiert den Factoringvertrag recht ausführlich. Ein Rückgriff auf nationales Recht wird auf diese Weise vermieden. Damit liefert das Factoring-Übereinkommen einen entscheidenden Baustein auf dem Weg zur erstrebten Rechtssicherheit und Rechtseinheit im Bereich der Forderungsfinanzierung.

Das Factoring-Übereinkommen schafft darüber hinaus in einigen besonders wichtigen Punkten des Abtretungsrechts materielles Einheitsrecht, so dass die äußerst umstrittene Bestimmung des anwendbaren Rechts entfällt. Genannt seien die Regelungen zur Abtretung selbst, zum Übergang der Nebenrechte, zum Verhältnis des Factors zum Debitor sowie zu den Folgen weiterer Abtretungen.

Besonders hervorzuheben ist Art. 5 lit. a). Der Globalzession gegenwärtiger und künftiger Forderungen wird nicht wegen mangelnder Bestimmtheit die Wirksamkeit versagt. Insofern wird der Tatsache Rechnung getragen, dass das internationale Factoring in der Regel auf Globalzessionen beruht. Die Globalzession wird allerdings nur im Verhältnis der Parteien des Factoringvertrags für zulässig erklärt. Dem Factoring-Übereinkommen ist keine Regelung zu dem Verhältnis des Factors zu Dritten, etwa zu Gläubigern des Kunden oder zu anderen Zessionaren, zu entnehmen. So bleibt beispielsweise die Kollision einer Factoring-Globalzession mit der Globalzession im Rahmen eines verlängerten Eigentumsvorbehalts ungelöst. Diesbezüglich ist auf nationales Recht abzustellen, dessen Bestimmung mit nicht unerheblichen Schwierigkeiten verbunden ist. Diese Regelungslücke stellt eine bedeutende Schwäche des Factoring-Übereinkommens dar und erklärt eine gewisse Unzufriedenheit der Factoringunternehmen mit dem Factoring-Übereinkommen.

Als eine der wichtigsten Bestimmungen des Factoring-Übereinkommens ist Art. 6 Abs. 1 zu werten. Danach ist die Abtretung einer Forderung auch dann wirksam, wenn der Debitor zuvor mit dem Kunden ein Abtretungsverbot vereinbart hatte. Für Factoringinstitute erweist es sich als äußerst günstig, dass im Anwendungsbereich des Factoring-Übereinkommens § 354 a S. 2 HGB keine Anwendung findet und der Debitor daher durch eine Zahlung an den Zedenten nicht befreit wird.

Dem deutsch-französischen Factoring erscheint Art. 6 Abs. 2 auf den ersten Blick hinderlich. Die Norm erlaubt einem Vertragsstaat nämlich, einen Vorbehalt nach Art. 18 abzugeben, wonach eine Abtretung nach Art. 6 Abs. 1 gegenüber dem Debitor unwirksam ist, der mit dem Kunden ein Abtretungsverbot vereinbart hat und seinen Sitz in dem den Vorbehalt erklärenden Vertragsstaat hat. Der Debitor kann in diesem Falle auf die Wirksamkeit eines mit dem Kunden vereinbarten Abtretungsverbots vertrauen und weiterhin befreiend an den Kunden leisten. Von der Möglichkeit, einen Vorbehalt im Sinne des Art. 6 Abs. 2 i.V.m. Art. 18 zu erklären, hat Frankreich Gebrauch gemacht. In der Factoringpraxis wirkt sich dieser Vorbehalt allerdings nicht aus. Dies liegt an Art. L. 442-6 Abs. 2 lit. c) C. de com. Nach dieser im Jahre 2001 neu eingeführten Bestimmung sind Klauseln oder Verträge nichtig, nach denen ein Produzent, Kaufmann, Industrieller oder ein in die Handwerksrolle Eingetragener seinem Vertragspartner die Abtretung der gegen ihn bestehenden Forderungen an einen Dritten untersagt. Geht man davon aus, dass das Factoring in aller Regel der Unternehmensfinanzierung dient, ist anzunehmen, dass es sich bei den abgetretenen Forderungen um gewerbliche handelt, für die ein vereinbartes Abtretungsverbot gerade keine Wirksamkeit entfaltet.

Ob das Factoring-Übereinkommen eine nachhaltige Erleichterung des internationalen Factorings bewirken wird, wird aber letztlich entscheidend davon abhängen, ob künftige Vertragsstaaten sich das Prinzip des Art. 6 Abs. 1 vorbehaltlos zu Eigen machen oder nicht.[149]

Bemerkenswert ist zudem, die Regelung des Art. 9. Sein erster Absatz erlaubt dem Debitor, dem Zahlungsverlangen des Factors alle Einwendungen entgegenzuhalten, die er dem Kunden hätte entgegenhalten können, wenn die Forderung nicht an den Factor abgetreten worden wäre. Abgesehen von dem Recht aus Art. 6 Abs. 2 handelt es sich dabei um Rechte, die dem anwendbaren nationalen Recht entstammen, da das Factoring-Übereinkommen selbst dem Debitor keine weiteren Gegenrechte einräumt. Die Regelung des Art. 9 Abs. 2 räumt der Aufrechnung einen weiten Anwendungsbereich ein. Letztlich ist Art. 9 aber als eine schwer zu handhabende Norm anzusehen, die dem Ziel der Rechtseinheit nicht sehr förderlich ist, da das Factoring-Übereinkommen und das zur Anwendung berufene nationale Recht eng ineinandergreifen.

Folgende Punkte sind aber nach wie vor nach dem jeweils zur Anwendung berufenen nationalen Recht überlassen. Genannt seien neben den bereits erwähnten nur:

---

149 So auch *Bruns*, WM 2000, 505, 508.

- Abgesehen von der Zulassung der Globalzession gegenwärtiger und künftiger Forderungen, sind weitere Voraussetzungen und Wirkungen der Abtretung nach nationalem Recht zu beurteilen.
- Auch Fragen nach der Abgeltung der gegenseitigen Leistungen, den Folgen einer Insolvenz einer der Parteien stehen außerhalb des Factoring-Übereinkommens und sind über das zu Anwendung berufene nationale Recht zu beantworten.

Das Ziel der Schaffung von Rechtseinheit und Rechtssicherheit wird in vielen Bereichen nicht erreicht.

Teil 4: Die Konvention der Vereinten Nationen über Forderungsabtretungen im internationalen Handel

A. Einführung

Die Konvention der Vereinten Nationen über Forderungsabtretungen im internationalen Handel (UNCITRAL-Konvention)[1] wurde im Dezember 2001 in der Generalversammlung der Vereinten Nationen angenommen und liegt nun zur Ratifizierung auf.[2] Nach Art. 45 Abs. 1 tritt die UNCITRAL-Konvention am ersten Tag des Monats in Kraft, der nach einer Frist von sechs Monaten auf die Hinterlegung der fünften Ratifikationsurkunde folgt. Bislang haben lediglich Luxemburg (12.06.2002), Madagaskar (24.09.2003) und die Vereinigten Staaten von Amerika (30.12.2003) die UNCITRAL-Konvention unterzeichnet.[3] Sie ist demnach noch nicht in Kraft getreten.

Vor dem Hintergrund der wachsenden Bedeutung der Unternehmensfinanzierung auf der Grundlage von Forderungsabtretungen hatte sich in den neunziger Jahren die Arbeitsgruppe „Internationale Vertragspraxis" der Internationalen Handelsrechtskommission der Vereinten Nationen (UNCITRAL)[4] dieser Thematik angenommen.[5] Die Übertragung internationaler Rechnungen und grenzüberschreitender Abtretungen sollte vereinheitlicht werden, um die Verfügbarkeit von Krediten zu niedrigeren Kosten zu erreichen.

Im Folgenden wird der Anwendungsbereich der UNCITRAL-Konvention, insbesondere ihr Verhältnis zum Factoring-Übereinkommen dargestellt. Im Anschluss

---

1 Die UNCITRAL-Konvention ist auch dann gemeint, wenn im Folgenden nur der Begriff „Konvention" verwendet wird. Sofern einzelne Artikel in diesem Teil der Arbeit nicht besonders gekennzeichnet sind, handelt es sich um solche der UNCITRAL-Konvention.

2 UNCITRAL Yearbook 2001, vol. XXXII, Part One, The 34th session (2001), D. General Assembly resolution 56/81 of 12 December 2001.

3 Der aktuelle Stand der Unterzeichnerstaaten bzw. der Ratifikation ist auf der Website http://www.uncitral.org abrufbar.

4 UNCITRAL steht für United Nations Commission on International Trade Law und ist seit 1966 ein ständiger Ausschuss der Vereinten Nationen in Wien mit dem Ziel, die Harmonisierung und Rechtsvereinheitlichung des internationalen Handelsrechts zu fördern.

5 Die Berichte der ersten Treffen im November 1995, Juli und November 1996 finden sich in den Dokumenten A/CN.9/420 (UNCITRAL Yearbook 1996, vol. XXVII, Part Two, IV. Receivables Financing), A/CN.9/432 und A/CN.9/434 (UNCITRAL Yearbook1997, vol. XXVIII, Part Two, II. Assignment in Receivables Financing).

hieran wird auf die bedeutendsten Regelungen zur Forderungsübertragung eingegangen. Die Erleichterungen im Bereich der internationalen Abtretungsfinanzierung werden aufgezeigt.

B. Die Struktur, die Auslegung und der Anwendungsbereich der UNCITRAL-Konvention

I. Die Struktur

Die Konvention besteht aus sechs Kapiteln mit 47 Artikeln und einem Anhang mit zehn Artikeln. Kapitel 1 widmet sich dem Anwendungsbereich. Im Anschluss hieran enthält Kapitel 2 allgemeine Bestimmungen mit Definitionen und Auslegungsregeln. Kapitel 3 beschäftigt sich mit den Wirkungen der Abtretung und vertraglichen Beschränkungen. Umfangreiche Regelungen zu den Rechten und Pflichten der Zessionsparteien sowie zum Schuldnerschutz und zum Verhältnis des Zessionars zu konkurrierenden Dritten enthält das Kapitel 4. Kapitel 5 stellt weitere Kollisionsregeln auf. Die Schlussbestimmungen finden sich in Kapitel 6.

Die Konvention enthält sowohl materielles Einheitsrecht als auch Kollisionsrecht. Die kollisionsrechtlichen Normen unterscheiden sich in ihrem räumlich-persönlichen Anwendungsbereich. Die Regelungen zur Form und zur Drittwirkung der Abtretung finden nur im Verhältnis von Vertragsstaaten Anwendung. Die Artikel des Kapitels 5, die das auf die Abtretung anwendbare Recht bestimmen, finden hingegen auch im Verhältnis zu Nicht-Vertragsstaaten Anwendung, wobei den Vertragsstaaten nach Art. 1 Abs. 4 S. 2 ermöglicht wird, diese gemäß Art. 39 auszuschließen.

II. Die Auslegung

Bei der Auslegung der UNCITRAL-Konvention ist auf die Grundsätze des Art. 7 zurückzugreifen. Wie Art. 4 FactÜ wird auch Art. 7, wie sich an dem Wortlaut zeigt, von Art. 7 CISG beeinflusst. Insofern sei auch an dieser Stelle der Hinweis auf die umfangreiche Rechtsprechung und Literatur zu Art. 7 CISG erlaubt.[6] Art. 7 Abs. 1 stellt auf die folgenden vier Auslegungsgrundsätze ab: Ziel und Zweck der Konvention, wie in der Präambel festgeschrieben, ihr internationaler Charakter, ihre einheitliche Anwendung und die Wahrung des guten Glaubens im internationalen Handel. Mit dem Hinweis auf den internationalen Charakter soll gewährleistet werden, dass eine autonome, also vom nationalen Recht unabhängige Auslegung vorgenommen wird. Eine einheitliche Anwendung der Konvention ist nur dann sicher

---

6 Beispielsweise: *Schlechtriem*[4]/*Ferrari*, Art. 7 CISG; MünchKomm[4]/*Westermann*, Art. 7 CISG.

gestellt, wenn die angerufenen Gerichte ihr Wesen erfassen und Entscheidungen von Gerichten oder Schiedsgerichten anderer Länder berücksichtigen.[7] Bei der Auslegung der Konvention unter Zuhilfenahme des Aspekts „Wahrung des guten Glaubens“ ist Vorsicht geboten, da er der Bestimmtheit der Konvention entgegenstehen kann.[8]

Art. 7 Abs. 2 widmet sich den Fragen, die Gegenstände betreffen, die in der Konvention entweder nicht ausdrücklich angesprochen werden oder die außerhalb ihres Anwendungsbereichs liegen. Erstere sind mithilfe der allgemeinen Grundsätze, auf welchen die Konvention beruht, zu lösen. Sie lassen sich der Präambel oder den mit der Konvention verfolgten Zielen entnehmen. Genannt seien nur das Ziel, den Zugang zu günstigen Krediten zu erleichtern oder das Prinzip des Schuldnerschutzes. Lücken im Kollisionsrecht der Konvention sind unter Rückgriff auf die ihm zugrunde liegenden Grundsätze zu schließen. Sollten sich diese nicht finden, so findet das am Forum herrschende internationale Privatrecht Anwendung.[9]

III. Der Anwendungsbereich

1. Das Verhältnis der UNCITRAL-Konvention zum Factoring-Übereinkommen

Vorab sei kurz auf das Verhältnis der UNCITRAL-Konvention zum Factoring-Übereinkommen eingegangen. Art. 38 Abs. 1 bestimmt, dass die Konvention keinem bereits geschlossenen oder noch abzuschließenden Abkommen, welches spezifisch den Regelungsgegenstand der Konvention betrifft, vorgeht. Eine Einschränkung hierzu enthält Art. 38 Abs. 2 S. 1. Danach geht die UNCITRAL-Konvention ungeachtet des Absatzes 1 dem Factoring-Übereinkommen vor.[10] Sofern die UNCITRAL-Konvention allerdings keine Anwendung auf die Rechte und Pflichten des Schuldners findet, schließt sie die Anwendung des Factoring-

7 UNCITRAL Yearbook 2001, vol. XXXII, Part Two, I., B. Analytical commentary on the draft Convention on Assignment of Receivables in International Trade, A/CN.9/489, n. 79. UNCITRAL hat inzwischen eine Sammlung mit Fällen zu UNCITRAL-Texten angelegt, sog. CLOUT. Sie ist abrufbar unter http://www.uncitral.org.

8 UNCITRAL Yearbook 2001, vol. XXXII, Part Two, I., B. Analytical commentary on the draft Convention on Assignment of Receivables in International Trade, A/CN.9/489, n. 80.

9 UNCITRAL Yearbook 2001, vol. XXXII, Part Two, I., B. Analytical commentary on the draft Convention on Assignment of Receivables in International Trade, A/CN.9/489, n. 81.

10 Arbeitsgruppe „Internationale Vertragspraxis“ der Internationalen Handelsrechtskommission der Vereinten Nationen (UNCITRAL)
Die *European Federation of Factoring Associations* (EUROPAFACTORING), eine Vereinigung der nationalen Factoringverbände, befürwortete in ihrer Stellungnahme zur UNCITRAL-Konvention einen Vorrang dieser gegenüber dem Factoring-Übereinkommen. (UNCITRAL Yearbook 2001, vol. XXXII, Part Two, I., C. Draft Convention on Assignment of Receivables in

Übereinkommens hinsichtlich der Rechte und Pflichten des Schuldners nicht aus (Art. 38 Abs. 2 S. 2).[11]

2. Die Abtretung internationaler Forderungen und die internationale Abtretung

Die UNCITRAL-Konvention kommt nach Art. 1 Abs. 1 lit. a) zur Anwendung, wenn internationale Forderungen abgetreten werden oder wenn eine internationale Abtretung von Forderungen vorliegt, sofern im Zeitpunkt des Abschlusses des Abtretungsvertrags der Zedent seinen Sitz in einem Vertragsstaat hat. Die Abtretung einer inländischen Forderung im Binnenverhältnis wird demnach ausgenommen. Die Konvention findet auf zahlreiche Formen der Unternehmensfinanzierung Anwendung, wie etwa die Securitisation mittels Asset-Backed Securities (ABS)[12], die Forfaitierung[13] und das Factoring.

International Trade: compilation of comments by Governments and international organizations, A/CN.9/490/Add. 4, 1. European Federation of Factoring Associations).
Der *Deutsche Factoring-Verband e. V.* begrüßt die UNCITRAL-Konvention und hat die Bundesregierung gebeten, die UNCITRAL-Konvention zu unterzeichnen und den Ratifizierungsprozess einzuleiten.

11 Insofern ist der Schluss von *Bette* (Factoring, in *Derleder/Knops/Bamberger* (Hrsg.), Handbuch zum deutschen und europäischen Bankrecht, S. 668 Rdnr. 18) das Factoring-Übereinkommen gehe als lex specialis der UNCITRAL-Konvention vor, unzutreffend.

12 Securitisation kann vereinfacht als „Kapitalmarktfactoring" bezeichnet werden. Dabei nimmt die klassische Form der Verbriefung, nämlich die Asset-Backed Securitisation die wichtigste Rolle ein. Forderungen werden nach bestimmten Eignungskriterien ausgewählt, in Pools zusammengefasst und vom Forderungsinhaber an eine Spezialgesellschaft verkauft. Jene refinanziert sich durch die Emission von Wertpapieren, die von institutionellen Investoren erworben werden. Die Rückzahlung der Wertpapiere erfolgt durch den Cash Flow der zugrunde liegenden Forderungen. Siehe zu den näheren Einzelheiten: *Danielewsky/Lehmann*, WM 2003, 221, 226 und *Bette*, WM 2002, 205, 207, 210.

13 Bei der Forfaitierung handelt es sich um den Ankauf einer Forderung unter Verzicht auf einen Rückgriff gegen den Verkäufer bei Zahlungsausfall. Dabei verbindet die Forfaitierung Aspekte der Vorfinanzierung mit solchen der Ausfuhrsicherung. In der Regel verkauft und überträgt ein Exporteur seinem Kreditinstitut Forderungen aus grenzüberschreitenden Liefergeschäften mit ausländischen Abnehmern. Kaufgegenstand können sowohl reine Buchforderungen als auch durch Wertpapiere (Wechsel), Bank- oder staatliche Ausfuhrgarantien oder Akkreditive verstärkte bzw. besicherte Ansprüche sein. Die Bank stellt dem Exporteur im Gegenzug einen Kaufpreis zur Verfügung, der sich nach dem Nominalwert der verkauften Forderung abzüglich eines in Prozent des Forderungsbetrags ausgedrückten Diskonts bemisst. Dieser wird durch die verbleibende Laufzeit der Forderung, die Bonität des ausländischen Schuldners sowie das länderspezifische Ausfallrisiko der Forderung bestimmt. Vom Factoring unterscheidet sich die Forfaitierung dadurch, dass die Bank nicht den Forderungseinzug, sondern Länder- und Währungsrisiken übernimmt. Forfaitierungen werden üblicherweise als Einzelgeschäft und nur selten innerhalb von Rahmenvereinbarungen vorgenommen. Siehe zu den näheren Einzelheiten: *Freitag*, Einzelne

Die Internationalität wird in Art. 3 definiert. Danach ist eine Forderung international, wenn im Zeitpunkt des Abschlusses des Ursprungsvertrags der Zedent und der Schuldner ihren Sitz in unterschiedlichen Staaten haben. Von einer internationalen Abtretung ist auszugehen, wenn im Zeitpunkt des Abschlusses des Abtretungsvertrags der Zedent und der Zessionar ihren Sitz in unterschiedlichen Staaten haben.

Unter dem Anknüpfungspunkt Sitz einer der an der Abtretung beteiligten Parteien versteht die Konvention nach Art. 5 lit. h) den Geschäftssitz. Dabei unterscheidet sie im Falle, dass Geschäftssitze in mehr als einem Staat vorhanden sind, zwischen den Parteien des Abtretungsvertrags und dem Schuldner. Haben der Zedent oder der Zessionar Geschäftssitze in mehreren Staaten, so kommt es auf den Sitz der Hauptverwaltung an. Beim Schuldner wird auf den Geschäftssitz abgestellt, der die engste Verbindung zu dem Ursprungsvertrag aufweist. Hat eine Person keinen Geschäftssitz, so ist ihr Wohnsitz maßgeblich.

Die Konvention definiert jedoch nicht nur die Internationalität und den Sitz, sondern in Art. 2 lit. a) auch die Begriffe „Abtretung", „Zedent", „Zessionar", „Forderung" und „Schuldner".

Eine Forderung ist ein auf Vertrag beruhendes Recht des Zedenten, von dem Schuldner Zahlung einer Geldsumme zu verlangen. Demzufolge unterfallen dem Begriff der Forderung Zahlungsansprüche aus Verkauf oder Vermietung von Waren, aus Dienstleistungen, Darlehen, Zinsleistungen, Lizenzen, Urheberrechten.[14] Mit der Hervorhebung der vertraglichen Herkunft des Zahlungsanspruches schließt die Konvention Forderungen, die auf einer gesetzlichen Grundlage beruhen, wie etwa gesetzliche Schadensersatzforderungen aus. Von dem Anwendungsbereich der Konvention werden nach Art. 4 Abs. 2 lit. a) bis lit. b) zudem Forderungen ausgenommen, die im Zusammenhang mit Inter-Bank- und ausländischen Börsengeschäften entstanden sind.

Nach Art. 2 lit. a) bezeichnet der Begriff „Abtretung" den Übergang eines Zahlungsanspruchs des Zedenten gegen den Schuldner auf den Zessionar durch Vereinbarung. Die Übertragung der Forderung kann zur Gänze, zum Teil oder hinsichtlich eines ungeteilten Teils erfolgen. Auch die Abtretung künftiger Forderungen[15] und die Globalzession sind möglich. Dies ergibt sich daraus, dass Art. 8 Abs. 1 der Abtretung künftiger Forderungen und der Globalzession nicht die Wirksamkeit nimmt. Der Begriff der Abtretung ist weit zu verstehen. So wird

Auslandsgeschäfte, in *Derleder/Knops/Bamberger*, Handbuch zum deutschen und europäischen Bankrecht, S. 1401 f.; *Hakenberg*, RIW 1998, 906 ff.; *v. Westphalen*, Exportfinanzierung^3, S. 473 und S. 483 ff.

14 *Danielewsky/Lehmann*, WM 2003, 221, 222.

15 Art. 5 lit. b) definiert die künftige Forderung als eine Forderung, die nach Abschluss des Abtretungsvertrags entsteht.

nach Art. 2 lit. a) S. 2 die Begründung eines Sicherungsrechtes als Übertragung einer Forderung angesehen. Insofern ist die Verpfändung einer Forderung als eine Abtretung im Sinne der Konvention zu werten. Die Konvention schließt auch solche Übertragungsformen ein, die eine Forderung durch vertragliche *subrogation* auf den neuen Gläubiger übergehen lassen.[16] Damit berücksichtigt sie, dass in bestimmten Rechtsordnungen der Forderungsübergang beim Factoring auf einer *subrogation* beruht.

Abtretungen, die zu persönlichen, familiären oder häuslichen Zwecken erfolgen, werden allerdings von der Konvention ebenso wenig erfasst wie Abtretungen im Rahmen eines Unternehmenskaufs oder einer Unternehmensumwandlung.[17] Die Konvention ist darüber hinaus nicht auf die Abtretung von Forderungen, die aus Finanzmarkttransaktionen hervorgehen, anwendbar.[18]

3. Nachfolgende Abtretungen

Die Anwendbarkeit der Konvention auf nachfolgende Abtretungen ist in Art. 1 Abs. 1 lit. b) geregelt. Wurde eine vorangegangene Abtretung von der Konvention beherrscht, so unterliegen nachfolgende Abtretungen ebenfalls der Konvention. Eine einmal der Konvention unterworfene Abtretung führt demnach dazu, dass weitere Abtretungen von der Konvention erfasst werden.

Die Konvention findet nach Art. 1 Abs. 2 aber auch auf eine nachfolgende Abtretung Anwendung, wenn sie selbst die Voraussetzungen des Art. 1 Abs. 1 lit. a) erfüllt. Dies gilt auch dann, wenn die vorangegangene Abtretung derselben Forderung nicht der Konvention unterlag. Eine vorgeschaltete rein nationale Abtretung schließt die Konvention nicht aus.

C. Die Sachnormen

Die Konvention enthält sowohl Normen, die materielles Einheitsrecht schaffen, als auch Kollisionsrecht. Um Schwierigkeiten, die im internationalen Handel bei der Bestimmung des anwendbaren Rechts bzw. mit unterschiedlichen Sachnormen entstehen, zu verringern, stellt sie detaillierte Regelungen zur Forderungsabtretung, wie etwa zur Wirksamkeit der Abtretung, zum Übergang von Sicherungsrechten und zu den Rechtsverhältnisses der von der Zession Betroffenen zur Verfügung.

16 *Kuhn*, in FS für *Siehr*, S. 99.

17 Art. 4 Abs. 1 lit. a) und lit. b).

18 Art. 4 Abs. 2 zählt u. a. folgende Forderungen aus Finanzmarkttransaktionen auf: Forderungen aus Börsengeschäften, Akkreditiven, Wertschriftenverkauf oder Wertschriftenleihe zu Anlagezwecken, aus Bankguthaben.

I. Die Voraussetzungen der Abtretung

1. Vorbemerkung

Die UNCITRAL-Konvention erkennt die in zahlreichen Rechtsordnungen bekannte Unterscheidung zwischen der Abtretung, bei welcher es zu einem Wechsel in der Inhaberschaft der Forderung kommt und dem ihr zugrunde liegenden Rechtsgeschäft, welches die schuldrechtliche Verpflichtung zur Abtretung schafft, an. Sie nimmt zu dem Verhältnis des schuldrechtlichen Grundgeschäftes zur Abtretung als Verfügungsgeschäft allerdings keine Stellung. So bleibt die Frage, ob die Wirksamkeit einer Abtretung von der des Verpflichtungsgeschäfts abhängt, unbeantwortet.[19]

2. Die Wirksamkeit der Abtretung

Die entscheidende Bestimmung zur Wirksamkeit einer Abtretung enthält Art. 8 Abs. 1. Danach ist eine Zession zwischen Zedent und Zessionar, im Verhältnis zum Schuldner oder einem konkurrierenden Dritten[20] nicht unwirksam und kann einem Zessionar nicht sein Vorrangrecht genommen werden, wenn sie mehrere Forderungen, zukünftige Forderungen oder Teile von Forderungen zum Gegenstand hat, sofern die der Abtretung zugrunde liegenden Forderungen einzeln bezeichnet werden[21] oder auf eine andere Art und Weise zum Zeitpunkt der Zession bestimmbar sind.[22] Handelt es sich um die Abtretung künftiger Forderungen, so müssen diese mit Abschluss des Ursprungsvertrags als Gegenstand der Abtretung bestimmbar sein.

Die UNCITRAL-Konvention erkennt damit ausdrücklich die Abtretung zukünftiger Forderungen an, was nicht in allen Rechtsordnungen der Fall ist.[23] Der

19 UNCITRAL Yearbook 2001, vol. XXXII, Part Two, I., B. Analytical commentary on the draft Convention on Assignment of Receivables in International Trade, A/CN.9/489, n. 25.

20 Interessanterweise wurden in Art. 9 Abs. 1 des Konventionsentwurfs, der Art. 8 Abs. 1 der Endfassung entspricht, die konkurrierenden Dritten nicht erwähnt. Siehe hierzu: UNCITRAL Yearbook 2001, vol. XXXII, Part Two, I., B. Analytical commentary on the draft Convention on Assignment of Receivables in International Trade, A/CN.9/489, Article 9.

21 Art. 8 Abs. 1 lit. a).

22 Art. 8 Abs. 1 lit. b).

23 Im deutschen Recht können künftige Forderungen nach allgemeiner Ansicht abgetreten werden (Palandt[64]/*Heinrichs*, § 398 BGB Rdnr. 11). Voraussetzung ist allerdings, dass sie bestimmbar sind. Ausreichend ist, dass im Zeitpunkt des Entstehens der Forderungen bestimmbar ist, ob die Forderungen von der Abtretung erfasst werden. Im französischen Recht stellt sich die Rechtslage bezüglich der Abtretung künftiger Forderungen als nicht so eindeutig dar. Nach Art. L. 313-23 Code monétaire et financier ist zumindest bei der Abtretung nach der *Loi Dailly* die Abtretung künftiger Forderungen möglich. *Kieninger* (in FS Würzburger Juristenfakultät, S. 305) weist

Begriff der Wirksamkeit ist dahin zu verstehen, dass der Zessionar vom Schuldner Zahlung verlangen und, sofern der Schuldner sich nicht auf das Fehlen einer Benachrichtigung beruft, eine erhaltene Zahlung behalten kann.[24] Zu berücksichtigen sind in diesem Zusammenhang allerdings zwei Normen. Zum einen ist die befreiende Zahlung des Schuldners Gegenstand des Art. 17 und zum anderen wird das Verhältnis des Zessionars zu Dritten, also konkurrierenden Gläubigern des Zedenten und anderen Zessionaren im Falle der Mehrfachabtretung durch den Zedenten in Art. 22 geregelt. Was das Verhältnis des Zessionars zu konkurrierenden Dritten angeht, so ergänzen Art. 8 und Art. 22 Abs. 1 einander. Nach Art. 8 Abs. 1 können konkurrierende Dritte nicht einwenden, die Abtretung künftiger Forderungen sei unwirksam. Die Priorität im Verhältnis des Zessionars zu Dritten ist hingegen ausschließlich Gegenstand des Art. 22.

Die Abtretungsanzeige an den Schuldner ist nach der Konvention keine Wirksamkeitsvoraussetzung für die Abtretung. Von ihr hängt jedoch ab, ob der Schuldner an den Richtigen leistet und von seiner Zahlungspflicht frei wird. Solange der Schuldner keine Benachrichtigung von der Abtretung erhalten hat, hat eine von ihm vorgenommene Leistung nur befreiende Wirkung, wenn sie in Übereinstimmung mit dem Ursprungsvertrag erfolgt, Art. 17 Abs. 1.

Art. 8 Abs. 2 stellt klar, dass, ohne anderslautende Vereinbarung, die Abtretung einer oder mehrerer künftiger Forderungen wirksam ist, ohne dass es eines neuen Übertragungsaktes für jede der Forderungen bedarf.

3. Die Abtretungsbeschränkungen

a. Die gesetzlichen Abtretungsbeschränkungen

Eine Regelung zu gesetzlichen Abtretungsbeschränkungen lässt sich Art. 8 Abs. 3 entnehmen. Er bestimmt, dass die Konvention abgesehen von Art. 8 Abs. 1, von Art. 9 und von Art. 10 Abs. 2 und 3 keinen Einfluss auf eine gesetzliche Abtretungsbeschränkung hat. Solche gesetzlichen Beschränkungen, die der Abtretung mehrerer Forderungen, zukünftiger Forderungen oder von Teilforderungen entgegenstehen, sind im Bereich der internationalen Abtretung unbeachtlich. Dies gilt auch für gesetzliche Bestimmungen, die vertragliche Abtretungsverbote für wirksam erachten.[25] Außerhalb des Regelungsgegenstandes der Art. 8 Abs. 1, Art. 9

in diesem Zusammenhang darauf hin, dass sich die Frage nach der Zulässigkeit der Abtretung künftiger Forderungen gar nicht stelle, da für die Wirksamkeit der Abtretung gegenüber dem Schuldner und sonstigen Dritten Notifikationsanforderungen bestünden, die es praktisch unmöglich machten, künftige Forderungen oder Forderungsgesamtheiten abzutreten.

24 UNCITRAL Yearbook 2001, vol. XXXII, Part Two, I., B. Analytical commentary on the draft Convention on Assignment of Receivables in International Trade, A/CN.9/489, n. 85.

25 *Danielewsky/Lehmann*, WM 2003, 221, 223.

und Art. 10 Abs. 2 und 3 sind gesetzliche Abtretungsbeschränkungen jedoch zu berücksichtigen. Fraglich ist, welchem Recht die Abtretungsbeschränkungen zu entnehmen sind. Sinnvoll erscheint es, auf das Recht abzustellen, dem die Forderung unterliegt.[26]

b. Die vertraglichen Abtretungsbeschränkungen

Die vertraglichen Abtretungsbeschränkungen werden in Art. 9 behandelt. Art. 9 stand unter dem Einfluss des Factoring-Übereinkommens[27] und erklärt eine Abtretung, ungeachtet einer Vereinbarung zwischen dem ursprünglichen oder jedem nachfolgenden Zedenten und dem Schuldner oder jedem nachfolgenden Zessionar, die auf welche Weise auch immer das Recht zur Abtretung des Zedenten beschränkt, für wirksam.[28]

Nach Art. 9 Abs. 3 werden von Art. 9 nur ganz bestimmte Abtretungen erfasst. Die Befreiung von einer vertraglichen Abtretungsbeschränkung findet nur Anwendung auf Forderungen, die aus einem Vertrag stammen, der die Lieferung *(fourniture)* oder Vermietung *(location)* von beweglichen Gütern *(biens meubles corporels)* oder Dienstleistungen *(prestation de services)* außer Finanzdienstleistungen *(services financiers)* zum Gegenstand hat. Gleiches gilt für Forderungen aus Bauverträgen *(réalisation de travaux de construction)* oder dem Verkauf *(vente)* oder der Vermietung *(location)* von Immobilien. Nach Art. 9 Abs. 3 lit. b) unterfallen der Befreiung zudem Forderungen aus dem Verkauf *(vente)*, der Vermietung *(location)* oder der Lizensierung *(concession de licence)* industriellen Eigentums *(droit de propriété industrielle)* oder sonstigen geistigen Eigentums *(propriété intellectuelle)* oder aus geschützten Informationen *(informations protégées)*, die einen kommerziellen Wert haben. Von vertraglichen Abtretungsbeschränkungen werden nach Art. 9 Abs. 3 lit. c) und d) ebenfalls nicht erfasst: Kreditkartenforderungen *(obligation de paiement au titre d'une opération sur carte)* und solche Forderungen, die dem Zedenten aus Verrechnungsansprüchen fälliger Zahlungen zustehen, die aus Verrechnungsverträgen zwischen mehr als zwei Parteien entstanden sind.

Die Frage nach den Pflichten und der Haftung des Zedenten[29] wegen Verstoßes gegen die vertragliche Vereinbarung wird nach Art. 9 Abs. 2 S. 1 dem außerhalb der Konvention anwendbaren Recht überlassen. Art. 9 Abs. 2 S. 1 bestimmt darüber

---

26 *Danielewsky/Lehmann*, WM 2003, 221, 223.

27 UNCITRAL Yearbook 2001, vol. XXXII, Part Two, I., B. Analytical commentary on the draft Convention on Assignment of Receivables in International Trade, A/CN.9/489, n. 99.

28 Im deutschen Recht gilt Folgendes. Ist das Rechtsgeschäft, das die Geldforderung begründet, für beide Parteien ein Handelsgeschäft, so ist nach § 354 a S. 1 HGB eine Forderungsabtretung trotz vereinbarten Abtretungsverbots wirksam und zwar absolut und nicht nur relativ.

29 *Kieninger* (in FS Würzburger Juristenfakultät, S. 305) spricht wohl versehentlich von der Haftung des Zessionars.

hinaus, dass der andere Teil der Vereinbarung nicht berechtigt ist, den Ursprungs- oder Abtretungsvertrag aus dem einzigen Grund aufzulösen, dass die vertragliche Beschränkung verletzt worden ist. Art. 9 Abs. 2 S. 2 stellt ferner klar, dass ein an der vertraglichen Vereinbarung Unbeteiligter nicht allein deswegen haftet, weil er von ihr Kenntnis hat. Etwas anderes ist aber beispielsweise anzunehmen, wenn Zedent und Zessionar kollusiv zum Nachteil des Schuldners zusammenwirken.[30]

4. Die Form des Abtretungsvertrags

Der ursprüngliche Entwurf der Konvention sah in Art. 5 eine Bestimmung zur Form der Abtretung vor. Danach sollte eine Abtretung ohne Beachtung der Schriftform zustandekommen und beweisbar sein.[31] Ein späterer Entwurf sah eine Kollisionsregel vor, die die Erfüllung des Formerfordernisses nach dem Recht des Staates beurteilte, in welchem der Zedent seinen Sitz hatte, oder dem nach den Regeln des Internationalen Privatrechts anzuwendenden Recht unterwarf.[32] Sie wurde in der 34. Sitzung der Arbeitsgruppe bewusst gestrichen, weil befürchtet wurde, dass eine Kollisionsregel nicht zur Rechtssicherheit beitragen würde.

Die endgültige Fassung der Konvention enthält keine Bestimmung zur Form der Abtretung. Es bleibt abzuwarten, ob dies dahin zu verstehen ist, dass eine internationale Forderungsabtretung zu ihrer Wirksamkeit keiner bestimmten Form bedarf,[33] oder ob auf außerhalb der Konvention stehendes Recht abzustellen ist, wobei sich dann die Frage nach dem Anknüpfungsmoment stellt. Allzu große Bedeutung dürfte die Problematik aber nicht haben, da davon auszugehen ist, dass Abtretungsverträge zu Finanzierungszwecken stets schriftlich erfolgen. Schwierigkeiten sind allerdings denkbar, wenn Rechtspositionen Dritter berührt werden. So sieht der in Deutschland bekannte verlängerte Eigentumsvorbehalt zugunsten des Warenkreditgebers die Abtretung künftiger Forderungen vor und diese wird nicht immer schriftlich vereinbart.

30 UNCITRAL Yearbook 2001, vol. XXXII, Part Two, I., B. Analytical commentary on the draft Convention on Assignment of Receivables in International Trade, A/CN.9/489, n. 99.

31 „*An assignment need not be effected or evidenced by writing and is not subject to any other requirement as to form. It may be proved by any means, including witnesses.*" (UNCITRAL Yearbook 1996, vol. XXVII, Part Two, IV. Receivables Financing, A/CN.9/420, n. 75).

32 „*An assignment is valid as to form if it meets the form requirements, if any form requirements exist, of either the law of the State in which the assignor is located or any other law applicable by virtue of the rules of private international law.*" (UNCITRAL Yearbook 2001, vol. XXXII, Part One, The 34th session (2001), A. Report of the United Nations Commission on International Trade Law on the work of its thirty-forth session, A/56/17, n. 161).

33 So jedenfalls *Danielewsky/Lehmann*, WM 2003, 221, 224.

II. Die Rechtsfolgen der Abtretung

1. Das Verhältnis der Parteien des Abtretungsvertrags

Die Konvention widmet sich in Kapitel IV mit der Überschrift Rechte, Pflichten und Einwendungen und dort in Abschnitt 1 dem Verhältnis von Zedent und Zessionar. Nach Art. 11 Abs. 1 werden die aus der zwischen Zedent und Zessionar bestehenden Vereinbarung herrührenden gegenseitigen Rechte und Pflichten von ihrem Wortlaut und ihren Bedingungen bestimmt. Inbegriffen sind alle Regeln und alle allgemeinen Bedingungen, die in ihr erwähnt sind.

Art. 11 Abs. 2 betont ferner, dass der Zedent und der Zessionar an die von ihnen gebilligten Gepflogenheiten und sofern sie nichts Entgegenstehendes vereinbart haben, an die zwischen ihnen bestehenden Gewohnheiten gebunden sind.

a. Die Mängelhaftung des Zedenten

Nach Art. 12 Abs. 1 hat der Zedent, sofern die Zessionsparteien keine anderslautende Vereinbarung getroffen haben, zum Zeitpunkt des Abschlusses des Abtretungsvertrags dafür einzustehen, dass er berechtigt ist, die Forderung abzutreten, dass er die Forderung nicht bereits an einen anderen Zessionar übertragen hat und dass der Schuldner weder eine Einwendung noch ein Recht zur Aufrechnung geltend macht bzw. geltend machen wird.

Bei der Mängelhaftung des Zedenten handelt es sich um einen wesentlichen Aspekt der Abtretungsvereinbarung. Er beeinflusst sowohl die Höhe des Betrags, die der Zessionar dem Zedenten für die Forderung zur Verfügung stellt, als auch die Kosten für die Bereitstellung des Geldes. Grundsätzlich treffen die Parteien in dem Finanzierungsvertrag, dem Abtretungsvertrag, sofern es sich um einen gesonderten Vertrag handelt, oder in einem sonstigen Vertrag eine Vereinbarung bezüglich der Haftung des Zedenten.[34] Dem trägt Art. 12 Rechnung, indem er der Parteiautonomie den Vorrang einräumt. Art. 12 findet nur Anwendung, wenn die Parteien des Abtretungsvertrags keine Regelung hinsichtlich der Gewährleistung des Zedenten getroffen haben. Ziel des Art. 12 ist es, ein Gleichgewicht zu schaffen zwischen einem gerechten Verhältnis der Zessionsparteien und dem Bedarf nach Kreditmitteln zu günstigen Konditionen.[35] Dabei stimmt Art. 12 mit der gängigen

34 UNCITRAL Yearbook 2001, vol. XXXII, Part Two, I., B. Analytical commentary on the draft Convention on Assignment of Receivables in International Trade, A/CN.9/489, n. 114. Auch diese Kommentierung macht deutlich, dass die Konvention die Unterscheidung zwischen der Abtretung und dem ihr zugrunde liegenden Rechtsgeschäft anerkennt. Siehe hierzu Ausführungen unter: Teil 4: C. I. 1.

35 UNCITRAL Yearbook 2001, vol. XXXII, Part Two, I., B. Analytical commentary on the draft Convention on Assignment of Receivables in International Trade, A/CN.9/489, n. 115.

Rechtspraxis überein, nach welcher der Zedent zwar für den Bestand der Forderung haftet, nicht aber für die Zahlungsfähigkeit des Schuldners.[36]

Vor dem Hintergrund, dass der Zessionar das dem Forderungsübergang innewohnende Risiko abschätzen können muss, bestimmt Art. 12 Abs. 1, dass hinsichtlich der Haftung des Zedenten auf den Zeitpunkt des Abschlusses des Abtretungsvertrags abzustellen ist. Bei der Übertragung künftiger Forderungen kommt es auf den Zeitpunkt der Entstehung der Forderung an.[37]

Art. 12 Abs. 1 lit. a) behandelt den Mängelfall, dass der Zedent zur Abtretung der Forderung nicht berechtigt ist. Dies kann daran liegen, dass er rechtlich nicht befugt ist, über die Forderung zu verfügen, sei es, weil er nicht geschäftsfähig oder bevollmächtigt ist oder weil ein gesetzliches Abtretungsverbot besteht.[38] Dies wird damit gerechtfertigt, dass es für den Zedenten einfacher ist, in Erfahrung zu bringen, ob er zur Abtretung berechtigt ist oder nicht. Gleichwohl besteht keine Haftung des Zedenten gegenüber dem Zessionar, wenn der Ursprungsvertrag zwischen dem Zedenten und dem Schuldner eine Abtretungsbeschränkung enthält und diese gebrochen wird.[39] Diese Frage wird dem außerhalb der Konvention anwendbaren Recht überlassen.

Nach Art. 12 Abs. 1 lit. b) hat der Zedent dafür einzustehen, dass er die Forderung nicht bereits an einen anderen Zessionar abgetreten hat. Zu einer Haftung des Zedenten kommt es demnach dann, wenn der Zessionar nach dem Prioritätsprinzip nicht Inhaber der Forderung geworden ist.

---

36 Im deutschen Recht gilt nach § 453 BGB, dass der Verkäufer eines Rechts verpflichtet ist, dieses frei von Rechtsmängeln zu übertragen. Ein Rechtsmangel liegt vor, wenn das verkaufte Recht nicht besteht, nicht in dem im Kaufvertrag vereinbarten Umfang besteht, oder wenn ihm andere Rechte entgegenstehen (Palandt[64]/*Putzo*, § 453 BGB Rdnr. 18). Die Zahlungsunfähigkeit des Schuldners gilt unzweifelhaft dann als Rechtsmangel, wenn die Parteien des Kaufvertrags dies vereinbaren (Palandt[64]/*Putzo*, § 453 BGB Rdnr. 22). Unklar ist dies, wenn die Parteien keine Regelung treffen. Man wird wohl einen Rechtsmangel annehmen müssen (siehe zu den näheren Einzelheiten Teil 1: A. VI. 1. b. bb.). Im französischen Recht ist Art. 1693 C. civ. maßgeblich. Danach haftet der Zedent zum Zeitpunkt des Forderungsübergangs für den Bestand der Forderung. Dies ist dahin zu verstehen, dass die Forderung zum Zeitpunkt der Abtretung zu seinen Gunsten besteht, Zahlung verlangt werden kann und dass der Schuldner keine Einwendung, beispielsweise eine Erfüllung oder Verjährung, geltend machen kann (*Marty/Raynaud/Jestaz*, Droit civil, Les obligations[2], t. 2, n. 363). Nach Art. 1694 C. civ. hat der Zedent allerdings nicht für die Zahlungsfähigkeit des Schuldners einzustehen.

37 UNCITRAL Yearbook 2001, vol. XXXII, Part Two, I., B. Analytical commentary on the draft Convention on Assignment of Receivables in International Trade, A/CN.9/489, n. 116.

38 UNCITRAL Yearbook 2001, vol. XXXII, Part Two, I., B. Analytical commentary on the draft Convention on Assignment of Receivables in International Trade, A/CN.9/489, n. 117.

39 UNCITRAL Yearbook 2001, vol. XXXII, Part Two, I., B. Analytical commentary on the draft Convention on Assignment of Receivables in International Trade, A/CN.9/489, n. 117.

Die Haftung des Zedenten besteht nach Art. 12 Abs. 1 lit. c) zudem dann, wenn der Schuldner sich auf Einwendungen berufen oder aufrechnen kann. Hintergrund ist, dass der Zedent, wenn er seinen vertraglichen Verpflichtungen ordentlich nachkommt, in der Lage ist, Einwendungen des Schuldners auszuschließen. Er ist derjenige, der am besten beurteilen kann, ob der Vertrag ordentlich erfüllt wird. Dies gilt auch dann, wenn er Waren verkauft, die von einem Dritten hergestellt worden sind.[40] Art. 12 Abs. 1 lit. c) hat einen weiten Anwendungsbereich. Er umfasst Einwendungen und das Recht zur Aufrechnung unabhängig davon, ob sie vertraglichen oder nicht-vertraglichen Ursprungs sind und ob sie sich auf bestehende oder künftige Forderungen beziehen.[41]

b. Der Anspruch des Zessionars auf Erhalt der Zahlung

Hat der Schuldner die Forderung durch Erfüllung zum Erlöschen gebracht, so stellt sich die Frage, wem die Zahlung zusteht.[42] Nach Art. 14 Abs. 1 ist dies ohne anderslautende Vereinbarung der Zessionsparteien und unabhängig von einer Abtretungsbenachrichtigung der Zessionar. Art. 14 Abs. 1 stellt eine Anspruchgrundlage dar, aufgrund welcher er von dem Zedenten oder einem Dritten empfangene Zahlungen an sich herausverlangen kann. Art. 14 Abs. 1 lit. a) räumt ihm das Recht ein, eine an ihn erfolgte Leistung einzubehalten. Nach Art. 14 Abs. 2 kann der Zessionar aber nicht mehr als den Wert seines Rechts auf die Forderung geltend machen.

c. Der Übergang der Sicherungsrechte

Nach Art. 10 Abs. 1 S. 1 geht ein persönliches oder dingliches Sicherungsrecht, das den Zahlungsanspruch aus einer abgetretenen Forderung garantiert, automatisch mit der Forderung über, ohne dass es eines neuen Übertragungsakts bedarf. Die Formulierung „Recht, das den Zahlungsanspruch aus einer abgetretenen Forderung garantiert“ soll zum Ausdruck bringen, dass sowohl akzessorische Sicherungsrechte, wie z. B. eine Bürgschaft oder ein Pfandrecht, als auch selbstständige Sicherungsrechte, wie z. B. eine unabhängige Garantie, erfasst werden.[43] Die Frage, ob es sich bei dem Recht um ein akzessorisches oder unabhängiges handelt, oder

---

40 UNCITRAL Yearbook 2001, vol. XXXII, Part Two, I., B. Analytical commentary on the draft Convention on Assignment of Receivables in International Trade, A/CN.9/489, n. 118.

41 UNCITRAL Yearbook 2001, vol. XXXII, Part Two, I., B. Analytical commentary on the draft Convention on Assignment of Receivables in International Trade, A/CN.9/489, n. 118.

42 Die englische Sprachfassung verwendet den Begriff „*proceeds*“. Er stammt aus dem anglo-amerikanischen Rechtskreis und meint Vermögenswerte, die an die Stelle der abgetretenen Forderung treten, wenn diese durch Erfüllung oder aus einem anderen Grund untergeht (*Kuhn*, in FS für *Siehr*, S. 109).

43 UNCITRAL Yearbook 2001, vol. XXXII, Part Two, I., B. Analytical commentary on the draft Convention on Assignment of Receivables in International Trade, A/CN.9/489, n. 105.

ob materielle oder prozessuale Erfordernisse für ihre Begründung zu beachten sind, wird dem auf das Recht anwendbaren nationalen Recht überlassen.[44] Bestimmt das auf das Sicherungsrecht anwendbare Recht jedoch, dass dieses nur aufgrund einer neuen Übertragungshandlung übergeht, dann ist der Zedent nach Art. 10 Abs. 1 S. 2 verpflichtet, dieses zu übertragen. Kommt er dieser Verpflichtung nicht nach, so hat der Zessionar einen Anspruch gegen den Zedenten.

Ein den Zahlungsanspruch aus der Forderung garantierendes Sicherungsrecht wird ungeachtet einer entgegenstehenden Vereinbarung zwischen Zedent und Schuldner oder einer das Sicherungsrecht begründenden anderen Person übertragen, Art. 10 Abs. 2.

Von besonderer Bedeutung ist Art. 10 Abs. 3. Er stellt klar, dass keine der Regelungen des Art. 10 Einfluss auf die Pflichten oder die Haftung des Zedenten hat, die sich daraus ergeben, dass er gegen eine Vereinbarung im Sinne des Art. 10 Abs. 2 verstößt. Die Haftung selbst beurteilt sich nach dem außerhalb der Konvention stehenden anwendbaren Recht.

Der Regelung des Art. 10 Abs. 4 entspricht der des Art. 9 Abs. 3, der ganz bestimmte Forderungsarten betrifft.

2. Das Verhältnis von Zessionar und Schuldner

Bereits in der Präambel der Konvention werden zwei Ziele hervorgehoben, die einander widersprechen. Einerseits wird zur Förderung des internationalen Handels eine moderne Handhabung der Forderungsabtretung, die Vorhersehbarkeit und Transparenz gewährleistet, erstrebt, andererseits wird betont, dass die Interessen des Schuldners im Falle einer Abtretung gebührend zu schützen sind. Dies ist dahin zu verstehen, dass der Schuldner eine einfache und sichere Möglichkeit haben muss, sich durch Zahlung von seiner Schuld zu befreien, ohne dass er mit umfangreichen und aufwändigen Erkundigungen belastet wird. Dem Schuldner müssen aber auch die Einwendungen und Einreden aus dem Vertragsverhältnis mit dem Zedenten und das Recht zur Aufrechnung erhalten bleiben.

a. Die befreiende Leistung des Schuldners

Die Konvention regelt die befreiende Zahlung des Schuldners in Art. 17. Grundsätzlich wird er von seiner Leistungspflicht frei, wenn er an den Berechtigten zahlt (Art. 17 Abs. 8)[45]. Schwierigkeiten ergeben sich dann, wenn der Schuldner nicht

44 UNCITRAL Yearbook 2001, vol. XXXII, Part Two, I., B. Analytical commentary on the draft Convention on Assignment of Receivables in International Trade, A/CN.9/489, n. 105.

45 Der Schuldner wird auch dann von seiner Zahlungspflicht befreit, wenn er an eine zuständige gerichtliche oder andere Stelle zahlt.

an den Berechtigten leistet. Dies kann zum einen daran liegen, dass er von einer wirksamen Abtretung nicht in Kenntnis gesetzt worden ist, und zum anderen daran, dass er irrtümlich davon ausgeht, es habe eine wirksame Abtretung stattgefunden.

Kenntnis erlangt der Schuldner durch eine schriftliche[46] Abtretungsanzeige[47].[48] In den Beratungen zur UNCITRAL-Konvention entschied man sich für diese den Interessen aller Beteiligten, insbesondere des Schuldners, gerecht werdenden Lösung.[49] Nach Art. 16 Abs. 1 entfaltet die schriftliche Abtretungsanzeige Wirkung, wenn der Schuldner sie empfängt und wenn sie in einer Sprache abgefasst ist, von der vernünftigerweise erwartet werden kann, dass der Schuldner sie versteht. Ausreichend ist jedenfalls, dass sie in der Sprache des Ursprungsvertrags formuliert ist. Die Abtretungsanzeige kann nach Art. 13 Abs. 1 sowohl vom Zedenten als auch vom Zessionar oder von beiden gemeinsam vorgenommen werden.[50] Solange der Schuldner keine Benachrichtigung von der Abtretung erhalten hat, wird er, sofern er in Übereinstimmung mit den Bestimmungen des Ursprungsvertrags leistet, frei (Art. 17 Abs. 1).

Hat der Schuldner auf andere Weise, also ohne dass ihm eine schriftliche Abtretungsanzeige gemacht worden ist, von der Abtretung erfahren und leistet er irrtümlich an den für den Zessionar Gehaltenen, so setzt er sich der Gefahr aus, dem wahren Forderungsinhaber weiterhin verpflichtet zu sein.[51] Will er dieser Gefahr entgehen, hat er bis zum Erhalt einer schriftlichen Abtretungsbenachrichtigung an den Zedenten zu zahlen. Dies gilt auch dann, wenn er positive Kenntnis von einer wirksamen Abtretung hat, etwa durch eine mündliche Abtretungsanzeige.

---

46 In Art. 5 lit. d) wird die Abtretungsanzeige definiert als eine schriftliche Benachrichtigung, die in zureichender Weise die abgetretenen Forderungen und den Zessionar angibt. Nach Art. 5 lit. c) bezeichnet der Begriff „schriftlich" jede zugängliche Informationsform, die für eine nachträgliche Bezugnahme verwendbar ist.

47 Die französische Sprachfassung der UNCITRAL-Konvention verwendet den Begriff *„notification"*. Dieser kann mit Benachrichtigung oder Abtretungsanzeige übersetzt werden.

48 Im Gegensatz hierzu bedarf die Abtretungsanzeige nach deutschem Recht keiner Form (§ 409 Abs. 1 S. 1 BGB). Sie kann auch mündlich erfolgen. Das französische Recht wiederum sieht bei der *cession de créance* zur Erlangung der Drittwirksamkeit der Abtretung, also insbesondere im Verhältnis zum Schuldner, strenge Formanforderungen vor *(acceptation* oder *signification)*. Anders verhält es sich mit der *notification* bei der *subrogation* und der Abtretung nach der *Loi Dailly*. Sie ist nicht Voraussetzung der Drittwirksamkeit und bedarf keiner bestimmten Form.

49 *Kieninger*, in FS Würzburger Juristenfakultät, S. 311.

50 Im deutschen Recht erfolgt die Abtretungsanzeige durch den Zedenten. Der Schuldner ist dem Zessionar nach § 410 Abs. 1 S. 1 BGB nur zur Leistung verpflichtet, wenn dieser ihm eine vom Zedenten ausgestellte Urkunde über die Abtretung aushändigt. Nach Art. L. 313-28 C. mon. et fin. kann der Zessionar bei einer *cession Dailly* dem Schuldner jederzeit verbieten, die abgetretene Forderung gegenüber dem Zedenten auszugleichen.

51 *Kieninger*, in FS Würzburger Juristenfakultät, S. 309.

Voraussetzung ist demnach, dass der Schuldner sein Recht kennt, bis zum Empfang einer schriftlichen Abtretungsanzeige stets an den Zedenten leisten zu können.

Beruht die Leistung des Schuldners an einen materiell nicht Berechtigten allerdings auf einer schriftlichen Abtretungsanzeige, so ist zu unterscheiden, ob sie vom Zedenten oder vom Zessionar stammt. Nach Art. 17 Abs. 2 wird der Schuldner frei, wenn er aufgrund einer Abtretungsanzeige des Zedenten an den vermeintlichen für den Zessionar Gehaltenen oder aufgrund anderer Zahlungsanweisungen an einen Dritten zahlt. Etwas schwieriger gestaltet sich die Rechtslage, wenn der Schuldner aufgrund einer Abtretungsanzeige des Zessionars nicht an den wahren Forderungsinhaber leistet. Erhält der Schuldner eine Abtretungsanzeige vom Zessionar, so ist er nach Art. 17 Abs. 7 S. 1 berechtigt, von diesem zu verlangen, innerhalb einer vernünftigen Frist auf geeignete Weise nachzuweisen, dass eine Abtretung vorgenommen worden ist. Geeignet ist insbesondere eine schriftliche Bestätigung des Zedenten, in welcher er angibt, dass eine Abtretung stattgefunden hat. Kommt der Zessionar der Aufforderung des Schuldners nicht fristgemäß nach, so kann der Schuldner mit befreiender Wirkung unter Berücksichtigung der Bestimmungen des Art. 17 leisten, so als habe er keine Benachrichtigung erhalten. Zu Recht wirft *Kieninger*[52] in diesem Zusammenhang die Frage auf, wie die Rechtslage zu beurteilen ist, wenn der Schuldner sein Recht aus Art. 17 Abs. 7 nicht kennt und an den Scheinzessionar leistet, ohne zuvor von ihm einen Abtretungsnachweis gefordert zu haben. Man könnte der Auffassung sein, dass der Schuldner auf eigene Gefahr handelt, wenn er nicht von den ihm eingeräumten Rechten Gebrauch macht. Andererseits könnte vertreten werden, auf die Grundgedanken der Absätze 1 und 2 des Art. 17 zu verweisen. Solange der Schuldner keine schriftliche Abtretungsbenachrichtigung erhält, kann und muss er sogar, will er dem Risiko einer doppelten Inanspruchnahme entgehen, an den Zedenten zahlen, um von seiner Verpflichtung frei zu werden. Erfolgt nun eine Abtretungsanzeige, könnte man der Ansicht sein, dass der Schuldner auch ohne Beweisanforderung durch Leistung an den Scheinzessionar frei wird. Dies erscheint aber verglichen mit einem Schuldner, der sein Recht aus Art. 17 Abs. 7 kennt und vom Zessionar einen Abtretungsnachweis verlangt und diesen prüft, nicht sachgerecht. Dies umso mehr, als davon auszugehen ist, dass die meisten nationalen Rechtsordnungen vom Schuldner verlangen, das Zahlungsbegehren eines sog. Scheinzessionars zu prüfen.[53]

52 *Kieninger*, in FS Würzburger Juristenfakultät, S. 310.

53 Nach § 410 Abs. 1 S. 1 BGB hat der Schuldner ein Leistungsverweigerungsrecht, solange der neue Gläubiger keine vom Zedenten ausgestellte Urkunde über die Abtretung aushändigt.

b. Die Erhaltung der Rechte des Schuldners

Auch der UNCITRAL-Konvention liegt der Gedanke zugrunde, dass sich durch die Abtretung die Rechtsstellung des Schuldners nicht verschlechtern darf. Nach Art. 18 Abs. 1 kann der Schuldner der Zahlungsaufforderung des Zessionars alle Einwendungen entgegenhalten und mit Ansprüchen aufrechnen, die dem Ursprungsvertrag entstammen und auf die er sich gegenüber dem Zedenten hätte berufen können, wenn es zu keiner Abtretung gekommen wäre. Dies gilt auch für Ansprüche, die aus einem anderen Vertrag herrühren, der Gegenstand desselben Geschäfts ist.

Anders ist die Rechtslage zu beurteilen, wenn der Anspruch, mit dem aufgerechnet werden soll, aus einem Vertrag resultiert, der keine Beziehung zum Ursprungsvertrag aufweist. Die Möglichkeit zur Aufrechnung besteht nach Art. 18 Abs. 2 dann nur, wenn der Schuldner sich bereits im Zeitpunkt der Abtretungsanzeige auf die Aufrechnung hätte berufen können. Unklar ist, welche Anforderungen an die Forderung, mit der aufgerechnet werden soll, zu stellen sind. Diese werden nämlich von den nationalen Rechtsordnungen unterschiedlich beurteilt. Vor diesem Hintergrund erlangt Art. 7 Abs. 2 1. Alt. besondere Bedeutung. Fragen, die den Regelungsgegenstand der Konvention betreffen, von dieser aber nicht ausdrücklich entschieden werden, sind nach den allgemeinen Grundsätzen, die der Konvention zugrunde liegen, zu beantworten.[54] Sollten diese nicht weiterhelfen, so ist das Recht zur Anwendung berufen, auf welches das am Gerichtsort herrschende internationale Privatrecht verweist.

3. Das Verhältnis des Zessionars zu Dritten

Das Verhältnis des Zessionars zu Dritten, also konkurrierenden Zessionaren im Falle einer Mehrfachabtretung, Gläubigern des Zedenten oder einem Insolvenzverwalter bei Insolvenz des Zedenten, ist Regelungsgegenstand des Art. 22. Er bestimmt, dass das Recht des Staates, in welchem der Zedent seinen Sitz hat, maßgeblich ist. Dieses entscheidet über die Frage der Priorität des Rechts eines Zessionars an einer

54 *Kieninger* (in FS Würzburger Juristenfakultät, S. 313) spricht sich unter Berufung auf das Urteil der *Cour d'appel* von Grenoble vom 13.09.1995 (Journal DIP 1996, 948 ff, n. *Witz*; Rev. crit. dr. int. pr. 85 (1996), 665 ff., n. *Pardoël*) u.a. zur Aufrechnung im Rahmen des Factoring-Übereinkommens für eine großzügige Interpretation aus. Die *Cour d'appel* vertrat die Auffassung, dass das Recht zur Aufrechnung bestehen könne, auch wenn nicht alle Voraussetzungen des nationalen Rechts im Zeitpunkt der Benachrichtigung des Schuldners von der Abtretung gegeben seien. Ausreichend sei, dass die Forderung in diesem Zeitpunkt bereits bestanden habe und gegenüber dem Zedenten geltend gemacht worden war (siehe hierzu auch die Anmerkung zu dem Urteil unter Teil 2: C. IV. 3).

abgetretenen Forderung im Verhältnis zu einem konkurrierenden Dritten. Insofern trifft Art. 22 keine materiellrechtliche, sondern eine kollisionsrechtliche Lösung.

Eine Einschränkung des Art. 22 enthält Art. 23 Abs. 1. Danach kann eine Bestimmung des Rechts, welches an der Niederlassung des Zedenten herrscht, keine Anwendung finden, wenn sie offensichtlich im Widerspruch zum ordre public des Forumstaates steht. Unabhängig von dem zur Anwendung berufenen Recht können hingegen zwingende Regelungen des Forumstaates oder eines anderen Staates die Anwendung einer Bestimmung des am Sitz des Zedenten herrschenden Rechts nicht hindern (Art. 23 Abs. 2). Dies gilt jedoch nicht für Insolvenzverfahren (Art. 23 Abs. 3).

D. Abschließende Betrachtung und Ausblick

I. Ein Vergleich der UNCITRAL-Konvention mit dem Factoring-Übereinkommen

Nachdem ein Überblick über die wesentlichen Regelungen der UNCITRAL-Konvention gegeben worden ist, soll im Folgenden eine kurze Gegenüberstellung zum Factoring-Übereinkommen erfolgen.

1. Die Anwendungsbereiche

Sowohl das Factoring-Übereinkommen als auch die UNCITRAL-Konvention sind vor dem Hintergrund entstanden, dass in der Wirtschaft der Bedarf an Forderungsfinanzierungen im grenzüberschreitenden Bereich wächst. Das Factoring-Übereinkommen richtet sich an Factoringunternehmen, die offenes Factoring betreiben und mindestens zwei der folgenden vier Funktionen erfüllen: Finanzierung des Kunden einschließlich der Darlehensgewährung und Vorauszahlung, Kontenführung für die Forderungen, Beitreibung der Forderungen und Schutz gegen Forderungsausfall oder verspätete Zahlung der Debitoren. Die Internationalität des Factorings ergibt sich daraus, dass die Forderungen, die abgetreten werden, aus einem Warenkauf- oder Dienstleistungsvertrag stammen, dessen Parteien ihre Niederlassung in verschiedenen Staaten haben. Unerheblich ist, ob der Factoringvertrag selbst international ist.

Im Anwendungsbereich der UNCITRAL-Konvention liegt hingegen nicht nur die Übertragung von Forderungen, sondern nach Art. 2 lit. a) S. 2 auch die Begründung von Sicherungsrechten an einer Forderung, so unterfällt ihr beispielsweise die Verpfändung einer Forderung. Die in Art. 13 der UNCITRAL-Konvention vorgesehene Abtretungsanzeige an den Schuldner ist keine Wirksamkeitsvoraussetzung der Abtretung, sondern regelt im Zusammenhang mit Art. 17, wann ein Schuldner schuldbefreiend leistet. Nach Art. 1 Abs. 1 lit. a) erfasst die UNCITRAL-Konvention die Abtretung internationaler Forderungen und die internationale Abtretung von Forderungen. Die UNCITRAL-Konvention steht allen Instituten offen, die im Rahmen der Unternehmensfinanzierung Geschäfte mit internationalen Forderungen betreiben, wie etwa bei der Securitisation, der Forfaitierung und dem Factoring.

Beiden Übereinkommen ist gemein, dass sie nur vertraglich entstandene Forderungen erfassen. Gesetzliche Forderungen, wie etwa Schadensersatz- oder Bereicherungsansprüche, sind vom Anwendungsbereich ausgeschlossen. Nach Art. 4 Abs. 1 lit. a) der UNCITRAL-Konvention unterfallen ihr ferner nicht Abtretungen, die zu persönlichen und familiären Zwecken erfolgen. Forderungen, die sich gegen Verbraucher richten, sind hingegen nicht vom Anwendungsbereich ausgenommen. Etwas anderes gilt für das Factoring-Übereinkommen. Nach Art. 1 Abs. 2 lit. a) FactÜ werden Forderungen ausgenommen, die aus Kauf- oder Dienstleistungsverträgen stammen, die in erster Linie für den persönlichen Gebrauch oder den Gebrauch in der Familie oder im Haushalt abgeschlossen werden.

Zusammenfassend lässt sich festhalten, dass der Anwendungsbereich der UNCITRAL-Konvention weit über den des Factoring-Übereinkommens hinausgeht.

2. Die materiellrechtlichen Normen

a. Die Voraussetzungen der Abtretung

Das Factoring-Übereinkommen definiert in Art. 1 Abs. 2, wann ein Factoringvertrag in seinem Sinne vorliegt. Ein Bestandteil des Factoringvertrags ist die Verpflichtung des Kunden, Forderungen aus Warenkauf- oder Dienstleistungsverträgen an den Factor abzutreten. Was das Factoring-Übereinkommen unter einer Abtretung versteht, lässt sich ihm allerdings nicht entnehmen. Etwas anderes gilt für die UNCITRAL-Konvention. Sie versteht unter einer Abtretung den vereinbarten Übergang eines Zahlungsanspruchs des Zedenten gegen den Schuldner auf den Zessionar, Art. 2 lit. a). Die Forderungsübertragung muss nicht angezeigt werden. Sie kann nach Art. 2 lit. b) zur Begründung eines Sicherungsrechts erfolgen.

Die UNCITRAL-Konvention regelt, wie das Factoring-Übereinkommen auch, die Voraussetzungen einer wirksamen Abtretung nicht abschließend positiv, sondern verwendet eine Negativformulierung. Art. 8 Abs. 1 der UNCITRAL-Konvention versagt der Abtretung künftiger Forderungen und der Globalzession nicht die Wirksamkeit. Bemerkenswert ist an dieser Regelung – verglichen mit Art. 5 des Factoring-Üereinkommens –, dass sie sich nicht auf das Verhältnis der Zessionsparteien beschränkt, sondern ausdrücklich den Schuldner und die mit dem Zessionar konkurrierenden Dritten erwähnt.

Die UNCITRAL-Konvention hält darüber hinaus, wie das Factoring-Übereinkommen auch, eine Abtretung für wirksam, die gegen eine vertragliche Abtretungsbeschränkung vorgenommen wird. Sie räumt damit der Umlauffähigkeit von Forderungen gegenüber dem Interesse des Schuldners, an keinen anderen als seinen ursprünglichen Gläubiger leisten zu müssen, den Vorrang ein. Hintergrund ist, dass der Zessionar nicht jede einzelne Forderung auf eine Abtretungsbeschränkung untersuchen muss, aber auch, dass in einer Wirtschaftsordnung, in der Forderungen frei übertragbar sind, Schuldner profitieren, indem Waren, Dienstleistungen und Kredite zu günstigeren Konditionen vorhanden sind. Von der Konvention, die einem modernen Handel Rechnung trägt, soll eine gewisse Vorbildfunktion ausgehen, die zu Anpassungen in nationalen Rechtsordnungen führen soll.[55] Die UNCITRAL-Konvention geht aber, verglichen mit dem Factoring-Übereinkommen, noch etwas weiter, da ihr eine Regelung, die Art. 6 Abs. 2 FactÜ entspricht, fehlt. Nach Art. 6 Abs. 2 FactÜ kann ein Vertragsstaat, durch die Erklärung eines Vorbehalts erreichen, dass das Abtretungsverbot zumindest gegenüber dem Schuldner doch Wirksamkeit entfaltet. Da die Erklärung eines Vorbehalts in der UNCITRAL-Konvention nicht vorgesehen ist, kommt es auf nationale Abtretungsverbotsklauseln nicht an.

b. Die Rechtsfolgen der Abtretung

Die Konvention enthält anders als das Factoring-Übereinkommen detaillierte Regelungen zum Verhältnis der Zessionsparteien. Hervorzuheben ist insbesondere die Mängelhaftung des Zedenten.

Die UNCITRAL-Konvention bestimmt in Art. 10, dass Sicherungsrechte ungeachtet einer anderslautenden Vereinbarung zwischen dem Zedenten und dem Schuldner, automatisch mit der Forderung auf den Zessionar übergehen, ohne dass es eines neuen Übertagungsakts bedarf. Nicht ganz so klar ist die Regelung des Art. 7 FactÜ, wonach eine Vereinbarung der Parteien des Factoringvertrags, dass alle oder einzelne Nebenrechte des Kunden aus dem Grundvertrag mit dem Debitor unmittelbar oder durch eine neue Übertragungshandlung auf den Factor übergehen, wirksam ist. Offen bleibt, welche Rechtsfolge eintritt, wenn die Parteien keine Vereinbarung hinsichtlich des Übergangs der Nebenrechte getroffen haben. Darüber hinaus betrifft Art. 7 FactÜ nach seinem Wortlaut nur das Verhältnis zwischen den Parteien des Factoringvertrags. Eine derartige Einschränkung enthält Art. 10 der UNCITRAL-Konvention nicht, so dass davon auszugehen ist, dass der Übergang der Sicherungsrechte Wirkung *erga omnes* entfaltet.

Im Vergleich zum Factoring-Übereinkommen enthält die UNCITRAL-Konvention ähnliche Regelungen hinsichtlich der Einreden und Gegenrechte

55 UNCITRAL Yearbook 2001, vol. XXXII, Part Two, I., B. Analytical commentary on the draft Convention on Assignment of Receivables in International Trade, A/CN.9/489, n. 99.

des Schuldners. Gegenrechte aus dem Grundvertrag mit dem Zedenten kann der Schuldner unbeschränkt gegenüber dem Zessionar geltend machen. Der Schuldner kann mit Gegenforderungen aufrechnen, die ihm im Zeitpunkt der Abtretungsanzeige zustanden. Im Gegensatz zum Factoring-Übereinkommen regelt die UNCITRAL-Konvention ausdrücklich, dass die Aufrechnung mit Schadensersatzansprüchen, die auf der Verletzung eines Abtretungsverbots beruhen, dem Zessionar gegenüber ausgeschlossen ist.

Anders als das EVÜ und das Factoring-Übereinkommen enthält die Konvention eine ausdrückliche Regelung zum Verhältnis des Zessionars zu Dritten. Auf die bislang vertretenen Ansichten, etwa eine Anknüpfung an das Statut der abgetretenen Forderung[56], an das Verpflichtungsstaut[57] oder an das am Sitz des Schuldners herrschende Recht[58] kommt es damit nicht mehr an.

II. Eine Stellungnahme zur Konvention

Die Finanzierung von Unternehmen auf der Grundlage der Abtretung von Forderungsbeständen gewinnt zunehmend an Bedeutung. Entscheidende Voraussetzung für die Bereitstellung von Kreditmitteln zu günstigen Konditionen ist eine auf Rechtseinheit beruhende Rechtssicherheit. Die UNCITRAL-Konvention kommt auf dem Weg, eine rechtliche Harmonisierung im Bereich der internationalen Abtretungsfinanzierung zu erreichen, ein gutes Stück voran. Folgende Aspekte seien in diesem Zusammenhang nochmals hervorgehoben:

1. Der Anwendungsbereich

Die Konvention weist einen weiten Anwendungsbereich auf. Sie erfasst nach Art. 1 Abs. 1 lit. a) die Abtretung internationaler Forderungen und die internationale Abtretung von Forderungen. Damit findet sie Anwendung auf zahlreiche Formen der Unternehmensfinanzierung, wie etwa die Securitisation, die Forfaitierung und das Factoring.

Zumindest wurde die einem engen Anwendungsbereich innewohnende Gefahr der Rechtszersplitterung gesehen.

2. Die Sachnormen

Die Konvention widmet sich nur der vertraglichen Vereinbarung, die zum Übergang der Forderung führt, nicht aber dem der Forderungsübertragung zugrunde

56 So die herrschende Meinung in Deutschland, siehe hierzu: Teil 2: B. IV. 1. a.
57 Siehe hierzu: Teil 2: B. IV. 1. c.
58 Siehe hierzu: Teil 2: C. V. 1. a. aa.

liegenden Vertrag. Sie schafft losgelöst von den dogmatischen Ansätzen der verschiedenen Rechtsordnungen, erwähnt seien an dieser Stelle nur das deutsche Abstraktionsprinzip und das französische Konsensualprinzip, Einheitsrecht.

Im Bereich der internationalen Forderungsabtretung erweisen sich gesetzliche und vertragliche Abtretungsbeschränkungen, deren Regelungen in den nationalen Rechtsordnungen erheblich voneinander abweichen können, als besonders hinderlich. Die UNCITRAL-Konvention sorgt mit den Artt. 8 und 9 für eine beachtliche Rechtsklarheit. So lässt sie zum einen die Abtretung von Forderungsmehrheiten, von zukünftigen Forderungen und von Forderungsteilen zu und zwar nicht nur mit ausschließlicher Wirkung im Verhältnis der Parteien des Abtretungsvertrags. Zum anderen ist eine entgegen einer vertraglichen Abtretungsbeschränkung vorgenommene Abtretung *erga omnes* wirksam. Zur größeren Rechtssicherheit trägt auch der Umstand bei, dass die UNCITRAL-Konvention, anders als das Factoring-Übereinkommen, keine Einschränkung dieses Grundsatzes durch die Möglichkeit, einen Vorbehalt zu erklären, vorsieht. Zessionare müssen demnach keine Unterscheidung zwischen Schuldnern unterschiedlicher Staaten und den Wirkungen eines vertraglichen Abtretungsverbots vornehmen.

Anders als das Factoring-Übereinkommen enthält die UNCITRAL-Konvention eine kollisionsrechtliche Regelung zu der Rangfolge sowohl mehrerer Zessionare untereinander im Falle der Mehrfachabtretung durch den Zedenten als auch zwischen dem Zessionar und einem anderen Gläubiger des Zedenten bzw. Insolvenzverwalter. Die Voraussetzungen, unter welchen die Forderung mit Wirkung gegenüber Dritten auf den Zessionar übergeht, ist der Rechtsordnung zu entnehmen, in der der Zedent seinen Sitz hat. Bei Art. 22 der UNCITRAL-Konvention handelt es sich um eine der bedeutendsten, wenn nicht gar um ihre wichtigste Regelung.[59] Dies liegt nicht nur an ihrem Regelungsgegenstand selbst,

59 *Factors Chain International* (FCI), ein Zusammenschluss von 150 Factoring betreibenden Unternehmen in 51 Staaten, betonte, wie wichtig es für Mitgliedsunternehmen und andere Finanzinstitute sei, mit Sicherheit das Recht bestimmen zu können, das ihre Finanzoperationen beherrscht. Dies gelte insbesondere für das Verhältnis des Finanzierers zu anderen die Forderung beanspruchenden Dritten im Falle der Insolvenz des Zedenten. FCI hielt insofern Art. 24 des Entwurfs der UNCITRAL-Konvention (nunmehr Art. 22 der UNCITRAL-Konvention) für eine der wichtigsten, wenn nicht gar die wichtigste Bestimmung. (UNCITRAL Yearbook 2001, vol. XXXII, Part Two, I., C. Draft Convention on Assignment of Receivables in International Trade: compilation of comments by Governments and international organizations, A/CN.9/490, 3. *Factors Chain International*). Auch die *European Federation of Factoring Associations* (EUROPAFACTORING) schloss sich der Auffassung der Factors Chain International an, dass es für einen Finanzierer von besonderer Bedeutung sei, dass das anwendbare Recht mit Sicherheit bestimmbar sei. (UNCITRAL Yearbook 2001, vol. XXXII, Part Two, I., C. Draft Convention on Assignment of Receivables in International Trade: compilation of comments by Governments

sondern auch daran, dass die Rechtslage hinsichtlich der Drittwirkungen einer Abtretung im Rahmen des EVÜ nach wie vor äußerst umstritten ist.

Insgesamt ist die die UNCITRAL-Konvention als positiv zu werten.

III. Das Verhältnis der UNCITRAL-Konvention zum EVÜ, insbesondere nach seiner Umwandlung in ein Gemeinschaftsinstrument

Bei dem EVÜ handelt es sich um einen völkerrechtlichen Vertrag. Die Vertragsstaaten des EVÜ, die die UNCITRAL-Konvention bereits gezeichnet haben oder dieses beabsichtigen, werden nach ihrem Inkrafttreten die Kollisionsnormen der Konvention zu berücksichtigen haben. Dies zumindest dann, wenn man das EVÜ nicht als ein Übereinkommen wertet, das spezifisch den Regelungsgegenstand der UNCITRAL-Konvention betrifft und damit der Konvention vorgeht.[60]

Nach der Umwandlung des EVÜ in ein Gemeinschaftsinstrument erscheint es nicht abwegig, den Mitgliedstaaten, die der UNCITRAL-Konvention angehören, zu gestatten, die Kollisionsnormen der Konvention weiterhin anzuwenden. Zum einen soll ein Konflikt zwischen der UNCITRAL-Konvention und dem Gemeinschaftsinstrument vermieden werden und zum anderen sollen die Mitgliedstaaten, die der UNCITRAL-Konvention beigetreten sind, nicht gezwungen werden, diese zu kündigen. Vor dem Hintergrund, dass bislang lediglich Luxemburg die UNCITRAL-Konvention unterzeichnet hat, ist nicht zu befürchten, dass die Anwendung von Vorschriften, die von denjenigen des Gemeinschaftsinstruments abweichen, die Bildung eines gemeinsamen Rechtsraums hindert. Gleichwohl sollte die Chance der Umwandlung des EVÜ genutzt werden, um Unklarheiten, wie etwa hinsichtlich des Verhältnisses des Zessionars zu Dritten, zu beheben.

Mit der Verabschiedung eines Gemeinschaftsinstruments zur Vereinheitlichung der auf Verträge des Zivil- oder Handelsrechts anwendbaren Kollisionsnormen wird es den Mitgliedstaaten jedenfalls nicht mehr möglich sein, einzeln der UNCITRAL-Konvention beizutreten. Die ausschließliche Zuständigkeit wird dann bei der Gemeinschaft liegen.[61]

---

and international organizations, A/CN.9/490/Add. 4, 1. European Federation of Factoring Associations).

60 Siehe hierzu Art. 38 Abs. 1.

61 Siehe zur ausschließlichen Zuständigkeit der Gemeinschaft: Urteil vom 31.03.1971 in der Rs. C-22/70, Kommission/Rat, Slg. 1971 S. 263 (sog. AETR-Rechtsprechung).

Teil 5: Schlussbetrachtung zum deutsch-französischen und internationalen Factoring

1. Sowohl in Deutschland als auch in Frankreich regeln der Factor und sein Kunde ihre wechselseitigen Rechte und Pflichten umfassend in einem Factoringrahmenvertrag. Der meist auf längere Dauer angelegte und auf Vertrauen beruhende Factoringvertrag enthält Bestimmungen zum Forderungskauf, zur Haftung der Vertragsparteien und zum Übergang der Forderungen.

   Im deutschen Recht spiegelt sich im Factoringvertrag die dogmatische Trennung von Forderungskauf und Forderungsabtretung wider. Bereits mit Abschluss des Factoringvertrags tritt der Kunde im Voraus sämtliche Forderungen aus Warenlieferungen oder Dienstleistungen unter der aufschiebenden Bedingung der Zahlung des Kaufpreises durch den Factor ab. Konkurriert der Factor mit Gläubigern des Kunden oder im Falle der Mehrfachabtretung durch den Kunden mit anderen Zessionaren, so kommt es auf diesen Zeitpunkt des Vertragsschlusses an. Denn für den Rechtserwerb gilt grundsätzlich das Prioritätsprinzip.

   Im französischen Recht fallen der Kauf der Forderung und ihr Übergang auf den Factor in einem Rechtsakt, der *subrogation conventionnelle,* zusammen. Zur *subrogation conventionnelle* kommt es allerdings nur, soweit die Forderungen schon bestehen. Die Factoringpraxis bevorzugt dieses Rechtsinstitut, da es – anders die *cession de créance* – ohne besondere Formanforderungen Wirksamkeit entfaltet.

2. Im internationalen Factoring ist das zur Anwendung berufene nationale Recht, sofern das Factoring-Übereinkommen nicht zur Anwendung kommt oder Fragen nicht abschließend beantwortet, über Art. 12 Abs. 1 und 2 EVÜ zu bestimmen. Die schuldrechtliche Beziehung des Kunden zum Factor unterliegt gemäß Art. 12 Abs. 1 EVÜ dem Verpflichtungsstatut. Die im Rahmen des Factorings vorzunehmende Übertragung der Forderung wird in Deutschland und Frankreich hingegen unterschiedlich angeknüpft. Während die herrschende Meinung in Deutschland die Abtretung nach dem Forderungsstatut beurteilt, unterliegt sie in Frankreich nach Art. 12 Abs. 1 EVÜ der sog. *loi d'autonomie.* Wird eine Vielzahl von internationalen Forderungen übertragen, so führt diese Anknüpfung in der Regel zur Anwendung nur einer Rechtsordnung. Es entsteht zudem ein Gleichlauf mit Art. 13 EVÜ, denn nach Art. 13 EVÜ richtet sich der gesetzliche Forderungsübergang nach dem Recht, das für das Verhältnis des Gläubigers zu dem leistenden Dritten maßgeblich ist.

Art. 12 EVÜ lässt sich nicht entnehmen, nach welchem Recht das Verhältnis des Factors zu Dritten (Gläubigern des Kunden oder anderen Zessionaren im Falle der Mehrfachabtretung) zu beurteilen ist. Diese Frage wird sowohl in Deutschland als auch in Frankreich unterschiedlich beantwortet. So wird eine Anknüpfung an das Forderungsstatut, an das Verpflichtungsstatut und an das am Sitz des Kunden (Zedenten) bzw. an das am Sitz des Debitors herrschende Recht vertreten. Im Bereich des internationalen Factorings erweist sich eine Anknüpfung an das Forderungsstatut als äußerst hinderlich, müsste doch für jede abgetretene Forderung das auf sie anwendbare Recht bestimmt werden. Gegen die Anwendung des am Sitz des Kunden oder am Sitz des Debitors herrschende Recht spricht, dass es neben dem Forderungsstatut und dem Verpflichtungsstatut zu einer dritten maßgeblichen Rechtsordnung käme. Der Rechtsklarheit wegen ist der gesamte Rechtsakt des Forderungsübergangs einheitlich und demnach auch das Verhältnis des Zessionars zu konkurrierenden Dritten dem Verpflichtungsstut zu unterstellen. Nur soweit es um den Schutz des Debitors geht, ist das Forderungsstatut maßgeblich.

3. Einer der Vorzüge des Factoring-Übereinkommens liegt darin, dass dieses – anders als das deutsche und das französische Recht – eine Definition des Factorings enthält. Positiv ist außerdem, dass das Factoring-Übereinkommen die Globalzession gegenwärtiger und künftiger Forderungen, zumindest im Verhältnis der Parteien des Factoringvertrags zueinander, ausdrücklich zulässt. Gleiches gilt auch für den Grundsatz, wonach eine entgegen einem vertraglichen Abtretungsverbot vorgenommene Abtretung Wirksamkeit entfaltet. Der von Frankreich nach Art. 18 in Verbindung mit Art. 6 Abs. 2 FactÜ erklärte Vorbehalt, nach welchem eine verbotswidrige Abtretung gegenüber dem Debitor unwirksam ist, wenn er bei Abschluss des Warenkaufvertrags seine Niederlassung in Frankreich hat, wirkt sich nicht aus. Denn nach dem im Jahre 2001 neu eingeführten Art. L. 442-6 Abs. 2 lit. c) C. de com. können Produzenten, Kaufleute, Industrielle oder in die Handwerksrolle Eingetragene mit ihren Gläubigern kein wirksames Abtretungsverbot vereinbaren.

Das Factoring-Übereinkommen lässt allerdings auch zahlreiche Fragen offen. So enthält es keine Regelungen zum Factoringvertrag, zum Verhältnis des Factoringvertrags zum Forderungsübergang und zur Drittwirksamkeit der Abtretung.

Abgesehen von Art. 8 Abs. 1 FactÜ, der bestimmt, wann der Debitor an den Factor leisten muss, und Art. 10 Abs. 2 FactÜ, der regelt, wann der Debitor ausnahmsweise einen Anspruch gegen den Factor hat, trägt das Factoring-Übereinkommen nicht zu einer bedeutenden Vereinheitlichung und damit verbundenen Vereinfachung des deutsch-französischen Factorings bei.

4. Der Anwendungsbereich der UNCITRAL-Konvention geht weit über den des Factoring-Übereinkommens hinaus. Er erstreckt sich nicht nur auf die Abtretung internationaler Forderungen, sondern auch die internationale Forderungsabtretung. Neben dem Factoring unterfallen der UNCITRAL-Konvention auch die Securitisation und die Forfaitierung.

   Die UNCITRAL-Konvention nimmt sich umfassend der Rechte und Pflichten der Zessionsparteien an. Die Wirkungen der Abtretung regelt sie wesentlich ausführlicher als das Factoring-Übereinkommen. So bestimmt Art. 8 Abs. 1 der UNCITRAL-Konvention, dass der Globalzession gegenwärtiger und künftiger Forderungen im Verhältnis der Zessionsparteien sowie gegenüber dem Schuldner und Dritten – unter bestimmten Voraussetzungen – nicht die Wirksamkeit versagt wird. Ebenso wie das Factoring-Übereinkommen ist nach der UNCITRAL-Konvention eine trotz vertraglichen Abtretungsverbots vorgenommene Abtretung wirksam. Für das internationale Factoring erweist es sich als günstig, dass ein Vorbehalt, welcher Art. 18 FactÜ entspricht, in der UNCITRAL-Konvention nicht vorgesehen ist.

   Die kollisionsrechtliche Regelung des Art. 22 der UNCITRAL-Konvention, welche die Wirkungen einer Abtretung im Verhältnis des Zessionars zu Dritten dem am Sitz des Zedenten herrschenden Recht unterwirft, ist als ein großer Schritt auf dem Weg der Rechtsvereinheitlichung der internationalen Forderungsabtretung zu werten.

5. Sowohl das Factoring-Übereinkommen als auch die UNCITRAL-Konvention unterstreichen die wachsende Bedeutung, welche die Industriestaaten weltweit der Forderungsfinanzierung beimessen. Hinsichtlich des Verhältnisses der beiden Übereinkommen gilt, dass die UNCITRAL-Konvention dem Factoring-Übereinkommen vorgeht. In Zukunft ist damit zu rechnen, dass die UNCITRAL-Konvention aufgrund ihres weiteren Anwendungsbereichs und des detaillierteren Sachrechts das Factoring-Übereinkommen verdrängen wird. Nach der Umwandlung des EVÜ in ein Gemeinschaftsinstrument bleibt zu hoffen, dass die EU die UNCITRAL-Konvention unterzeichnet und den Ratifizierungsprozess einleitet oder eigenes materielles Einheitsrecht im Bereich der Forderungsabtretung schafft.

Literaturverzeichnis

Armbrüster, Christian: Abtretung künftiger gesellschaftsrechtlicher Vermögensansprüche bei anschließendem Verlust der Gesellschafterstellung, NJW 1991, 606–608

Aubin, Bernhard: Zur Qualifikation der „signification" (Art. 1690 C. civ.) im deutschen IPR, in: Festschrift für Karl H. *Neumayer*, Hrsg.: *Barfuß*, Werner/*Dutoit*, Bernard/*Forkel*, Hans/*Immenga*, Ulrich/*Majoros*, Ferenc, 1. Aufl., Baden-Baden 1985, 31–45 [FS für *Neumayer*]

Audit, Bernard: Droit international privé, 3e édition, Paris 2000 [Dr. int. pr.^{3}]

Bähr, Gerhard: Die Kollision der Factoring-Globalzession mit dem verlängerten Eigentumsvorbehalt, Zugleich eine neue Sicht des allgemeinen Interessenwiderstreits zwischen Geld- und Warenkreditgeber, Frankfurt am Main 1989 [Die Kollision der Factoring-Globalzession mit dem verlängerten Eigentumsvorbehalt]

von Bar, Christian: Internationales Privatrecht, Zweiter Band – Besonderer Teil, München 1991 [IPR II]

– Abtretung und Legalzession im neuen deutschen Internationalen Privatrecht, RabelsZ 53 (1989), 462–486

– Zessionsstatut, Verpflichtungsstatut und Gesellschaftsstatut, IPRax, 1992, 20–23

Basedow, Jürgen: Internationales Factoring zwischen Kollisionsrecht und Unidroit-Konvention, ZEuP 1997, 615–642

Batiffol, Henri: Traité de droit international privé, Tome 2, 8e édition, Paris 1993 [Dr. int. pr. I^{8}, t. 2]

Bauerreis, Jochen/*Neumann*, Sybille: Länderteil – Frankreich, in: *Derleder*, Peter/*Knops*, Kai-Oliver/*Bamberger*, Heinz Georg, Handbuch zum deutschen und europäischen Bankrecht, Berlin, Heidelberg 2004, 1675–1686 [Handbuch zum deutschen und europäischen Bankrecht]

Baumbach, Adolf/*Hopt*, Klaus J./*Merkt*, Hanno: Handelsgesetzbuch, 31. Aufl., München 2003, zit. Bearbeiter: *Hopt*, Klaus J. [Baumbach/Hopt^{31}/*Hopt*]

Bazinas, Spiros: Der Beitrag von UNCITRAL zur Vereinheitlichung der Rechtsvorschriften über Forderungsabtretungen: Das Übereinkommen der Vereinten Nationen über Abtretungen von Forderungen im internationalen Handel, ZEuP 2002, 782–803

Bénabent, Alain: Droit civil, Les obligations, 9e édition, Paris 2003 [Droit civil, Les obligations^{9}]

[In eckigen Klammern steht die Zitierweise der Werke.]

Béraudo, Jean-Paul: Le nouveau droit du crédit-bail international et de l'affacturage international (1er mai 1995), JC 1995, Études et Chroniques 458, 185–191

Berghaus, Bernd-Michael: Kollision zwischen Factoring-Globalzession und verlängertem Eigentumsvorbehalt, Bonn 1989 [Kollision zwischen Factoring-Globalzession und verlängertem Eigentumsvorbehalt]

Bernstorff, Christoph Graf von: Die Forderungsabtretung in den EU-Staaten, RIW 1994, 542–547

Bette, Klaus: Das Factoring-Geschäft, Praxis und Rechtsnatur in Deutschland im Vergleich zu anderen Formen der Forderungsfinanzierung, Stuttgart, Wiesbaden 1973 [Das Factoring-Geschäft]

– *Vertraglicher Abtretungsausschluss im deutschen und grenzüberschreitenden Geschäftsverkehr, WM 1994, 1909–1921*

– Abtretung von Auslandsforderungen, WM 1997, 797–805

– Abtretungsfinanzierungen im Lichte des Rechtsberatungsgesetzes, WM 2002, 205–252

– Factoring, in: *Derleder*, Peter/*Knops*, Kai-Oliver/*Bamberger*, Heinz Georg, Handbuch zum deutschen und europäischen Bankrecht, Berlin, Heidelberg 2004, 663–684 [Handbuch zum deutschen und europäischen Bankrecht]

Beuttner, Roland: La cession de créance en droit international privé, Bern und Frankfurt a. M. 1971 [La cession de créance en dr. int. pr.]

Billiau, Marc: La transmission des créances et des dettes, Paris 2002 [La transmission des créances]

Binder-Degenschild, Leo: Risikomanagement im Factoringgeschäft: Analyse, Kontrolle und Steuerung des Risikos in der Factoringpraxis, in: *Hagenmüller*, K. F./*Sommer*, Heinrich Johannes/*Brink*, Ulrich (Hrsg.), Handbuch des nationalen und internationalen Factoring, 3. Aufl., Frankfurt am Main 1997, 85–102 [Factoring-Handbuch3]

Blaise, Jean-Bernard/*Desgorces*, Richard: Die Forderungsabtretung, insbesondere zu Sicherungszwecken, im französischen Recht [Frankreich], in: *Hadding*, Walther/*Schneider*, Uwe H. (Hrsg.), Die Forderungsabtretung, insbesondere zur Kreditsicherung, in ausländischen Rechtsordnungen, 2. Aufl., Berlin 1999, 245–309 [Die Forderungsabtretung im französischen Recht]

Böhner, Reinhard: Factoring im deutsch-französischen Rechtsverkehr, IPRax 1985, 15 f.

Bonneau, Thierry: Droit bancaire, 5e édtion, Paris 2003 [Droit bancaire5]

Bourdeaux, Gautier: Affacturage international, JC de dr. int. 5, 1998, Fasc. 566–10

Brink, Ulrich: Begriffsbestimmungen, in: *Hagenmüller*, K. F./*Sommer*, Heinrich Johannes/*Brink*, Ulrich (Hrsg.), Handbuch des nationalen und internationalen Factoring, 3. Aufl., Frankfurt am Main 1997, 15–40 [Factoring-Handbuch3]

– Rechtsbeziehungen des Factors mit seinem Kunden – Der Factoringvertrag, in: *Hagenmüller*, K. F./*Sommer*, Heinrich Johannes/*Brink*, Ulrich (Hrsg.), Handbuch des nationalen und internationalen Factoring, 3. Aufl., Frankfurt am Main 1997, 175–211 [Factoring-Handbuch[3]]

– Neues Jahr – neues Glück, FLF, 2003, 1

– Forfaitierung und Factoring im Licht der Schuldrechtsreform, WM 2003, 1355–1363

Bruns, Alexander: Die Dogmatik rechtsgeschäftlicher Abtretungsverbote im Lichte des § 354 a HGB und der UNIDROIT Factoringkonvention, WM 2000, 505–514

Cabrillac, Michel: Les conflits entre les cessionnaires d'une même créance transmise par bordereau, Répertoire de droit civil, Recueil Dalloz 1990, chron. 127–129

Canaris, Claus-Wilhelm: Handelsrecht, 23. Auflage, München 2000 [HandelsR[23]]

– Verlängerter Eigentumsvorbehalt und Forderungseinzug durch Banken, NJW 1981, 249–259

Carbonnier, Jean: Droit civil 4/Les obligations, 13e édition, Paris 1996 [Droit civil 4[13]]

Cassandro Sulpasso; Bianca: Affacturage à l'exportation: une réglementation uniforme est-elle possible?, RTD com. 1984, 639–649

Chaumette, Patrick: La subrogation personnelle sans paiement?, RTD civ. 1986, 33–53

von der Crone, Hans Caspar: Zession: kausal oder abstrakt?, SJZ 93 (1997), 249–260

Danielewsky, Mike/*Lehmann*, Andreas: Die UNCITRAL-Konvention über internationale Forderungsabtretungen und ihre Auswirkungen auf Asset-Backed-Securities-Transaktionen, WM 2003, 221–230

Das Bürgerliche Gesetzbuch: mit besonderer Berücksichtigung der Rechtsprechung des Reichsgerichts und des Bundesgerichtshofes; Kommentar, hrsg. von Mitgliedern des Bundesgerichtshofes – Band II, 1. Teil, §§ 241–413, 12. Aufl., Berlin, New York 1976, zit. Bearbeiter: *Weber*, Reinhold [BGB-RGRK[12]/*Weber*]

Dauner-Lieb, Barbara/*Arnold*, Arnd/*Dötsch*, Wolfgang/*Kitz*, Volker: Fälle zum neuen Schuldrecht, Heidelberg 2002 [*Dauner-Lieb/Arnold/Dötsch/Kitz*, Fälle zum neuen Schuldrecht]

Deschanel, Jean-Pierre/*Lemoine*, Laurent: Affacturage, JC Banque et Crédit 8, 1994, Fasc. 581

– Affacturage (Factoring), JC Banque et Crédit 11, 1999, Fasc. 580

Diehl-Leistner, Barbara A.: Internationales Factoring: Eine rechtsvergleichende Darstellung zum Recht der Bundesrepublik Deutschland, Frankreichs und der Vereinigten Staaten unter Einschluss der UNIDROIT-Konvention über das Internationale Factoring (1988), München 1992 [Internationales Factoring]

Drobnig, Ulrich: Entwicklungstendenzen des deutschen internationalen Sachenrechts, in: Festschrift für Gerhard *Kegel*, Internationales Privatrecht und Rechtsvergleichung im Ausgang des 20. Jahrhunderts – Bewahrung oder Wende?, Hrsg.: *Lüderitz*, Alexander/*Schröder*, Jochen, Frankfurt am Main 1977, S. 141–151 [FS für *Kegel*]

Ebenroth, Carsten Thomas: Kurzkommentar zu BGH, Urteil vom 26.11.1990 EWiR 1991, 161 f.

Ebke, Werner F.: Erste Erfahrungen mit dem EG-Schuldvertragsübereinkommen, in: *von Bar*, Christian (Hrsg.), Europäisches Gemeinschaftsrecht und Internationales Privatrecht: Tagung des Instituts für Internationales Privatrecht und Rechtsvergleichung des Fachbereichs Rechtswissenschaften der Universität Osnabrück am 6. und 7. April in Osnabrück, Köln, Berlin, Bonn, München 1991, 77–106 [Erste Erfahrungen mit dem EG-SchV]

Einsele, Dorothee: Factoring, Waren- und Geldkredit, Tübingen 1982 [Factoring, Waren- und Geldkredit]

– Das Internationale Privatrecht der Forderungszession und der Schuldnerschutz – Unter besonderer Berücksichtigung des englischen und französischen Rechts, ZVglRWiss 90 (1991), 1–24

– Rechtswahlfreiheit im Internationalen Privatrecht, RabelsZ 60 (1996), 417–447

Erman: Bürgerliches Gesetzbuch, Band II, Hrsg.: von *Westermann*, Harm Peter, 11. Aufl., Münster/Köln 2004, zit. Bearbeiter: *Hohloch*, Gerhard [Erman^{11}/*Hohloch*]

von Falkenhayn, Angela: Das Verhältnis von Factor und Debitor beim Factoring, Abtretungsverbot und andere Einwendungen im deutschen und amerikanischen Recht und nach der UNIDROIT-Konvention, Frankfurt am Main 1999 [Das Verhältnis von Factor und Debitor beim Factoring]

Ferid, Murad: Das französische Zivilrecht, Erster Band, Allgemeine Lehren, Recht der Schuldverhältnisse, Frankfurt am Main, Berlin 1971 [Das französische Zivilrecht 1]

– Internationales Privatrecht, Das neue Recht, Ein Leitfaden für Praxis und Ausbildung, unter Mitwirkung von *Böhmer*, Christof, 3. Aufl., Frankfurt am Main 1986 [IPR^{3}]

Ferid, Murad/*Sonnenberger*, Hans Jürgen: Das französische Zivilrecht, Band 1/1, Erster Teil: Allgemeine Lehren des französischen Zivilrechts: Einführung und Allgemeiner Teil des Zivilrechts, 2. Aufl., Heidelberg 1994 [Das französische Zivilrecht 1/1^{2}]

– Das französische Zivilrecht, Band 2, Schuldrecht: Die einzelnen Schuldverhältnisse, Sachenrecht, 2. Aufl., Heidelberg 1986 [Das französische Zivilrecht 2^{2}]

Ferrari, Franco: Das Verhältnis zwischen den Unidroit-Grundsätzen und den allgemeinen Grundsätzen internationaler Einheitsprivatrechtskonventionen, Zugleich ein Beitrag zur Lückenfüllung durch staatliche Gerichte, JZ 1998, 9–17

– Der internationale Anwendungsbereich des Ottawa-Übereinkommens von 1988 über Internationales Factoring, RIW 1996, 181–188

Fischoeder, Peter: Factoring in Deutschland, Köln 1963 [Factoring in Deutschland]

Freitag, Robert: Einzelne Auslandsgeschäfte, in *Derleder*, Peter/*Knops*, Kai-Oliver/*Bamberger*, Heinz Georg, Handbuch zum deutschen und europäischen Bankrecht, Berlin, Heidelberg 2004, 1377–1405 [Handbuch zum deutschen und europäischen Bankrecht]

Gaudemet-Tallon, Hélène: Le nouveau droit international privé européen des contrats (Commentaire de la convention C. E. E. n° 80/934 sur la loi applicable aux obligations contractuelles, ouverte à la signature à Rome le 19 juin 1980), RTD eur. 1981, 215–285

Gavalda, Christian: Affacturage, Rép. com. Dalloz 1996

– „Subrogation" und „Cession de Créance dite Dailly" – ihr Einfluss auf Factoringverträge in Frankreich, in: *Hagenmüller*, K. F./*Sommer*, Heinrich Johannes/*Brink*, Ulrich (Hrsg.), Handbuch des nationalen und internationalen Factoring, 3. Aufl., Frankfurt am Main 1997, 309–317 [Factoring-Handbuch[3]]

Gavalda, Christian/*Stoufflet*, Jean: Droit bancaire, Institutions – Comptes – Opérations – Services, Paris 1992 [Droit bancaire]

Gerth, Axel: Rechtsfragen der Abtretung gesicherter Forderungen nach französischem Recht, WM 1984, 793–798

– Neuere Entwicklung zur Übertragung des Vorbehaltseigentums nach französischem Recht, WM 1985, 1409–1410

Ghestin, Jacques/*Jamin*, Christophe/*Billiau*, Marc: Traité de droit civil, Les effets du contrat, Interprétation – Qualification – Durée – Inexécution – Effet relatif – Opposabilité, 3e édtion, Paris 2001 [Traité de droit civil[3]]

Giuliano, Mario/*Lagarde*, Paul: Bericht über das Übereinkommen über das auf vertragliche Schuldverhältnisse anzuwendende Recht, ABl. EG Nr. C 282 vom 31. 10. 1980, S. 1–47

Goergen, Ute: Das Pactum de non cedendo, Eine Untersuchung zum vertraglichen Abtretungsverbot im englischen, französischen und deutschen Recht unter Einbeziehung internationaler Harmonisierungsinitiativen, Baden-Baden 2000 [Das Pactum de non cedendo]

Goode, R. M.: A Uniform Law on Internationale Factoring, in Unification and comparative law in theory and practice/Unification et le droit comparé dans la théorie et la pratique, Contributions in honour of/en l'honneur de *Sauveplanne*, Jean Georges, Antwerp, Boston, London, Frankfurt 1984, 91–102 [FS für *Sauveplanne*]

Hakenberg, Michael: Juristische Aspekte der Exportforfaitierung; RIW 1998, 906–910

Hartwieg, Oskar: Kollisionsrechtliches zur internationalen Abtretung – eine reale Reminiszenz zu BGH ZIP 1997, 890, ZIP 1998, 2137–2144

Hau, Wolfgang: Rahmenbedingungen einer Vergemeinschaftung des Internationalen Vertragsrechts, in: Das Grünbuch zum Internationalen Vertragsrecht, Beiträge zur Fortentwicklung des Europäischen Kollisionsrechts der vertraglichen Schuldverhältnisse, Hrsg.: *Leible*, Stefan, München 2004, 13–24 [Das Grünbuch zum Internationalen Vertragsrecht]

Häusler, Christoph: Das UNIDROIT Übereinkommen über internationales Factoring (Ottawa 1988) unter besonderer Berücksichtigung seiner Anwendbarkeit: zugleich ein Beitrag zur Lehre vom internationalen Einheitsrecht, Frankfurt am Main, Berlin, Bern, New York, Paris, Wien 1998 [Das UNIDROIT Übereinkommen]

Heß, Burkhard/*Hub*, Thorsten: Die vorläufige Vollstreckbarkeit ausländischer Urteile im Binnenmarktprozess, IPRax 2003, 93–99

Hill, Holger: Interessenkollisionen beim Vertrag über echtes und unechtes Factoring, Insbesondere unter Berücksichtigung der „Grauzone" zwischen beiden Vertragsarten, Heidelberg 1994 [Interessenkollisionen beim Vertrag über echtes und unechtes Factoring]

von Hoffmann, Bernd: Die Forderungsübertragung, insbesondere zur Kreditsicherung, im Internationalen Privatrecht [Forderungsübertragung im IPR], in: *Hadding*, Walther/*Schneider*, Uwe H. (Hrsg.), Die Forderungsabtretung, insbesondere zur Kreditsicherung, in ausländischen Rechtsordnungen, Berlin 1999, 3–25 [Die Forderungsabtretung]

– Internationales Privatrecht einschließlich der Grundzüge des Internationalen Zivilverfahrensrechts, unter Mitarbeit von *Thorn*, Carsten, 7. Aufl., München 2002 [IPR^7]

– Empfiehlt es sich, das EG-Übereinkommen über das auf vertragliche Schuldverhältnisse anzuwendende Recht in das deutsche IPR-Gesetz zu inkorporieren?, IPRax 1984, 10–13

von Hoffmann, Bernd/*Höpping*, Ulrike: Zur Anknüpfung kausaler Forderungszessionen, IPRax 1993, 302–305

Hollweg-Stapenhorst, Susanna: Sicherungsabtretung zugunsten des Geldkreditgebers und Factoring nach deutschem und französischem Recht: eine rechtsvergleichende Untersuchung, Berlin 1991 [Sicherungsabtretung und Factoring]

Hoop, Gerold: Kodifikationsgeschichtliche Zusammenhänge des Abtretungsverbots, Die vermögensrechtliche Konzeption ausgewählter naturrechtlicher und pandektistischer Kodifikationen und deren Verflechtung (ABGB, ALR, CC, ZGB, BGB, Liechtenstein), Der weite Sachbegriff als Bindeglied zwischen Sachen- und Schuldrecht zum Oberbegriff Vermögensrecht, Berlin 1992 [Kodifikationsgeschichtliche Zusammenhänge des Abtretungsverbots]

Jacquet, Jean-Michel/*Delebecque*, Philippe: Droit du commerce international, Paris 1997 [Droit du commerce international]

Jauernig, Othmar: Trennungsprinzip und Abstraktionsprinzip, Jus 1994, 721–727

Jayme, Erik/*Hausmann*, Rainer: Internationales Privat- und Verfahrensrecht, 12. Aufl., München 2004 [*Jayme/Hausmann*, Int. Privat- und Verfahrensrecht[12]]

Jayme, Erik/*Kohler*, Christian: Zum Stand des internationalen Privat- und Verfahrensrechts der Europäischen Gemeinschaft, IPRax 1985, 65–71

Jeuland, Emmanuel: Essai sur la substitution de personne dans un rapport d'obligation, Paris 1999 [Essai sur la substitution de personne dans un rapport d'obligation]

Junker, Abbo: Die einheitliche europäische Auslegung nach dem EG-Schuldvertragsübereinkommen, RabelsZ 55 (1991), 674–696

Kaiser, Erhard: Verlängerter Eigentumsvorbehalt und Globalzession im IPR, Rechtsvergleichende Darstellung von Zession und Zessionsstatut im deutschen, österreichischen, schweizerischen, französischen, englischen und US-amerikanischen Recht, Pfaffenweiler 1986 [*Kaiser*, Verlängerter Eigentumsvorbehalt und Globalzession im IPR]

Kegel, Gerhard/*Schurig*, Klaus: Internationales Privatrecht, 9. Aufl., München 2004 [IPR[9]]

Keller, Hubertus: Zessionsstatut im Lichte des Übereinkommens über das auf vertragliche Schuldverhältnisse anzuwendende Recht vom 19. Juni 1980, Söcking/Starnberg 1985 [Zessionsstatut]

Kieninger, Eva-Maria: Das Statut der Forderungsabtretung im Verhältnis zu Dritten; RabelsZ 62 (1998), 678–711

– Vereinheitlichung des Rechts der Forderungsabtretung – Zur United Nations Convention on the Assignment of Receivables in International Trade, in: Raum und Recht, Festschrift 600 Jahre Würzburger Juristenfakultät, Hrsg.: *Dreier*, Horst/*Forkel*, Hans/*Laubenthal*, Klaus, Berlin 2002, 297–317 [FS 600 Jahre Würzburger Juristenfakultät]

Kitsaras, Lampros J.: Das UNIDROIT-Übereinkommen über das internationale Factoring vom 28.5.1988 (Ottawa) aus der Sicht des deutschen und griechischen Rechts, Eine rechtsvergleichende Darstellung zum materiellen Factoring-Recht, Athen – Komotini 1994 [Das UNIDROIT Übereinkommen]

Kohl, Barbara: Auswirkungen der Schuldrechtsmodernisierung auf das Factoring-Geschäft in Deutschland, FLF 2003, 80–86

Kohler, Christian: Der europäische Justizraum für Zivilsachen und das Gemeinschaftskollisionsrecht, IPRax 2003, 401–412

Kötz, Hein/*Flessner*, Axel: Europäisches Vertragsrecht, Band I: Abschluss, Gültigkeit und Inhalt des Vertrages, die Beteiligung Dritter am Vertrag, Tübingen 1996 [Europäisches Vertragsrecht I]

Kropholler, Jan: Internationales Privatrecht einschließlich der Grundbegriffe des Internationalen Zivilverfahrensrechts, 5. Aufl., Tübingen 2004 [IPR[5]]

Kuhn, Hans: Materielle Rechtsvereinheitlichung und IPR – Das internationale Zessionsrecht im UNCITRAL-Übereinkommen über die Forderungsabtretung, in: Festschrift für Kurt *Siehr* zum 65. Geburtstag, Liber discipulorum et amicorum, Hrsg.: *Weber*, Peter Johannes/*Weber*, Marc/*Seitz*, Riccardo/*Künzle*, Hans Rainer, Zürich 2001, 93–125 [FS für *Siehr*]

Kümpel, Siegfried: Bank- und Kapitalmarktrecht, 3. Aufl., Köln 2004 [Bank- und Kapitalmarktrecht[3]]

Lagarde, Paul: Le nouveau droit international privé des contrats après l'entrée en vigueur de la Convention de Rome du 19 juin 1980, Rev. crit. DIP 80 (1991), 287–340

Larenz, Karl: Allgemeiner Teil des Bürgerlichen Rechts, 9. Aufl., München 2004 [Allgemeiner Teil[9]]

Larroumet, Christian: Droit civil, Tome 3, Les obligations, Le contrat, 3e édition, Paris 1996 [Droit civil III, Les obligations[3]]

Lorvellec, Louis: Contrats et obligations: Extinction des obligations, Paiement avec subrogation, Subrogation conventionnelle, JC 2, 1988, Fasc. 77

Loussouarn, Yvon/*Bourel*, Pierre: Droit international privé, 7e édition, Paris 2001 [Dr. int. pr.[7]]

Lüderitz, Alexander: Internationales Privatrecht, 2. Aufl., Frankfurt am Main 1992 [IPR[2]]

Lüke, Gerhard: Grundfragen des Zessionsrechts, JuS 1995, 90–96

Lüke, Wolfgang: Das rechtsgeschäftliche Abtretungsverbot, JuS 1992, 114–116

Lunckenbein, Hans G.: Rechtsprobleme des Factoring-Vertrages, München 1983 [Rechtsprobleme des Factoring-Vertrages]

Mäsch, Gerald: Abtretung und Legalzession im Europäischen Kollisionsrecht, in: Das Grünbuch zum Internationalen Vertragsrecht, Beiträge zur Fortentwicklung des Europäischen Kollisionsrechts der vertraglichen Schuldverhältnisse, Hrsg.: *Leible*, Stefan, München 2004, 193–207 [Das Grünbuch zum Internationalen Vertragsrecht]

Malaurie, Philippe/*Aynès*, Laurent: Cours de droit civil, Les obligations, 4e édition, Paris 1993 [Cours de droit civil, Les obligations[4]]

Mangold, Werner: Die Abtretung im Europäischen Kollisionsrecht, Unter besonderer Berücksichtigung des spanischen Rechts, Frankfurt am Main 2001 [Die Abtretung im Europäischen Kollisionsrecht]

Marazzato, Pierre: L'affacturage international et la Convention d'Ottawa, Paris 1998 [L'affacturage international]

Martin, Didier/*Synvet*, Hervé: Le payement à autrui de la créance professionnelle cédée, JCP 1987 (Éd. E). II.14940

Martinek, Michael: Moderne Vertragstypen, Band I: Leasing und Factoring, München 1991 [Moderne Vertragstypen I]

– Das Factoringgeschäft, in: *Schimansky*, Herbert/*Bunte*, Hermann-Josef/*Lwowski*, Hans-Jürgen (Hrsg.), Bankrechts-Handbuch, 2. Aufl., München 2001 [Bankrechts-Handbuch²]

Marty, Gabriel/*Raynaud*, Pierre/*Jestaz*, Philippe: Droit civil, Les obligations, Tome 2, Le régime, 2ᵉ édition, Paris 1989 [Droit civil, Les obligations², t. 2]

Mayer, Pierre/*Heuzé*, Vincent: Droit international privé, 8ᵉ édition, Paris 2004 [Dr. int. pr.⁸]

Mazeaud, Henri et Léon/*Mazeaud*, Jean/*Chabas*, François: Leçons de droit civil, Tome II, Premier Volume, Obligations – théorie générale, 9ᵉ édition, Paris 1998 [Droit civil II/1⁹]

Mestre, Frédérique: Rapport explicatif sur le projet de convention sur l'affacturage international, Rev. de dr. uniforme 1987, 85–140

Mestre, Jacques: La subrogation personnelle, Paris 1979 [La subrogation personnelle]

Mezger, E.: Das neue französische Gesetz über die erleichterte Mantelzession, RIW 1981, 213–218

Micklitz, Hans-W./*Rott*, Peter: Vergemeinschaftung des EuGVÜ in der Verordnung (EG) Nr. 44/2001, EuZW 2001, 325–334.

Monéger, Françoise: Droit international privé, 2ᵉ édition, Paris 2003 [Dr. int. pr.²]

Mouloungui, Clotaire: L'Admissibilité du profit dans la subrogation, Paris 1995 [L'Admissibilité du profit dans la subrogation]

Mousseron, Jean-Marc/*Raynard*, Jacques/*Fabre*, Régis/*Pierre*, Jean-Luc: Droit du commerce international, Droit international de l'entreprise, 3ᵉ édition, Paris 2003 [Dr. du commerce int.³]

Münch, Joël Benjamin: Abtretungsverbote im deutschen und französischen Recht, Rechtsvergleichende Untersuchung der Übertragungshindernisse im deutschen und französischen Forderungsverkehr als Beitrag zu einer weiteren Schuldrechtsvereinheitlichung in Europa, Frankfurt am Main 2001 [Abtretungsverbote im deutschen und französischen Recht]

Münchener Kommentar zum Bürgerlichen Gesetzbuch: Band 2, Schuldrecht Allgemeiner Teil, §§ 241–432, FernAbsG, Hrsg.: *Rebmann*, Kurt/*Säcker*, Franz

Jürgen/*Rixecker*, Roland, 4. Aufl., München 2001, zit. Bearbeiter: *Roth*, Günther H. [MünchKomm⁴/*Roth*]
- Band 3, Schuldrecht Besonderer Teil I, §§ 433–610, Finanzierungsleasing, HeizkostenV, BetriebskostenV, CISG, Hrsg.: *Rebmann*, Kurt/*Säcker*, Franz Jürgen/*Rixecker*, Roland, Redakteure: *Krüger*, Wolfgang/*Westermann*, Harm Peter, 4. Aufl., München 2004, zit. Bearbeiter: *Westermann*, Harm Peter, [MünchKomm⁴/*Westermann*]
- Band 10, Einführungsgesetz zum Bürgerlichen Gesetzbuche (Art. 1–38) – Internationales Privatrecht, Hrsg.: *Rebmann*, Kurt/*Säcker*, Franz Jürgen/*Rixecker*, Roland, Redakteur: *Sonnenberger*, Hans Jürgen, 3. Aufl., München 1998, zit. Bearbeiter: *Kreuzer*, Karl; *Martiny*, Dieter; Jürgen; *Spellenberg*, Ulrich [MünchKomm³/*Bearbeiter*]

Münchener Kommentar zum Handelsgesetzbuch: Band 5, Viertes Buch – Handelsgeschäfte – Erster Abschnitt – Allgemeine Vorschriften: §§ 343–372, Recht des Zahlungsverkehrs, Effektengeschäft, Depotgeschäft, Ottawa Übereinkommen über Internationales Factoring, Hrsg.: *Schmidt*, Karsten, München 2001, zit. Bearbeiter: *Ferrari*, Franco, *Brink*, Ulrich, [MünchKomm/*Bearbeiter*]

Olbort, Siegfried: Allgemeine Bedingungen der Factoringfinanzierung, in: *Hagenmüller*, K. F./*Sommer*, Heinrich Johannes/*Brink*, Ulrich (Hrsg.), Handbuch des nationalen und internationalen Factoring, 3. Aufl., Frankfurt am Main 1997, 77–83 [Factoring-Handbuch³]

Palandt, Bürgerliches Gesetzbuch mit Einführungsgesetz (Auszug), BGB-Informationspflichten-Verordnung, Unterlassungsklagengesetz, Produkthaftungsgesetz, Erbbaurechtsverordnung, Wohnungseigentumsgesetz, Hausratsverordnung, Lebenspartnerschaftsgesetz, Gewaltschutzgesetz (Auszug), bearbeitet von: *Bassenge*, Peter; *Diederichsen*, Uwe; *Heinrichs*, Helmut; *Putzo*, Hans; *Brudermüller*, Gerd; *Edenhofer*, Wolfgang; *Heldrich*, Andreas; *Sprau*, Hartwig; *Weidenkaff*, Walter, 64. Aufl., München 2005, zit. Bearbeiter: *Heinrichs*, Helmut; *Heldrich*, Andreas; *Putzo*, Hans; [Palandt⁶⁴/*Bearbeiter*]
- 61. Aufl., München 2001, zit. Bearbeiter: *Putzo*, Hans [Palandt⁶¹/*Putzo*]

Pardoel, Dorothée: Les conflits de lois en matière de cession de créance, Paris 1997 [Les conflits de lois]

Peltzer, Oliver: Die Forderungsabtretung im Internationalen Privatrecht, RIW 1997, 893–899

Ponsard, André/*Blondel*, Pierre: Subrogation, Répertoire de droit civil, Recueil Dalloz 1976

Rabstein, Klaus: Factoring-Vertrag, in: *Schütze*, Rolf A./*Weipert*, Lutz, Münchener Vertragshandbuch, Band 3: Wirtschaftsrecht, 1. Halbband: Wirtschaftsrecht, 4. Aufl., München 1998, 265–283 [Münchener Vertragshandbuch 3/1⁴]

Ranieri, Filippo: Europäisches Obligationenrecht, 2. Aufl., Wien 2003 [Europäisches Obligationenrecht[2]]

Rebmann, Eberhard: Das UNIDROIT-Übereinkommen über das internationale Factoring (Ottawa 1988), RabelsZ 53 (1989), 599–621

Reinhart, Gert: Zur einheitlichen Auslegung vereinheitlichter IPR-Normen nach Art. 36 EGBGB, RIW 1994, 445–452

Reithmann, Christoph/*Martiny*, Dieter: Internationales Vertragsrecht, Das internationale Privatrecht der Schuldverträge, 6. Aufl., Köln 2004 [Int. Vertragsrecht[6]]

Ripert, Georges/*Roblot*, René: Traité de droit commercial, Tome 2, 17e édition par *Delebecque*, Philippe et *Germain*, Michel, Paris 2004 [Traité de droit commercial[17], t. 2]

Rives-Lange, Jean-Louis/*Contamine-Raynaud*, Monique: Droit bancaire, 6e édition, Paris 1995 [Droit bancaire[6]]

Schlechtriem, Peter/*Schwenzer*, Ingeborg: Kommentar zum Einheitlichen UN-Kaufrecht, Das Übereinkommen der Vereinten Nationen über Verträge über den internationalen Warenkauf – CISG, 4. Aufl., München 2004, zit. Bearbeiter: *Ferrari*, Franco [*Schlechtriem*[4]*/Ferrari*]

Schwarz, Werner: Factoring, 3. Aufl., Stuttgart 1996 [Factoring[3]]

Seraphim, Kay: Die Übernahme des Debitorenmanagements, in: *Hagenmüller*, K. F./*Sommer*, Heinrich Johannes/*Brink*, Ulrich (Hrsg.), Handbuch des nationalen und internationalen Factoring, 3. Aufl., Frankfurt am Main 1997, 117–128 [Factoring-Handbuch[3]]

Serick, Rolf: Eigentumsvorbehalt und Sicherungsübertragung, Band IV: Verlängerungs- und Erweiterungsformen des Eigentumsvorbehaltes und der Sicherungsübertragung – Erster Teil Verlängerungsformen und Kollisionen, Heidelberg 1976 [Eigentumsvorbehalt und Sicherungsübertragung, Band IV]

– Eigentumsvorbehalt und Sicherungsübertragung, Band V 1982: [Eigentumsvorbehalt und Sicherungsübertragung, Band V]

Siehr, Kurt: Internationales Privatrecht, Deutsches und europäisches Kollisionsrecht für Studium und Praxis, Heidelberg 2001 [IPR]

Siggemann, Beate: Frankreich, in: *Bette*, Klaus/*Brink*, Ulrich (Hrsg.), Rechtsfragen im Exportgeschäft, Sicherung und Beitreibung von Forderungen im Ausland, Wiesbaden 1995, 59–74 [Rechtsfragen im Exportgeschäft]

Sinay-Cytermann, Anne: Les conflits de lois concernant l'opposabilité des transferts de créance, Rev. crit. DIP 81 (1992), 35–60

– Obligations, JC de dr. int. 1998, Fasc. 554

Soergel, Hans Theodor/*Siebert*, W. (Hrsg.): Bürgerliches Gesetzbuch mit Einführungsgesetz und Nebengesetzen, Band 10, Wiss. Red. *Kegel*, Gerhard, 12. Aufl., Stuttgart, Berlin, Köln 1996, zit. Bearbeiter: *von Hoffmann*, Bernd [Soergel[12]/*v. Hoffmann*]

Sonnenberger, Hans Jürgen: Affacturage (Factoring) und Zession im deutsch-französischen Handelsverkehr, IPRax 1987, 221–225

– Französisches Handels- und Wirtschaftsrecht, unter Mitarbeit von *Dammann*, Reinhard, 2. Aufl., Heidelberg 1991 [Franz. Handels- und Wirtschaftsrecht[2]]

Sonnenberger, Hans Jürgen/*Autexier*, Christian: Einführung in das französische Recht, 3. Aufl., Heidelberg 2000 [Einführung in das französische Recht[3]]

Stadler, Astrid: Der Streit um das Zessionsstatut – eine endlose Geschichte?, IPRax 2000, 104–110

Staudinger, Julius von: Kommentar zum Bürgerlichen Gesetzbuch mit Einführungsgesetz und Nebengesetzen:

– Zweites Buch – Recht der Schuldverhältnisse (§§ 397–432), 13. Bearbeitung, Berlin 1999, Redaktor: *Löwisch,* Manfred, zit. Bearbeiter: *Busche,* Jan [Staudinger[13]/Busche]

– Wiener UN-Kaufrecht (CISG), Neubearbeitung 1999 von *Magnus,* Ulrich; Redaktor: *Martinek,* Michael, Berlin 1999 [Staudinger/*Magnus,* CISG)]

– Einführungsgesetz zum Bürgerlichen Gesetzbuche/IPR – Internationales Sachenrecht (Vorgesehener 6. Abschnitt Sachenrecht), 13. Bearbeitung, Berlin 1996, Redaktor: *Kropholler,* Jan; zit. Bearbeiter: *Stoll,* Hans [Staudinger[13]/Stoll, Int. Sachenrecht]

– Einführungsgesetz zum Bürgerlichen Gesetzbuche/IPR – Einleitung zu Art. 27 ff EGBGB; Art. 27–33 EGBGB; Anhang zu Art. 33 EGBGB Internationales Factoring; Art. 34 EGBGB; Anhang zu Art. 34 EGBGB Internationales Währungs- und Devisenrecht; Art. 35–37 EGBGB; Anhang I zu Art. 37 EGBGB: IPR der Versicherungsverträge; Anhang II zu Art. 27–37 EGBGB: Internationale Zuständigkeit; Gerichtsstands- und Schiedsvereinbarungen; 13. Bearbeitung von *Armbrüster,* Christian; *Ebke,* Werner F.; *Hausmann,* Rainer; *Magnus,* Ulrich; Berlin 2002, Redaktor: *Magnus,* Ulrich; zit. Bearbeiter: *Hausmann,* Rainer [Staudinger[13]/*Hausmann*]

Stoll, Hans: Anknüpfung bei mehrfacher Abtretung derselben Forderung, IPRax 1991, 223–227

Stoufflet, Jean: Cession et nantissement de créance par remise d'un bordereau – Loi Dailly du 2 janvier 1981, JC Banque-Crédit-Bourse 2, 1997, Fasc. 570

– Banque et opérations de banque, Conflits de lois, Juris-Classeur de droit international 1985, 556-B, 1–20

Terré, François/*Simler,* Philippe/*Lequette,* Yves: Droit civil, Les obligations, 8e édition, Paris 2002 [Droit civil, Les obligations[8]]

UNCITRAL, 34th session, Vienna 25 June – 13 July 2001, Receivables Financing, Analytical Commentary on the draft Convention on Assignment of Receivables in International Trade, Note by the Secretariat, A/CN.9/489 [UNCITRAL, 34th session, A/CN.9/489]

UNIDROIT, Diplomatic Conference for the Adoption of the Draft UNIDROIT Conventions on International Factoring and International Financial Leasing, Acts and Proceedings, Volume I, Rom 1991; Volume II, Rom 1992 [UNIDROIT, Acts and Proceedings, Vol. I oder Vol. II, Bezeichnung des Dokuments]

Weill, Alex/*Terré,* François: Droit civil, Les obligations, 3e édition, Paris 1986 [Droit civil, Les obligations3]

Weller, Matthias: Die UNIDROIT-Konvention von Ottawa über internationales Factoring, RIW 1999, 161–169

Westphalen, Friedrich Graf von: Rechtsprobleme des Factoring und des Forfait von Exportforderungen RIW 1977, 8–86

– Rechtsprobleme der Exportfinanzierung, 3. Aufl., Heidelberg 1987 [Exportfinanzierung3]

Zaccaria, Alessio: Internationales Factoring nach Inkrafttreten der Konvention von Ottawa, IPRax 1995, 279–286

Schriften zum internationalen Privat- und Verfahrensrecht

Herausgegeben von Rainer Hausmann und Astrid Stadler

Band 1 Frederike Schwenke: Factoring im deutsch-französischen Rechtsverkehr. 2006.

Band 2 Sinja Rüberg: Auf dem Weg zu einem europäischen Scheidungskollisionsrecht. 2006.

www.peterlang.de

www.ingramcontent.com/pod-product-compliance
Ingram Content Group UK Ltd.
Pitfield, Milton Keynes, MK11 3LW, UK
UKHW021913290926
8980IPUK00015B/1232

9 783631 551783